继续（网络）教育系列规划教材

JIXU (WANGLUO) JIAOYU XILIE GUIHUA JIAOCAI

荣获全国高校现代远程教育协作组评比"网络教育教材建设金奖"

现代物流管理（第二版）

XIANDAI WULIU GUANLI

主　编○何峻峰
副主编○石江华　宋剑涛

西南财经大学出版社
Southwestern University of Finance & Economics Press
中国·成都

继续（网络）教育系列规划教材
编审委员会

总 序

　　随着全民终身学习型社会的逐渐建立和完善，业余继续（网络）学历教育学生对教材的质量要求越来越高。为了进一步提高继续（网络）教育的人才培养质量，帮助学生更好地学习，依据西南财经大学继续（网络）教育人才培养目标、成人学习的特点及规律，西南财经大学继续（网络）教育学院和西南财经大学出版社共同规划，依托学校各专业学院的骨干教师资源，致力于开发适合继续（网络）学历教育学生的高质量优秀系列规划教材。

　　西南财经大学继续（网络）教育学院和西南财经大学出版社按照继续（网络）教育人才培养方案，编写了专科及专升本公共基础课、专业基础课、专业主干课和部分选修课教材，以完善继续（网络）教育教材体系。

　　本系列教材的读者主要是在职人员，他们具有一定的社会实践经验和理论知识，个性化学习诉求突出，学习针对性强，学习目的明确。因此，本系列教材的编写突出了基础性、职业性、实践性及综合性。教材体系和内容结构具有新颖、实用、简明、易懂等特点，对重点、难点问题的阐述深入浅出、形象直观，对定理和概念的论述简明扼要。

　　为了编好本套系列规划教材，在学校领导、出版社和各学院的大力支持下，成立了由学校副校长、博士生导师杨丹教授任主任，出版社社长、博士生导师冯建教授以及继续（网络）教育学院陈顺刚院长和唐旭辉研究员任副主任，其他部分学院领导参加的编审委员会。在编审委员会的协调、组织下，经过广泛深入的调查研究，制定了我校继续（网络）教育教材建设规划，明确了建设目标。

　　在编审委员会的协调下，组织各学院具有丰富继续（网络）教育教学经验并有教授或副教授职称的教师担任主编，由各书主编组织成立教材编写团队，确定教材编写大纲、实施计划及人员分工等，经编审委员会审核每门教材的编写大纲后再进行编写。自2009年启动以来，经几年的打造，现已出版了七十余种教材。该系列教材出版后，社会反响较好，获得了教育部网络教育教材建设评比金奖。

　　下一步根据教学需要，我们还将做两件事：一是结合转变教学与学习范式，按照理念先进、特色鲜明、立体化建设、模块新颖的要求，引进先进的教材编写模块来修订、完善已出版的教材；二是补充部分新教材。

　　希望经多方努力，力争将此系列教材打造成适应教学范式转变的高水平教材。在此，我们对各学院领导的大力支持、各位作者的辛勤劳动以及西南财经大学出版社的鼎力相助表示衷心的感谢！在今后教材的使用过程中，我们将听取各方面的意见，不断修订、完善教材，使之发挥更大的作用。

西南财经大学继续（网络）教育学院

2014 年 12 月

第二版前言

物流管理科学是近二十年以来在国外兴起的一门新学科，它是管理科学新的重要分支。随着生产技术和管理技术的提高，企业之间的竞争日趋激烈，人们逐渐发现，企业在降低生产成本方面的竞争似乎已经走到了尽头，产品质量的好坏也仅仅是一个企业能否进入市场参加竞争的敲门砖。这时，竞争的焦点开始从生产领域转向非生产领域，转向过去那些分散、孤立的、被视为辅助环节而不被重视的，诸如运输、存储、包装、装卸、流通、加工等物流活动领域。人们开始研究如何在这些领域里降低物流成本，提高服务质量，创造"第三个利润源泉"。物流管理从此从企业传统的生产和销售活动中分离出来，成为独立的研究领域和学科范围。物流管理科学的诞生使得原来在经济活动中处于潜隐状态的物流系统显现出来，它揭示了物流活动各个环节的内在联系，它的发展和日臻完善，是现代企业在市场竞争中制胜的法宝。

实施物流管理的目的就是要在最低的总成本条件下实现既定的客户服务水平，即寻求服务优势和成本优势的一种动态平衡，并由此创造企业在竞争中的战略优势。根据这个目标，物流管理要解决的基本问题，简单地说，就是把合适的产品以合适的数量和合适的价格在合适的时间和合适的地点提供给客户。

物流管理强调运用系统方法解决问题。现代物流通常被认为是由运输、存储、包装、装卸、流通加工、配送和信息诸环节构成，各环节原本都有各自的功能、利益和观念。系统方法就是利用现代管理方法和现代技术，使各个环节共享总体信息，把所有环节作为一个一体化的系统来进行组织和管理，以使系统能够在尽可能低的总成本条件下，提供有竞争优势的客户服务。系统方法认为，系统的效益并不是它们各个局部环节效益的简单相加。系统方法意味着，对于出现的某个方面的问题，要对全部的影响因素进行分析和评价。从这一思想出发，物流系统并不简单地追求在各个环节上各自的最低成本，因为物流各环节的效益之间存在相互影响、相互制约的倾向，存在着交替易损的关系。比如过分强调包装材料的节约，就可能因其易于破损造成运输和装卸费用的上升。因此，系统方法强调要进行总成本分析，以及避免次佳效应和成本权衡应用的分析，以达到总成本最低，同时提升既定的客户服务水平的目的。

有资料表明，物流人才目前已被列入全国 12 种紧缺人才之列，而物流规划人员、物流管理人员、物流研究人员、物流师更是全面紧缺。许多企业在招聘物流管理人才时，都需要硕士以上学历、3 年以上管理经验、5 年左右行业经验，最好有过在大型外企的物流部门工作的经验。

1992 年北京工商大学（原北京商学院）向教育部提议将"仓储运输管理"专业改

为"物流管理"专业，教育部责成北京工商大学召开设立"物流管理"专业的专家论证会。在会上专家们同意了这项提议，教育部批复同意，于是在1993年教育部修订专业目录时，"物流管理"专业就取代了"仓储运输管理"专业，第一次在我国高校的专业目录中出现了。1993年北京工商大学成为全国第一所招收"物流管理"本科生的大学，从那时起逐步开始了我国大学物流管理的本科、硕士、博士生的培养。

本教材紧密结合当今物流领域的实践，从实际出发深入浅出地探讨现代物流的管理与实施，较好地体现了本职业当前最新的实用知识与操作技术，对提高从业人员基本素质和基本能力有直接的帮助和指导作用。

何峻峰担任本书主编，负责拟定编写大纲，组织、协调编写工作。石江华、宋剑涛同志任本书副主编，分别参加编写和校对工作。王勇、陈洁、冉芳等在本书编写过程中，为收集和整理资料付出了大量努力，在此表示衷心感谢！

在编写过程中，我们参考了大量的文献资料，利用了不少的网络资源，引用了一些专家学者的研究成果和一些公司的案例资料，在此对这些文献作者和公司表示崇高的敬意和诚挚的谢意。

根据《中华人民共和国合同法》中运输合同的相关内容并结合物流最新发展情况，我们在本书第二版中对部分数据做了更新，同时对上版中存在的疏漏和错误做了处理。

由于物流业正处于变革和发展中，物流管理的理论还有待进一步探讨。另外，由于编者水平有限，书中难免存在不当之处，敬请广大读者批评指正。

编者

2016 年 6 月

目　录

第一章 现代物流的基本概念

学习目标

(1) 掌握物流的定义及其内涵；

(2) 了解现代物流的形式及其发展；

(3) 了解现代物流的功能；掌握现代物流合理化的目标。

开篇案例

自古以来，没有过时的行业，只有过时的模式。物流，可以说是仅次于种植、养殖的古老行业了，自从有了交流，这个行业就产生了。只不过是近几年发明了"物流"这个新词，把它当成一个时新的行业来看，并赋予了一些新的含义。其实很不然，有人，便有路；路除了载人之外，就是载物了。除了自己把物运送，就是托人运物或是代人运物——于是便有了"物流"这个概念，或许这也是物流概念的民间通俗理解。

物流这个行业永不过时，因为有不断更新的模式。

"长安回望绣成堆，山顶千门次第开。一骑红尘妃子笑，无人知是荔枝来。"读过这首《过华清宫绝句》的，都知道这是杜牧用来抨击封建统治者的骄奢淫逸和昏庸无道，借当年唐玄宗荒唐的风流韵事，以史讽今，警戒世人的，但从中，也可看出些古代快递的端倪。

据《新唐书——杨贵妃传》记载："妃嗜荔枝，必欲生致之，乃置骑传送，走数千里，味未变，已至京师。"如果除却历史背景，单只"走数千里，味未变，已至京师"这 11 个字，就足以使现代的一些快递公司汗颜——虽然代价是许多差官累死、驿马倒毙于至长安的路上。

说到古代快递，其大致由驿站、民信局和镖局三种形式组成。

驿站：

我们姑且不论古人"家书抵万金"这样的书信和物品的流通，就说成批的物流形式，这样的机构为人所知最早的应该是驿站。驿站可以追溯到隋唐年间，我们知道当时的驿站是专门为朝廷传递官府文书和军事情报的人或来往官员途中食宿、换马的场所。想必当年玄宗给杨贵妃送荔枝时，选择的就是这种快递。我国是世界上最早建立组织传递信息的国家之一，邮驿历史已长达 3 000 多年。

秦始皇统一中国后（公元前 211 年），在全国修驰道，"车同轨，书同文"，建立了以国都咸阳为中心的驿站网，制定了邮驿律令——如竹筒怎样捆扎，加封印泥盖印以保密；如何为邮驿人马供应粮草；邮驿怎样接待过往官员、役夫；等等。这形成了我国最早的邮驿法。

隋唐时期，驿传事业得到空前发展。唐代的官邮交通线以京城长安为中心，向四方辐射，直达边境地区，大致三十里（1里＝0.5千米。下同）设一驿站。全国共有陆驿、水驿及水陆兼办邮驿1 600多处，行程也有具体规定，并制定有考绩和视察制度。驿使执行任务时，随身携带"驿卷"或"信牌"等身份证件。

宋代由于战争频繁，军事紧急文件很多，要求既快又安全，因而将由民夫充任的驿卒改由士兵担任。将所有的公文和书信的机构总称为"递"，并出现了"急递铺"。"急递铺"设金牌、银牌、铜牌三种，金牌一昼夜行五百里，银牌四百里，铜牌三百里。急递的驿骑马领上系有铜铃，在道上奔驰时，白天鸣铃，夜间举火，撞死人不负责。铺铺换马，数铺换人，风雨无阻，昼夜兼程。南宋初年抗金将领岳飞被宋高宗以十二道金牌从前线强迫召回临安，这类金牌就是急递铺传递的金字牌，含有十万火急之意。

到了元代，邮驿改为了驿站。

明代由于海上交通日渐发达，随着郑和七下西洋，还开辟了海上邮驿。明代还设立了递运所，这些独立于驿站、专门从事货物运输的组织，其主要任务是运送国家预付的军需、赏赐以及各级官吏贡献给上级官吏或朝廷之物。

到了清朝，驿站开始使用"勘合"和"火牌"作为凭证。凡需要向驿站要车、马、人运送公文和物品都要看"邮符"，官府使用时凭勘合，兵部使用时凭火牌。使用"邮符"有极为严格的规定。对过境有特定任务的，派兵保护。马递公文，都加兵部火牌，令沿途各驿站接递。如果要从外到达京城或者外部之间相互传递，就要填写连排单。紧急公文则标明四百里或者五百里、六百里字样，按要求时限送到。但不得滥填这种字样。

驿站管理至清代已臻于完善，并且管理极为严格，违反规定，均要治罪。清代末年，近代邮政逐步兴起，驿站的作用日渐消失，1913年1月，北洋政府宣布全部撤销驿站。

驿站在我国古代运输中有着重要的地位和作用，在通信手段十分原始的情况下，驿站担负着各种政治、经济、文化、军事等方面的信息传递任务，在一定程度上也是物流信息的一部分，是一种特定的网络传递与网络运输。我国古代驿站各朝代虽形式有别，名称有异，但是组织严密、等级分明、手续完备是相近的。封建君主依靠这些驿站维持着信息采集、指令发布与反馈，以达到封建统治的目的。由于当时历史条件和科学技术发展水平的局限，其速度与数量与今天无法相比，但就其组织的严密程度、运输信息系统的覆盖水平也不亚于现代通信运输。可以说那时的成就也是我们现代文明基础的一部分。驿站与当今的邮政系统、高速公路的服务区、货物中转站、物流中心等，是否有异曲同工之妙？

甚至有人说，从沈阳市的历史发展来看，它就是由古代驿站起家，逐步进化到当代这样一个大都市的。姑且不论这种说法准确率有几何，至少，古代驿站的重要性由此可见一斑。

民信局：

驿站是官府的通信组织，只传递官府文书。一般老百姓传递信息，只是托人捎带，然而辗转传递，缓不济急，且易延误遗失。我国古书记载着不少有关"鸿雁捎书"一类的故事，可见古代人民通信多么艰难。

民间通信组织的形成，大约始于唐朝。当时主要由于社会经济的发展，特别是经商贸易的需要，首先在长安与洛阳之间，有了为民间商人服务的"驿驴"。到了明朝才出现专为民间传递信息的民信局。在西南各省曾有"麻乡约"探亲带信的出现：相传湖北麻城县（今麻城市）孝感乡被迁往四川开垦的农民，由于思念家乡，相约每年推派代表回乡探亲，往返时带些土产和信件，而后逐步形成民信局。

镖局：

驿站是专门为朝廷押送一些来往信件的，而民信局一般也只传送信件、汇款等小件物品，对于民间的商业往来始终缺乏一个大件运输并有安全保障的机构。因此，到了清代，民间的需求催生了民营物流公司的产生，如我们在 2009 年春节期间热播的电视剧《闯关东》里看到的"镖局"。中国的镖局究竟始于何年何月，现在已难考究。根据近代学者卫聚贤所著《山西票号史》披露，镖局之鼻祖应当为山西人神拳张黑五，清乾隆年间，张黑五在北京前门外大街创立兴隆镖局。

镖局又称镖行，是受人钱财，凭借武功，专门为人保护财物或人身安全的机构。旧时交通不便，客旅艰辛不安全，便有镖户走镖，为镖局保镖的雏形。

镖局的业务，包括承接保送一般私家财务和运送地方官上缴的饷银。渐渐由于镖局同各地都有联系或设有分号，一些汇款业务也由镖局承担；后来，看家护院，保护银行等也需要镖局派人，镖局生意越做越大。随着镖业的发展，逐渐形成了信镖、票镖、银镖、粮镖、物镖、人身镖六种镖。

"民营企业"取代"国营单位"，靠的是自身实力和人际关系。做镖局生意要有三硬：一是在官府有硬靠山；二是在绿林有硬关系；三是自身有硬功夫。三者缺一不可。这几乎和现在民营企业起家没什么两样——机会生存，渐入速度化生存。

镖局走镖时都有镖车、镖箱、镖旗。镖车是当时镖局走镖时的重要交通工具；镖箱的锁采用了最先进的防盗暗锁，在当时只有大掌柜和二掌柜两把钥匙并起来才可以打开，起到了防贪污的作用。镖车上必不可少的就是一面小旗帜——镖旗。这面小旗帜就是镖师出镖的标志，即使有强盗劫镖，也要先看清这面小旗，有些镖旗，强盗还不一定敢劫。想来这就是品牌效应了，像现代的一些快递公司，那一个小标志就是信誉的保证，同时也是高收费的原因所在。

其实走镖是有很大的风险的——不但要承担"失镖"的风险，挂彩那是常有的事，丢了小命的也不在少数。因此，镖师在每走一趟镖之前就已经打点好了家里的一切，做好了回不了家的准备。

现代的一些快递公司，随随便便就失了"镖"，看到古人用命在保镖，不知有何感想呢？

其实，在驿站之前，统治者已在用烽火台传递信息了。烽火作为一种原始的声光通信手段，服务于古代军事战争，从边境到国都以及边防线上，每隔一定距离就筑起一座烽火台。当敌人入侵时，便一个接一个地点燃烽火报警，各路诸侯见到烽火，马上派兵相助，抵抗敌人。只不过烽火台只能传递信息，不能用于运输荔枝这类"高难度"物流活动，而且虽然传递速度快，也只能起到报警的作用，很难满足掌握敌情、指挥作战的需要。所以，随着社会的发展和适应政治军事的需要，才慢慢发展出邮驿制度，并与烽火台互为补充，配合使用。

巧合的是，关于烽火台，也有个关于博取妃子一笑的故事。周幽王烽火戏诸侯，相信知名度比唐玄宗的"千里送荔枝"要高得多。褒姒笑了，杨玉环也笑了。结果是，西戎来犯，周幽王点了烽火没人来救驾，挂了；褒姒呢，据说被迫自缢而死；安史之乱爆发了，杨在马嵬坡也是被迫自缢而死。

历史总是呈现出惊人的相似性，不过只是苦了我国古代之两大物流体系，都被君王用作泡妞手段，添上了不光彩的一笔。

联邦快递公司的创始人弗雷德·史密斯在大学三年级的时候，写了一篇学期论文，对当时包裹不能直接运送到目的地，而必须经由多家航空公司转运的问题提出了质疑。他提出，对一个能够直接运输"非常重要、讲究时效"的货物的公司来说，可能存在一个潜力巨大的市场。史密斯知道，当时的邮局、铁路快递和飞虎航空公司之类的邮递者都很少把包裹直接送到目的地。包裹"在送到目的地之前，总是从一个城市送到另一个城市，由这家航空公司转到那家航空公司"，这不仅浪费金钱，而且浪费时间，造成这种现象的唯一原因就是由于它们使用航空邮递或快件邮递。不仅如此，"如果包裹在到达最后目的地之前必须依靠另一家航空公司的话，第一家负责运送的航空公司对包裹就没有控制权"。虽然这篇论文没有得到教授的重视，但却催生了一家伟大的公司。

也许机会就在对货物安全和时效的责任上，"联邦快递成功的原因很简单，其实就是因为一件货物本身对发送人和收件人是极具时间价值的，是值得付出额外运费的，所以从逻辑上来说，我们可以说服客户将货物交给我们，我们保证这件货物在到达前不会离开我们的手，这是一种从'子宫到坟墓'都负责的运输方式。"这也就是后来的所谓"门到门"服务，顾客不用再和航空公司打交道，不用去机场取货和送货，一切都由联邦快递负责。

其实，联邦快递的创意就是"镖局"，并无新意，弗雷德·史密斯爷爷的爷爷还小的时候，中国镖局就对客户的货物进行了"门到门"的安全运输服务了。

回首中国古老的文明发展史，王朝更替，却阻挡不住社会的发展。虽然"宫阙万间都做了土"，但古代的物流业，却一直活着，虽然缓慢，却也一直在发展。

（选自：彭扬. 现代物流学案例与习题 [M]. 北京：中国物资出版社，2010.）

案例思考

1. 结合案例，分析驿站、民信局和镖局的主要区别。
2. 以镖局为例，说明古代的快递业与现代的第三方物流（如联邦快递）有何联系与区别。

现代物流及物流的功能

虽然现代物流科学的出现仅有数十年的历史，但由于它的发展为国民经济与企业生产带来了巨大的经济效益，因此引起了人们的普遍重视，这也是企业经营环境激烈变化和信息技术发展应用到企业运营带来的经营变革的具体表现。国内外许多企业的生产实践表明：物流是"经济领域尚未开垦的黑大陆""物流是企业的第三利润源""物流领域是现代企业竞争最重要的领域之一"。在我国，物流科学远未普及，物流蕴藏的巨大效益还不为人们所认识。开展物流科学的研究，探索物流的规律，提高物流的科学化、合理化、现代化水平，已经作为经济发展中的重大理论和实践课题提上了议事日程。

第一节　物流的定义及作用

一、物流的定义

自从人类进入文明社会就产生了物流活动。传统的物流概念是指物质实体在空间和时间上的流动，通俗地说，就是指商品在运输、装卸和储存等方面的活动过程。

现代物流是相对于传统物流而言的。它是在传统物流的基础上，引入高科技手段，通过计算机进行信息联网，并对物流信息进行科学管理，从而加快物流速度，提高准确率，减少库存，降低成本，延伸并扩大了传统物流的功能。

关于物流的定义，目前国内有多种不同的表述。这里采用我国国家标准（GB/T18354-2001）中的物流定义：物流（Logistics）是指物品从供应地向接收地的实体流动过程，根据实际需要，将运输、储存、搬运、包装、流通加工、配送、信息处理等基本功能有机结合，形成完整的供应链，为用户提供多功能、一体化的综合性服务。

物流概念应当包括以下四个主要方面：

（1）实质流动——指原材料、半成品及产成品的运输。

（2）实质储存——指原材料、半成品及产成品的储存。

（3）信息流通——指相关信息的联网。

（4）管理协调——指对物流活动进行计划和有效控制的过程。

二、物流的价值

从整个物流的过程来看，物流是由"物"和"流"这两个基本要素组成的。物流中的"物"泛指一切物质，有物资、物体、物品的含义；物流中的"流"则泛指一切运动形态，有移动、运动、流动的含义，同时静止也是物质的一种运动形态。

物质在物流系统中流动时，"物"的性质、尺寸、形状都不应当发生改变。也就是说物流活动与加工活动不同，不创造"物"的形式价值，但是它克服了供给方和需求方在空间维和时间维方面的距离，创造了空间价值和时间价值，由此在社会经济活动中起着不可缺少的作用。因此，物流主要是通过创造时间价值和空间价值来体现其自身价值的。另外，在特定的情况下，它也可能创造出一定的加工等附加价值。

1. 时间价值

"物"从供给者到需求者之间有一段时间差，因改变这一段时间差而创造的价值，称为"时间价值"。物流主要通过缩短时间创造价值、弥补时间差创造价值、延长时间差创造价值等方式实现其时间价值。

例如大米的种植和收获是季节性的，多数地区每年收获一次。但是对消费者而言，作为食品，每人都会有所消耗，因此必须对其进行保管以保证人们经常性的需要，供人们使用并实现其使用价值。这种使用价值是通过克服了季节性产出和经常性消耗的时间距离后才得以实现的，这就是物流的时间价值。

2. 空间价值

空间价值是指通过改变物质的空间距离而创造的价值。物流创造的空间价值是由现代社会产业结构、社会分工决定的，主要原因是供给和需求之间的空间差，商品在不同地理位置有不同的价值，通过物流活动将商品由低价值区转移到高价值区，便可获得价值差，即空间价值。空间价值的实现主要有以下几种具体形式：从集中生产场所，注入分散需求场所创造价值；从分散生产场所，注入集中需求场所创造价值。例如，山西的煤，埋藏在深山中，与泥土、石块一样没有任何价值，只有经过采掘、输送到别的地方用来作为发电、取暖的燃料时，才能实现其价值。它的使用价值是通过运输克服了空间距离才得以实现的，这就是物流的空间价值。

3. 加工附加价值

有时，物流也可以创造加工附加价值。加工是生产领域常用的手段，并不是物流的本来职能。但是，现代物流的一个重要特点，就是根据自己的优势从事一些补充性加工活动，这种加工活动不是创造商品的主要实体并形成商品，而是带有完善、补充、增加性质的加工活动。这种活动必然会形成劳动对象的附加价值。

三、物流的作用

物流在整个社会再生产过程中是一个不可省略或者说不可跨越的过程，而且随着经济和社会的发展，它在国民经济中的地位越来越重要。具体地说，物流的作用主要表现在以下七个方面：

1. 保值

物流有保值作用。也就是说，任何产品从生产出来到最终消费，都必须经过一段时间、一段距离，在这段时间和距离中，都要经过运输、保管、包装、装卸、搬运等多环节、多次数的物流活动。在这个过程中，产品可能会淋雨受潮、水浸、生锈、破损、丢失等。物流的使命就是防止上述现象的发生，保证产品从生产者向消费者移动过程中的质量和数量，起到产品的保值作用。

2. 节约

搞好物流，能够节约自然资源、人力资源和能源，同时也能够节约费用。比如，集装箱化运输，可以简化商品包装，节省大量包装用纸和木材；机械化装卸作业、仓库保管自动化，能节省大量作业人员，大幅度降低人员开支。重视物流可节约费用的事例比比皆是。被称为"中国物流管理觉醒第一人"的海尔企业集团，加强物流管理，建设起现代化的国际自动化物流中心，在短短一年的时间里就将库存占压资金和采购资金，从 15 亿元降低到 7 亿元，节省了 8 亿元开支。

3. 缩短距离

物流可以克服时间间隔、距离间隔和人的间隔，这自然也是物流的实质。现代化的物流在缩短距离方面的例证不胜枚举。在北京可以买到世界各国的新鲜水果，全国各地的水果也可长年不断；邮政部门搞了物流，使信件大大缩短了时间距离，全国快递两天内就到，而美国联邦快递，能做到隔天送达亚洲的 15 个城市；日本的配送中心可以做到上午 10 点前订货，当天送到。这种物流速度，把人们之间的空间距离和时间距离一下子拉得很近。随着物流现代化的不断推进，国际运输能力大大加强，从而极大地促进了国际贸易。

4. 增强企业竞争力，提高服务水平

在新经济时代，企业之间的竞争越来越激烈。在同样的经济环境下，制造企业，如家电生产企业，相互之间的竞争主要表现在价格、质量、功能、款式、售后服务的竞争上。近几年，全国各大城市都在此起彼伏地进行家电价格大战，支撑降价的因素是什么？如果说为了占领市场份额，一次、再次地亏本降价，待市场夺回来后再把这块亏损补回来也未尝不可。然而，如果降价亏本后仍不奏效那又该如何办呢？不言而喻，企业可能就会一败涂地。在新世纪和新经济社会，靠增加产量、降低制造成本去攫取第一利润和通过扩大销售攫取第二利润已基本到了一定的极限，目前剩下的一块"待开垦的处女地"就是物流。降价是近几年家电行业企业之间竞争的主要手段，降价竞争的后盾是企业总成本的降低，即功能、质量、款式和售后服务以外的成本降低，也就是通常所说的降低物流成本。

国外的制造企业很早就认识到了物流是企业竞争力的法宝，搞好物流可以实现零库存、零距离和零流动资金占用，是提高为用户服务、构筑企业供应链、增加企业核心竞争力的重要途径。在经济全球化、信息全球化和资本全球化的 21 世纪，企业只有建立现代物流结构，才能在激烈的竞争中求得生存和发展。

5. 加快商品流通，促进经济发展

配送中心的设立为连锁商业提供了广阔的发展空间。利用计算机网络，将超市、配送中心和供货商、生产企业连接，能够以配送中心为枢纽形成一个商业、物流业和生产企业的有效组合。有了计算机迅速及时的信息传递和分析，通过配送中心的高效率作业、及时配送，并将信息反馈给供货商和生产企业，可以形成一个高效率、高能量的商品流通网络，为企业管理决策提供重要依据。同时，还能够大大加快商品流通的速度，降低商品的零售价格，提高消费者购买欲望，从而促进国民经济的发展。

6. 保护环境

环境问题是当今时代的主题，保护环境、治理污染和公害是世界各国的共同目标。例如，你走到马路上，有时会看到在夜里施工运土的卡车漏撒在马路上的一层黄土；马路上堵车很严重，你连骑自行车都没法过去；噪声和废气使你不敢张嘴呼吸。这一切问题都与物流落后有关——卡车漏撒黄土是装卸不当或车厢有缝；马路堵车属流通设施建设不足……这些如果从物流的角度去考虑，都将迎刃而解。

7. 创造社会效益和附加价值

实现装卸搬运作业机械化、自动化，不仅能提高劳动生产率，而且能解放生产力。把工人从繁重的体力劳动中解脱出来，这本身就是对人的尊重，是创造社会效益。比如，日本多年前开始的"宅急便""宅配便"，国内近年来开展的"宅急送"，都是为消费者服务的新行业，它们的出现使居民生活更舒适、更方便。再如，超市购物时，那里不仅商品便宜、安全、环境好，而且为你提供手推车，你可以省很多力气，轻松购物。由以上例子可以看出，物流创造社会效益。随着物流的发展，城市居民生活环境、人民的生活质量可以得到改善和提高，人的尊严也会得到更多的体现。

物流创造附加价值，主要表现在流通加工方面，把原木加工成板材，把粮食加工成食品，把水果加工成罐头，名烟、名酒、名著、名画都会通过流通中的加工，使装帧更加精美，从而大大提高商品的欣赏性的附加价值。

第二节　物流的功能

一、物流主体功能

物流的主体功能包括运输、储存和配送。

1. 运输

物流过程中的运输，主要是指物流企业或受货主委托的运输企业为了完成物流业务所进行的运输组织和运输管理工作。如生产过程中的原材料运输，半成品、成品的运输，包装物的运输；流通过程中的物资运输、商品运输、粮食运输及其他货物的运输；在回收物物流过程中，各种回收物品的分类、捆装和运输；在废弃物物流过程中，各种废弃物包括垃圾的分类和运输等。

2. 储存

这里所说的储存，主要是指生产储存和流通储存。如工厂为了维持连续生产而进行的原材料储存、零部件储存；商业、物资企业为了保证供应、避免脱销所进行的商品储存和物资储存；在回收物物流过程中，为了分类、加工和运送而进行的储存；在废弃物物流过程中，为了进行分类和等待处理的临时储存；等等。这些储存业务活动，除了保证社会生产和供应外，也要实现储存合理化。当然，要做到储存合理化，需采取一些措施，如国外有的工厂实现"零库存"，即按计划供应，随用随送，准时不误，避免积压原材料和资金。

3. 配送

配送是物流业的一种新的服务形式，它的业务活动面很广。有物资供应部门给工厂的配送，也有商业部门给消费者的配送，还有工矿企业内部的供应部门给各个车间配送原材料、零部件等。配送业务强调它的及时性和服务性。

二、物流辅助功能

在由储存、运输和配送构建的物流体系框架中，还存在着诸多辅助性的功能。概括地讲，辅助性功能主要有包装、装卸搬运和流通加工这三个功能。

1. 包装

包装也是物流的重要职能之一。包装不仅仅是为了商品销售，在物流的各个环节——运输、储存、装卸、搬运中，都需要包装。特别是运输和装卸作业时，必须强调包装加固，以避免商品破损。包装不仅具有保护和储存商品的功能，还具有广告宣传的营销功能。

2. 装卸搬运

装卸搬运是物流业务中的经常性活动。无论是生产物流、销售物流还是其他物流，也无论是运输、储存还是其他物流作业活动，都离不开物品的装卸搬运。在装卸搬运作业中，有自动化、机械化、半机械化和手工操作等方式。

3. 流通加工

流通加工是指产品已经离开生产领域，进入流通领域，但还未进入消费的过程中，为了销售和方便顾客而进行的加工，它是生产过程流通领域内的继续，也是物流职能的一个重要发展。无论是生产资料，还是生活资料，都有一些物资和商品，必须在商业或物资部门进行加工以后，才便于销售和运输。

三、物流信息管理功能

物流信息是联结物流各个环节业务活动的链条，也是开展和完成物流事务的重要手段。在物流工作中，每日都有大量的物流信息发生，如订货、发货、配送、结算等，都需要及时进行处理，才能顺利地完成物流任务。信息积压或处理失当，都会给物流业务活动带来不利的影响。因此，如何接受、整理并及时处理物流信息，也是物流的重要职能之一。

物流信息管理通常包括以下内容：

市场信息收集与需求分析；

订单处理；

物流动态信息传递；

物流作业信息处理与控制；

客户关系管理；

物流经营管理决策支持。

第三节 现代物流管理的形成和发展

一、现代物流的发展过程

物流的发展不仅与社会经济和生产力的发展水平有关，也与科学技术的发展水平有关。按照时间顺序，现代物流发展大体经历了以下四个阶段：

1. 初级阶段

20 世纪初，在北美和西欧一些国家，随着工业化进程的加快及大批量生产和销售的实现，人们开始意识到降低物资采购及产品销售成本的重要性。单元化技术的发展，为大批量配送提供了条件，同时也为人们认识物流提供了可能。

1941—1945 年的第二次世界大战期间，美国军事后勤活动的组织为人们对物流的认识提供了重要的实证依据，推动了战后对物流活动的研究及实业界对物流的重视。1946 年美国正式成立了全美输送物流协会。这一时期可以说是美国物流的萌芽和初始阶段。

日本物流观念的形成虽然比美国晚很多，但发展十分迅速。日本自 1956 年从美国引入物流概念以来，在对国内物流进行调研的基础上，将物流理解为"物的流通"。直至 1965 年，"物流"一词才正式为理论界和实业界全面接受。"物的流通"一词包含了运输、配送、装卸、仓储、包装、流通加工和信息传递等诸多活动。

2. 快速发展阶段

自 20 世纪 60 年代以后，世界经济环境发生了深刻的变化。科学技术的发展，尤其是管理科学的进步、生产方式的改变、组织规模化生产的实现，大大促进了物流的发展。物流逐渐为管理学界所重视，企业界也开始注意到物流在经济发展中的作用，将改进物流管理作为激发企业活力的重要手段。这一阶段是物流快速发展的重要时期。

在美国，现代市场营销观念的形成使企业意识到顾客满意是实现企业利润的唯一手段，顾客服务成为经营管理的核心要素，物流在为顾客提供服务上起到了重要的作用。物流特别是配送得到了快速的发展。

20 世纪 60 年代中期至 70 年代初是日本经济高速增长、商品大量生产和大量销售的年代。随着这一时期生产技术向机械化、自动化方向发展以及销售体制的不断改善，物流已成为企业发展的制约因素。于是，日本政府开始在全国范围内进行高速道路网、港口设施、流通聚集地等基础设施的建设。这一时期是日本物流建设的大发展时期，其原因在于社会各方面对物流的落后和物流对经济发展的制约性都有了共同的认识。

3. 合理化阶段

20 世纪 80 年代—90 年代初，物流管理的内容从企业内部延伸到企业外部，物流管理的重点已经转移到对物流的战略开发上。企业开始超越现有的组织机构界限，而注重外部关系，将供货商、分销商及用户等纳入管理的范围，利用物流管理建立和发展与供货厂商及用户的稳定、良好、双赢、互助合作的伙伴式关系，形成了一种联合影响力量，以赢得竞争的优势。物流管理已经意味着企业应用先进技术，站在更高层次上管理这些关系。电子数据交换、准时制生产、配送计划和其他物流技术的不断涌现及其应用与发展，为物流管理提供了强有力的技术支持和保障。这一时期，欧洲的制造业已采用准时生产模式（JIT），产品跟踪采用条形码扫描。第三方物流于这一时期开始在欧洲兴起。

4. 信息化、智能化、网络化阶段

自20世纪90年代以来，随着新经济和现代信息技术的迅速发展，现代物流的内容仍在不断地丰富和发展。信息技术的进步使人们更加认识到物流体系的重要性，现代物流的发展被提到重要日程上来。同时，信息技术特别是网络技术的发展，也为物流发展提供了强有力的支撑，使物流向信息化、网络化、智能化方向发展。目前，基于互联网和电子商务的电子物流正在兴起，以满足客户越来越苛刻的物流需求。

二、我国物流的发展现状

我国自20世纪70年代末从国外引进"物流"概念，20世纪80年代开始启蒙及宣传普及，20世纪90年代物流起步，21世纪物流"热"开始升温。从我国物流现状及目前蓬勃发展的趋势来看，可以说，我国的物流已经步入一个崭新的发展阶段。

1. 现代物流的发展开始受到重视

近几年来，我国部分省市政府开始认识到物流对于推动经济发展、改善投资环境以及提高经济和工商企业在国内外市场的竞争能力上的重要性，把发展现代物流作为一项涉及经济全局的战略性问题来抓。许多省市对发展现代物流高度重视。近期，在一些省市发展计划委员会的领导下，明确提出了加快现代物流业发展的对策建议。建议中明确指出：现代物流业发展水平正成为衡量地区综合竞争力的重要标志；发展现代物流是再创本地区发展新优势的重要举措；发展现代物流是本地区信息化、工业化、城市化、市场化的加速器。

2. 一些工商企业开始重视物流管理

我国的一些工商企业已开始认识到物流不仅能使企业降低物资消耗、提高劳动生产率，而且还是企业增加效益和增强竞争能力的"第三利润源泉"。

例如，海尔集团把物流能力摆在企业核心竞争力的位置，实施企业流程管理再造工程，将集团的采购、仓储、配送和运输等物流活动统一集中管理，成立了物流推进本部，下设采购事业部、配送事业部和储运事业部，对物流业务和物流资源进行优化重组，从而获得了巨大的经济效益。

商业企业为集中精力进行销售，扩大市场占有率，将产品的进货、储存和配送统一由自己的物流系统来完成。例如，以111亿元的销售额位列"中国连锁业百强"之首的上海联华超市，其智能型配送中心的仓储面积达3.55万平方米，停车场地达13万平方米，前后两个装卸区可供25辆大型卡车同时进出配送货物。该中心采用了计算机管理和机械化操作，配送中心根据各超市网上传递的订货单，经计算机处理后，向各楼层发出指令，各楼层按指令配送到集散地装车，中心实施24小时服务，同时为30家超市配送，做到40分钟送到门市部，实现了快速、高效的配送服务，日吞吐商品已达到 7.8 万箱，配送效率达到了国际先进水平。

3. 一批运输、仓储及货代企业正逐步向物流企业发展

随着我国社会物流需求的增加以及对物流认识的深化，我国在计划经济体制下形成的一大批运输、仓储及货代企业，为适应新形势下竞争的需要正努力改变原有单一的仓储或运输服务方式，积极扩展经营范围，延伸物流服务项目，逐渐向多功能的现代物流方向发展。

4. 国外物流企业开始进入中国

由于我国物流企业的经营规模、管理技术和管理水平相对落后，其服务质量还很难满足一些企业，特别是跨国公司对高质量物流服务的需求，因此，近几年来国际上一些著名的物流企业普遍看好我国的物流市场，陆续进入我国，在我国许多地方开始建立物流网络及物流联盟。这些物流企业的服务对象，大多是在我国境内的中外合资或外商独资企业。这种结合方式，形成了在我国境内两个企业之间的"强强联合"。

5. 一些物流企业开始重视物流服务的质量管理

物流的本质是服务，物流服务质量是物流企业生命的保证，它直接关系到物流企业在激烈竞争中的成败。我国的一些物流企业开始把提高服务质量作为与国际接轨、进入国际物流领域的入门证。它们把质量保证思想运用到物流运作中，确立物流质量管理的关键要素，将每项要素的具体标准及要求汇编成质量管理手册。

6. 信息技术和通信技术已逐步运用在物流业务中

我国在 20 世纪 90 年代初期，计算机网络技术开始应用于物流活动中。1995 年，国际互联网在商业领域开始应用，这使得信息技术在物流领域有了突破性进展，促进了我国以网络物流为基础的物流业的迅速发展。利用互联网和电子数据交换系统（EDI），使工厂及其各供应商可随时查看最新交易状况、库存结构和数量，使物流总体效益逐步趋于最优化。

7. 为电子商务提供服务的物流企业有了发展

电子商务，是指通过计算机和计算机网络来完成商品交易等一系列商业活动的一种商品流通方式。目前，我国已出现了为电子商务服务的、以高科技信息技术为基础的第三方物流企业。它们充分利用互联网、无线通信和条形码等现代信息技术，以代理的形式，对物流系列实行统一管理，建立了全国性的、快速的、以信息技术为基础的、专门服务于电子商务的物流服务系统，为客户提供便捷的网上物流交易商务平台。

8. 物流研究和技术开发工作取得了一定进展

随着我国物流业的发展，自 20 世纪 90 年代以来，我国物流理论界不仅将国外先进的物流理论和经验大量介绍和引进国内，同时还借鉴国外物流理论研究成果并结合我国实际，在物流系统建设、物流规划、物流企业的发展战略方面做出了诸多贡献，并取得了丰硕成果，大大推动了我国物流的发展。

我国物流技术的研究也取得了长足进步。例如激光导引无人运输车系统，巷道堆垛机、机器人穿梭车等技术，物流信息技术和物流管理技术，网上仓库管理信息系统和汽车调度信息系统，卫星写信系统，配送物流系统等方面的研究都取得了一定成果。

我国物流与发达国家相比差距还很大，距新形势的要求尚差得很远，亟待解决的问题还相当多。这主要表现在：观念存在障碍、体制分割；第三方物流服务水平有待提高；物流技术装备落后，资源整合较差；大多数生产制造企业还处在朦胧之中，尚未觉醒。只有大部分生产制造企业切实重视了物流管理和物流技术，我国的物流才可以说是真正发展起来了。

三、我国与国外物流管理的差别与借鉴

人们常说，物流水平代表一个国家的经济发展程度，物流管理体现各个国家民族的性情和经济模式的差异。比如，日本注重物流成本测算，英国致力于构筑综合性物流体制，美国则以物流机械的现代化作为物流管理的切入点。比较分析发达国家之间的物流差别，对于我国构建现代物流体系将有所帮助。

1. 日本：成本物流独树一帜

日本物流业的发展大致经历了以下四个阶段：

1953—1963 年，初始阶段；

1963—1973 年，以流通为主的阶段；

1973—1983 年，以消费为主的发展时期；

1983 年到现在，物流现代化、国际化阶段。

在不断降低成本的过程中，日本积淀了一套行之有效的成本物流管理方法，即通过成本管理物流提高物流效益。成本核算涉及各个领域，如供应物流、社内物流、销售物流、退货物流、废弃物流。具体到每一个项目，日本物流界也有其严格的考核办法，著名的"五大效果六要素"法就是典型。

2. 美国：追求高度自动化

撬动美国物流的杠杆之一便是物流机械。为提高运输效率，降低运输成本，美国不断加大车辆载重量，一级长途营运企业汽车平均载重量从 1950 年的 5 吨逐年增加到现在的 30～40 吨。在液罐车上更是推陈出新，有可运送温度低达 -235～-185℃的压缩气体的保温液罐车，有可运送温度高达 205℃的沥青的液罐车及运送熔融合金的带熔液罐车。如今，美国的物流管理领域，已实现了高度的机械化、自动化和电算化。美国的物流包装，也特别强调适用性，尤其对作战物资的包装，着重从强化包装质量入手，改进包装方法，方便物资的储存与运输。

3. 英国：建立综合物流体制

20 世纪 60 年代末期，英国组建了物流管理中心，开始以工业企业高级顾问委员形式出现，协助企业制订物流人才培训计划，组织各类物流专业性的会议，到了 20 世纪70 年代，正式组建了英国管理协会。该协会会员多半是从事出口业务、物资流通、运输的管理人员。协会以提高物流管理的专业化程度为目的，并为运输、装卸等部门管理者和其他对物流感兴趣的人员提供一个相互交流的中心场所。

由此，英国一再灌输综合性的物流理念，并致力于发展综合物流体制，以全面规划物资的流通业务。这一模式强调为用户提供综合性的服务。物流企业不仅向用户提供和联系铁路、公路、水运、空运等交通运输工具，而且还向用户出租仓库及提供其他的配套设施。在这一思想下建立的综合物流中心向社会提供以下几类业务：建立送

物中心、办理海关手续、提供保税和非保税仓库、货物担保、医疗服务、消防设备、道路和建筑物的维护、铁路专用线、邮政电传系统、代办税收、就业登记，以及具有吃、住、购物等多种功能的服务中心等。此外，计算机技术在英国物流体系中也起到了举足轻重的作用，计算机辅助仓库设计、仓库业务的计算机处理等，为英国现代物流揭开了新的一幕。

第四节　物流合理化目标

一、距离短

物流是物质资料的物理性移动。这种移动，即运输、保管、包装、装卸搬运、流通加工、配送等活动，最理想的目标是"零"。因为凡是移动都要产生距离，距离移动得越长，费用越大，反之费用就越小。所以物流合理化的目标，首先是使距离短。

对运输来说，如果产品在产地消费，能大大节省运输成本，减少能源消耗；采取直达运输，尽量不中转，避免或减少交叉运输，空车返回，也能做到运距短；大、中城市间采取大批量运输方式，在城市外围建配送中心，由配送中心向各类用户进行配送，就能杜绝重复运输，缩短运距。现在一些发达国家进行"门到门""线到线""点到点"的送货，进一步缩小了运输距离，大幅度减少了运输上的浪费。距离短还包括装卸搬运距离短，货架、传送带和分拣机械等都是缩短装卸搬运距离的工具。

二、时间少

这里主要指的是产品从离开生产线算起至到达最终用户的时间，包括从原材料生产线到制造、加工生产线这段时间，也就是物品的在途时间少。如运输时间少，保管时间少、装卸搬运时间少和包装时间少等。如果能尽量压缩保管时间，就能减少库存费用和占压资金，节约生产总成本。在装卸搬运时间少方面，可以进行叉车作业、传送带作业、托盘化作业，以及利用自动分类机、自动化仓库等；装卸搬运实现机械化、自动化作业，不仅可以大大缩短时间、节约费用、提高效率，而且通过对装卸搬运环节的有效连接，还可以激活整体物流过程。在包装环节，使用打包机作业是非人工作业之所能及的；现代物流手段之一的模块化包装和模拟仿真等，都为物流流程的效率化提供了有利条件。

三、整合好

物流是一个整体性概念，是运输、保管、包装、装卸搬运、流通加工、配送及信息的统一体，也是这几个功能的有机组合。物流是一个系统，强调的是综合性、整合性，只有这样，才能充分发挥物流的作用，降低物流成本，提高物流效益。下面举几个例子予以说明：

一个企业自建立了全自动化立体仓库后，保管效率得以大幅度提高。可是商品包装差，经常散包、破损；或者托盘尺寸和包装尺寸不标准、不统一，造成物流过程混乱，窝工现象不断。那么建了全自动化立体仓库也只能发挥一个环节的作用，物流整体的效率还是没有太大的提高。

一个企业在运输、保管、包装和装卸这四个环节都已经实现了现代化，但唯独信息环节落后，造成信息收集少、传递不及时、筛选分析质量差或计算差错率高等，那么整个物流系统也就不能高效运转。

以上两个例子已足以说明物流整合好是多么重要。当然，在条件不全部具备的情况下，先建一个现代化的配送中心，迈出第一步，也能取得局部效果，这种做法也无可非议。

四、质量高

质量高是物流合理化目标的核心。物流质量高的内容有：运输、保管、包装、装卸搬运、配送和信息各环节本身的质量要高，为客户服务的质量要高，物流管理的质量要高等。

就运输和保管质量来说，送货的数量不能有差错、地址不能有差错，中途不能出交通事故、不能走错路，保证按时到达。在库存保管方面，要及时入库、上架、登记，做到库存物品数量准确、货位确切，还应将库存各种数据及时传递给各有关部门，作为生产和销售的依据，库存数据和信息的质量要求也必须高标准。物流合理化目标的归结点就是为客户服务，客户是物流的服务对象，物流企业要按照要求的数量、时间、品种，安全、准确地将货物送到指定的地点。这是物流合理化的主体和实质。

物流质量高的另一个方面是物流管理的质量。没有高水平的物流管理就没有高水平的物流，物流合理化的目标也会变成一句空话。

五、费用省

物流合理化目标中，既要求距离短、时间少、质量高，又要求费用省。这似乎不好理解，很可能有人认为，物流质量高了，为客户服务周到了，肯定要增加成本，同时又要求节约物流费用，不是相互矛盾吗？实际上，如果真正实现了物流合理化，物流费用照样能省。比如，减少交叉运输和空车行驶会节约运输费用；利用计算机进行库存管理，充分发挥信息的功能，可以大幅度降低库存，加快仓库周转，避免货物积压，也会大大节省费用；采取机械化、自动化装卸搬运作业，既能大幅度削减作业人员又能降低人工费用。

六、安全、准确、环保

物流活动必须保证安全、准确，物流过程中货物不能被盗、被抢、被冻、被晒、被雨淋，不能发生交通事故，确保货物准时、准地、原封不动地送达。同时，诸如装卸搬运、运输、保管、包装、流通加工等各环节作业，不能给周围带来影响，尽量减少废气、噪声、振动等公害，要符合环境保护要求。

本章小结

现代物流是一个新兴的产业,其主要功能包括包装、装卸搬运、运输、储存保管、配送、流通加工和物流信息管理等。现代物流形成的时间不长,但发展十分迅速,这是全球经济社会发展的客观需要。本章从介绍物流的定义和内涵入手,阐述了物流的价值、作用和功能,最后归结到物流合理化的最终目标。

案例分析

中国香港成为世界市场物流枢纽的八大优势

中国香港是一个国际大都会,是国际金融中心、贸易中心、服务中心。中国香港回归祖国以来,进一步强化了这一地位。

中国香港之所以被誉为"东方之珠",其中一个重要原因是物流业的发展。而香港物流的平衡发展完全得益于以下八个方面:

1. 拥有世界级的基建设施和懂两文三语的 IT 专才

中国香港拥有世界级的基建设施,又与制造业发达的珠江三角洲联系紧密,所以中国香港物流业的潜力无限。香港的 IT 专才,除了懂两文三语外,还熟悉内地的经营环境,有良好的法治意识。

2. 地理优势和税率低

首先,地理优势方面,香港在北上和南下上所花的时间较其他地区短,且大部分工厂北移,空置出来的商厦增加,其租金成本与新加坡相似。此外,中国香港的公司主管级的住宅租金与我国上海及新加坡相比也不会过于昂贵。其次,香港不征收消费税,加上税率低,大部分设备成本比邻区低 10%~25%。

3. 通信网运作成本相当低

无论是长途电话,还是专用电信网络,香港的通信网运作成本都相当低。香港为亚太区重要的商贸中心,拥有强健的金融构架及完善的司法制度,资金可以自由进出,有逾 900 个国际企业在香港设立总部。因此,香港有优势成为亚太区的供应链管理枢纽。

4. 政府的强有力支持是自由港发展的前提

在当今竞争日益剧烈的经济环境中,政府有必要制定统一的物流政策,使物流朝高科技、系统完善及效率高的方向发展,才能控制成本以提高竞争力。特区政府成立了促进物流发展的"物流发展局",并根据物流发展局的意见,已经把发展《数码贸易运输网络》这个电子资讯平台的建设纳入研究课题。特区政府为提高香港作为亚洲运输及物流枢纽的地位,还在北大屿山选址发展现代化物流园,同时加大香港的资讯和基础设施建设。

5. 拥有完善的海、陆、空运输设施和配套设备及全世界最繁忙的集装箱码头

香港拥有全世界最繁忙的集装箱码头。在海运方面,约 80 家国际集装航运公司每星期提供 400 条航线,开往全球 500 多个目的地。

在空运方面,66 家国际航空公司每星期提供约 3 800 班定期班机,由香港飞往全

球 130 多个目的地。现在香港国际机场采用最先进的设备和双跑道设计，以应付日益繁重的运输量。

在港口方面，9 号码头第一期将投入服务，工程完工后，该码头将拥有 4 个深水及 2 个驳船泊位，容量将不少于 260 万个标准箱，而且也开始了 10 号码头的可行性研究。

陆路建设方面，香港政府正加紧建设公路，连接机场及各港口到港内各区。

此外，特区政府还积极兴建后海湾通往深圳及蛇口的跨海大桥，连接青岛至长沙湾工业区的 9 号干线等。

6. 完善的软件体系

香港在软件配套方面，拥有相对完善、为外国商家信任的法律体制，具备优质的国际性金融和保险服务；而港务、运输等行业也具有富有专业精神的 24 小时制的各式客户服务。

香港的各类配套设施、物流服务、货柜码头的服务效率及素质，均属国际水准。

在软环境方面，与物流有关的资讯科技、网站，甚至软件物流供应链管理设计公司，都有不同种试探参与。

7. 对物流人才的重视

为适应物流业的快速发展，提高物流人才素质，香港物流专业协会正积极引进国际认可的物流从业人员专业资格评审机制，还为进修物流课程的在职人士提供资助，以便提升香港物流业的整体技术水平，适应物流业日新月异的需要。

8. 区位优势是香港成为内地最大贸易伙伴的必然条件

包括港澳在内的珠江三角洲地区，目前已成为举世瞩目的强大制造中心，并正向服务业、高增值行业转型，务求成为区内的物流枢纽，为内地及整个东南亚地区提供服务。

香港是内地最大的贸易伙伴，内地也是香港转口货物的最大市场兼主要来源地，香港约有 90% 的转口货物来自内地或以内地为目的地。

目前，部分物流企业已经在内地以合资的形式成立公司，还有超过 10 万家香港公司在内地采购。凭着香港拥有的一流运输设施和交通网络、全球首屈一指的航空货运中心地位，加上珠江三角洲的强大生产能力，两地结伴合作可以发展成为连接内地与世界市场的物流枢纽。

（选自：彭扬. 现代物流学案例与习题［M］. 北京：中国物资出版社，2010.）

案例思考

1. 香港为什么能成为亚太地区乃至世界的物流中心？
2. 在香港物流业的发展中，哪些方面值得内地借鉴？

第二章 现代物流系统

学习目标

（1）了解系统的定义和系统的特征；

（2）了解物流系统的定义和物流系统的构成；

（3）阐述物流系统性要求的理由。

开篇案例

奥运物流

举世瞩目的 2008 北京奥运会落幕了，精彩的赛事让人们久久回味，崛起的中国和美丽的北京给世人留下了永恒的记忆。然而，我们同样不能忘记的是支撑起这样一个庞大项目的幕后英雄——奥运物流系统。作为全球规模最大的体育盛会，奥运会的参赛运动员和观众比其他任何体育赛事都多，由此引发了巨大的物流需求。2008 年北京奥运会期间，大量的比赛器材、体育用品的运送、储存和人们的旅游、娱乐、餐饮等活动都对物流提出了高质量服务需求，从而形成一个巨大的奥运物流市场。2008 年北京首次承办奥运会，能否按照预订计划有序地进行，如何做好奥运物流工作把北京奥运会办成历史上最成功的一届奥运会，是我们面临的一个重要课题。

1. 北京奥运物流的必要性分析

北京奥组委在北京奥运行动规划当中提出，2008 年奥运会要以"新北京、新奥运"为主题，要突出"绿色奥运、科技奥运、人文奥运"三大理念，并要求奥运的组织工作要高效、创新。北京奥运物流一方面是奥运三大理念的重要体现，另一方面是奥运竞赛工作的重要保障。从 1996 年第 26 届亚特兰大奥运会开始，一直到 2000 年第 27 届悉尼奥运会和 2004 年第 28 届雅典奥运会，奥组委下面都成立了奥运物流委员会。而且，国外的经验表明，一个高效的物流系统是成功举办奥运会的物质基础和坚强的后勤保证。

我国在物流技术、物流设施和物流管理这些方面都还相对落后于发达国家，同时我们又没有举办奥运会的经验，因此我们就更应该加大力度，对奥运物流规划进行研究。我们要从因地制宜和先进性这两个角度出发，同时要借鉴国外的经验，研究制定 2008 年北京奥运物流系统规划。

2. 奥运物流的概念与内涵

奥运物流是指为了举办奥运会所消耗的物品（包括商品和废弃物）从供应地到接收地的实体流动过程，即根据奥运会的实际需求，将运输、存储、装卸、搬运、包装、流通加工、配送、信息处理等基本功能有机地结合，并根据需要提供延伸服务，如通关服务、分拣服务、快递服务、保险服务等。奥运物流的基本概念，又可以分为广义的概念和狭义的概念。广义的概念，是泛指在奥运会举办前后较长一段时间内，在全社会范围内直接和间接引发的物流活动；狭义的概念，是指奥运物流在奥运会举办期间及前后一段时间，包括赛前、赛中、赛后这样一个时间范围内所产生的一些物流活动（这是研究奥运物流的着眼点）。一般情况下，人们对赛前、赛中物流考虑较为全面，但比赛毕竟是在一个具体时间段、具体地点发生的行为，这个时间段过去后，比赛所涉及的物品就要恢复原样，这同样涉及物流问题，因此，赛后物流也是非常重要的一个环节。

由于奥运物流涉及大量的人和各种各样的物品，有精确的时间和地点的要求，因此更好地为奥运物流规划服务、满足奥运物流系统的总体目标，应该是奥运物流计划和实施的标准和原则，这样才能实现北京 2008 年奥运会前后高效、快捷、安全、准确、网络化的物流服务。

3. 近几届奥运会奥运物流的运作情况

从第 25 届巴塞罗那奥运会开始，历届奥运会的主办者对奥运物流问题都非常重视。在第 24 届汉城奥运会结束的同时，第 25 届巴塞罗那奥运会的组织和物流工作就开始进行了。其中成功的一点是任命了三位有经验的人士从事物流组织工作，在整体的运作过程中共有 5 位政府官员和 18 位专家参与。这说明西班牙奥组委很重视奥运物流问题，虽然并没有像亚特兰大那样成立专门的物流机构，但是在围绕奥运会赛事产生的物流需求和参加奥运会的记者、政府代表团成员、志愿者以及各种工作人员办公、生活所需物品的物流需求，观看奥运会的国内外观众、游客的物流需求，以及奥运会期间产生的目前不可预见的非赛事物流需求方面，事先均有很好的认知和解决方案。

2000 年举办的第 27 届悉尼奥运会，还专门对奥运物流进行了系统的规划。在悉尼奥运会的筹备期间，悉尼奥组委对奥运物流组织工作十分重视，认为奥运会不仅有体育比赛的金牌，还能决出物流组织的金牌，在举办 2000 年悉尼奥运会之前应重视奥运物流研究。同时，有资料表明，在 2000 年悉尼奥运会中，悉尼市的物流设施规划与建设、物流组织与管理、物流技术创新与应用等都取得了令人瞩目的成就，物流规划对悉尼奥运会的成功举办起到了重要的作用。

对于直接为奥运会服务的物流，如货运代理、信件与包裹传递、奥运村生活物流、奥运比赛器材的物流需求等活动可以承包合同的形式委托给第三方物流公司，合同中规定了第三方物流公司的责任和奥组委 S2LT 所需提供的必要设施、条件以及协调与监督管理的职责。事实证明，由于奥运会是特有的短期行为，且奥运物流活动又是十分复杂、需要现代物流技术支撑才能完成的，在技术、人力、物力等条件有限的情况下，将那些需要高度专门技术来完成的奥运物流活动外包，不仅可行而且具有特殊的优越性。

4. 奥运物流市场的形成与北京奥运物流市场的构成

（1）奥运物流市场的形成

现代奥运会不是一个独立封闭的系统，它存在于发达的商业社会中，必须和这个商业社会进行各种物质和能力的交换。从这个意义上说，现代奥运会不仅是一场体育盛会，更是一个特大的商业项目。一方面，奥运会自身组织工作的复杂性使得它需要利用市场来进行资源的优化配置；另一方面，商家们也不会放过奥运会这一特大商机。所以说，市场化运作的发展趋势是由社会环境和奥运会的自身特点共同决定的。

1980年萨马兰奇出任国际奥委会主席以后，奥林匹克运动加快了与市场接轨的步伐。1984年洛杉矶奥运会通过市场化的运作和商业开发，盈利2.5亿美元，一改以前主办奥运会经常给主办国家带来经济亏损的状况。从此，奥运会成为体育产业中一个最具有代表性的、融体育竞技比赛和商业营销活动于一体的活动。因此，与奥运会的组织准备、开幕举行和相关企业营销活动过程相伴随的所谓奥运物流——由于举办奥运会而产生的物流服务需求，形成了一个潜力巨大、备受关注的奥运物流市场。

（2）北京奥运物流市场的构成

①赛前物流市场

2008年北京奥运会的赛前物流市场包括物流基础设施建设市场、奥运场馆建设物流市场、物流装备市场、物流信息与咨询市场、物流人才培训市场、比赛器材物流市场、生活物流市场、奥组委及各国代表团的货运代理市场、奥运新闻器材物流市场、商业物流市场10个部分。

以奥组委及各国代表团的货运代理市场为例，目前北京近90%的进出境货物通过天津港出入，因此奥组委及各国代表团的货物的主要运输方式也应为海运，其奥运赛前物流的进入通道主要在北京的"出海口"——天津港。大部分入境货物首先通过国际运输到达天津港，然后再由天津港采用海关跨关区运输方式直接运至北京，在北京奥运物流主要仓储基地（如北京朝阳十八里店物流港，因为此物流基地有京津海关直通系统）办理海关和检验检疫手续，可以在北京奥运物流仓储基地进行存放，或根据需要直接运到相关的目的地。其他不需报关、报检的非进口货物可以通过合理运输方式运到相关物流基地仓库存储，根据需要向相关场馆进行配送。通过北京首都机场的空运货物可在报关、报检后直接运输至北京奥运物流仓储基地。

②赛中物流市场

赛中物流市场包括比赛器材物流市场、生活物流市场、奥运信函与包裹快递市场、商业物流市场、奥运会展物流市场、奥运新闻器材物流市场、废弃物物流市场7个部分。

2000年悉尼奥运会赛中物流的配送规模为：每天向悉尼奥运公园的25个场馆大约115个配送点进行500次配送业务，每天向Darling港的4个场馆10个配送点进行100次配送业务。根据粗略估计，2008年北京奥运会"赛中物流"总的配送规模约为悉尼奥运会的1.2~1.5倍。北京奥运赛中物流的重要点是奥运村和各比赛场馆的物流配送，赛中物流主要物流设施及各比赛场馆的设置，即奥林匹克公园、各比赛场馆及相关设施、物流基地和物流中心。

③赛后物流市场

赛后物流的主要活动是出境物流及国际国内物流运输、配送、仓储等相关工作，涉及的主要物流服务内容是待出境货物的暂时仓储、国际运输、通关、报检、空陆联运、海陆联运、货运代理、仓储等服务，其中重点内容是仓储、运输、通关、报检等物流服务。

赛后物流市场包括商业物流市场、回收物流市场和废弃物物流市场三个部分。虽然赛后物流不像赛前物流和赛中物流的作用那样突出，但大部分货物都要求在几周之内运送完毕，时间紧迫，要求高质量的物流服务。

综上所述，物流整体水平的提高，除了必要的硬件基础设施之外，更应重视管理水平的提高。要从思想上重视科学技术在物流领域的应用，尤其是电子商务在提高物流效率、效益和竞争力方面的重要作用。同时应多吸收相关方面的专业人才，全面提高管理人员的素质。成立奥运物流指挥中心加强与相关部门的合作，保证奥运物资顺利到达指定位置；成立由有关部门共同组成的联合领导小组，为成功举办奥运会规划安全、高效、顺畅的奥运物流系统。

案例思考

1. 奥运物流包含了哪些环节？
2. 结合案例内容，对北京奥运物流系统规划的制定提出你的意见和建议。

第一节　系统的概念

一、系统的定义

"系统"这个词最早出现于古希腊语中，是"部分组成的整体"的意思。系统概念并不神秘，它广泛存在于自然界、人类社会和人类思维之中，大到浩瀚的银河系，小到肉眼看不到的原子核，从复杂的导弹系统，到一种简单的产品，都可视为系统。如果撇开这些系统的生物的、技术的、生产的具体物质运动形态，仅仅从整体和部分之间的相互关系来考察，我们称这种由相互作用和相互依赖的若干部分（要素）组成的具有特定功能的有机整体为系统。

二、系统的一般模式

系统是相对外部环境而言的，但是它和外部环境的界限又往往是模糊过渡的，所以严格地说系统是一个模糊集合。

外部环境向系统提供劳力、手段、资源、能量、信息，称为"输入"。系统以自身所具有的特定功能，将"输入"进行必要的转化处理活动，使之成为有用的产品，供外部环境使用，称之为系统的"输出"。输入、处理、输出是系统的三要素。如一个工厂输入原材料，经过加工处理，得到一定产品作为输出，这就成为生产系统。

外部环境因资源有限、需求波动、技术进步以及其他各种变化因素的影响，对系统加以约束或影响，称为环境对系统的限制或干扰。此外，输出的成果不一定是理想的，可能偏离预期目标，因此，要将输出结果的信息返回给"输入"，以便调整和修正系统的活动，这称为反馈。根据以上关系，系统的一般模式可用图2-1表示。

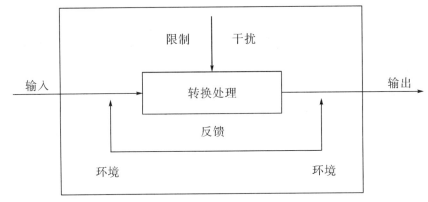

图2-1 系统的一般模式

三、系统的特征

1. 集合性

系统是由两个或两个以上的要素所构成的具有特定功能的有机集合体，但该有机集合体的功能不是各要素功能的简单叠加。也就是说，系统不是各个要素的简单拼凑，它是具有统一性的一个系统总体。即使是把那些单个功能并不优越的要素经系统组合起来，但形成的系统总体却可以具有优越的功能，也可以产生新的功能。例如，继电器在电路中是起开关作用的，现在把许多继电器随便集中起来，其功能是不会发生任何变化的。但如果把这些继电器按照一定逻辑电路的要求巧妙地连接起来，就构成了一个计算机系统，它便会显示出与开关功能截然不同的新功能，即计算功能。

系统和要素的区分是相对的。一个系统只有相对于构成它的要素而言才是系统，而相对于由它和其他事物构成的较大系统，它却是一个要素（或称子系统）。

2. 相关性

构成系统的各要素之间必须存在某种相互联系、相互依赖的特定"关系"，即有机联系的整体才可称为系统。例如，电子计算机系统是把各种输入输出装置、记忆装置、控制装置、运算装置等硬件装置，以及程序等软件和操作人员等都作为组成部分，而且它们是以各种特定的"关系"相互有机地结合起来，这才形成了一个系统。

系统的要素间的特定关系是多种多样的，如原子内部的引力相互作用和电磁相互作用，生物体内部的同化和异化，遗传与变异，人类社会内部的生产力与生产关系，经济基础与上层建筑的相互作用，等等。

3. 目的性

系统应具有一定的目的性，而且这种目的是人为的。没有明确目的的系统，不是系统工程的研究对象。这样，就把那些目前人类还不能改造和控制的自然系统从系统工程中排除了。例如太阳系，它是一种力学系统的自然系统，虽然它具有特定的功能，但是不存在目的。也就是说，人类还无法全部认识和改造它。系统工程所研究的人造系统或复合系统，是根据系统的目的来设定它的功能的，所以，在这类系统中，系统的功能是为系统目的服务的。

4. 动态性

系统处于永恒的运动之中。一个系统要不断输入各种能量、物质和信息，通过在系统内部特定方式的相互作用，将它们转化为各种结果输出。系统就是在这种周而复始的运动、变化中生存和发展，人们也在系统的动态发展中实现对系统的管理和控制。

5. 环境适应性

环境是存在于系统之外、与系统有关的各种要素。可以把环境理解为更高一级的系统。

系统是不能脱离环境而孤立存在的，它必然要与环境发生各种联系，同时，也受到环境的约束或限制。环境不是一成不变的，环境的变化往往会引起系统功能的变化，甚至可能改变系统的目的。系统应具备一种特殊的能力，即自我调节以求适应保全的能力。这种能力使系统适应各种变化，排除干扰，保全自己目的的实现。系统的这种能力就是环境适应性，也可称为"应变能力"。

四、系统工程

系统概念的提出，是科学研究方法的一个重要发展。系统概念的出现，不再把事物看成是孤立的、不变的，而是看成发展的、相互关联的一个整体。当然，仅有系统的概念还不能解决具体问题，现代科学技术把系统的概念应用具体化，建立了通过逻辑推理、数学运算，定量地处理系统内部的关系等一整套系统分析方法——系统工程科学。

系统工程就是用科学的方法组织管理系统的规划、研究、设计、制造、试验和使用，规划和组织人力、物力、财力，通过最优途径的选择，使我们的工作在一定期限内收到最合理、最经济、最有效的成果。所谓科学的方法，就是从整体观念出发，通盘筹划，合理安排整体中的每一个局部，以求得对整体的最优规划、最优管理和最优控制，使每个局部都服从于整体目标，发挥整体优势，做到人尽其才、物尽其用，避免资源的损失和浪费。

系统工程的核心内容包括系统管理理论和运筹学模型。

第二节　物流系统的构成

一、物流系统的总体框架

所谓物流系统，是指由各个相关要素有机结合而成的、提供高质量的物流服务的一个整体。其总体框架如图 2-2。

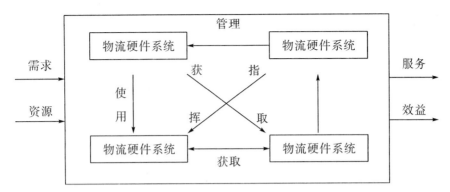

图 2-2　物流系统的总框架

1. 物流硬件系统

基础设施：公路、铁路、航道、港站（港口、机场、编组站）。

运输工具：货运汽车、铁道车辆、货船、客货船、货机、客货机。

物流中心(配送中心)：仓库、装卸搬运机具、仓储货架、托盘、货箱、自动化设施。

2. 物流作业系统

物流作业系统如图 2-3 所示：

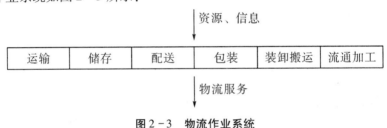

图 2-3　物流作业系统

3. 物流管理系统

物流管理系统如图 2-4 所示：

图 2-4　物流管理系统

4. 物流信息系统

（1）物流信息系统的层次结构，如图 2-5 所示。

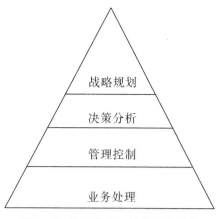

图2－5　物流信息系统的层次结构

（2）物流信息系统的功能结构，如图2－6所示：

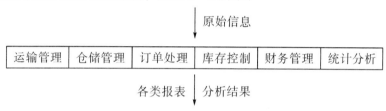

图2－6　物流信息系统的功能结构

二、物流系统的功能

物流系统与一般系统一样，具有输入、输出、处理（转化）、限制（制约）、反馈等功能。

1. 输入

通过提供资源、能源、机具、劳动力、劳动手段等，对某一系统发生作用，这一作用被称为外部环境对物流系统的"输入"。

物流系统的输入内容有：①各种原材料或产品、商品；②生产或销售计划；③需求或订货计划；④资源；⑤资金；⑥劳力；⑦合同；⑧信息。

2. 输出

物流系统以其本身所具有的各种手段和功能，在外部环境一定的制约作用下，对环境的输入进行必要的处理（转化），使之成为有用（有价值）的产品；或实现位置转移及提供其他服务等，这些被称为物流系统的"输出"。

物流系统的输出内容有：①各种物品的场所转移；②各种信息报表的传递；③各种合同的履行；④提供各种优质服务。

3. 处理（或转化）

物流系统本身的转化过程，即从"输入"到"输出"之间所进行的生产、供应、销售、回收、服务等物流业务活动，称为物流系统的"处理（或转化）"。

物流系统的处理包括：①各种生产设备、设施（车间、机器、车辆、库房、货物等）的建设；②各物流企业进行的物流业务活动（包括运输、储存、包装、装卸搬运等）；③各种物流信息的数据处理；④各项物流管理工作。

4. 限制、干扰

外部环境也因资源条件、能源限制、需求变化、运输能力、技术进步以及其他各种因素的影响，而对物流系统施加一定的约束，这种约束被称为外部环境对物流系统的"限制"或"干扰"。

对物流系统的干扰因素主要有：①资源条件；②能源限制；③资金力量；④生产能力；⑤价格影响；⑥需求变化；⑦市场调节；⑧仓库容量；⑨运输能力；⑩政策性波动。

5. 反馈

物流系统在把"输入"转化为"输出"的过程中，由于受系统内外环境的限制、干扰，不会完全按原来的计划实现，往往使系统的输出未达到预期的目标（当然，也有按计划完成生产或销售物流业务的），所以，需要把"输出"结果返回给"输入"，这被称为"信息反馈"。

物流系统的反馈内容主要有：①各种物流活动分析；②各种统计报表、数据；③典型调查；④工作总结；⑤市场行情信息；⑥国际物流动态。

三、物流系统性要求的理由

1. 从保证为客户服务质量的角度来谈

假如物流的七大环节——运输、保管、包装、装卸搬运、流通加工、配送和信息处理中，只有运输环节有问题，为客户送货不准时，或者送错了地方，那么即使其他环节效率再高，客户也会有意见；如果其他环节都没有问题，只有保管环节出了错，由于仓库货物保管混乱，怎么也找不到货主要的货，费了半天劲找到了，但误了送货时间，货主还是不满意；再如，运输、保管、装卸、信息处理各环节都正常，只有包装环节质量差，不能按客户要求的标准将货物包装好，影响了送货的质量，客户同样会有意见。依此类推，可以讲，物流的七大环节，是保证客户满意的七个组成部分，哪一个环节都不能出问题，哪个环节都很重要，因为只要其中有一个环节不协调，为客户服务的质量就无法保证。

2. 从物流七大环节的作业效率来说明

假如一个企业运输能力非常强、效率高、质量好，但保管、包装、装卸和信息处理各环节与运输环节相比有很大差距，那么整个物流效率也不可能高。运输卡车如果排着队等在仓库门口，两个小时也装不完货的话，恐怕卡车在路上跑得再快也没用。假如一个企业投巨资建了全自动化立体仓库，保管的作业效率一下子提高了几倍，可遗憾的是，运输环节跟不上，配送没形成网络，在这种情况下，也同样不能很快把货送到用户手中，得不到客户满意。再比如，运输、保管、包装、装卸搬运各环节效率都很高，只有电脑软件跟不上，信息传递不及时，可想而知，势必要影响整体效率。所以说，物流是一个系统，是一个整体，各环节相互关联，相互作用，缺一不可。

3. 从物流各环节的技术水平方面看问题

比如，运输、保管、包装、信息各环节的设备都先进，作业效率高，质量好，但只有装卸搬运环节设备落后，机械化作业水平不行，人工装卸效率低、质量差、作业时间长，或者由于抢时间、野蛮作业，以致包装破损，甚至出现作业事故，势必会影响整个物流过程的速度和质量；再比如，运输、保管、装卸搬运和信息处理各环节的技术水平一致，效率很高，而包装环节技术含量低，包装机械少，主要靠人工作业，即便是每天工人加班加点，恐怕也难达到要求。如果某个环节总是与其他环节不匹配，整体物流就无法实现高效率。因此，物流各环节的技术水平的一致性同样是物流系统性要求的重要组成部分。

拿运输来讲，现在，随着经济全球化的发展，国际运输业竞争越来越激烈，国际贸易也要求运输高效、安全、准确和快速。如果国际运输船队力量强大，运力充足，但是由于港口规模小，装卸机械程度差，或者港区仓库面积不够等原因，轮船到港后不能马上进港卸货，这样，国际运输船队规模再大也是多余的。如果港口已经现代化了，轮船能够及时进港，卸货也很快，但是，货物装上卡车后一上公路就走不动，因为港口腹地运输网络和设施差，交通堵塞严重，或者说，货物按原定计划从船上卸下来，突然情况变化，需要将货物在港口仓库暂时保管几天，可是港口的仓库面积不足，货物没地方存放，也会出现很大麻烦。因此，物流是一根链条，各个环节必须配套和咬合，哪个环节也不可出问题。

上面我们讲到的内容从几个方面说明了物流系统性的重要。实际上，系统性的另一层意思是统一性、协调性和整体性。物流系统犹如一部机器，由各部分零件组合在一起，协调动作，整体运行。

托盘只是一个物流器具，但也可以形成一个系统。托盘系统包括包装、运输、装卸、搬运、保管和信息处理。托盘是装卸机械化、保管自动化、包装标准化、运输效率化的基本构成因素，托盘尺寸的标准化关系到整个物流系统的效率。

使托盘能够进行叉车装卸和搬运作业，可以大大提高作业速度和效率；如果托盘能实现托盘化堆码、单元化包装、单元化搬运和装卸，就能大幅度节约仓库空间，使货物出入库、保管实现全自动化；如果托盘尺寸一致了、统一了，能使物品一下生产线就堆码在托盘上，实现运输、包装、装卸、搬运、保管一体化作业，就可以极大地缩短物流各环节的作业时间，节约物流各环节的费用，大幅度提高效率。因此，世界各国都十分重视托盘的利用和托盘的标准规格、尺寸的统一，在设计托盘时，注意规格尺寸相一致，以免出现搬运装卸的麻烦。

之所以要强调物流的系统性，一是物流本身就是一个系统，而不只是单一的运输和保管作业。只有物流七大环节整体合理化、机械化和现代化，才能真正节约费用、增加效益、提高效率和服务水平。二是物流各环节之间相互联系、相互制约，如果只重视一个方面，忽略另一方面，就会产生不协调。比如不包装或简化包装就要增加装卸、搬运和保管费用，降低运输效率；如想减少库存，则要增加配送工具，加大运输成本；等等。三是物流管理和物流技术本身也要求统一性和整体性。比如前面举的托盘例子，托盘的标准和规格与包装尺寸、卡车车厢宽度、集装箱宽度等都有一致性要求，这关系到装卸、运输效率。四是物流外围条件的系统要求。比如，要提高物流服务水平，加强为用户服务，但服务是什么标准，成本是否合算，这要根据企业销售、企业经营和企业市场战略的需要而定。也就是说，物流系统与商流系统乃至企业经营、城市规划、环境保护等众多企业外部环境因素相关，我们在追求物流系统整体最优的同时，还应该与相关的外部条件协调一致。

综上所述，物流并不是某一个环节的概念，而是一个系统性的概念，不能单纯地以为运输就是物流，或者保管就是物流，否则，就偏离了物流的实质。我们要清楚地认识到物流是由运输、保管、装卸搬运、包装、流通加工、配送和信息处理七大环节（或称七大功能）组成的一个系统工程，七个环节的整合性、协调性、一致性、关联性、互动性、平衡性是物流的本质和生命力；物流强调的是七大环节的综合成本的降低和综合效益的提升，而不是局部的冒进和盲目超前；物流与商流、信息流和资金流密切相关，现代物流已与销售、电子商务和供应链等连成一体，是综合设计、整体构思、协调发展的产物。

四、物流系统的特征

物流系统是新的系统体系，它具有系统的一般特征。同时，它又是一个十分复杂的系统——复杂的系统要素、复杂的系统关系等，使物流系统又具有其自身的特点。这具体表现在以下几方面：

1. 复杂性

首先，物流系统的对象异常复杂。物流系统的对象是物质产品，既包括生产资料、消费资料，又包括废旧废弃物品等，遍及全部社会物质资源，将全部国民经济的复杂性集于一身。其次，它拥有大量的基础设施和庞大的设备，而且种类各异。为了实现系统的各种能力，必须配有相应的物流设施和各种机械设备，例如，交通运输设施，车站、码头和港口，仓库和货场设施，各种运输工具，装卸搬运设备，加工机械，仪器仪表等。最后，物流系统关系复杂。物流系统各个子系统之间存在着普遍的复杂联系，各要素关系也较为复杂，不像某些生产系统那样简单明了。而且，系统结构要素之间有非常强的"背反"现象，常称之为"交替损益"或"效益背反"现象。物流系统中许多要素在按新观念建立系统之前，早就是其他系统的组成部分，因此，往往较多地受原系统的影响和制约，而不能完全按物流系统的要求运行，对要素的处理稍有不慎，就会出现系统总体恶化的结果。最后，物流系统与外部环境联系极为密切和复杂。物流系统不仅受外部环境条件的约束，而且这些约束条件多变、随机性强。

2. 动态性

首先，物流系统与生产系统的一个重大区别在于，生产系统有固定的产品、固定的生产方式，连续或不连续地生产，很少发生变化，系统稳定时间较长；而一般的物流系统总是链接多个生产企业和用户，随需求、供应、渠道和价格的变化，系统内要素及系统的运行经常发生变化，难以长期稳定。其次，物流系统信息情报种类繁多，数据处理工作量大，而且信息流量的产生不均匀。最后，物流系统属于中间层次系统范畴，本身具有可分性，可以分解成若干个子系统；同时，物流系统在整个社会再生产中主要处于流通环境中，因此，它必然受更大的系统如流通系统、社会经济系统的制约。

3. 广泛性

物流系统涉及面广、范围大，既有企业内部物流、企业间物流，又有城市物流、社会物流，同时还包括国际物流，物流系统几乎渗透我们工作和生活的各个领域。

在对物流活动进行研究时，只有充分考虑物流系统工程特征，才能建立一个高效低耗的物流系统，实现系统的各种功能。

第三节　物流系统评价

一、物流系统评价的目的

物流系统评价是指从技术和经济两个方面对建立物流系统的各种方案进行评价，并从中选择出技术上先进可行、经济上合理的最优秀系统方案的过程。

系统功能、目的和要求的实现程度，是以系统的功能与实现其功能所支付的费用之间的比例关系是否合理来衡量的。因此，物流系统评价的目的就是，在技术上可行的前提下，从系统功能、目标、要求和费用方面，对系统进行分析和评价，考核其满足程度，借以发现问题，提出改进措施，经过修改后建立或改进物流系统的最优方案，为决策提供科学依据。常用的评价方法是系统的价值分析。

系统的价值是系统的功能与所支付费用之间的比例关系，用公式可以表示如下：

$$价值（value）=功能（function）/费用（cost）$$

简记为：$V = F/C$

这就是价值分析中所谓价值的含义。

价值分析方法，实际上也是从技术和经济两个方面对系统进行的评价。因为系统功能的实现是以系统技术上的先进实用为保障的，费用的多少则体现了系统的经济上的合理程度。因此，对系统的评价应该从系统的总评价出发，综合评价系统价值各方面的得和失，尽可能把不同方面的评价尺度统一起来，这样才能得到真实、完整、可比的评价结果。

二、物流系统评价的原则

物流系统是一个非常复杂的人造系统，它涉及面广，构成要素繁多且关系复杂，这都给系统评价带来一定的困难。为了对物流系统做出一个正确的评价，应遵循下列基本原则：

1. 要保证评价的客观性

评价的目的是为了决策，因此，评价的质量影响着决策的正确性。也就是说，必须保证评价的客观性。这就要弄清资料是否全面、可靠和正确，防止评价人员的倾向性，并注意人员的组成应具有代表性和独立性。

2. 要保证评价的整体性

坚持局部利益服从整体利益的原则。物流系统是由若干个子系统和要素构成的，如果每个子系统的效益都很好，那么，整体效益也会比较理想。在某些情况下，有些子系统是经济的，效益是好的，但从全局来看却不经济，这种方案理所当然是不可取的。反之，在某些情况下，从局部看某一子系统是不经济的，但从全局看整个系统却是较好的，这种方案则是可取的。因此，我们所要求的是整体效益化和最优化，要求局部效益服从整体效益。

3. 要坚持可比性和可操作性原则

指标体系的建立和评价指标的确定要坚持先进合理和可操作的原则。影响物流系统功能发挥的因素是非常多的，因此，在建立物流系统指标体系时，不可能面面俱到，但应在突出重点的前提下，尽可能做到先进合理，坚持可操作性。可操作性主要表现在评价指标的设置上，既要可行又要可比。可行性主要是指指标设置要符合物流系统的特征和功能要求，在具体指标的确定上，不能脱离现有的技术水平和管理水平而确定一些无法达到或无法评价的指标。可比性，主要指评价项目等内容含义确切，便于进行比较，评出高低。

4. 在定性分析的基础上坚持量化原则

这是对系统做出客观合理的评价结果的前提。在对物流系统进行评价时，应坚持定性分析与定量分析相结合的原则，并且在定性分析的基础上，以定量分析为主，既要反映物流系统实现功能的程度，又要确定其量的界限，争取对系统做出客观的评价，从而确定最优方案。

三、物流系统评价指标体系

要对不同的方案进行评价和选优，就必须建立能对照和衡量各个替代方案的统一尺度以及评价指标体系（考察系统替代方案的维度）。评价指标体系是指衡量系统状态的技术、经济指标，它既是系统评价的基础，也是所建立的物流系统运行和控制的信息基础。建立一套完整的评价指标体系，有助于对物流系统进行合理的规划和有效的控制，有助于准确反映物流系统的合理化状况以及评价改善的潜力和效果。

（一）物流系统评价指标体系的组成

1. 物流生产率

物流生产率指标是指物流系统投入产出转换效率的指标。物流系统的运行过程，是一定的劳动消耗和劳动占用（投入）完成某种任务（产出）的过程。物流系统的投入包括人力资源、物质资源、能源和技术等，各项投入在价值形态上统一表现为物流成本。物流系统的产出，就是为生产系统和销售系统提供服务。物流生产率指标是物流指标体系的重要组成部分，它通常又包括实际生产率、资源利用率、行为水平、成本和库存五个方面的指标。

（1）实际生产率。它是系统实际完成的产出与实际消耗的投入之比，例如，人均年仓储物品周转量、运输车辆每吨年货运量等。

（2）资源利用率。物流系统的资源利用率是指实际投入与系统需要的投入之比，例如，运输车辆的运力利用率、仓储设备的仓容利用率等。

（3）行为水平。物流系统的行为水平是指系统实际产出与期望产出之比，也就是对系统各生产要素工作额完成情况的评价，例如每人每小时的实际件数与定额之比、生产费用与预算之比等。有时也用实际使用时间与完成工作的规定时间之比来衡量。

（4）成本。物流系统的各项投入在价值形态上统一表现为物流系统成本。成本能有效地反映物流系统的运行状况，并且是评价物流过程中各项活动的共同尺度。但是，只比较两个不同的物流系统的绝对成本是没有意义的，因此，还需要通过比较成本与产出的货币量或实物量，来衡量物流系统的实际生产率；或者通过实际成本与成本定额的比较，来衡量物流系统的行为水平。

（5）库存。库存是指物流系统仓库占用形式的投入。库存的数量与周转速度是体现物流投入产出转换效率高低的重要标志，例如库存周转天数、库存结构合理性等。

2. 物流质量

物流质量指标是物流系统指标体系的重要组成部分，它是对物流系统产出质量的衡量。根据物流系统的产出，可将物流质量划分为物料流转质量和物流业务质量两个方面。

（1）物料流转质量。物料流转质量是对物流系统所提供的物品在品种、数量、质量、时间和地点上的正确性评价。①品种和数量的正确性：物流过程中物品实际的品种和数量与要求质量的符合程度，常见的指标包括物品盈亏率、错发率（既包括品种的差错，又包括数量的差错）等。②质量的正确性：物流过程中实际质量与要求质量的符合程度，常见的指标有仓储物品完好率、运输物品完好率、进货质量合格率等。③时间的正确性：物流过程中物品流向的实际时间与要求时间的符合程度，常见指标有及时进货率、及时供货率等。④地点的正确性：物流过程中物品流向的实际地点与要求地点的符合程度，常见指标有错误送货率等。

（2）物流业务质量。物流业务质量是指对物流系统的物流业务的时间、数量上的正确性以及工作的完善性的评价。①时间的正确性：物流过程中物流业务在时间上实际与要求的符合程度，常见的指标有对订单的反应时间、发货故障平均处理时间等。②数量的正确性：物流过程中物流业务在数量上实际与要求的符合程度，常见的指标有采购计划完成率、供应计划完成率等。③工作的完善性：物流过程中物流业务工作的完善程度，常见的指标有对客户问讯的响应率、用户特殊送货要求满足率、售后服务的完善性等。

（二）物流系统评价指标体系的建立

根据系统的观点，系统评价指标体系是由若干个单项评价指标组成的有机整体。它应反映出系统目的的要求，并尽可能做到全面、合理、科学、实用。根据不同的衡量目的，物流系统指标的衡量对象可以是整个物流系统，也可以是供应物流、生产物流、销售物流以及回收、废弃物流等子系统，还可以是运输、仓储、库存管理、生产计划及控制等物流职能，乃至各职能中的具体的物流活动，由此形成不同的指标体系。

建立物流系统及其子系统的评价指标体系，可以遵循以下步骤：

第一，建立物流系统的目标体系。对于物流系统的整体来说，其指标体系应当能反映物流系统的目的，其实质是对物流系统的目的从几个不同的方面（即维度）用数量进行描述；同样的道理，对于其子系统来说，它是实现整个物流系统目的的一种手段，而这种手段只是物流系统整体目标的分解，依此类推，我们可以得到一个目标体系。

第二，根据目标体系确定评价指标体系。在这种情况下，我们可以根据该子系统的上一级子系统（或物流系统）的目标制定它的评价指标体系。换句话说，就是根据系统展开后的目标体系来制定各子系统的评价指标。

第三，考虑各评价对象的影响因素，修改评价指标体系。物流系统及其子系统不是孤立的，它们常常受到诸如政治、法律、经济、技术和生态等各种各样因素的影响。因此，我们必须把物流系统内外的相互制约、错综复杂的因素层次化、条理化，并纳入相关的子系统中进行考虑。这样制定出来的评价指标体系既能保持它的合理性，又能保证它的完整性。下面以最有代表性的物流职能为对象，讨论如何建立指标体系。

1. 运输

可对运输中的自备运输和外用运输分别建立指标体系，衡量其生产率和质量。其指标体系如图2-7所示：

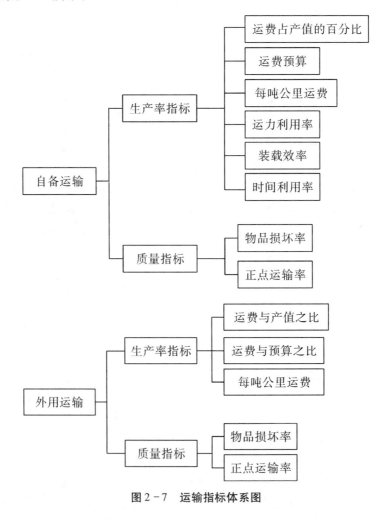

图2-7　运输指标体系图

2. 仓储

仓储有外用和自备两种，可分别对其建立指标体系，如图 2−8 所示：

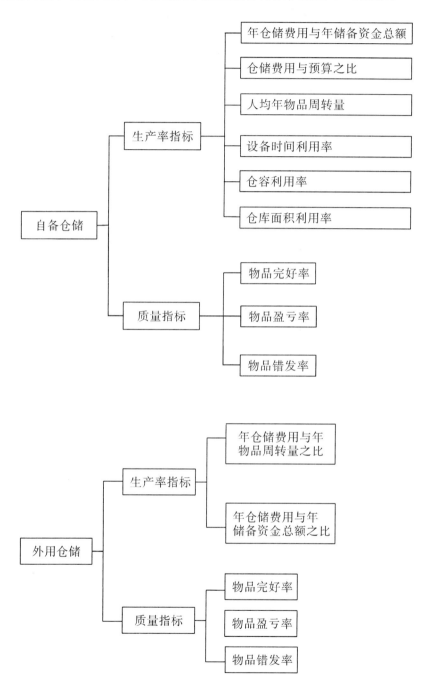

图 2−8 仓储指标体系图

本章小结

用系统观点来研究物流活动是现代物流管理的核心问题。物流并不是某一个环节的概念，不能单纯地以为运输就是物流，或者以为保管就是物流，如果这样认为，就偏离了物流的实质。物流系统是新的系统体系，具有复杂性、动态性和广泛性的特征。对物流系统的评价，因其构成要素繁多复杂，而有一定的难度，要对不同物流方案进行评价，必须建立一套完整的评价指标体系。

案例分析

香港机场货运中心的物流水平在世界上处于领先地位

香港机场货运中心是比较现代化的综合性货运中心，它的物流实现了高度的自动化，如在其1号货站，货运管理部对入库的货物按标准打包；之后，一般规格的包装通过货架车推到一列摆开的进出口，在电脑上输入指令，货架车就自动进入轨道，运送到六层楼高布满货架的库房里自动化指定的仓位。

需从库房提取的货物，也是通过电脑的指令，货物自动从进出口输送出来。巨型的货架，则用高3米、宽7米的升降机运到仓库的货架。搬动货物主要用叉车、拖车，看不到人工搬运。

传统的仓储运输业与现代物流业的对比：传统储运的基本要求是做好货物的保管和运输，现代物流则包括运输、装卸、保管、加工、包装、配送、信息网络等，其要求是通过整体科学管理使物流过程做到最优化。基于此，社会化的、现代化的物流中心，必须具备地点适中、一定的规模、完整的配套设施、拥有专业人才等条件，并不断提高信息化、现代化和国际化水平，以实现商流、物流、信息流、资金流的合一。

案例思考

香港机场货运中心的物流水平为什么能在世界上处于领先地位？

第三章　现代物流的类型

学习目标

（1）了解现代物流的不同类型；
（2）懂得第三方物流的概念；
（3）懂得第三方物流是如何创造价值的；
（4）了解国际物流系统的组成。

开篇案例

麦当劳的第三方物流案例分析

在麦当劳的物流中，质量永远是权重最大、被考虑最多的因素。麦当劳重视品质的精神，在每一家餐厅开业之前便可见一斑。餐厅选址完成之后，首要工作是在当地建立生产、供应、运输等一系列网络系统，以确保餐厅得到高品质的原料供应。无论何种产品，只要进入麦当劳的采购和物流链，就必须经过一系列严格的质量检查。麦当劳对土豆、面包和鸡块都有特殊的严格要求。比如，在面包生产过程中，麦当劳要求供应商在每个环节加强管理：装面粉的桶必须有盖子，而且要有颜色，不能是白色的，以免意外破损时碎屑混入面粉而不易分辨；各工序间运输一律使用不锈钢筐，以防杂物碎片进入食品中。

谈到麦当劳的物流，不能不说到夏晖公司，这家几乎是麦当劳"御用3pl"（该公司客户还有必胜客、星巴克等）的物流公司，它们与麦当劳的合作，至今在很多人眼中还是一个谜。麦当劳没有把物流业务分包给不同的供应商，夏晖也从未移情别恋，这种独特的合作关系，不仅建立在忠诚的基础上，还在于夏晖为其提供了优质的服务。

而麦当劳对物流服务的要求是比较严格的。在食品供应中，除了基本的食品运输之外，麦当劳还要求物流服务商提供其他服务，比如信息处理、存货控制、贴标签、生产和质量控制等诸多方面，这些"额外"的服务虽然成本比较高，但它使麦当劳在竞争中获得了优势。"如果你提供的物流服务仅仅是运输，运价是一吨0.4元，而我的价格是一吨0.5元，但我提供的物流服务当中包括了信息处理、贴标签等工作，麦当劳也会选择我做物流供应商的。"为麦当劳服务的一位物流经理说。

另外，麦当劳要求夏晖提供一条龙式物流服务，包括生产和质量控制在内。这样，在夏晖设在台湾地区的面包厂中，就全部采用了统一的自动化生产线，制造区与熟食区加以区隔，厂区装设空调与天花板，以隔离落尘，易于清洁，应用严格的食品与作业安全标准。所有设备由美国SASIB专业设计，生产能力每小时24 000个面包。在专门设立的加工中心，物流服务商为麦当劳提供所需的生菜切丝、切片及混合蔬菜，拥有生产区域全程温度自动控制、连续式杀菌及水温自动控制功能的生产线，生产能力每小时1 500公斤（1公斤=1千克。下同）。此外，夏晖还负责为麦当劳上游的蔬果供应商提供咨询服务。

麦当劳利用夏晖设立的物流中心，为其各个餐厅完成订货、储存、运输及分发等一系列工作，使得整个麦当劳系统得以正常运作，通过它的协调与连接，使每一个供应商与每一家餐厅达到畅通与和谐，为麦当劳餐厅的食品供应提供最佳的保证。目前，夏晖在北京、上海、广州都设立了食品分发中心，同时在沈阳、武汉、成都、厦门建立了卫星分发中心和配送站，与设在香港和台湾的分发中心一起，斥巨资建立起全国性的服务网络。

例如，为了满足麦当劳冷链物流的要求，夏晖公司在北京地区投资5 500多万元人民币，建立了一个占地面积达12 000平方米、拥有世界领先的多温度食品分发物流中心，并在该物流中心配备了先进的装卸、储存、冷藏设施，5~20吨多种温度控制运输车40余辆，中心还配有电脑调控设施用以控制所规定的温度，检查每一批进货的温度。

"物流中的浪费很多，不论是人的浪费、时间的浪费还是产品的浪费都很多。而我们是靠信息系统的管理来创造价值。"夏晖食品公司片区总裁白雪李很自豪地表示，夏晖的平均库存远远低于竞争对手，麦当劳物流产品的损耗率也仅有万分之一。

"全国真正能够在快餐食品达到冷链物流要求的只有麦当劳。"白雪李称，"国内不少公司很重视盖库买车，其实谁都可以买设备盖库。但谁能像我们这样有效率地计划一星期每家餐厅送几次货，怎么控制餐厅和分发中心的存货量，同时培养出很多具有管理思想的人呢？"与其合作多年的麦当劳中国发展公司北方区董事总经理赖林胜拥有同样的自信："我们麦当劳的物流过去是领先者，今天还是领先者，而且我们还在不断地学习和改进。"

赖林胜说，麦当劳全国终端复制的成功，与其说是各个麦当劳快餐店的成功，不如说是麦当劳对自己运营的商业环境复制的成功，尤其重要的是其供应链的成功复制。离开供应链的支持，规模扩张只能是盲目的。

超契约的合作关系：

很让人感兴趣的是，麦当劳与夏晖长达30余年的合作，为何能形成如此紧密无间的"共生"关系？甚至两者间的合作竟然没有一纸合同？

"夏晖与麦当劳的合作没有签订合同，而且麦当劳与很多大供应商之间也没有合同。"

的确有些难以置信！在投资建设北京配送中心时，调研投资项目的投资公司负责人向夏晖提出想看一下他们与麦当劳的合作合同。白雪李如实相告，令对方几乎不敢相信，不过仔细了解原因后，对方还是决定投资。

这种合作关系看起来不符合现代的商业理念，但却从麦当劳的创始人与夏晖及供应商的创始人开始一路传承下来。

"这种合作关系很古老，不像现代管理，但比现代管理还现代，形成超供应链的力量。"白雪李说，在夏晖的 10 年工作经历让自己充分感受到了麦当劳体系的力量。夏晖北方区营运总监林乐杰则认为，这种长期互信的关系使两者的合作支付了最低的信任成本。

多年来，麦当劳没有亏待他的合作伙伴，夏晖对麦当劳也始终忠心耿耿，白雪李说，有时长期不赚钱，夏晖也会毫不犹豫地投入，因为市场需要双方来共同培育，而且在其他市场上这点损失也会被补回来。有一年，麦当劳打算开发东南亚某国市场，夏晖很快跟进在该国投巨资建配送中心。结果天有不测风云，该国发生骚乱，夏晖巨大的投入打了水漂。最后夏晖这笔损失是由麦当劳给付的。

案例分析

这个案例不仅涉及了麦当劳作为一个连锁企业的自身物流管理过程，还包含了其供应商夏晖公司的第三方物流运作模式。让我们来分析一下二者的关系。

案例包含了供应物流、生产物流和销售物流三方面，而对供应物流和销售物流来说，夏晖公司的特别之处在于，它不仅扮演了第三方物流公司的角色，而且还承担着供应商的责任。一方面，可以说是麦当劳采用了委托第三方物流代理的方式为其制造、库存、配送及管理，另一方面，它完全采用了供应商代理的形式，由供应商掌握麦当劳的库存，采购也是由夏晖公司来完成，而麦当劳和其供应商夏晖公司的关系也就完全成了伙伴型的，不管夏晖是作为第三方物流公司，还是作为供应商，它无疑都在整个物流运作过程中起到了不可忽视的作用。

SWOT 分析

（一）强势（S）

（1）麦当劳遵从了企业物流合理化近距离的原则。从夏晖公司为麦当劳建立面包厂和在北京地区投资 5 500 多万元人民币建立了一个占地面积达 12 000 平方米、拥有世界领先的多温度食品分发物流中心为例可以看出。同时，这种做法也大大地减少了麦当劳的库存，满足了在制品库存最小原则。

（2）夏晖采用了准时供应方式。供应物流活动的主导是麦当劳，它可以按照最理想的方式选择供应物流，而供应物流的承担者夏晖，必须以最优的服务才能为用户所接受。这也是麦当劳和夏晖之间能保持几十年合作关系的原因。麦当劳因为夏晖的供应而节约了巨大的物流成本，下回也因此有生意可做，两家企业互相扶持，形成了坚不可摧的伙伴型关系。

（3）夏晖还采用了供应链采购。麦当劳只需把自己的需求信息向供应商连续及时传递，由供应商根据用户的需求信息，预测用户未来的需求量，并根据这个预测需求量制定自己的生产计划和送货计划，主动小批量多频次向用户补充货物库存，既保证满足用户需求又使货品库存量最少、浪费最小。这种 VMI 采购的最大受益者是麦当劳，它可以摆脱烦琐的采购事务，从采购事务中解脱出来，甚至连库存负担、运输进货等负担都由夏晖承担，而服务率还特别高。

（4）麦当劳与夏晖的这种合作关系既属于长期目标型，又属于渗透型。我们都知道与供应商保持长期的关系是十分重要的，他们为了双方的共同利益对改进各自的工作感兴趣，并在此基础上建立起超越买卖关系的合作。麦当劳对物流服务的要求是比较严格的，在食品供应中，除了基本的食品运输之外，麦当劳要求物流服务商提供其他服务，比如信息处理、存货控制、贴标签、生产和质量控制等诸多方面；麦当劳要求夏晖提供一条龙式物流服务，包括生产和质量控制在内。这样，在夏晖设在台湾的面包厂中，就全部采用了统一的自动化生产线，并采用了更先进的设施，这样，既满足了麦当劳对产品质量的严格要求，又使夏晖能在技术创新和发展上促进企业的产品改进，所以这样做对双方都有利，从而更加增强了企业的外部竞争力。

（二）弱势（W）

麦当劳只有一家主要原料的供应商，会使产品原料单一，难以满足顾客越来越挑剔的要求，顾客会需要多元化的产品出现，麦当劳只有不断变化的产品出现才能拥有竞争力。

（三）机遇（O）

拥有中国这块广泛的市场，只要好好利用，还会取得更好的成绩。当然，物流是非常重要的一部分。

（四）威胁（T）

物流的理念和实践都发展得很快，其他快餐连锁如果响应得快，就会把麦当劳吞掉，像肯德基等，无疑是麦当劳的一大威胁。

不断货是麦当劳的另外一个要求。这听起来很简单，但具体运作却非常麻烦。想象一下麦当劳在全国有多少家连锁店，尽管通过POS机能够实时知道每一种商品的销售情况，但是如何运输、怎样在全国范围内建物流中心、如何协调社会性物流资源、如何在运输的过程中做到严格的质量控制（麦当劳的很多产品都需要严格的冷藏运输），这些非常复杂的工程，需要有极好的供应链管理能力。

因此有人说，多次挑战麦当劳、肯德基的国内连锁快餐无一胜出，不仅仅是中国快餐管理的失败，同样是缺乏供应链管理能力的中国物流业的失败。

第一节　物流分类

为了便于研究，可以从物流系统的作用、物流活动的空间范围和物流活动的性质等不同角度将物流分成不同的类别。

一、按照系统的性质分类

物流是一个系统工程，按照物流系统所涉及的范围的不同，可以将物流分成以下几种类型：

1. 社会物流

社会物流也称为宏观物流或大物流，它是对全社会物流的总称，一般指流通领域所发生的物流。社会物流的一个标志是，它伴随商业活动（贸易）而发生，也就是说社会物流的过程和所有权的更迭是相关的。当前的物流科学的研究重点之一就是社会物流，因为社会物资流通网络是国民经济的命脉，流通网络分布的合理性、渠道是否畅通等对国民经济的运行有至关重要的影响，必须进行科学管理和有效控制，采用先进的技术手段，才能保证建立高效能、低运行成本的社会物流系统，从而带来巨大的经济效益和社会效益。这也是物流科学受到高度重视的主要原因。

2. 行业物流

同一行业中所有企业的物流称为行业物流。行业物流往往促使行业中的企业互相协作，共同促进行业的发展。例如日本的建筑机械行业，提出了行业物流系统化的具体内容，包括有效利用各种运输手段，建设共同的机械零部件仓库，实行共同集约化配送，建立新旧建筑设备及机械零部件的共同物流中心，建立技术中心以共同培训操作人员和维修人员，统一建筑机械的规格等。目前，国内许多行业协会正在根据本行业的特点，提出自己行业的物流系统化标准。

3. 企业物流

企业物流是指在企业范围内进行相关的物流活动的总称。企业物流包括企业日常经营生产过程中涉及的生产环节。如原材料的购进，产成品的销售，商品的配送等都属于企业物流。企业物流系统主要有两种结构形式：一种是水平结构，另一种是垂直结构。

根据物流活动发生的先后次序，从水平的方向上可以将企业的物流活动划分为供应物流、生产物流、销售物流和回收与废弃物物流四个部分。

企业物流活动的垂直结构主要可以分为管理层、控制层和作业层三个层次。物流系统通过这三个层次的协调配合实现其总体功能。

（1）管理层。其任务是对整个物流系统进行统一的计划、实施和控制，包括物流系统战略规划、系统控制和成绩评定，以形成有效的反馈约束和激励机制。

（2）控制层。其任务是控制物料流动过程，主要包括订货处理与顾客服务、库存计划与控制、生产计划与控制、用料管理、采购等。

（3）作业层。其任务是完成物料的时间转移和空间转移。主要包括发货与进货运输以及厂内装卸搬运、包装、保管、流通加工等。

二、按照活动的空间范围分类

按照物流的地理位置的不同，可以将物流分成以下几个类型：

1. 按地区有不同的划分原则

例如：按行政划分，有西南地区、华北地区等；按经济圈划分，有苏（州）（无）锡常（州）经济区、黑龙江边境贸易区等；按地理位置划分，有长江三角洲地区、河套地区等。地区物流系统对于提高该地区企业物流活动的效率、保障当地居民的生活环境具有重要作用。研究地区物流应根据地区的特点，从本地区的利用和工作利益出发组织好物流活动。如某城市建设一个大型物流中心，显然这对于当地物流效率的提高、降低物流成本、稳定物价是很有作用的，但是也会引起由于供应点集中、载货汽车来往频繁产生废气噪声、交通事故等消极问题。因此物流中心的建设不单是物流问题，还要从城市建设规划、地区开发计划出发统一考虑，妥善安排。

2. 国内物流

国家或相当于国家的拥有自己的领土和领空权力的政治经济实体，所制订的各项计划、法令政策都应该是为其整体利益服务的。所以物流作为国民经济的一个重要方面，一般也都纳入国家总体规划的内容。全国物流系统的发展必须从全局着眼，对于部门和地区分割所造成的物流障碍应该清除。在物流系统的建设投资方面也要从全局考虑，使一些大型物流项目能尽早建成，从而能够更好地为国家整体经济的发展服务。

3. 国际物流

全球经济一体化，使国家与国家之间的经济交流越来越频繁，国家之间、大洲之间的原材料与产品的流通越来越发达，不置身于国际经济大协作的交流之中，本国的经济技术便很难得到良好的发展。因此，研究国际物流已成为物流研究的一个重要分支。

三、按照作用分类

企业物流活动几乎渗透所有的生产活动和流通管理工作中，对企业的影响十分重大。按照物流在整个生产制造过程中的作用来看，物流可以分为：供应物流，主要指原材料等生产资料的采购、运输、仓储和用料管理等生产环节；生产物流，主要指生产计划与控制，厂内运输（装卸搬运），在制品仓储与管理等活动；销售物流，主要指产成品的库存管理，仓储发货运输，订货处理与顾客服务等活动；回收与废弃物流，包括废旧物资、边角余料的回收利用，各种废弃物的处理等。

1. 供应物流

所谓供应物流就是物资从生产者、持有者至使用者之间的物质流通，即生产企业、流通企业或消费者购入原材料、零部件或商品的物流过程。对于生产型企业而言，是指对生产活动所需要的原材料、备品备件等物资采购供应所产生的物流活动；对于流通领域而言，是指从买方角度出发的交易行为所发生的物流活动。企业的物流资金大部分是被购入的物资材料及半成品等所占用的，因此，供应物流的严格管理及合理化对于企业的成本控制有着重要影响。

2. 生产物流

生产物流是指从工厂的原材料入库起，直到工厂成品库的成品发送为止的这一过程的物流活动。生产物流是制造型企业所特有的物流过程，它和生产加工的工艺流程同步。原材料、半成品等按照工艺流程在各个加工点之间不停顿地移动、流转形成了生产物流。如生产物流中断，生产过程就将随之停顿。生产物流合理化对工厂的生产秩序、生产成本有很大的影响。生产物流均衡稳定，可以保证在制品的顺畅流转和设备负荷均衡，压缩在制品库存，缩短生产周期。

3. 销售物流

销售物流是物资的生产者或持有者至用户或消费者之间的物流活动，即生产企业、流通企业售出产品或商品的物流过程。对于生产型企业而言，是指生产出的产成品的销售活动发生的物流活动；对于流通领域，是指交易活动中从卖方角度出发的交易行为的物流。通过销售物流，生产企业得以回收资金，进行再生产的活动；流通企业得以实现商品的交换价值，获取差价收益。销售物流的效果直接关系到企业的存在价值是否被市场消费者认可，销售物流所发生的成本会在产品或商品的最终价格中得到体现，因此，在市场经济中为了增强企业的竞争能力，销售物流的合理化改进可以立即收到明显的市场效果。

4. 回收物流

在生产及流通活动中有一些材料是要回收并加以再利用的。如作为包装容器的纸箱、塑料框、酒瓶等；又如建筑行业的脚手架等也属于这一类物资。还有其他杂物的回收分类后的再加工，例如旧报纸、书籍可以通过回收、分类制成纸浆加以利用；特别是金属的废弃物，由于具有良好的再生性，可以回收重新熔炼成为有用的原材料。2007 年我国冶金生产每年有 7 200 万吨左右的废铁作为炼钢原料使用，也就是说我国钢产量中有 30% 以上是由回收的废钢铁重熔冶炼而成的。回收物流品种繁多，流通渠道不规则且多变化，因此管理和控制的难度较大。

5. 废弃物物流

生产和流通系统中所产生的无用的废弃物，如开采矿山时产生的土石，炼钢生产中的炉渣，工业废水以及其他一些无机垃圾等，已没有再利用的价值，但如果不妥善处理，会造成环境污染，就地堆放会占用生产用地以至妨碍生产，对这类物资的处理过程就产生了废弃物物流。废弃物物流没有经济效益，但是具有不可忽视的社会效益。为了减少资金消耗，提高效率，更好地保障生活和生产的正常秩序，对废弃物物流合理化的研究是必要的。

第二节　第三方物流

一、第三方物流的概念

供应链活动中的公司为了建立相互之间更有意义的关系，越来越重视与其他公司，包括与顾客、原材料供应商及各种类型的物流服务供应商的紧密合作。其结果是使许多公司成为供应链成员，第三方物流的概念在这一过程中逐步形成。

"第三方"这一词来源于物流服务提供者作为发货人（甲方）和收货人（乙方）之间的第三方这样一个事实。我国国家标准（GB/T18354－2001）中"物流术语"中将第三方物流定义为"由供方与需方以外的物流企业提供物流服务的业务模式"。定义中的物流企业自然被称为第三方物流公司。

第三方物流公司可广义地定义为提供部分或全部企业物流功能服务的外部公司。这一广义的定义是为了把运输、仓储、销售物流等服务的提供者都包括在内。在这一行业中既有许多小的专业公司，也有一些大的公司存在。

第三方物流的出现是运输、仓储等基础服务行业的一个重要的发展。从经营角度看，第三方物流包括提供给物流服务使用者的所有物流活动。欧美研究者一般是这样定义第三方物流的：第三方物流是指传统的组织内履行的物流职能现在由外部公司履行。第三方物流公司所履行的物流职能，包含了整个物流过程或整个过程中的部分活动。

第三方物流是一个新兴的领域，已得到越来越多的关注。像许多新的术语一样，第三方物流这一术语的表达运用常因人和因地的不同而使其含义有很大的区别。此外，还有一些别的术语，如合同物流（Contract Logistics）、物流外协（Logistics Outsourcing）、全方位物流公司（Full－Service Distribution Company 或 FS－DC）、物流联盟（Logistics Alliance）等，也基本能表达与第三方物流相同的概念。一般地理解，第三方物流供应者并不是经纪人。一个公司要承担起第三方物流供应者的角色，必须能管理、控制和提供物流作业。

此外，从战略重要性角度看，第三方物流的活动范围和相互之间的责任范围较之一般的物流活动都有所扩大，以下定义就强调了第三方物流的战略意义：工商企业与物流服务提供者双方建立长期关系，合作解决托运人的具体问题。通常，建立关系的目的是为了发展战略联盟以使双方都获利。

这一定义强调了第三方物流的几个特征：长期性的关系、合伙的关系、协作解决具体的不同问题和公平分享利益以及共担风险。与一些基本服务如仓储、运输等相比，第三方物流提供的服务更为复杂，包括了更广泛的物流功能，需要双方最高管理层的协调。

第三方物流服务中，物流服务提供者须为托运人的整个物流链提供服务，供求双方在协作中建立交易关系或长期合同关系。这两种关系间还可以有多种不同的选择，诸如短期合同、部分整合或合资经营。物流服务供求双方的关系既可以只限于一种特定产品（如将汽车零部件配送给汽车经销商），也可以包括一组特定的物流活动，甚至还可以有更大的合作范围（如进出库运输、仓储、最终组装、包装、标价及管理）。在计算机行业中，物流服务提供者还可提供超出一般范围的物流服务，比如在顾客的办公室安装、组装或测试计算机。

二、第三方物流服务的提供者

大多数第三方物流公司以传统的"类物流业"为起点，如仓储业、运输业、快递业、空运、海运、货代、公司物流部等。

1. 以运输为基础的物流公司

这些公司都是大型公司的分公司，有些服务项目是利用其他公司的资产完成的。其主要的优势在于公司能利用母公司的运输资产扩展其运输功能，提供更为综合性的整套物流服务。

2. 以仓库和配送业务为基础的物流公司

传统的公共或合同仓库与配送物流供应商，已经将物流服务扩展到了更大的范围。以传统的业务为基础，这些公司已介入存货管理、仓储与配送等物流活动。经验表明，基于设施的公司要比基于运输的公司更容易、更方便地转向综合物流服务公司。

3. 以货代为基础的物流公司

这些公司一般无资产，非常独立，并与许多物流服务供应商有来往。它们具有把不同物流服务项目组合以满足客户需求的能力，它们正从货运中间商角色转为业务范围更广的第三方物流服务公司。

4. 以托运人和管理为基础的物流公司

这一类型的公司是从大公司的物流组织演变而来的。它们将物流专业的知识和一定的资源（如信息技术）用于第三方物流作业。这些供应商具有管理母公司物流的经验。

5. 以财务或信息管理为基础的物流公司

这种类型的第三方供应商是能提供如运费支付、审计、成本监控、采购跟踪和存货管理等管理工具（物流信息系统）的物流企业。

三、第三方物流是如何创造价值的

第三方物流供应方必须提供比客户自身进行运作具有更高的价值才能生存。它们不仅要考虑到同类服务提供者的竞争，还要考虑到潜在客户的内部运作。假设所有的公司都可以提供同等水平的物流服务，不同公司之间的差别将取决于它们的物流运作资源的经济性。如果其财务能力无限大，那么每一家公司都可以在公司内部获得并运用资源。因此，物流服务提供者与他们的客户之间的差别在于物流服务的可得性及其表现水平。由于在物流公司，内部资源是给定同样的资源，物流服务供应方就能够比客户公司在作业过程中获得更多的资源和技巧，从而更能够提供多种高水平的服务。这样一个经济环境，促使物流服务供应方注重在物流上投资，从而能够在不同方面为客户创造价值。这就是所谓"战略核心理论"。下面将列举物流供应方创造价值的几个方面。

1. 运作效率

物流服务供应商为客户创造价值的基本途径是达到比客户更高的运作效率，并能提供较高的成本服务比。运作效率提高意味着对每一个最终形成物流的单独活动进行开发（如运输、仓储）。例如，仓储的运作效率取决于足够的设施与设备及熟练的运作技能。一般认为，重视管理对服务与成本有正面影响，因为它激励其他要素保持较高水平。重视管理在作业效率范畴中的另一个更重要的作用是提高物流的作业效率，即协调连续的物流活动。要提高运作效率，除了具备良好的作业技能外，它还需要协调和沟通技能。协调和沟通技能在很大程度上与信息技术相关联，因为协调与沟通一般是通过信息技术这一工具来实现的。如果存在有利的成本因素，并且公司的注意力集中在物流方面，那么以低成本提供更好的服务是非常有可能的。

2. 客户运作的整合

带来增值的另一个方法是引入多客户运作，或者说是在客户中分享资源。例如，多客户整合的仓储或运输网络，客户运作可以利用整合起来的资源。整合运作规模效益成为能取得比其他资源更高的价值。整合运作的复杂性大大地加强，需要更高水平的信息技术与技能。但是，拥有大量货流的大客户也会对此进行投资。由于整合的增值方式对于由单个客户进行内部运作的很不经济的运输与仓储网络也适用，因此，表现出的规模经济的效益是递增效益，如果运作得好，将以竞争优势取得更大的客户基础。

3. 横向或者纵向的整合

前面讨论了创造价值的两种方法：运作效率和客户运作的整合注重的完全是内部，也就是尽量把内部的运作外部化。然而就像第三方的业务由顾客运作的外部化驱动，也是第三方供应方的内部创造价值的一步。纵向整合，或者说发展与低层次服务的供应商关系，是创造价值的另外一种方法。在纵向整合中，第三方供应方注重被视为核心能力的服务，或购买具有成本与服务利益的服务。根据第三方供应方的特性，单项物流功能可以外购或内置。横向上，第三方供应方能够结合类似的但不是竞争的公司，比如扩大为客户提供服务的地域覆盖面。

无资产的主要以管理外部资源为主的第三方物流服务提供商是这种类型的受益的物流供应方。这类物流公司发展的驱动力是内部资产的减少以及从规模和成本因素改进获得的利益。这类公司为客户创造价值的技能是强有力的信息技术（通信与协调能力）和作业技能。作业技能是概念性的作业技能，而非功能性的作业技能，因为对它来说，主要的问题是管理、协调和开发其他运作技能和资源。

4. 发展客户的运作

为客户创造价值的最后一条途径是使物流服务供应方具有独特的资本，即物流服务供应方能在物流方面拥有高水平的运作技能。我们这里所说的高水平运作技能（概念上的技能）指的是将客户业务与整个系统综合起来进行分析、设计等的能力。物流服务供应方应该使其员工在物流系统方案与相关信息系统工程的开发、重组等方面具有较高水平的理论知识。这种创造价值方法的目的不是通过内部发展，而是通过发展客户公司及组织来获取价值。这就是物流服务供应方基本接近传统意义上物流咨询公司要做的工作，所不同的只是这时候所提出的解决方案要由同一家公司来开发、完成并且运作。上述增值活动中的驱动力在于客户自身的业务过程。所增加的价值可以看作源于供应链工程与整合。这种类型的活动可以按不同的规模和复杂程度来开展。最简单的办法就是在客户所属的供应链中创建单一的节点（如生产和组装地）或单一链接（如最后的配送）。单一节点和链接指的是第三方供应方运作并在很大程度上在客户供应链管理和控制的一个或一些节点和链接。这也意味着供应方运作、控制、管理着节点和链接内外两个方向上的物流。如果将整个供应链综合考虑，则容易产生更多的增值。除了作业上和信息技术方面，这些活动需要的技能还包括分析、设计和开发供应链，以及对物流和客户业务的高水平创新性概念的洞察能力。

物流运作的专门化使第三方物流公司可能在专门技术和系统领域内超越最有潜力的客户，因为客户还要分配资源并同时关注其他几个领域。对于物流行业来讲主要资源就是吸引有志于物流业的优秀人才。增值物流系统的发展对于第三方物流公司来讲是可取的，在大多数情况下，通过在同一系统下进行多个客户的运作，供应商可以以更低的费用提供物流服务，一体化整合使其可能减少运输费用并抵冲资金流量的季节性和随机性变动。这说明，供应商的战略是在提供的服务的质量上竞争而不是价格上的竞争。

四、发展第三方物流关系的一般过程

1. 第三方服务关系的演变过程

有些第三方物流关系包括许多综合性的服务，而大部分第三方物流服务则是由少许的活动开始的。图 3 - 1 是这种第三方服务关系在一个公司演变的典型过程。

图 3 - 1　货主企业物流外包的选择

企业越来越习惯于使用由单一的第三方公司提供运输或仓储服务的实际情况，使第三方公司成为提供更广范围服务的候选公司。然而，当前只有有限的几个公司选择将全套供应链活动外包给第三方公司，如 1995 年美国戴尔计算机公司（Dell Computer）就将所有供应链活动外包给 Roadway Logistics Service。这可以说是预示第三方物流发展方向的一个重要的事件。

2. 第三方物流作业与传统作业的区别

一般来说，第三方物流作业与传统的作业有以下几个方面的区别：

（1）第三方物流整合一个以上的物流功能；

（2）第三方物流服务供应商一般不保存存货；

（3）运输设备、仓库等虽然可以由两方中的任何一方拥有，但一般都由第三方公司控制；

（4）外部供应者可提供全部的劳动力与管理服务；

（5）可提供诸如存货管理、生产准备、组装与集运等方面的特殊服务。

五、物流外包第三方的做法与趋势

1. 物流外部化的方法

在欧美发达国家，很多公司采用多种方式外包其物流。其中，最为彻底的方式是关闭自己的物流系统，将所有的物流职责转移给外部物流合同供应商。对许多自理物流的公司来说，由于这样的选择变动太大，它不愿意处理掉现有的物流资产，裁减人员，去冒在过渡阶段作业中断的风险。为此，有些公司宁愿采取逐渐外包的方法，按地理区域将责任移交分步实施，或按业务与产品分步实施。欧美公司一般采用以下方式来使移交平稳化。

（1）系统接管

这是大型物流服务供应商全盘买进客户公司的物流系统的做法。它们接管并拥有客户车辆、场站、设备和接收原公司员工。接管后，系统仍可单独为原企业服务或与其他公司共享，以提高利用率并分担管理成本。

（2）合资

有些客户更愿意保留配送设施的部分产权，并在物流作业中保持参与。对它们来说，与物流合同商的合资提供了资本和获得专业的知识的途径。在英国，IBM 与 Tib-bett & Britten 组成的 Hi - tech Logistics 即是一例。

（3）系统剥离

也有不少例子是自理物流作业的公司把物流部门剥离成一个独立的单位，允许它们承接第三方物流业务。最初由母公司为它们提供基本业务，以后则使它们越来越多地依靠第三方物流。

（4）管理型合同

对希望自己拥有物流设施（资产）的公司，仍可以把管理外包，这是大型零售商常采用的战略。欧盟国家把合同外包看成改进物流作业管理的一种方法，因为这种形式的外包不是以资产为基础的，它给使用服务的一方在业务谈判中以很大的灵活性，如果需要，它们可以终止合同。

2. 物流服务采购的趋势

（1）以合同形式采购物流服务的比例增加

运输与仓储服务传统上是以交易为基础进行的。这些服务相当标准化，并能以最低价格购买。虽然公路运输行业的分散与竞争使行业中有众多小型承运人提供低价服务，但是购买此种运输服务有很大的缺点，那就是需要在日常工作中接触大量的独立承运人，这无疑会使交易成本上升，并使高质量送达服务遇到困难。因此，即使在这种市场上，企业也必须固定地使用相对稳定的几家运输承运人以减少麻烦，甚至在无正规合同的情况下，制造商也表现出对特定承运人的"忠诚"。当公司有一些特殊要求，需要一些定制的服务并对承运人的投资有部分参与时，临时招募式的做法将不再适合，它们必须签订长期合同。而当承运人专一服务于特定货主时，也要求有较长的合同期，最好能覆盖整个车辆生命期，以保障投资人的利益。

市场经济的发展和市场运作的规范、规避风险的要求，将使物流服务采购中以合同形式采购的比例越来越大。

（2）合同方的数量减少

虽然物流服务需求方可以在市场上寻找到大量的物流服务提供商为其服务，但一个明显的趋势是，合同形式下合同方数量较临时招募式做法下的供应商数量显著减少。减少合同方数量具有以下作用：①降低交易成本；②提供标准服务；③采用更严格的合同方的选择；④合同方在设计物流系统时更多地参与；⑤对长期伙伴关系发展更加重视；⑥采取零库存原则；⑦开发电子数据交换；⑧使物流设备越来越专业；⑨改变相互依赖的程度。

六、物流提供商与使用者关系的演变特征

1. 合同条款更加详细

许多早期物流服务合同的条款并不详细，这导致了不少误解与不满意。合同方与客户都吸取了教训，现在已不太容易犯早期的错误，对物流合同中应该注意的事项也

已有了相当详细的清单。

2. 合同方与客户所有层次间沟通的改进

缺乏沟通是和使用者之间建立紧密关系的主要障碍。物流供应商常常抱怨得不到中短期的客户业务模式改变或长期战略发展的信息，而客户则抱怨得不到有关系统出了问题时的及时信息。

以密集的信息为基础，可以在托运人与承运人之间建立健康的长期关系。为了保证对关系认识的一致性，应使信息在两个组织间的各个管理层之间流动，并必须使之与每个公司的垂直沟通相结合。

3. 联合创新

对物流服务使用者的调查显示，他们对服务标准与作业效率基本满意，但是在创新与主动建议等方面则认为尚有不足之处。而物流合同方则认为，作为物流供给方，必须具有创新的自由，许多公司都抱怨得不到创新的自由，因为合同已严格规定了有关条款。而健康的长期关系需要双方的新思想与新观点及双方共同的创新意愿。

4. 评估体系的改进

采用如运送时间、缺货水平、计划执行情况等标准对短期合同物流的审计，并不足以为长期合同项目提供有效评估。对长期合同项目的评估，应该采用短期操作性评估与长期战略性评估相结合的方法。同时，既要考虑可以统计、测量的参数，也要考虑统计上较难测量的"满意"参数。定量方法与定性方法的结合提供了评估托运人和承运人合作关系的框架。

5. 采用公开式会计

虽然费用收取水平并不是第三方物流服务中的主要争议来源，但是，定价系统的选择会较大地影响合同关系的质量与稳定性，尤其是对专一型的服务更是如此。物流服务中单一性外包的缺点是无法与其他供应商的价格进行比较，因此，它们需要经常确认是否得到了与所付出的价格相对等的服务。越来越多的合同物流供应商通过提供详细的成本单，把管理费用单独列出与客户协商，并采用公开式会计及成本加管理费的定价方式，以打消客户的疑虑。因为公开式会计可以把服务于单个客户的成本区别开来，所以仅在专一的物流服务项目中适用。不过，即使在专一服务的情况下，合同双方的冲突也是难以避免的。

第三节　国际物流

国际贸易和国际物流是国际经济发展不可或缺的两个方面，国际贸易使商品所有权发生了交换，而国际物流则体现了商品在国际的实体转移，两者之间呈现出相互依赖、相互促进和相互制约的关系。国际物流是在国际贸易产生和发展的基础上发展起来的，其高效运作又促进了国际贸易的发展。

一、国际物流的含义

国际物流是指货物（包括原材料、半成品、制成品）及物品（包括邮品、展品、捐赠物资等）在不同国家和地区间的流动和转移。由此可见，国际物流是相对国内物流而言的，是跨越国境的物流活动方式，是国内物流的延伸。

随着全球经济一体化的发展以及国际分工的日益细化，国与国之间的合作交往日趋频繁，加剧了物资的国际交换，使国际贸易获得空前的发展。在实现物权转移的同时，还需有效地把商品按质、按量地送到国际用户指定的地点，这就必须依赖于高效的国际物流系统。因此，国际贸易的发展对国际物流提出了新的更高的要求。

国际物流从广义上理解包括了各种形态的物资的国际流动。这具体表现为进出口商品转关、进境运输货物、加工装配进口的料件设备、国际展品等暂时进口物资、捐赠、援助物资以及邮品等在不同国家和地区间所做的物理性移动。狭义而言，国际物流仅指为完成国际商品交易的最终目的而进行的物流活动，包括货物包装、仓储运输、分配拨送、装卸搬运、流通加工以及报关、商检、国际货运保险和国际物流单证制作等。国际物流和国内物流的一个基本区别就在于生产与消费的异域性。只有当生产和消费分别在两个或两个以上国家或地区独立进行时，为了消除生产者和消费者之间的时空距离，才产生了国际物流的一系列活动。

国际物流相对于国内物流来说，其涉及的环节更多。在国际物流系统中，参与运作的企业及部门更为广泛，它们之间相互协作共同完成进出口货物的各项业务工作，因此国际物流运作的环境更为复杂。

二、国际物流的发展

国际物流是伴随着国际贸易的发展而发展起来的，是国际贸易得以实现的具体途径。国际贸易的发展离不开国际物流。国际物流系统的高效运作，不仅能够使合同规定的货物准确无误地及时运抵国际市场，提高产品在国际市场上的竞争能力，扩大产品出口，促进本国贸易的发展，而且还能满足本国经济、文教事业发展的需要，从而满足本国消费者的需要。因此，国际物流的发展对一国国民经济的发展有着重要的作用。

第二次世界大战之前，虽然已经存在国际经济交往，但无论从概念上还是运作方式上都是较为简单的。其表现形式为经济发达的国家从殖民地和不发达国家廉价购入初级品，经加工后再将制成品高价返销殖民地和不发达国家，双方的贸易条件是极不平等的。

第二次世界大战后，由于跨国投资的兴起、跨国生产企业内部的国际贸易发展迅速，发展中国家的生产力水平提高以及发达国家和发达国家、发达国家和发展中国家的贸易总量不断增加，使国际贸易的运作水平有了新的变化，为了适应这一变化，国际物流在数量、规模以及技术能力上有了空前的发展。这一发展主要经历了以下阶段：

第一阶段：20 世纪 50 年代，这是国际物流发展的准备阶段。

第二阶段：20 世纪 60 年代，国际大规模物流阶段。

第三阶段：20 世纪 70 年代，集装箱及国际集装箱船队、集装箱港口的快速发展阶段。

第四阶段：20 世纪 80 年代，自动化搬运及装卸技术、国际集装箱多式联运发展阶段。

第五阶段：20 世纪 90 年代以来，国际物流信息化时代。

三、国际物流的特点

1. 国际物流和国内物流相比，其经营环境存在着更大的差异

国际物流的一个显著特点就是各国的物流环境存在着较大的差异。除了生产力及科学技术发展水平、既定的物流基础设施各不相同外，各国文化历史及风俗人文的千差万别以及政府管理物流的适用法律的不同等物流软环境的差异尤其突出，使国际物流的复杂性远远高于一国的国内物流。例如语言的差别会增加物流的复杂性，从地理上看西欧的土地面积比美国小得多，但它包括的国家众多，使用多种语言，如德语、英语、法语等，致使需要更多的存货来开展市场营销活动，因为贴有每一种语言标签的货物都需要有相应的存货支持。

2. 国际物流系统广泛，存在着较高的风险性

物流本身就是一个复杂的系统工程。而国际物流在此基础上还增加了不同的国家要素，这不仅仅是地域和空间的简单扩大，还涉及了更多的内外因素，因此增加了国际物流的风险。例如由于运输距离的扩大延长了运输时间并增加了货物中途转运装卸的次数，使国际物流中货物丢失和短缺的风险增大；企业资信及汇率的变化使国际物流经营者面临更多的信用及金融风险。而不同国家之间政治经济环境的差异，还可能会使企业跨国开展国际物流遭遇更多的国家风险。

3. 国际物流中的运输方式具有复杂性

在国内物流中，由于运输距离相对较短，运输频率较高，因此主要的运输方式是铁路运输和公路运输。但在国际物流中，由于货物运送距离远、环节多、气候条件复杂，对货物运输途中的保管、存放要求高，因此，海洋运输方式、航空运输方式尤其是国际多式联运是其主要运输方式，具有一定的复杂性。国际多式联运就是由一个多式联运经营人使用一份多式联运的合同将至少两种不同的运输方式连接起来进行货物的国际转移，期间需经过多种运输方式的转换和货物的装卸搬运，与单一的运输方式相比具有更大的复杂性。

4. 国际物流必须依靠国际化信息系统的支持

国际物流的发展依赖于高效的国际化信息系统的支持，由于参与国际物流运作的物流服务企业及政府管理部门众多，包括货运代理企业、报关行、对外贸易公司、海关、商检等机构，使国际物流的信息系统更为复杂。国际物流企业不仅要制作大量的单证而且要确保其在特定的渠道内准确无误地传递，因此耗费的成本和时间是很多的。目前，在国际物流领域，EDI（电子数据交换）得到了较广泛的应用，它大大提高了国际物流参与者之间的信息传输的速度和准确性。但是由于各国物流信息水平的不均衡以及技术系统的不统一，在一定程度上阻碍了国际信息系统的建立和发展。

5. 国际物流的标准化要求较高

国际物流除了国际化信息系统支持外，统一标准也是一个非常重要的手段，这有助于国际物流的畅通运行。国际物流是国际贸易的衍生物，它是伴随着国际贸易的发展而产生和发展起来的，是国际贸易得以顺利进行的必要条件。如果贸易密切的国家在物流基础设施、信息自理系统乃至物流技术方面不能形成相对统一的标准，那么就会造成国际物流资源的浪费和成本的增加，最终影响产品在国际市场上的竞争能力，而且国际物流水平也难以提高。目前，美国、欧洲基本实现了物流工具及设施标准的统一，如托盘采用 1 000 毫米×1 200 毫米规格、集装箱有若干种统一规格及标准的条码技术等。

四、国际物流系统的组成

国际物流系统是由国际货物的包装、运输、仓储、装卸搬运、流通加工及国际配送等子系统所组成。其中国际货物运输子系统和国际货物仓储子系统是国际物流的两大支柱，通过运输克服了商品生产和消费的空间距离，通过仓储消除了其时间差异，满足了国际贸易的基本需要。

1. 运输子系统

国际物流运输是国际物流系统的核心子系统，其作用是通过运输使物品空间移动而实现其使用价值。国际物流系统依靠运输作业克服商品生产地和需求地之间的空间距离，创造商品的空间效应，商品通过国际物流运输系统由供给方转移给需求方。国际货物运输具有路线长、环节多、涉及面广、手续繁杂、风险性大、时间性强等特点。运输费用在国际贸易商品价格中占有很大比重。国际运输主要包括运输方式的选择、运输单据的处理以及投保等有关方面。

2. 仓储子系统

商品储存、保管使商品在其流通过程处于一种或长或短的相对停滞状态，这种停滞是完全必要的。因为，商品流通是一个由分散到集中，再由集中到分散的源源不断的流通过程。国际贸易和跨国经营中的商品从生产厂或供应部门被集中运送到装运港口，有时须临时存放一段时间，再装运出口，是一个集中和分散的过程。它主要是在各国的保税区和保税仓库进行的，在国际物流仓储子系统中主要涉及各国保税制度和保税仓库建设等方面的问题。

保税制度是对特定的进口货物，在进境后但尚未确定内销或复出口的最终去向前，暂缓缴纳进口税，并由海关监管的一种制度。这是各国政府为了促进对外加工贸易和转口贸易而采取的一项关税措施。

保税仓库是经海关批准专门用于存放保税货物的仓库。它必须具备专门储存、堆放货物的安全设施和健全的仓库管理制度以及详细的仓库账册，并为仓储提供既经济又便利的条件。有时会出现对货物不知最后做何处理的情况，就让买主（或卖主）将货物在保税仓库暂存一段时间。若货物最终复出口，则无须缴纳关税或其他税费；若货物内销，可将纳税时间推迟到实际内销为止。

从现代物流理念的角度看，应尽量减少储存时间、储存数量，加速货物和资金周转，实现国际物流的高效率运转。

3. 商品检验子系统

国际贸易和跨国经营具有投资大、风险高、周期长等特点，使得商品检验成为国际物流系统中重要的子系统。通过商品检验，确定交货品质、数量和包装条件是否符合合同规定。如发现问题，可分清责任，向有关方面索赔。在买卖合同中，一般都订有商品检验方法等。根据国际贸易惯例，商品检验时间与地点的规定可概括为以下三种做法。

一是在出口国检验。这又可分为两种情况：在工厂检验，卖方只承担货物离厂前的责任，对运输中品质、数量变化的风险概不负责；装船前或装船时检验，其品质和数量以当时的检验结果为准。

二是在进口国检验。这包括卸货后在约定时间内检验和在买方营业场所或最后用户所在地查验两种情况。其检验结果可作为货物品质和数量的最后依据。

三是在出口国检验、进口国复验。货物在装船前进行检验，以装运港双方约定的商检机构出具的证明作为预付货款的凭证，货物到达目的港后，买方有复验权。如果复验结果与合同规定不符，买方有权向卖方提出索赔，但必须出具卖方同意的公证机构出具的检验证明。

4. 报关子系统

国际物流的一个重要特征就是货物要跨越关境。由于各国海关的规定并不完全相同，因此，对国际货物的流通而言，各国的海关可能会成为国际物流的"瓶颈"。而要消除这一瓶颈，就要求国际物流经营人熟悉各国有关的通关制度，在适应各国通关制度的前提下，建立安全高效的快速通过系统，实现货畅其流。国际物流报关子系统的存在也增加了国际物流的风险性和复杂性。

5. 商品包装子系统

杜邦定律（美国杜邦化学公司提出）认为：63%的消费者是根据商品的包装装潢进行购买的，国际市场和消费者是通过商品来认识企业的，而商品的商标和包装就是企业的面孔，它反映了一个国家的综合科技文化水平。

现在我国出口商品存在的主要问题是：出口商品包装材料主要靠进口；包装产品加工技术水平低，质量上不去；外贸企业经营者对出口商品包装缺乏现代意识，表现在缺乏现代包装观念、市场观念、竞争观念和包装的信息观念，仍存在着"重商品、轻包装""重商品出口、轻包装改进"等思想。

为提高商品包装系统的功能和效率，应提高国际物流经营人和外贸企业对出口商品包装工作重要性的认识，树立现代包装意识和包装观念；尽快建立起一批出口商品包装工业基地，以适应外贸发展的需要，满足国际市场、国际物流系统对出口商品包装的各种特殊要求；认真组织好各种包装物料和包装容器的供应工作，这些包装物料、容器应具有品种多、规格齐全、批量小、变化快、交货时间急、质量要求高等特点，以便扩大外贸出口和创汇能力。

6. 装卸搬运子系统

国际物流运输和储存子系统离不开装卸搬运，装卸搬运子系统是国际物流系统的又一重要的子系统。装卸搬运是短距离的物品移动，是储存和运输子系统的桥梁和纽带。能否高效率地完成物品的装卸搬运作业是决定国际物流节点能否有效促进国际物流发展的关键因素。

7. 信息子系统

国际物流信息子系统的主要功能是采集、处理和传递国际物流和商流的信息情报。没有功能完善的信息系统，国际贸易和跨国经营将寸步难行。国际物流信息的主要内容包括进出口单证的作业过程、支付方式信息、客户资料信息、市场行情信息和供求信息等。

国际物流信息子系统的特点是信息量大、交换频繁；传递量大、时间性强；环节多、点多、线长，所以要建立技术先进的国际物流信息系统。国际贸易中 EDI 的发展是一个重要趋势，我国应该在国际物流中加强推广 EDI 的应用，建设国际贸易和跨国经营的高速公路。上述国际物流子系统应该和配送子系统、流通加工系统等有机联系起来，统筹考虑、全面规划，建立我国适应国际竞争要求的国际物流系统。

五、国际物流合理化措施

（1）合理选择和布局国内、国外物流网点，扩大国际贸易的范围、规模，以达到费用省、服务好、信誉高、效益高、创汇好的物流总体目标。

（2）采用先进的运输方式、运输工具和运输设施，加速进出口货物的流转。充分利用海运、多式联运方式，不断扩大集装箱运输和大陆桥运输的规模，增加物流量，扩大进出口贸易量和贸易额。

（3）缩短进出口商品的在途积压，包括进货在途（如进货、到货的待验和待进等）、销售在途（如销售待运、进出口口岸待运）、结算在途（如托收承付中的拖延等），以便节约时间，加速商品资金的周转。

（4）改进运输路线，减少相向、迂回运输。

（5）改进包装，增加技术装载量，多装载货物，减少损耗。

（6）改进港口装卸作业，有条件的要扩建港口设施，合理利用泊位与船舶的停靠时间，尽力减少港口杂费，吸引更多的买卖双方入港。

（7）改进海运配载，避免空仓或船货不相适应的状况。

（8）国内物流运输段，在出口时，有条件的要尽量做到就地就近收购、就地加工、就地包装、就地检验、直接出口，即"四就一直"的物流策略。

本章小结

现代物流涉及的内容十分庞大，我们可以从不同的角度对现代物流进行不同的分类，目的是了解和掌握不同物流形式的特点，以便更好地管理。第三方物流是一个新兴的领域，已得到越来越多的关注。第三方物流供应商必须创造比客户自身进行运作更高的价值。所以，发展第三方物流是现代物流发展的必然趋势。国际物流是伴随着国际贸易的发展而产生和发展起来的，是国际贸易得以实现的具体途径。国际物流和国内物流相比，其经营环境存在很大的差异。因此，它具有自身的特点，管理者必须遵循国际物流的特点，探索国际物流合理化的措施。

案例分析

河北第三方物流企业保定运输集团如何向现代物流企业转型

从世界范围看，物流产业对经济发展做出了巨大贡献，这已被许多国家的实践所证实。而运输作为物流的重要环节，为实现低成本、高质量的服务，在整个物流过程中发挥着举足轻重的作用。

1. 公路运输业要从困境中走出来，必须融入现代物流

我国传统公路运输业要在发展现代物流业中扮演重要角色，成为物流业中的主力，就必须使公路运输业满足现代物流的要求。

首先，公路运输业要打破运输环节独立于生产环节之外的界限，通过供应链的管理建立起对公路运输业供、产、销全过程的计划和控制；其次，公路运输业要突破运力是运输服务的中心的观点，强调客户第一的运输服务宗旨；最后，公路运输业应着眼于运输流程的管理和高科技与信息化。

目前，国外公路运输业与电子商务日益紧密地结合，并通过企业之间的兼并与联盟，加速向全球扩张发展。而国内公路运输业在现代物流方面的现状是体制落后，设备陈旧，物流服务意识落后，公路运输支持系统特别是公路运输所需的软件和硬件开发技术薄弱，缺乏统一规划和标准。

运输是物流的重要环节，公路运输更是以其机动灵活、可以实现"门到门"运输，在现代物流中起着重要作用。而要使我国公路运输业从目前的困境中走出来，必须融入现代物流，成为真正意义上的"第三方物流"。

2. 保定运输集团的业务流程重组和应掌握的主要原则

针对保定运输集团（以下简称保运集团）货运业务组织状况，建议设立货运交易信息中心，提供信息沟通和中介服务功能，及时向社会通报自己对车辆、货物的需求，加快货物运输的效率。

针对保运集团目前计算机应用水平低，各部门互动性差的特点，建议加快实现计算机联网，成立交易信息中心，使客户不仅可以充分获取信息，直接进行组货或配载，同时还可以获得运管部门签发路单、代办结算保险、处理运输纠纷等服务。

针对过去业务组织方面的缺陷，建议对其进行业务流程重组。

（1）成立信息核算中心，将涉及各种信息核算的业务机构和岗位统一纳入该系统，统揽企业所涉及的各种信息。

（2）成立运输经营中心，负责指挥公司的运输生产。

（3）成立质量监督中心，负责处理货物运输业务过程中各种货物损失所产生的事务。

就整车货运的业务流程重组来看，承运业务和调车同时发生，验货业务和派车同时发生，验货同时所需车辆可以到位，这样原来的直链式业务就变成了两条并行的业务形式，可以使货物在货场停留埋单减少2天。而信息处理中心成为货运各部门的联络中心，它使以前相对独立的各部门计算形成一个网络，加快各部门的信息交流，使

信息中心及时掌握公司的运行现状，从而保证货物的按时装载和发送。货车运行时间表，可以采用 GPS 智能定位系统，能够及时监控，使得公路运输的准确到达率和返回时间得以控制。

运输业务除了要有服务意识外，还要有服务技术手段的支持。要提高服务意识，同服务对象结成战略伙伴协作关系，在面对客户需求而自身资源有限时，能够积极地在市场上寻找合作伙伴，延伸供应链，整合市场资源为客户服务，主动地去了解供应商和客户的活动过程和运作要求，以便在物流服务的渠道结构发生变化的时候，为客户设计新的物流解决方案，建立新的市场竞争共同体。

公路运输业应主要掌握以下几个原则："不熟不做"原则，"集中一点"即专业化服务原则，"客户是上帝"原则，"重点客户，重点服务"原则，"延伸服务"即服务品种创新原则，"精益求精"即服务技术创新原则。

3. 从企业经营形式和经营规模方面进行调整

针对保运集团的状况，应该从企业经营形式和经营规模方面进行调整，在经营形式上，要根据公路运输的特点进行调整。

（1）突出特色服务，重点发展专业化运输、零担运输、快件运输、冷藏运输、大件运输、危险品运输和液体运输等业务，成为用户供应链中具有独特核心能力的专业运输企业，以自己的运输服务优势为依托，逐步发展物流服务。

（2）向客户提供以运为主的多元服务，从运输本业出发，争取能够提供部分或全部的物流服务。要与用户建立起长期合作关系，参与供应链管理。要建立实时信息系统、GPS 系统、存货管理、电子数据交换等，为用户提供物流信息反馈。

（3）实施技术创新，利用高新技术提高企业竞争力，调整发展战略。从保运集团目前的情况看，无论是物流服务的硬件还是软件，与提供高效率低成本的物流服务要求还有较大的差距，信息的收集、加工、处理、运用能力，物流业的专门知识，物流的统筹策划和精细化组织、管理等能力都显不足。

4. 保运集团物流信息化建设应采取的措施

保运集团现在急需的是现代化管理和信息技术的应用，为汽车运输业的现代化提供保证。

在物流信息化方面，建议保运集团建立公路运输货物计算机辅助管理系统，包括决策支持、车辆调度、人事管理、财务管理、内部结算等系统，从而大大减少管理人员，提高管理精度和效率。

开发应用 GPS 车辆跟踪定位系统、GIS 车辆运行线路安排系统，促进运输生产自动化。积极引进技术，建立 GPS 卫星定位系统，可精确地给车辆定位与导航，提高汽车的回程率；用地理信息系统技术、卫星定位技术、电子数据交换技术来优化车辆运行调度，提高车辆运输效率。

针对保运集团在管理方面存在的问题，建议对其进行现代企业制度的改革。在汽车运输企业建立现代企业制度，从根本上说是要转变管理机制和经营机制，依法组织运输，依法进行管理。

要实行政企分开，政府彻底从企业经营中退出；投资主体多元化，让民营资本进入公路运输业，这样才有利于建立现代企业制度。

　　提高公路运输业管理者的素质，提高高级管理人才对法律的认识程度，有利于企业的法制化管理，这样才能使我国的公路运输法制体系得以迅速建立。

案例思考

　　1. 保定运输集团应该怎样进行业务流程重组？

　　2. 保定运输集团应如何加强物流信息化建设？

　　3. 保定运输集团应如何进行经营形式的调整？

第四章　现代物流采购与供应商管理

学习目标

（1）掌握采购的定义及其内涵；

（2）掌握供应商选择和管理的基本方法；

（3）重点掌握供应商开发、考核和评价以及激励控制的方法。

开篇案例

国美电器采购管理案例分析

1. 内容提要

（1）主要问题

国美电器作为中国的最大一家连锁型家电销售企业，在全国280多个城市拥有直营门店1 200多家。但随着公司的急剧扩张发展，其采购系统也越来越复杂，采购品种五花八门，采购主体分散，重复采购普遍；供应商数量过多，分布不均匀。再加上旗下拥有国美、永乐、大中、黑天鹅等全国性和区域性家电零售品牌，采购没有统一的目标。国美供应链系统必须根据家电行业的发展特性进行重新整合、优化和提高，以坚持其"薄利多销、服务争先"的经营策略，才能确保品牌形象和较高的顾客忠诚度。

（2）主要改进方案

针对存在的问题，国美应实施集中采购、统一采购，创建自己的供销模式，实现ERP管理，建立物流信息系统，并在此基础上，重新梳理采购流程，建立规范化、标准化的业务流程，以此为依据开发电子采购管理系统，进行电子采购。

（3）实施改进方案的预期效益

预期的效益主要体现在：通过集中采购和统一采购的批量优势，降低采购成本；通过规范采购业务流程、缩短采购工作环节，提高采购工作效率；通过高效的采购管理，降低人力资源成本和管理费用；通过实施ERP系统管理、加强与供应商的合作，为企业提升长期竞争优势；建立物流信息系统，从而降低采购中的物流成本，提升采购速度和反应速度，降低库存和保持低价优势；创建自己的供销模式，摆脱中间商环节，直接与生产商开展贸易，把市场营销主动权控制在自己手中，把厂家的价格优惠转化为自身销售的优势，以较低价格占领市场。

（4）本方案体现的物流学原理

本方案体现了采购学中的规模效应原理、物流管理标准化原理、物流信息化原理、战略联盟与合作关系原理和供应链管理原理。

2. 案例分析

（1）现状简介

①国美刚成立时，采购方式很简单，就是卖多少货便进多少货，致使断货现象时常发生，店里经常用摆着的空包装箱充当产品。采购也全是靠着人力进行：员工填单，领导审批。烦琐的环节、不确定的流程、员工出错率高、速度和质量无法保证，采购议价能力低，成本高。

②收购永乐后，供应商的数量过多而供应实力参差不齐，采购重复，物流路线交叉过多；供应商管理不完善，与大供应商没有建立长期战略合作关系。

③如何设计营业员收款？验货以什么样的规范操作能更方便顾客和有利于商品的流通？在制定进货政策上，进什么样的货、怎么进、进多少？供货商的价格、促销、服务、售后政策如何？在库存商品的管理上，安全存量是多少？商品为什么滞销？如何脱离滞销？根据销售商品的流向和趋势，物流部门如何协调广宣部、企划部、业务部等不同的部门进行运作？这些问题都亟待解决。

④为了保持低价的经营理念和较高的顾客满意度，国美电器必须降低门店的运营成本和产品价格，这要求国美不断降低采购成本但又不至于影响与供应商的关系。

（2）问题综述

国美的快速发展带来了以下问题：

①收购永乐等区域零售商后，对外缺少统一形象；

②传统的采购成本过高；

③重复采购现象普遍；

④由于地区的局限，采购人员不一定找得到最优的供应商；

⑤缺乏统一的采购流程和采购不规范；

⑥供应商的数量多，实力参差不齐，难以管理；

⑦缺乏与供应商有效的信息共享；

⑧零售商的竞争日益白热化，供销模式的改革大势所趋；

⑨随着公司的急剧扩张发展，其采购系统也越来越复杂。

（3）可供选择的改进方案

对案例可采用以下方案：

①集中采购；

②统一采购；

③电子采购；

④实施 ERP 系统；

⑤创建自己的供销模式。

（4）本案例采用方案

经过考虑，国美决定综合运用集中采购、统一采购和电子采购等采购方式，实施 ERP 系统，建立物流信息系统和创建自己的供销模式以降低采购成本。

（5）案例介绍及分析

在深入分析了采购问题后，国美随即开始变革行动。国美从供应商优化、实施

ERP 系统、创建自己的供销模式、建立物流信息系统等几个方面着手实现采购成本压缩。

①供应商优化

国美经过这么多年的发展，供应商的数量日益增加，再加上收购永乐、大中等地区性零售商，供应商的数量过多而复杂，并且供应能力参差不齐，加大了国美对供应商的管理难度。国美专门设置了供应商考核小组，对供应商进行考核，淘汰了一部分实力不足的供应商，而与实力较强的供应商建立长期合作，确保了供应产品的质量和速度。同时国美将供应商分为大、中、小三个等级，每个等级实行不同的管理和采购系统。

②实施 ERP 系统

ERP 系统是企业资源计划的简称，目的是为企业决策层及员工提供决策运行手段的管理平台，实现供应链管理。国美在快速发展后，对供应商供货的反应速度和库存的控制要求进一步加强，尤其是物流成本的控制，在实现 ERP 系统对接之后，供应商和国美都有机会降低交易成本，而供应商将更为依赖国美系统所提供的各种数据资料，这可能形成一种更为"紧密"的零供关系。实施 ERP 管理的直接效果是，国美和其合作供应商可以使用电子订单来下单、确认销售以及发货计划等，整个过程全部由系统完成，不需要人工干预，从而提高效率。而对接的理想状态，是国美和供应商不仅能利用系统处理订单，而且还可以互相了解对方的库存情况，以及通过系统进行财务结算。

③创建自己的供销模式

向生产商订的货越多，拿到的价格就越便宜；向消费者推出的售价越低，来买货的消费者就越多，需要向生产商订的货就越多。中间商层层加价转给下一层零销商，是司空见惯的商业现象。国美企业要想发展，必须建立自己的供销模式，摆脱中间商环节，直接与生产商开展贸易，把市场营销主动权控制在自己手中。为此，国美经过慎重思考和精心论证，决定以承诺销量取代代销形式。它与多家生产厂家达成协议：厂家给国美优惠政策和优惠价格，国美则承担经销的责任而且保证生产厂家产品相当大的销售量。承诺销量风险极高，但国美变压力为动力，将厂家的价格优惠转化为自身销售的优势，以较低价格占领了市场。销路畅通了，与生产商的合作关系更为密切了，采购的产品成本比其他零售商低很多，为销售铺平了道路。

④建立物流信息系统

采购活动离不开物流活动，以前以批发商为主的销售商，以大批量、少批次为主，而现在的零售商要求多样化，一般是小批量、多批次为主，这对国美物流服务的要求也越来越高。

国美自主开发的信息系统实现实时采购管理，每销售一件商品，所有相关方面的库存就会自动消减，在门店可以实时了解到每项货品的库存量，根据库存销售，实时进行采购补充库存，避免缺货造成损失和过多挤压产品使库存成本过高。物流信息系统中的车辆管理和过程管理使每辆车辆的配送装货效率能达到最优，降低了采购物流成本。

（6）实施新采购方案的成本效益分析

在本案例中，采用新的采购方案带来的改进效果表现为以下几个方面：

①采购成本明显降低

当"集中采购和统一采购"系统在国美实施后，其采购成本大大降低。首先集中大批量采购，议价能力大大提升，供应商唯恐失去国美这个大客户，所以国美拿到的价格低于其他零售商的价格。统一采购使国美和旗下的永乐等区域零售商绑定在一起，采购统一性使国美和永乐的采购成本都降低，同时避免了重复采购，又可以优化采购的物流路线，降低了整个采购链的成本。

②采购的物流成本明显降低

当建立物流信息系统后，采购过程中的物流成本明显降低，这得益于物流信息系统对采购路线的优化和对库存的管理，减少了无效的采购次数和保持稳定的库存成本，从而降低了整个采购链的成本。

③采购效率大大提高

在优化供应商的基础上，基于电子采购的实施，国美公司降低了采购的复杂程度，采购订单的处理时间已经降低到 1 天，合同的平均长度减少了 5 页，内部的员工满意度提升了 50%，"独立采购"也减少到 8%。电子采购在国美电器内部产生了效率的飞跃。

④供应商的满意度提高

采用了 ERP 系统后，供应商最大的感受之一是更容易与国美做生意了。统一的流程，标准的单据意味着更公平的竞争。集中化的采购方式更便于发展战略性的、作为合作伙伴的商业关系，这一点对采购尤为重要。从电子采购系统推广角度而言，供应商更欢迎通过简便快捷的网络方式与国美进行商业往来，与国美一起分享电子商务的优越性，从而达到共同降低成本、共同增强竞争力的双赢战略效果。

⑤供应商逐渐从中间商过渡到生产商

国美建立自己的供销模式，摆脱中间商环节，直接与生产商合作，从根本上降低了采购成本。同时，国美以承诺销量取代代销形式，与多家生产厂家达成协议取得更多的优惠政策和优惠价格，并且将厂家的价格优惠转化为自身销售商的优势，以较低价格占领了市场。销路畅通，与生产商的合作关系更为密切，采购的产品成本比其他零售商低很多，为销售铺平了道路。

第一节　采购概述

一、采购的概念

原始社会，人们要满足生活的需求，基本上依靠自己生产，是"自给自足"的时代。为了生存，人类自己打野兽，肉可以吃，皮毛可以做衣物。随着人类社会的不断发展和进步，生产出现了剩余，人们满足自己需求的方式不再是简单地依赖自己生产，而是开始出现了购买的方式。开始是物物交换，货币出现以后，就用货币来交换物品，也就是我们现在最广泛采用的购买方式。

但是，"购买"和"采购"，在概念上不一样。例如我们已经站到了食堂的柜台旁，如果对打饭的师傅说要"采购"四两饭，那肯定会引起哄堂大笑。这时只能说要"购买"四两饭。又如，你在路上碰到一个采购员，你问他到哪儿去，去干什么。如果他说"我到江南去'采购'一批药材"和说"我到江南去'购买'一批药材"，你就会理解成不同的意思：说"采购"的话，你可能理解为他要到江南各地到处跑跑，选购许多不同品种的药材；说"购买"的话，你可能会理解为他要到江南某地某个药店去购买一批药材。这二者的意思实际上差别很大。

那么，我们来分析一下，"采购"和"购买"有什么区别。采购应当包含两个基本意思：一是"采"，二是"购"。"采"，采集、采摘也，是从众多的对象中选择若干个之意；"购"，购买也，是通过商品交易手段把所选定的对象从对方手中转移到自己手中之意。所以所谓采购，一般是指从多个对象中选择购买自己所需要的物品的意思。这里所谓对象，既可以是市场、厂家、商店，也可以是物品。因此，说"我到江南去采购一批药材"，一般是说，我要到江南各地各个药店去选购一批药材的意思。

从学术上看，采购一般包含以下一些基本的含义：

所有采购，都是从资源市场获取资源的过程；

采购，既是一个商流过程，也是一个物流过程；

采购，是一种经济活动。

采购的类型：

按采购主体分类，分为个人采购、家庭采购、企业采购、政府采购、事业单位采购以及集团采购（如事业单位采购、军队采购等）。如图4-1：

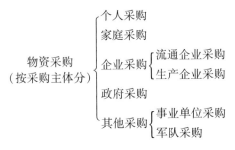

图4-1 采购按主体分类图

1. 个人采购

个人采购，是指个人生活用品的采购。一般是单一品种、单次、单一决策、随机发生的，带有很大的主观性和随意性。即使采购失误，也只影响个人，造成的损失不致太大。

2. 家庭采购

在家庭生活中，家庭成员为了家庭的生活需要，几乎每天都要发生采购活动。

3. 企业采购

企业采购是市场经济下一种最重要、最主流的采购。企业是大批量商品生产的主体。为了实现大批量的商品生产，也就需要大批量商品的采购。

4. 政府采购

政府采购是政府机构所需的各种物资的采购。这些物资包括办公物资，例如计算机、复印机、打印机等办公设备及纸张、笔墨等办公材料，也包括基建物资、生活物资等各种原材料、设备、能源、工具等。

5. 其他采购

其他事业单位（如学校、医院、文体单位）、军队等的采购活动，基本部分与政府采购差不多，也是一种集团采购，以公款购物为主。

按采购方法分类，可分为传统采购和科学采购两大类，后者又可分为订货点采购、MRP 采购、准时化采购、供应链采购和电子商务采购，如图 4-2：

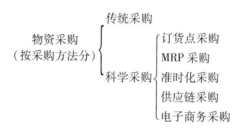

图 4-2 采购按方法分类图

这一般是企业采购的分类，也是我们讨论的重点，现分类介绍如下。

二、传统采购

企业传统采购的一般模式是：每个月的月末，企业各个单位报下个月的采购申请单、需要采购物资的品种数量，然后由采购科把这些表汇总，制订出统一的采购计划，并于下个月实施。采购回来的物资存放于企业的仓库中，以满足下个月对各个单位的物资供应。

三、科学采购

1. 订货点采购

这种采购方法有两种：一种是根据库存量的多少来制定采购策略，叫作定量订货点法；另一种是根据时间的长短来确定采购策略，叫作定期订货点法。

定量订货点法的原理是：随时监视库存量的变化，当库存量下降到某一数值时，开始发出订货。

定期订货点法的原理是：每隔固定的时间就发出订货，需要控制的是每次订货量的多少。

2. MRP 采购

这种采购主要应用于生产企业。方法的原理是：企业预期将来的主产品数量，然后根据主产品和各个零部件的数量关系确定零部件的需求量，再根据目前库存量的多少确定需要采购的零部件的数量。

3. 准时化（JIT）采购

准时化采购也称 JIT 采购，是一种完全以满足需求为依据的采购方法。这种方法，就是要供应商恰好在用户需要的时候，将合适的品种、合适的数量送到用户需要的地点。基本思想是零库存，杜绝浪费。

4. 供应链采购

准确地说，这是一种供应链机制下的采购模式。在供应链机制下，库存将由供应商进行管理和控制，本企业不再对库存进行管理。

5. 电子商务采购

这也就是网上采购，是在电子商务环境下的采购模式。它的基本特点是：在网上寻找供应商、寻找品种、网上洽谈贸易、网上订货甚至在网上支付货款，在网下送货进货。

一般采购过程如下：

第一步，接受采购任务，制定采购单。

第二步，制订采购计划。

第三步，根据既定的计划联系供应商。

第四步，与供应商洽谈、签订订货合同，最后成交。

第五步，运输进货及进货控制。

第六步，到货验收、入库。

第七步，支付货款。

第八步，善后处理，即对本次采购活动进行评价，找出优点和缺点，为下一次采购奠定基础。

四、采购要求

首先，要求所订货物符合质量要求，而且要长期稳定。这样，可以保证能够用供应商提供的产品生产出自己合格的产品。

其次，要求准时按定量送货。因为生产企业是连续生产，生产过程中，不允许缺货，缺货就会影响生产；也不允许超量进货，因为这会增加仓储、增加费用。所以生产企业要求供应商适时适量供货，也就是准时按量供货。

第二节　采购管理

一、采购管理的概念

（一）采购管理

所谓采购管理，就是指为保障企业物资供应而对企业采购进货活动所进行的管理活动，是对整个企业采购活动进行的计划、组织、指挥、协调和控制活动。

（二）采购管理活动的内容

这包括制订采购计划，对采购活动的管理、采购人员的管理、采购资金的管理、运储的管理，采购评价和采购监控，也包括建立采购管理组织、采购管理机制以及进行采购基础建设等。

（三）采购与采购管理的区别

采购是一种作业活动，是为完成指定的采购任务而进行的具体操作，一般由采购员承担。

采购管理是管理活动，是面向整个企业的，不但面向企业全体采购员，而且也面向企业组织其他人员（进行有关采购的协调配合工作的），一般由企业的采购科（部、处）长或供应科（部、处）长或企业副总来承担。

两者的主要区别见表 4 - 1 :

表 4 - 1　　　　　　　　　采购与采购管理的主要区别

	活动	对象	执行者
采购	采购	采购任务	采购员
采购管理	管理	整个企业	采购科（长）

二、采购管理的职能

（一）保障供应

采购管理的首要职能，就是要实现对整个企业的物资供应，保障企业生产和生活的正常进行。企业生产需要原材料、零配件、机器设备和工具，生产线一开动，这些东西就必须样样到位，缺少任何一样，生产线都开动不起来。

（二）供应链管理

基于传统的采购管理的观念，一般把保障供应看成是采购管理唯一的职能。但是随着社会的发展，特别是 20 世纪 90 年代供应链的思想出现以后，人们对采购管理的职能有了进一步的认识，即认为采购管理应当还有第二个重要职能，那就是供应链管理，特别是上游供应链的管理。

（三）资源市场信息管理

采购管理的第三个职能，就是资源市场的信息管理。在企业中，只有采购管理部门天天和资源市场打交道，除了是企业和资源市场的物资输入窗口之外，同时也是企业和资源市场的信息接口。所以采购管理除了保障物资供应、建立起友好的供应商关系之外，还要随时掌握资源市场信息，并反馈到企业管理层，为企业的经营决策提供及时有力的支持。

三、采购管理的目标

（一）保障供应

1. 保证不缺货

采购管理要根据企业的总体经营目标，安排好各项采购活动，保证把所需的物资按时采购进来，及时供应到生产、生活的需求者手中，保证不缺货，保障生产和生活的顺利进行。这是采购管理的基本目标。

2. 保证质量

保证质量，就是要保证采购的货物要能够达到企业生产所需的质量标准，保证企业用之生产出来的产品个个都是合格的产品。

（二）费用最省

采购过程决定着产品成本的主体部分，涉及许多费用。一辆汽车如果生产成本为5万元，则其生成过程的生产费用大约只有1万元（占20%左右），其余80%（约4万元）都是由采购过程造成的，包括原材料成本、采购费用、进货费用、库存费用、资金占用费用等。因此采购管理的好坏，一个重要的指标，就是看它是否把产品成本降到最低的程度。即采购管理的一个重要目标就是降低成本。这就需要：

（1）树立系统观念，追求总费用最省；

（2）树立库存控制观念，进行适时适量采购，追求库存最小化。

（三）管理好供应链

（1）建立起一个有效率的供应链；

（2）供应链的有效操作、运行和控制。

（四）管理好信息

能够及时掌握资源市场信息，并反馈给企业管理层，发挥信息的决策支持作用。建立起供应链信息管理系统，实现信息共享，为供应链的顺利运行提供信息支持。

四、采购管理的内容与过程

（一）采购管理组织

采购管理组织，是采购管理最基本的组成部分，为了搞好企业复杂繁多的采购管理工作，需要有一个合理的管理机制和一个精干的管理组织机构，要有一些能干的管理人员和操作人员。

（二）需求分析

需求分析，就是要弄清楚企业什么时候需要什么品种、需要多少等问题。企业的物资采购供应部门，应当掌握全企业的物资需求情况，制订物料需求计划，从而为制订出科学合理的采购订货计划做好准备。

（三）资源市场分析

资源市场分析，就是根据企业所需的物资品种，分析资源市场的情况，包括资源分布情况、供应商情况、品种质量、价格情况、交通运输情况等。资源市场分析的重点是供应商分析和品种分析。分析的目的，是为制订采购订货计划做好准备。

（四）制订采购订货计划

制订采购订货计划，是根据需求品种情况和供应商的情况，制订出切实可行的采购订货计划，包括选定供应商、供应品种、具体的订货策略、运输进货策略以及具体的实施进度计划等。即解决什么时候订货、订购什么、订多少、向谁订、怎样订、怎样进货、怎样支付等这样一些具体的问题，为整个采购订货规划一个蓝图。

（五）采购计划实施

采购计划实施，就是把上面制订的采购订货计划分配落实到人，根据既定的进度予以实施。这具体包括联系指定的供应商、进行贸易谈判、签订订货合同、运输进货、到货验收入库、支付货款以及善后处理等。通过这样的具体活动，最后完成一次完整的采购活动。

（六）采购评估与分析

采购评估，就是在一次采购完成以后对这次采购的评估，或月末、季末、年末对一定时期内的采购活动的总结评估。主要在于评估采购活动的效果、总结经验教训、找出问题、提出改进方法等。通过总结评估，可以肯定成绩、发现问题、制定措施、改进工作，不断提高采购管理水平。

（七）采购监控

采购监控，是指对采购活动进行的监控活动，包括对采购有关人员、采购资金、采购事物活动的监控。

（八）采购基础工作

采购基础工作，是指为建立科学、有效的采购系统，需要进行的一些基础建设工作，包括管理基础工作、软件基础工作和硬件基础工作。

以上采购管理流程见图4-3。

五、采购管理的重要性

企业的基本职能是为社会提供产品和服务。这个基本职能可以分解成物资销售、物资生产和物资采购三个子职能。在这三个职能中，按重要性排序，物资销售最重要。在市场经济中，没有销售，就没有市场，没有市场则一切都免谈。只有有了市场需要，再根据市场需要来设计产品或服务，才能进行物资生产。物资生产确定以后，才能根据物资生产的需要来设计策划物资采购。

物资采购的重要性虽然排在最后，但并不意味着它不重要。其重要性表现在以下几个方面：

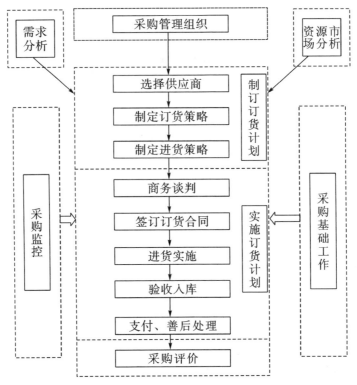

图 4 - 3   采购管理流程图

第一，物资采购为企业保障供应、维持正常生产、降低缺货风险创造条件。很显然，物资供应是物资生产的前提条件，生产所需的原材料、设备和工具都要由物资采购来提供。没有采购就没有生产条件，没有物资供应就不可能进行生产。

第二，物资采购供应的物资的质量好坏直接决定了本企业生产的产品质量的好坏。能不能生产出合格的产品，取决于物资采购所提供的原材料以及设备工具的质量的好坏。

第三，物资采购的成本构成了物资生产成本的主体部分，其中包括采购费用、进货费用、仓储费用、流动资金占用费用以及管理费用等。物资采购的成本太高，将会大大降低企业生产的经济效益，甚至亏损，致使物资生产成为没有意义的事情。

第四，物资采购是企业和资源市场的关系接口，是企业外部供应链的操作点。只有通过物资采购部门人员与供应商的接触和业务交流，才能把企业与供应商联结起来，形成一种相互支持、相互配合的关系。在条件成熟以后，可以组织成一种供应链关系，这样才会使企业在管理方面、效益方面都登上一个崭新的台阶。

第五，物资采购是企业与市场的信息接口。物资采购人员直接和资源市场打交道。资源市场和销售市场是交融混杂在一起的，都处在大市场之中。所以，物资采购人员比较容易获得市场信息，是企业的市场信息接口，可以为企业及时提供各种各样的市场信息，供企业进行管理决策。

第六，物资采购是企业科学管理的开端。企业物资供应是直接和生产相联系的。

物资供应模式往往会在很大程度上影响生产模式。例如，实行准时采购制度，则企业的生产方式就会改成看板方式，企业的生产流程、搬运方式也都要做很大的变革；如果要实行供应链采购，则需要实行供应商掌握库存、多频次小批量补充货物的方式，这也将大大改变企业的生产方式和搬运方式。所以，物资采购部门每提出一种科学的物资采购供应模式，必然会要求生产方式、物料搬运方式都要做相应的变动，共同构成一种科学管理模式。可见，这种科学管理模式是以物资采购供应作为开端而运作起来的。

第三节　供应商管理概述

案例1：某超市因为急需要一批产品用于销售，所以对一家与自己长久合作的供应商的产品未进行质量检查就直接放进卖场，结果出了质量问题，造成了经济损失。

大家说一说，这家超市有哪些工作没有做好，导致了损失的产生，怎样做才能避免这样的损失。

参考答案如下：

（1）商场进货时，先挑选几家供应商；

（2）到供应商生产场地现场进行考察，主要考察卫生、品质、交货期、生产流程等方面有没有一个完整的管理系统来保证产品是合格的；

（3）要求厂方出示卫生部门有效的经营许可证；

（4）以上都符合要求后，要求供应商送样品确认；

（5）样品确认合格后，需要建立供应商档案表（包括企业模式、发展方向、注册资金、研发人数、管理人数、员工数、企业组织结构图、营业执照、税务登记证、产品质量证书等）；

（6）正式供货前双方须签订一份供货质量协议书，当发生质量问题时才有处理依据，同时也可以监督供应商。

如果这家超市事先做好了这些工作，就不至于出现质量问题。

由这个案例可以看出，供应商的好坏，直接影响着一个企业的正常运行，因此，供应商管理显得十分重要。

一、供应商管理的含义

供应商，是指可以为企业生产提供原材料、设备、工具及其他资源的企业。供应商，可以是生产企业，也可以是流通企业。

采购管理和供应商管理的关系是：企业要维持正常生产，就必须有一批可靠的供应商为其提供各种各样的物资，因此供应商对企业的物资供应起着非常重要的作用。采购就是直接和供应商打交道而从供应商处采购获得各种物资。因此采购管理的一项重要工作，就是要搞好供应商管理。

所谓供应商管理，就是对供应商的了解、选择、开发、使用和控制等综合性的管理工作的总称。其中，了解是基础，选择、开发、控制是手段，使用是目的。

二、供应商管理的目的

供应商管理的目的，就是要建立起一个稳定可靠的供应商队伍，为企业生产提供可靠的物资供应。

供应商是一个独立于购买者的利益主体，而且是个以追求利益最大化为目的的利益主体。按传统的观念，供应商和购买者是利益互相对立的矛盾对立体，供应商希望从购买者手中多得一点，购买者希望向供应商少付一点，为此常常讨价还价、斤斤计较。某些供应商常常在物资商品的质量、数量上做文章，以劣充优、降低质量标准、减少数量，甚至制造假冒伪劣产品坑害购买者。购买者为了防止伪劣产品入库，需要花费很多人力物力加强物资检验，大大增加了物资采购检验的成本。因此供应商和购买者之间，既互相依赖、又互相对立，彼此总是处于一种提心吊胆、相互设防的紧张关系。这种紧张关系，对双方都不利。对购买者来说，物资供应没有可靠的保证、产品质量没有保障、采购成本太高，这些都直接影响企业生产和成本效益。

相反，如果能找到一个好的供应商，它的产品质量好、价格低，而且服务态度好、保证供应、按时交货，这样，采购时就可以非常放心；如果供应商不但物资供应稳定可靠、质优价廉、准时供货，而且双方关系融洽、互相支持、共同协调，那么对企业的采购管理、生产和成本效益都会有很多好处。

更重要的是，好的供应商可以提升企业的竞争力——不但质量好，而且价格低廉，并且可以及时满足客户需求，所以可以和其他企业抗衡。

为了制造出这样一种供应商关系局面，克服传统的供应商关系观念，有必要注重供应商的管理工作，通过多个方面持续努力，去了解、选择、开发供应商，合理使用和控制供应商，建立起一支可靠的供应商队伍，为企业生产提供稳定可靠的物资供应保障。

三、供应商管理的几个基本环节

1. 供应商调查

供应商调查的目的，就是要了解企业有哪些可能的供应商，各个供应商的基本情况如何，为企业了解资源市场以及选择正式供应商做准备。

2. 资源市场调查

资源市场调查的目的，就是在供应商调查的基础上，进一步了解掌握整个资源市场的基本情况和基本性质——是买方市场还是卖方市场？是竞争市场还是垄断市场？是成长的市场还是没落的市场？此外，还需了解资源生产能力、技术水平、管理水平以及价格水平等，为制定采购决策和选择供应商做准备。

3. 供应商开发

在供应商调查和资源市场调查的基础上，可能会发现比较好的供应商，但是还不一定能马上得到一个完全合乎企业要求的供应商，还需要在现有的基础上进一步加以开发，才能得到一个基本合乎企业需要的供应商。将一个现有的原型供应商转化成一个基本符合企业需要的供应商的过程，就是一个开发过程，具体包括供应商深入调查、供应商辅导、供应商改进、供应商考核等活动。

4. 供应商考核

供应商考核是一个很重要的工作。它分布在各个阶段：在供应商开发过程中需要考核、在供应商选择阶段需要考核、在供应商使用阶段也需要考核。不过每个阶段考核的内容和形式并不完全相同。

5. 供应商选择

在供应商考核的基础上，选定合适的供应商。

6. 供应商使用

与选定的供应商开展正常的业务活动。

7. 供应商激励与控制

这是指在使用供应商过程中的激励和控制。

第四节　供应商调查

供应商管理的首要工作，就是要了解供应商、了解资源市场。要了解供应商的情况，就需要进行供应商调查。

供应商调查，在不同的阶段有不同的要求。供应商调查可以分成三种：第一种是资源市场调查；第二种是初步供应商调查；第三种是深入供应商调查。

一、资源市场调查

1. 资源市场分析

资源市场调查的目的，就是要进行资源市场分析。资源市场分析，对于企业制定采购策略、产品策略以及生产策略等都有很重要的指导意义。

（1）要确定资源市场是紧缺型的市场还是富余型市场，是垄断性市场还是竞争性市场。对于垄断性市场，企业应当采用垄断性采购策略；对于竞争性市场，企业应当采用竞争性采购策略。例如采用招标投标制、一商多角制等。

（2）要确定资源市场是成长型的市场还是没落型市场。如果是没落型市场，则要趁早准备替换产品，不要等到产品被淘汰了再去开发新产品。

（3）要确定资源市场总的水平，并根据整个市场水平来选择合适的供应商。通常要选择在资源市场中处于先进水平的供应商、选择产品质量优而价格低的供应商。

2. 资源市场调查的内容

（1）调查资源市场的规模、容量、性质。例如资源市场究竟有多大范围？有多少资源量？多少需求量？是卖方市场还是买方市场？是完全竞争市场、垄断竞争市场还是垄断市场？是一个新兴的成长的市场还是一个陈旧的没落的市场？

（2）资源市场的环境如何？例如市场的管理制度、法制建设，市场的规范化程度，市场的经济环境、政治环境等外部条件如何？市场的发展前景如何？

（3）资源市场中各个供应商的情况如何？也就是指前面进行的初步供应商调查所

得到的情况如何。把众多的供应商的调查资料进行分析，就可以得出资源市场自身的基本情况。例如资源市场的生产能力、技术水平、管理水平、可供资源量、质量水平、价格水平、需求状况以及竞争性质等。

二、初步供应商调查

1. 初步调查的目的与方法

所谓初步供应商调查，是指对供应商基本情况的调查。主要是了解供应商的名称、地址、生产能力、能提供什么产品、能提供多少、价格如何、质量如何、市场份额有多大、运输进货条件如何。

初步供应商调查是了解供应商的一般情况。其目的一是为选择最佳供应商做准备；二是为了了解掌握整个资源市场的情况。

因为资源市场是由每一个供应商共同形成的，所以许多供应商基本情况的汇总就是整个资源市场的基本情况。

对于初步供应商调查的基本方法，一般可以采用访问调查法，通过访问有关人员而获得信息。例如，可以访问供应商的市场部有关人士，或者访问有关用户、有关市场主管人员，或者访问其他的知情人士。通过访问制作好供应商卡片。

在开展计算机信息管理的企业中，供应商管理应当纳入计算机管理之中。把供应商卡片的内容输入到计算机中去，利用数据库进行操作、补充和利用。计算机管理有很多优越性，它不但可以很方便地储存、增添、修改、查询和删除信息，而且可以很方便地统计汇总和分析，可以实现不同子系统之间的数据共享。计算机有处理速度快、计算量大、储存量大、数据传递快等优点。

案例2：如何寻找潜在供应商？

企业应利用多种渠道去寻找潜在供应商。这些渠道主要有：

（一）出版物

国际国内有大量的出版物随时随地为采购方提供信息。比较典型的有：综合工商目录、国别工商目录、产品工商目录以及商业刊物。

（二）行业协会

行业协会也是收集潜在供应商的重要信息渠道。一个国家的大多数工商企业都是行业协会的会员，采购方可以通过这些组织（物流与采购联合会、中国物流协会）取得大量实用的有关供应商的资料。

（三）专业化商业服务机构

一些非常著名的商业信息服务机构专门从事商业调查，并保存那些知名的制造商的资料。采购方可以通过有偿形式从这些机构取得关于供应商的技术、管理、财务或其他方面的年度报告（咨询、策划）。

案例3：如何对潜在供应商进行资格审核？

（一）营业执照

营业执照是企业生产、经营的许可证。营业执照中核定的经营范围是审核的重点，主营业务归属于哪类，获准进入采购市场的企业就应定位在哪类。

（二）税务登记证

任何一家正规注册的公司都要到相关部门办理税务登记，因此一个合法的企业法人应当拥有税务登记证。

（三）企业法人代码证

尽管企业法人代码证的作用当前并不十分显著，但随着社会网络化的推进，政府、企业、市场管理机关、行业主管部门以及社会公众通过条形码对企业的性质、经营范围、资信程度、是否有不良记录等相关情况的了解的要求将大大增强，法人代码证上的企业相关信息共享和交流将成为必需。

（四）企业简介

企业简介是企业基本情况的介绍和宣传，包括企业生产经营内容、企业员工构成、企业业绩等。

（五）行业资质

行业许可资历是指我国目前在许多行业推行的准入制度，不同行业有不同行业的要求。

（六）社会中介机构出具的注资或审计报告

采购部门对企业的资信、财务状况等情况不可能全面、广泛地了解和掌握，无论从人力上还是从时间上，既做不到也不经济。因此，采购部门应借助社会中介机构的力量对潜在供应商的企业会计报表进行独立审查，客观全面地反映企业最新年度的经营状况。

2. 初步供应商分析

在初步供应商调查的基础上，要利用供应商初步调查的资料进行供应商初步分析。初步供应商分析的主要目的，是比较各个供应商的优势和劣势，初步选择可能适合于企业需要的供应商。

初步供应商分析的主要内容包括：

（1）产品的品种、规格和质量水平是否符合企业需要？价格水平如何？只有产品的品种、规格、质量适合于本企业，才算得上企业的可能供应商，才有必要进行下面的分析。

（2）企业的实力、规模如何？产品的生产能力如何？技术水平如何？管理水平如何？企业的信用度如何？

对信用度的调查，在初步调查阶段，可以采用访问制，从中得出一个大概的、定性的结论。分析供应商的信用程度，还可以得到定量的结果。

（3）产品是竞争性商品还是垄断性商品？如果是竞争性商品，则供应商的竞争态势如何？产品的销售情况如何？市场份额如何？产品的价格水平是否合适？

（4）供应商相对于本企业的地理交通情况如何？要进行运输方式、运输时间、运输费用分析，看运输成本是否合适。

在进行以上分析的基础上，为选定供应商提供决策支持。

三、深入供应商调查

深入供应商调查，是指对经过初步调查后准备发展为自己的供应商的企业进行的更加深入仔细的考察活动。这种考察，是深入到供应商企业的生产线、各个生产工艺、质量检验环节甚至管理部门，对现有的工艺设备、生产技术、管理技术等进行考察，看看能不能满足本企业所采购的产品应当具备的生产工艺条件、质量保证体系和管理规范要求。有的甚至要根据生产对所采购产品的要求，进行资源重组和样品试制，试制成功以后，才算考察合格。只有通过深入的供应商调查，才能发现可靠的供应商，建立起比较稳定的物资采购供需关系。

进行深入的供应商调查，需要花费较多的时间、精力和调查成本，并不是对所有的供应商都是需要的，只是在以下情况才需要深入调查。

第一，准备发展成紧密关系的供应商。例如在进行准时化（JIT）采购时，供应商的产品将准时、免检、直接送上生产线进行装配。这时，供应商已经与企业结成了如同企业的一个生产车间一样的紧密关系。如果要选择这样紧密关系的供应商，就必须进行深入的供应商调查。

第二，寻找关键零部件产品的供应商。如果企业所采购的是一种关键零部件，特别是精密度高、加工难度大、质量要求高、在企业的产品中起核心功能作用的零部件产品，在选择供应商时，就需要特别小心，要进行反复、认真、深入的考察审核。只有经过深入调查证明确实能够达到要求时，才确定发展它为企业的供应商。

对于最高级的深入调查，在具体实施深入调查时，可以分成三个阶段：

第一阶段：通知供应商生产样品，最好生产一批样品，从其中随机抽样进行检验。如果抽检不合格，允许其改进一下再生产一批，再检验一次，如果还是不合格，这个供应商就落选，不再进入下面的第二阶段。只有抽检合格的才能进入第二阶段。

第二阶段：对于生产样品合格的供应商，还要对其生产过程、管理过程进行全面详细的考察，检查其生产能力、技术水平、质量保障体系、装卸搬运体系、管理制度等，看看有没有达不到要求的地方。如果基本上符合要求，则深入调查可以到此结束。供应商符合要求，可以中选；如果检查结果不符合要求，则进入下面第三个阶段。

第三阶段：对于生产工艺、质量保障体系、规章制度等不符合要求的供应商，要协商提出改进措施，限期改进。供应商愿意改进并且限期改进合格者，可以中选；如果供应商不愿意改进，或者愿意改进但限期改进不合格者则落选。深入调查也到此结束。

牢记要点：

对供应商调查的步骤有：

⇨资源市场调查

⇨初步的供应商调查

⇨深入的供应商调查

实践练习

一、请你将属于初步调查和深入调查的内容分别归入 A 桶和 B 桶中：

1. 供应商所占的市场份额

2. 企业的生产工艺、生产技术

3. 供应商所提供商品的品种、质量

4. 企业的信用度

5. 企业的管理水平

6. 企业的质量检验环节

7. 企业的实力、规模

8. 供应商所提供商品的价格

9. 资源重组、样品试制

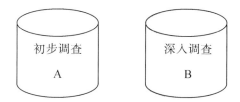

参考答案：A：1、3、4、5、7、8；B：2、6、9.

二、请您根据自己的理解判断下列说法的正误，正确的打"√"，错误的打"×"：

1. 企业经济性质、注册资金大小是审核的重点。　　　　　　　（　　）

2. 行业资质在不同行业有不同的要求。　　　　　　　　　　　（　　）

3. 明确提出或强行要求列出大宗业务对新企业或小企业不利。　（　　）

4. 名目繁多的资质证明是政府对市场不易解决或关乎国家和公众生计的资源配置进行调控的手段。　　　　　　　　　　　　　　　　　　　　　（　　）

5. 获准进入采购市场的企业定位与主营业务没有关系。　　　　（　　）

参考答案：1. ×；2. √；3. √；4. √；5. ×。

第五节　供应商开发

一、概述

所谓供应商开发就是要从无到有地寻找新的供应商，建立起适合于企业需要的供应商队伍。

军队打仗需要粮草，企业生产需要物资，供应商就相当于企业的后勤队伍。供应商开发和管理实际上就是企业的后勤队伍的建设。

二、供应商开发的步骤

1. 需求分析、产品 ABC 分类

首先将采购物料分类,确定关键的重要的零部件、原材料及其资源市场。

(1) 先将主要生产物料和辅助生产物料等按采购金额比重分为 ABC 三类,得出关键物资、重点物资,给予重点关注。根据物资重要程度决定供应商关系的紧密程度:对于关键物资、重点物资,要建立起比较紧密的供应商关系;对于非重点物资,可以建立一般供应商关系,甚至不必建立固定的供应商关系。

(2) 按材料成分或性能分类,如塑胶类、五金类、电子类、化工类、包装类等,确定资源市场的类型性质。

2. 供应商调查

收集厂商资料,根据材料的分类,收集生产各类物料的厂家,每类产品 5~10 家,填写在供应商调查表上;也可以编制供应商调查表,用传真或其他方式交供应商企业自己填写并寄回。

3. 资源市场调查

要走访供应商、客户、政府主管部门或经济统计部门,了解资源市场的基本情况,包括供应量、需求量、可供能力、政策、管理规章制度、发展趋势等。

4. 分析评估

(1) 成立供应商评估小组,由副总经理任组长,与部门经理、主管、工程师组成评估小组。

(2) 供应商分析。对反馈的供应商调查表进行整理核实,如实填写供应商资料卡。将合格厂商分类按顺序统计记录,然后由评估小组进行资料分析比较和综合评估,按 ABC 物料采购金额的大小,根据供应商规模、生产能力等基本指标进行分类,对每个关键物资、重点物资初步确定 1~3 家供应商,准备进行深入调查。

(3) 资源市场分析。在供应商分析的基础上,结合资源市场调查的有关资料,分析资源市场的基本情况,包括资源能力情况、供需平衡情况、竞争情况、管理水平、规范化程度、发展趋势等,并根据资源市场的性质,确定相应的采购策略、产品策略和供应商关系策略。例如对于垄断性市场,采用合作和据理谈判策略;对于竞争性市场,采用招标竞争策略等。

5. 深入调查供应商

对初步调查分析合格、被选定的 1~3 家供应商进行深入调查。深入调查可分成三个阶段,详见本章第四节供应商调查。

6. 价格谈判

进行价格谈判的指导思想,就是要合理、"双赢",自己不要吃亏,也不要让供应商吃亏,要考虑长远合作。大家都不吃亏,才能得到共同发展,才会有共同的长远合作和长远利益。要实事求是地进行计算,求出一个合理的价格。

价格谈判成功以后,就可以签订试运作协议,进入物资采购供应试运作阶段,基本上以一种供需合作关系运行。试运行阶段根据情况可以是三个月至一年不等。

7. 供应商辅导

价格谈好以后的试运行供应商，将与企业建立起一种紧密关系参与试运作。这时企业要积极参与、辅导、合作。企业应当根据生产的需要及供应商的可能，共同规范相互之间的作业协调关系，制定一定的作业手册和规章制度。为使供应商适应企业的需要，要在管理、技术、质量保障等方面进行辅导和协助。

8. 追踪考核

在试运作阶段，要对供应商的物资供应业务进行追踪考核。这种考核主要从以下几个方面进行：

（1）检查产品质量是否合格。可以采用全检或抽检的方式，求出质量合格率。质量合格率用质量合格的次数占总检查次数的比率描述。

（2）检查交货是否准时。检查供应商交货是否准时，求出误时率，用误时的交货次数占总交货次数的比率来描述。

（3）检查交货数量是否满足。用物资供应满足程度或缺货程度来描述。

（4）信用度的考核。主要考察在试运作期间，供应商是否认真履行自己承诺的义务，是否对合作事项高度认真负责，在往来账目中，是否不欠账、不拖账。信用度一般可以用失信次数与总次数的比率来描述。失信可以包含多种含义，例如没有履行事先的承诺，没有按约定按时交款或还款等，都是失信。

9. 供应商选择

以上指标每个月考核一次，一个季度或半年综合考核评分一次，各个指标加权评分综合，按评分等级分成优秀、良好、一般、较差几个等级。优秀者可以通过试运作，结束考核期，签订正式供需关系合同，成为企业正式的供应商，建立一个比较稳定的供需关系。其他的则不能通过试运作，应当结束考核、终止供需关系。

10. 供应商使用

当供应商选定之后，应当终止试运作期，签订正式的供应商关系合同，开始正常的物资供应业务运作，建立起比较稳定的物资供需关系。在业务运作的开始阶段，要加强指导与配合，要对供应商的操作提出明确的要求，有些大的工作原则、守则、规章制度、作业要求等应当以书面条文的形式规定下来，有些甚至可以写到合作协议中去。起初还要加强评价与考核，不断改进工作和配合关系，直到比较成熟为止。在比较成熟以后，还要不定期地检查和协商，保持业务运行的健康、有序。

11. 供应商的激励和控制

在供应商的整个使用过程中，要加强激励和控制。既要充分鼓励供应商主动积极地搞好物资供应，又要采用各种措施，防范供应商的不当行为给企业造成损失。要保证与供应商的合作关系和物资供应业务的健康正常进行，确保企业利益不受影响。

第六节　供应商考核

一、供应商考核指标体系

这里讲的供应商考核，主要是指同供应商签订正式合同以后的正式运作期间，对供应商整个运作活动的全面考核。这种考核应当比试运作期间更全面。主要从产品质量、交货期、交货量、工作质量、价格、进货费用水平、信用度、配合度等方面进行考核。

二、考核指标的具体内容

1. 产品质量

产品质量是考核最重要的指标，在开始运作的一段时间内，都要加强对产品质量的检查。检查可以分为两种：一种是全检，一种是抽检。全检工作量太大，一般用抽检的方法。质量的好坏可以用质量合格率来描述。

2. 交货期

交货期也是一个很重要的考核指标参数。考核交货期主要是考察供应商的准时交货率。准时交货率可以用准时交货的次数与总交货次数之比来衡量。

3. 交货量

考核交货量主要是考核按时交货量，按时交货量可以用按时交货量率来评价。按时交货量率是指给定交货期内的实际交货量与期内应当完成交货量的比率。

4. 工作质量

考核工作质量，可以用交货差错率和交货破损率来描述。

5. 价格

考核供应商的价格水平，可以和市场同档次产品的平均价和最低价进行比较，分别用市场平均价格比率和市场最低价格比率来表示。

6. 进货费用水平

考核供应商的进货费用水平，可以用进货费用节约率来考核。

7. 信用度

信用度主要用以考核供应商履行自己的承诺、以诚待人、不故意拖账、欠账等的程度。

8. 配合度

配合度主要用以考核供应商的协调精神。在和供应商相处过程中，常常因为环境的变化或具体情况的变化，需要把工作任务进行调整变更，这种变更可能导致供应商的工作方式的变更，甚至导致供应商要作出一点牺牲。这时可以考察供应商在这些方面积极配合的程度。另外，如工作出现了困难，或者发生了问题，可能有时也需要供应商配合才能解决。在这个时候，也可以看出供应商的配合程度。

考核供应商的配合度，靠人们的主观评分来考核。主要找与供应商相处的有关人员，让他们根据这个方面的体验为供应商评分。特别典型的，可能会有上报或投诉的情况。这时可以把上报或投诉的情况也作为评分依据。

可以看出，前七项都是客观评价，第八项是主观评价。客观评价都是客观存在的，而且可以精确计量的，而主观评价主要靠人的主观感觉来评价。

第七节　供应商选择

一、供应商选择概述

供应商选择是供应商管理的目的，是供应商管理中最重要的工作。选择一批好的供应商，不但对于企业的正常生产起着决定作用，而且对企业的发展也非常重要。

实际上，供应商选择融合在供应商开发的全部过程中。供应商开发的过程包括了几次供应商的选择过程：在众多的供应商中，每个品种要选择 5～10 个供应商进入初步调查；初步调查以后，要选择 1～3 个供应商，进入深入调查；深入调查之后还要做一次选择，确定 1～2 个供应商进入试运行，经考核和选择，确定最后的供应商。

好的供应商的标准，一是产品好，二是服务好。所谓产品好，就是要求产品质量好，产品价格合适，产品先进、技术含量高、发展前景好，产品货源稳定、供应有保障；所谓服务好，就是要求供应商在供货、送货方面能够及时，有很好的技术支持和售后服务，守信用、愿意协调配合客户企业。因此一个好的供应商需要具备以下一些条件：

第一，企业生产能力强。表现在：产量高、规模大、生产历史长、经验丰富、生产设备好。

第二，企业技术水平高。表现在：生产技术先进、设计能力和开发能力强、生产设备先进、产品的技术含量高、达到国内先进水平。

第三，企业管理水平高。表现在：有一个强有力的领导班子，尤其要有一个有魄力、有能力、有管理水平的一把手；有一个高水平的生产管理系统；还要有一个有力的、运行良好的质量管理保障体系，能在全企业形成一种严肃认真、一丝不苟的工作作风。

第四，企业服务水平高。表现在：能对顾客高度负责、主动热诚、认真服务；售后服务制度完备、服务能力强；愿意协调配合客户企业。

二、企业供应商分类

一个企业的供应商数量可能很多，如果不加区分，就很难实施科学的管理。企业要对不同的供应商实施不同的关系策略，就必须对供应商进行细分。

（一）按供应商的重要程度分类——模块法

1. 伙伴型供应商

2. 重点型供应商

3. 优先型供应商

4. 商业型供应商

（二）按采购物品价值的大小分类——80/20 规则

供应商 80/20 规则分类法的基础是物品采购的 80/20 规则，其基本思想是针对不同的采购物品采取不同的策略，同时采购工作精力也各有侧重，相应地对于不同物品的供应商也采取不同的策略。

通常，数量 80% 的采购物品（普通采购物品）占有（全部）采购金额的 20%，而其余数量 20% 的采购物品（重点采购物品），则占有采购金额的 80%。相应地，可以将供应商依据 80/20 规则进行分类，划分为重点供应商和普通供应商，即占 80% 采购金额的 20% 的供应商为重点供应商，而其余只占 20% 采购金额的 80% 的供应商为普通供应商。对于重点供应商应投入 80% 的时间和精力进行管理和改进。这些供应商提供的物品为企业的战略物品或需集中采购的物品，如汽车厂需要采购的发动机和变速器；电视机厂需要采购的彩色显像管以及一些价值高但供应不力的物品。而对于普通供应商则只需要投入 20% 的时间和精力与其交易。因为这类供应商所提供的物品的运作对企业的成本质量和生产的影响较小，例如办公用品、维修备件、标准件等物品。

（三）按供应商的规模和经营品种分类

按供应商的规模和经营品种进行供应商分类，常以供应商的规模作为纵坐标，经营品种数量作为横坐标进行矩阵分析。

（四）按与供应商的关系目标分类

1. 短期目标型

这种类型的最主要特征是双方之间的关系为交易关系。它们希望彼此能保持较长时期的买卖关系，获得稳定的供应，但是双方所做的努力只停留在短期的交易合同上，各自关注的是如何谈判，如何提高自己的谈判技巧，不使自己吃亏，而不是如何改善自己的工作，使双方都获利。供应一方能够提供标准化的产品或服务，保证每一笔交易的信誉。当买卖完成时，双方关系也就终止了。对于双方而言，只与业务人员和采购人员有关系，其他部门人员一般不参与双方之间的业务活动。

2. 长期目标型

与供应商保持长期的关系是有好处的，双方有可能为了共同利益而对改进各自的工作感兴趣，并在此基础上建立起超越买卖关系的合作。长期目标型的特征是从长远利益出发，相互配合，不断改进产品质量与服务水平，共同降低成本，提高供应链的竞争力。同时，合作的范围遍及公司内的多个部门。

由于是长期合作，可以对供应商提出新的技术要求，而如果供应商目前还没有这种能力，采购方可以对供应商提供技术、资金等方面的支持。供应商的技术创新和发展也会促进本企业产品的改进，这样做有利于企业的长远利益。比如飞机制造厂商可以对发动机生产厂商提供技术和资金以生产出技术含量更高的发动机，而发动机厂商的技术革新也会促进飞机制造厂商生产出新型飞机。

3. 渗透型

这种关系形式是在长期目标型基础上发展起来的。其管理思想是把对方公司看成自己公司的延伸，是自己的一部分，因此，对对方的关心程度又大大提高了。为了能够参与对方的业务活动，有时会在产权关系上采取适当的措施，如互相投资、参股等，以保证双方利益的一致性。在组织上也采取相应的措施，保证双方派员加入对方的有关业务活动。这样做的优点是可以更好地了解对方的情况，供应商可以了解自己的产品在对方是怎样起作用的，也就容易发现改进的方向；而采购方也可以知道供应商是如何制造的，需要时可以提出相应的改进要求。

4. 联盟型

联盟型是从供应链角度提出的。它的特点是从更长的纵向链条上改善管理成员之间的关系，难度相应提高了。在难度提高的前提下，要求也相应提高。另外，由于成员增加，往往需要一个处于供应链上核心地位的企业出面协调成员之间的关系，它常常被称为"盟主企业"。

5. 纵向集成型

这种形式被认为是最复杂的关系类型，即把供应链上的成员整合起来，像一个企业一样，但各成员是完全独立的企业，决策权属于自己。在这种关系中，要求每个企业在充分了解供应链的目标、要求，充分掌握信息的条件下，自觉作出有利于供应链整体利益的决策。

三、供应商选择方法

（一）考核选择

所谓考核选择，就是在对供应商充分调查了解的基础上，再进行认真考核、分析比较来选择供应商。

根据本章第四节所讲，对供应商进行三阶段深入调查后，就初步确定了企业的供应商。

对初步确定的供应商还要进入试运作阶段进行考察考核，试运作阶段的考察考核更实际、更全面、更严格。因为这时直接面对实际的生产运作。在运作过程中，要进行所有各个评价指标的考核评估，包括产品质量合格率、按时交货率、按时交货量率、交货差错率、交货破损率、价格水平、进货费用水平、信用度、配合度等的考核和评估。在单项考核评估的基础上，还要进行综合评估。综合评估就是把以上各个指标进行加权平均计算而得的一个综合成绩。可以用下式计算：

$$S = \frac{\sum W_i P_i}{\sum W_i} \times 100\%$$

通过试运作阶段，得出各个供应商的综合评估成绩，就可以基本上确定哪些供应商可以入选、哪些供应商被淘汰了。一般试运作阶段达到优秀级的应该入选，达到一般或较差级的供应商，应予以淘汰。

现在一些企业为了制造供应商之间的竞争机制，创造了一些做法，就是故意选两个或三个供应商，称作 AB 角或 ABC 角，A 角作为主供应商，分配较大的供应量；B 角（或再加上 C 角）作为副供应商，分配较小的供应量。综合成绩为优的供应商担任 A 角，候补供应商担任 B 角。在运作一段时间以后，如果 A 角的表现有所退步而 B 角的表现有所进步，则可以把 B 角提升为 A 角，而把原来的 A 角降为 B 角。这样无形中就造成了 A 角和 B 角之间的竞争，促使它们竞相改进产品和服务，使得采购企业获得更大的好处。

从以上可以看出，考核选择供应商是一个较长时间的深入细致的工作，这个工作需要采购管理部门牵头负责、全厂各个部门的人共同协调才能完成。当供应商选定之后，应当终止试运作期，签订正式的供应商关系合同，进入正式运作期，开始比较稳定的正常的物资供需关系运作。

（二）招标选择

选择供应商也可以通过招标的方式。招标选择是采购企业采用招标的方式，吸引多个有实力的供应商来投标竞争，然后经过评标小组分析评比而选择最优供应商的方法。

招标选择的主要工作如下：

一是准备一份合适的招标书，包括目标任务、完成任务的要求。

二是建立一个合适的评标小组和评标规则。

三是组织好整个招标投标活动。

在招标活动中，投标供应商的主要工作如下：

一是起草自己的投标书参与投标竞争；

二是参加招标会，进行自己的投标说明和辩论。

最后评标小组根据各个供应商的标书以及投标陈述，进行质询、分析和评比，得出中标的供应商。这样就最后选定了供应商。

第八节　供应商的使用、激励与控制

一、供应商使用

供应商经过考核成为企业的正式供应商之后，就要开始进入日常的物资供应运作程序。

进入供应商使用的第一个工作，就是要签订一份与供应商的正式合同。这份合同既宣告双方合作关系的开始，也是一份双方承担责任与义务的责任状和将来双方合作关系的规范书。所以双方应当认真把合同书的合同条款协商好。协议生效后，它就成为直接约束双方的法律性文件，双方都必须遵守。

在供应商使用的初期，采购企业的采购部门，应当和供应商协调，建立起供应商运作的机制，相互在业务衔接、作业规范等方面建立起一个合作框架。在这个框架的基础上，各自按时按质按量完成自己应当承担的工作。

在日后采购企业在供应商使用管理上，应当摒弃"唯我"主义，建立"共赢"思想。供应商也是一个企业，也要生存与发展，因此也要适当盈利。采购企业不能只顾自己降低成本、获取利润而把供应商企业"耗"得太惨。因为害惨了供应商，会导致企业自身物资供应的困难，不符合企业长远的利益。因此合作的宗旨，应当尽量使双方都能获得好处、共存共荣。要从这个宗旨出发，处理好合作期间的各种事务，建立起一种相互信任、相互支持、友好合作的关系。

二、供应商激励与控制

供应商激励和控制的目的，一是要充分发挥供应商的积极性和主动性，使供应商努力搞好物资供应工作，保证本企业的生产生活正常进行；二是要防止供应商的不轨行为，预防一切对企业、对社会的不确定性损失。

1. 逐渐建立起一种稳定可靠的关系

企业应当和供应商签订一个较长时间的业务合同，一般 1～3 年。时间不宜太短，太短了让供应商不完全放心，从而总是要留一手，不会全心全意为搞好物资供应工作而倾注全力；只有合同时期长，供应商才会感到放心、才会倾注全力与企业合作，搞好物资供应工作。特别是当业务量大时，供应商会把本企业看作它生存发展的依靠和希望，会更加激励它努力与企业合作，企业发展它也得到发展，企业倒闭它也跟着倒闭，形成一种休戚与共的关系。但是合同时间也不能太长，一方面是因为情况可能发生变化，例如市场变化导致产量变化、产品变化、组织机构变化等；另一方面，也是为了防止供应商产生一劳永逸、铁饭碗的思想而放松对业务的竞争进取精神。为了促使供应商加强竞争进取，就要使供应商有危机感。所以合同时间一般以一年比较合适，并说明如果第二年继续合作，可以续签；第二年不愿合作了，则合同终止。这样签合同，就是既要让供应商感到放心，可以有一段较长时间的稳定合作；又要让供应商感到有危机感，不要放松竞争进取精神，才能保住下一年的合作。

2. 有意识地引入竞争机制

有意识地在供应商之间引入竞争机制，促使供应商之间在产品质量、服务质量和价格水平方面不断优化。例如，在几个供应量比较大的品种中，每个品种可以实行 AB 角制或 ABC 角制。所谓 AB 角制，就是一个品种设两个供应商，一个 A 角，作为主供应商，承担 50%～80% 的供应量；一个 B 角，为副供应商，承担 20%～50% 的供应量。在运行过程中，对供应商的运作过程进行考核评分，一个季度或半年一次评比。如果主供应商的季平均分数比副供应商的季平均分数低 10% 以上，就可以把主供应商降级成副供应商，同时把副供应商升级成主供应商。与上面说的是同样的原因，我们主张变换的时间间隔不要太短，最少一个季度，太短了不利于稳定，也不利于偶然出错的供应商有机会纠正错误。ABC 角制则实行三个角色的制度，原理与 AB 角制一样，同样也是一种激励和控制的方式。

3. 与供应商建立相互信任的关系

疑人不用，用人不疑。当供应商经考核转为正式供应商之后，一个重要的措施，就是应当将验货收货逐渐转变为免检收货。免检，这是给供应商的最高荣誉，也可以显示出企业对供应商的高度信任。免检，当然不能不负责任地随意确定，应当稳妥地进行。既要积极地推进免检考核的进程，又要确保产品质量。一般免检考核时间要经历三个月左右，在免检考核期间，起初要进行严格的全检或抽检。如果全检或抽检的不合格品率很小，则可以降低抽检的频次，直到不合格率几乎降到零为止。这时，要组织供应商有关方面的人员，稳定生产工艺和管理条件，保持住零不合格率。如果真能保持住零不合格率一段时间，就可以实行免检了。当然，免检期间，也还要不时地随机抽检一下，以防供应商的质量滑坡，影响本企业的产品质量。抽检的结果如果满意，就继续免检。一旦发现问题，就要增大抽检频次，进一步加大抽检的强度，甚至取消免检。通过这种方式，也可以激励和控制供应商。

此外，建立信任关系，还包括很多方面。例如不定期地开一些企业负责人的碰头会，交换意见，研究问题，协调工作，甚至开展一些互助合作。特别对涉及与企业之间的一些共同的业务、利益等有关的问题，一定要开诚布公，把问题谈透、谈清楚。要搞好这些方面的工作，需要树立起一个指导思想，就是"双赢"。一定要尽可能让供应商有利可图，不要只顾自己，不顾供应商的利益，只有这样，双方才能真正建立起比较协调可靠的信任关系。这种关系实际上就是一种供应链关系。

4. 建立相应的监督控制措施

在建立起信任关系的基础上，也要建立比较得力的、相应的监督控制措施。特别是一旦供应商出现了一些问题或者一些可能发生问题的苗头之后，一定要建立起相应的监督控制措施。根据情况的不同，可以分别采用以下一些措施：

第一，对一些非常重要的供应商派常驻代表，或是当问题比较严重时，向供应商单位派常驻代表。常驻代表的作用，就是沟通信息，进行技术指导、监督检查等。常驻代表应当深入到生产线各个工序、各个管理环节，帮助发现问题，提出改进措施，切实保证把有关问题彻底解决。对于那些不太重要的供应商或者问题不那么严重的单位，则视情况分别采用定期或不定期到工厂进行监督检查，设监督点对关键工序或特殊工序进行监督检查，要求供应商自己报告生产条件情况、提供工序管制上的检验记录，一起采取分析评议等办法实行监督控制。

第二，加强成品检验和进货检验，做好检验记录，退还不合格品，甚至要求赔款或处以罚款，督促供应商改进。

第三，组织本企业管理技术人员对供应商进行辅导，提出产品技术规范要求，使其提高产品质量水平或企业服务水平。

本章小结

企业采购环节，是物流的重要环节。企业生产和销售都离不开采购。人们发现，采购环节存在着很大的利润源泉，如果采用科学采购方法，则采购环节中购买费用的降低、订货费用的降低、进货费用的降低等有着很大的潜力，存在着很大的利润空间，可以大大降低企业的生产成本，给企业带来很大的经济效益。

第五章　现代物流运输、装卸搬运

学习目标

（1）掌握运输和装卸搬运的概念；

（2）掌握运输和装卸搬运的作用及其分类；

（3）了解基本运输方式及特点；

（4）了解装卸搬运机械及其选择。

开篇案例

蒙牛的运输

牛奶，曾几何时，仅仅与中国人的孩提时代有过亲密接触。中国人传统的饮食结构中，并不包括这一有些西化的营养食品。奶粉在计划经济时代，也是凭票供应的紧俏商品。随着市场经济的来临，人们生活水平提高，必然伴随着饮食质量的提升，牛奶产品逐渐走进寻常百姓的生活。

众所周知，物流运输是乳品的重大挑战之一，在运输过程中要注意控制温度和堆码层数，并尽量缩短运输距离和时间，防止温度上升导致牛奶变质，保证牛奶包装不被压破。牛奶出现损坏、变质等问题很多是运输环节中保存不当所致。

乳品保存有期限，要做到保鲜和食品安全，对于如此多的工厂、如此高的产量、如此大的市场，必须保证产品顺畅、快速、安全地运到销售终端。

1. 蒙牛物流运输

当蒙牛的创业神话还在为人们所津津乐道的时候，它的触角已经伸向全国各个角落，其产品远销香港、澳门甚至还出口东南亚。目前，蒙牛的生产规模不断扩大，开发的产品有液态奶、冰淇淋、奶粉等系列100多个品种，郭满仓就是蒙牛乳业集团常温液态奶物流运输部的部长。

据郭满仓介绍，目前，蒙牛集团总部设在乳都核心区呼和浩特和林格尔，总部由6个生产厂组成，日产量4 000吨左右。蒙牛集团在全国各地有21个事业部，分别在内蒙古的包头、巴盟、通辽、乌兰浩特，河北的唐山、滦南、察北、保定、塞北，山西的太原、山阴、雁门，河南的焦作，山东的泰安，湖北的武汉，安徽的马鞍山，东北的沈阳、尚志、大庆，陕西的宝鸡以及北京的通州。根据2007年的最新数字统计，蒙牛集团常温牛奶全国的总日产量为12 000吨左右；2008年总日产量数字继续增加，达到15 000吨左右。

面对如此巨大的生产量，及时、合理的运输配送成为蒙牛物流成功的关键。蒙牛的物流运输体现出的特色可以概括为"顺""快""准"三个字。

2. 顺：因地制宜、借势而起

蒙牛运输的"顺"体现在集团的本部及21个事业部，虽然在布局上看似集中，但是却按照不同的地区特点分担了发送方向，足以覆盖全国市场。比如，和林总部主要供货华东、华南及周边地区；包头事业部主要供货华东、西南及周边地区；巴盟事业部主要供货西南、西北及周边地区；东北的几个事业部，在主要满足东北蒙东地区的同时，优先发往西南地区；而唐山、滦南的事业部则依托渤海湾的海运优势满足周边地区及华南地区。此外，常温物流系统还设有杭州、广州、厦门、西昌、南京、成都、长沙、昆明、贵州、重庆、湖北11个分仓库，用来满足周边地区的客户小批量要货的及时供给。"我们基本上是按照当地的地理位置和实际特点来安排发运方向的。比如唐山毗邻天津，沈阳周边有大连，这两个城市都有很大的港口。天津港——广州的线路是中海集装箱运输公司的精品船线，我们就因地制宜地利用这些地方适合海运的优势。"

目前，蒙牛的运输方式主要以公路运输和铁路运输为主，海运为辅，其中公路运输占60%，铁路运输占30%，海运只占10%。

蒙牛的铁路运输以班列运输为主，以整车运输为辅。班列运输主要通过上海班列辐射大部分华东地区，广州班列辐射大部分华南地区，成都班列辐射西南地区，华中地区主要通过整车发运。对于班列的好处，郭部长感触颇深，他说，班列运输是我国目前最先进的铁路运输方式，也是牛奶等保鲜食品等最理想的运输方式。铁道部自2003年起从内蒙古自治区开行牛奶集装箱班列，截至2008年年底，共计开行930列，发送液态奶186万吨，发送集装箱4.65万车。目前牛奶集装箱班列已成为铁道部的品牌班列。2007年，蒙牛需要铁路外运的奶产品超过90万吨。蒙牛集团所开启的班列为呼和浩特站到上海站、呼和浩特站到广州站、包头站到上海站和蹬口站到成都站。2007年2月3日，中铁集装箱公司与蒙牛签订战略合作协议，此次战略合作伙伴关系确立后，中铁集团公司将为蒙牛提供量身定做的专业服务，为其拓展市场，实现草原牛奶销往全国提供有力的运力保证。

除了公路运输借势第三方物流企业、铁路运输借势快速准确的班列以外，在海运方面，蒙牛也与中海集装箱运输有限公司和中外集装箱运输有限公司建立了战略合作关系，使物流的终端覆盖了所有的沿海港口城市。

3. 快：一切为了新鲜

公路运输是几种运输方式中发运量最大的一种形式。据郭部长介绍，和林总部及全国各生产厂的日发运总量为7 000吨左右，其中和林总部的日公路发运已经达到了2 000吨，"主要是从我们的成品管理仓库送到客户仓库这一段的运输。"

"虽然相比铁路和海运，公路运输的成本较为高昂，但是为了保证产品能够快速地送达消费者手中，保证产品的质量，我们还是以这种运输方式为主，比如，北京销往广州等地的低温产品，全部走汽运，虽然成本较铁运高出很多，但是时间上能有保证。"郭满仓说。

郭部长告诉记者，随着班列运输自身形式的进步和合作关系的进一步稳固，蒙牛与中铁集装箱运输公司开创了牛奶集装箱的"五定"班列这一铁路运输的新模式。"五定"即"定点、定线、定时间、定价格、定编组"。"五定"班列定时、定点，一站直达，有效地保证了牛奶运输的及时、准确和安全。现在，通过"五定"列车，上海消费者在 5 天内就能喝上草原鲜奶。

4. 准：科技运输的标准

蒙牛常温液体奶事业部所有的物流操作已经全部实现了 ERP 系统管理，从客户要货、销售调度根据库存生成订单、物流运输调度生成派车单、仓库装车整个流程全部由计算机和机械完成，唯一由人来完成的就是产品上车后的码垛装车。

为了保障产品的新鲜度，同时满足市场的要货需求，蒙牛根据运输工具的不同制定了要货周期；其中从销售调度在 ERP 系统审核订单时间算起，所有订单在 24 小时内必须发出；而公路运输按照每天 600 千米的时速行驶，计算到货时限；铁路运输的班列运输为 10 天到货，整车运输的时限为 18 天；海运运输的到货时限是 20 天。

据介绍，为了更好地了解汽车运行的状况，在 2007 年的夏天，蒙牛常温液奶物流运输部还为一部分运输车安装了卫星定位系统——GPS 系统可以跟踪了解车辆的一切在途情况，比如是否正常行驶、所处位置、车速、车厢内温度等。蒙牛管理人员在网站上可以查看所有安装此系统的车辆信息。GPS 的安装，给物流以及相关人员包括客户带来了方便，避免了有些司机在途中长时间停车而影响货物及时送达或者产品途中变质等情况的发生。

郭部长表示，蒙牛在到货交付阶段及货损理赔方面的经验也值得借鉴。首先，客户可以随时在 ERP 系统查询订单处理情况直到产品装车，并可以看到司机的相关信息；其次，物流公司设有专职追踪人员负责产品在途及到货后的问题处理，出现货损采取物流公司先行赔付制度并全部由我们与保险公司签订统一的保险合同，针对运输过程中湿、冻、丢、烂、翻等损失进行理赔；最后，到货交付后，由客户在 ERP 系统中确认到货，物流运输部门设有专职客服人员统计未按时到货报表及客户的其他反馈，并由责任人在 24 小时内给予处理。

经郭部长的介绍，记者发现，蒙牛运输每个环节的设计都是合理且有效的，针对不同问题有不同的解决方案，这就是蒙牛的物流特色。

案例思考

1. 蒙牛物流运输的主要特色有哪些？
2. 结合案例谈谈运输在物流中的重要性。

第一节　物流运输基础知识

一、运输的概念与作用

（一）运输的概念

在现代物流观念诞生之前，甚至就在今天，仍有不少人将运输等同于物流，其原因是物流的很大一部分功能是由运输完成的。运输是物流中最重要的功能要素之一，因而加强现代物流运输活动的研究，对加强物流系统整体功能的发挥及提高企业自身的竞争力都有着极为重要的意义

物流是指为满足用户需要而进行的原材料、中间库存、最终产品及相关信息从起点到终点的有效流动，以及实现这一流动而进行的计划、管理、控制过程。物流过程包括包装、装卸、运输、储存、流通加工、配送和信息处理等内容。而运输在流通过程中承担了改变空间状态的主要任务，因此运输只是物流过程中的一个组成部分。

运输是指物品借助运力在空间上所发生的位置移动，本书专指"物"的载运及输送。它是在不同地域间（如两个城市、两个工厂之间，或一个大企业内相距较远的两车间之间），以改变"物"的空间位置为目的的活动。和搬运的区别在于，运输是较大范围的活动，而搬运是在同一地域之内的活动。

（二）运输的作用

（1）运输是物流的主要功能要素之一。按物流的概念，物流是"物"的物理性运动，这种运动不但改变了物的时间状态，也改变了物的空间状态。而运输承担了改变空间状态的主要任务，运输是改变空间状态的主要手段，运输再配以搬运、配送等活动，就能圆满完成改变空间状态的全部任务。

（2）运输是社会再生产过程中的重要环节。伴随现代化大生产，尤其是全球化经济的发展，社会分工越来越细，产品种类越来越多，无论是原材料的需求，还是产品的输出量，都大幅度上升，不同地域之间的物资交换也越来越频繁，促进了运输业的发展和运输能力的提高。近年来，随着我国国内生产总值的稳步增长，全国货运总量和货物周转量也节节攀升。运输不仅是生产过程的前提，还是生产过程的继续，这一活动联结生产与再生产、生产与消费的环节，联结国民经济各部门、各企业，联结着城乡，联结着不同国家和地区。

（3）运输可创造"场所效用"。场所效用的含义是：同种"物"由于空间场所不同，其使用价值的实现程度则不同，其效益的实现也不同。由于改变场所而最大限度地发挥使用价值，最大限度地提高了产出投入比，这就称为"场所效用"。通过运输，将"物"运到场所效用最高的地方，就能发挥"物"的潜力，实现资源的优化配置。从这个意义来讲，也相当于通过运输提高了物的使用价值。

（4）运输是"第三个利润源"的主要源泉。运输是物流中的活动，它和静止的保管不同，要靠大量的动力消耗才能实现这一活动；而运输又承担大跨度空间转移之任务，所以活动的时间长、距离长、消耗也大。消耗的绝对数量大，其节约的潜力也就大。从运费来看，运费在全部物流费中占最高的比例，一般综合分析计算社会物流费用时，运输费在其中占接近50%的比例，有些产品的运费甚至高于产品的生产费，所以节约的潜力最大：由于运输总里程大，运输总量巨大，通过体制改革和运输合理化可大大缩短运输吨千米数，从而获得比较大的节约。

二、运输的功能及原理

（一）运输的功能

所谓运输的功能，就是指通过运输，克服产品在生产与需求之间存在的空间和时间上的差异；或者通过运输，对产品进行临时储存。即运输提供两大功能：产品转移和产品储存。

1. 产品转移

运输的主要功能就是克服产品在生产与需求之间存在的空间和时间上的差异。

运输首先实现了产品在空间上移动的职能，即产品的位移。无论产品处于哪种形式，即无论是材料、零部件、配件、在制品或产品，还是流通中的商品，运输都是必不可少的。运输的主要功能是将产品从原产地转移到指定地点，运输的主要目的就是要以最少的时间和费用完成物品的运输任务。同时，产品转移所采用的方式必须能满足顾客的要求，必须降低产品遗失和损坏的概率。通过位置移动，运输给产品带来了增值，这是空间效用。产品最终流入顾客手中，运输成本构成其价格的一部分。运输的成本要占到物流成本的35%～50%，对许多商品来说，运输成本要占商品价格的4%～10%，也就是说，运输成本占总成本的比重比其他物流活动都大。运输成本的降低可以达到以较低的成本提供优质服务的效果。

2. 产品储存

运输的另一大功能就是对物品在运输期间进行临时储存，也就是说将运输工具（车辆、船舶、飞机、管道等）作为临时的储存设施。如果转移中的物品需要储存，而在短时间内又将重新转移的话，卸货和装货的成本也许会超过储存在运输工具中的费用，于是在仓库空间有限的情况下，可以采用迂回路径或间接路径运往目的地。尽管使用运输工具储存产品是昂贵的，但如果从总成本完成任务的角度来看，考虑装卸成本、储存能力的限制等，使用运输工具储存货物有时往往是合理的，甚至是必要的。

（二）运输的原理

所谓运输的原理就是指导运输管理和营运的基本原理，分别是规模经济（Economy of Scale）和距离经济（Economy of Distance）。

1. 规模经济

规模经济的特点是随装运规模的增长使每单位重量或体积的运输成本降低，例如，整车运输（即车辆满载装运）的每单位成本低于零担运输（即利用部分车辆能力进行装运）。就是说诸如铁路和水路之类的运输能力较大的运输工具，运输每单位物资的费用要低于汽车和飞机等运输能力较小的运输工具。运输规模经济的存在是因为转移一票货物有关的固定费用（运输订单的行政管理费用、运输工具投资以及装卸费用、管理以及设备费用等）可以按整票货物量分摊。另外，通过规模运输还可以获得运价折扣，也使单位货物的运输成本下降。规模经济使得货物的批量运输显得合理。

2. 距离经济

距离经济是每单位距离的运输成本随距离的增加而减少。距离经济的合理性类似于规模经济，尤其体现在运输装卸费用上的分摊。如 800 千米的一次装运成本要低于 400 千米二次装运。运输的距离经济也指递减原理，因为费率或费用随距离的增加而减少。运输工具装卸所发生的固定费用必须分摊到每单位距离的变动费用中，距离越长，平均每千米支付的总费用越低。

在评估各种运输决策方案或营运业务时，这些原理是重点考虑的因素。其目的是要使装运的规模和距离最大化，同时满足客户的服务期望。

案例

"沃尔玛" 降低运输成本的学问

沃尔玛公司是世界上最大的商业零售企业，在物流运营过程中，尽可能地降低成本是其经营的哲学。

沃尔玛有时采用空运，有时采用船运，还有一些货物采用卡车公路运输。在中国，沃尔玛 100% 地采用公路运输，所以如何降低卡车运输成本，是沃尔玛物流管理面临的一个重要问题，为此公司主要采取了以下措施：

（1）沃尔玛使用一种尽可能大的卡车，大约 16 米加长的货柜，比集装箱运输卡车更长或更高。沃尔玛把卡车装得非常满，产品从车厢的底部一直装到顶部，这样非常有助于节约成本。

（2）沃尔玛的车辆都是自有的，司机也是它的员工。沃尔玛的车队大约有 5 000 名非司机员工，还有 3 700 多名司机，车队每一次运输可以达到 7 000 ~ 8 000 千米。

沃尔玛知道，卡车运输是比较危险的，有可能会出交通事故，因此，对于运输车队来说，保证安全是节约成本最重要的环节。沃尔玛的口号是"安全第一，礼貌第一"，而不是"速度第一"。在运输过程中，卡车司机们都非常遵守交通规则。沃尔玛定期在公路上对运输车队进行调查，卡车上面都带有公司的号码，如果看到司机违章驾驶，调查人员就可以根据车上的号码报告，以便进行处理。沃尔玛认为，卡车不出事故，就是节省公司的费用，就是最大限度地降低物流成本。由于狠抓了安全驾驶，运输车队已经创造了 300 万千米无事故的纪录。

（3）沃尔玛采用全球定位系统对车辆进行定位，因此在任何时候，调度中心都可以知道这些车辆在什么地方，离商店有多远，还需要多少时间才能运到商店，这种估算可以精确到小时。沃尔玛知道卡车在哪里，产品就在哪里。这样，就可以提高整个物流系统的效率，有助于降低成本。

（4）沃尔玛连锁商场的物流部门 24 小时进行工作，无论白天还是晚上，都能为卡车及时卸货。另外，沃尔玛连锁商场的运输车队利用夜间进行从出发地到目的地的运输，从而做到了当日下午进行集货，夜间进行异地运输，翌日上午即可送货上门，保证在 15 ~ 18 个小时内完成整个运输过程，这是沃尔玛在速度上取得优势的重要措施。

（5）沃尔玛的卡车把产品运到商场后，商场可以把它整个地卸下来，而不用对每个产品逐个检查，这样就可以节省很多时间和精力，加快了沃尔玛的物流速度并能够确保商场所得到的产品是与发货单完全一致的产品。

（6）沃尔玛的运输成本比供货厂商自己运输产品要低，所以供货厂商也使用沃尔玛的卡车来运输货物，从而做到了把产品从工厂直接运送到商场，大大节省了产品流通过程中的仓储成本和转运成本。

沃尔玛的集中配送中心把上述措施有机地组合在一起，做出了一个最经济合理的安排，从而使沃尔玛的运输车队能以最低的成本高效率地运行。当然，这些措施的背后也包含了许多艰辛和汗水，相信我国的本土企业也能从中得到启发，创造出沃尔玛式的奇迹来。

第二节　运输方式及特点

不同运输方式的服务质量、技术性能、方便程度、管理水平等都会影响不同层次物流系统对运输方式的选择。各种运输服务都是围绕着五种基本运输方式展开的，即铁路运输、公路运输、水路运输、航空运输和管理运输。

对国外各种运输方式发展的一般情况进行分析，可以得出各种运输方式的技术经济性能排序，如表5-1所示。由于我国技术装备水平还比较落后，各种运输方式发展不平衡，它们的技术经济性能对比情况和其他国家会略有不同。

表5-1

运输方式	铁路	公路	水路		航空	管道
			内河	海运		
线路基建投资	6	4	3	1	2	5
运输工具基建投资	2	5	4	3	6	1
运输能力	3	5	2	1	6	4
最高速度	2	3	5	4	1	—
通用性	2	1	3	3	4	5
机动性	3	1	4	5	2	6
运输成本	4	5	2	1	6	3
固定资产效率	4	5	2	1	6	3
劳动生产率	4	5	2	1	6	3
安全性	3	6	4	5	2	1

注：表中数字从小到大表示从优到劣

从表5-1中可见，现代交通运输的五种运输方式产生的历史不同，其技术经济性能指标各异，运输生产过程也各有其不同的特点，形成了各自的适用范围。下面我们分别加以阐述。

一、公路运输

公路运输是我国货物运输的主要形式之一，在我国货运中所占的比重最大。由于汽车已成为公路运输的主要运载工具，因此，现代公路运输主要指汽车运输。汽车运输或卡车业，拥有价值1 210亿元（52%）的私人车队、660亿元（29%）的雇佣卡车、230亿元（10%）的包裹及快递和200亿元（9%）的零担货运额。汽车可运载超过75%的农产品，如鲜肉、冻肉、奶制品、面包、糖果、饮料和烟草。许多制造产品主要由汽车运输，包括文娱用品、体育和比赛用品、玩具、钟表、农用机械、无线电和电视、地毯、药品、公共设施和家具以及大多数消费品。汽车运输之所以发展如此迅速，这是由于与其他运输方式相比有它特别之处。

（一）公路运输的特点

1. 机动灵活，适应性强

由于公路运输网一般比铁路、水路网的密度要大十几倍，分布面也广，因此公路运输车辆可以"无处不到、无时不有"。公路运输在时间方面的机动性也比较大，车辆可随时调度、装运，各环节之间的衔接时间较短。尤其是公路运输对客、货运量的多少具有很强的适应性，汽车的载重吨位有小（0.25～1吨）有大（200～300吨），既可以单辆独立运输，也可以由若干车辆组成车队同时运输，这一点对抢险、救灾工作和军事运输具有特别重要的意义。

2. 可以实现"门到门"直达运输

由于汽车体积较小，中途一般也不需要换装，除了可沿分布较广的路网运行外，还可离开路网深入到工厂企业、农村田间、城市居民住宅等地，即可以把旅客和货物从始发地门口直接运送到目的地门口，实现"门到门"直达运输。这是其他运输方式无法与之相比的特点之一。

3. 在中、短途运输中，运送速度较快

在中、短途运输中，由于公路运输可以实现"门到门"直达运输，中途不需要倒运、转乘就可以直接将客、货运达目的地，因此，与其他运输方式相比，其客、货在途时间较短，运送速度较快。

4. 原始投资少，资金周转快

公路运输与铁路、水路、航空运输方式相比，所需固定设施简单，车辆购置费用一般也比较低，因此，投资兴办容易，投资回收期短。有关资料表明，在正常经营情况下，公路运输的投资每年可周转1～3次，而铁路运输则需要3～4年才能周转一次。

5. 掌握车辆驾驶技术较易

与火车司机或飞机驾驶员的培训要求相比，汽车驾驶技术比较容易掌握，对驾驶员的各方面素质要求相对也比较低。

6. 运量较小，运输成本较高

目前，世界上最大的汽车是美国的通用汽车公司生产的矿用自卸车，长20多米，自重61吨，载重350吨左右，但仍比火车、轮船少得多。由于汽车载重量小，行驶阻力比火车大9～14倍，所消耗的燃料又是价格较高的液体汽油或柴油，因此，除了航空运输，就是汽车运输成本最高了。

7. 运行持续性较差

有关统计资料表明，在各种现代运输方式中，公路的平均运距是最短的，运行持续性较差。如我国 1998 年公路平均运距客运为 55 千米，货运为 57 千米，铁路客运为 395 千米，货运为 764 千米。

8. 安全性较低，污染环境较大

据历史记载，自汽车诞生以来，已经吞噬掉 3 000 多万人的生命，特别是 20 世纪 90 年代开始，死于汽车交通事故的人数急剧增加，平均每年达 50 多万人。这个数字超过了艾滋病、战争和结核病人每年的死亡人数。汽车所排出的尾气和引起的噪声也严重地威胁着人类的健康，是大城市环境污染的最大污染源之一。

（二）公路运输的功能

基于上述主要特点，公路运输的主要功能为：

1. 担负中、短途运输

公路运输通常可担负 50 千米以内及 50～200 千米的中、短途运输任务。

2. 衔接其他运输方式

可用于为铁路、水路、航空等其他运输方式接运或集散客货。

3. 独立担负长途运输

对于其他运输方式尚未充分发展的地区，公路运输也可独立担负长途运输任务，特别是在抢险救灾、开辟新的地区及战时等是比较有效的运输方式。

在国内，汽车运输与空运在小的货运量上竞争，与铁路在大的货运量上竞争。高效的汽车运输能实现装卸、拣货和运送的更高效运作，在里程小于 1 000 千米时可以在任何货运量下与空运进行点到点服务（Point-to-Point Service）的竞争。在 1 000 千米以上，汽车运输在整车运输方面可与铁路直接竞争。然而，当货运量超过 45 吨时铁路是主要的运输模式，汽车只在小的货运量上占主导地位。

汽车运输的货运量这些年来一直在稳定增长。汽车运输已成为大部分公司物流网的一个重要组成部分，因为汽车运输的专业特性比其他运输模式更能迎合客户的需求。只要能提供快捷、高效的服务，收费介于铁路与空运之间，汽车运输业就会继续繁荣。

（三）公路货物运输方式

1. 整车运输

整车运输指托运一批次货物至少使用一辆运货汽车进行的公路运输方式。

整车运输有两种形式：一是整车直达，按货车载重标准吨数和运输里程向托运单位收费；二是整车分卸，即起运站和运输方向相同，到达站不同的货物拼凑成整车，依次在不同到达站分别卸货。运输部门按货车载重标准吨数和到达站最远里程数向托运单位收费。

2. 零担运输

零担货物运输是与整车货物运输相对而言的。凡托运人一次托运计费重量不足 3 吨的货物，称为零担货物。对上述货物的运输称为零担货物运输。零担货运是汽车运输企业为适应社会零星货物运输的需要，采用一车多票，集零为整，分线运送的一种货物运输的营运方式。其特点是：

（1）货源不确定

零担货物运输的货流量、货物数量、货物流向具有一定的不确定性，并且多为随机发生，难以通过运输合同方式将其纳入计划管理范围。

（2）组织工作复杂

零担货物运输环节多，作业工艺细致，对货物配载和装卸要求也相对较高。因此，作为零担货物运输作业的主要执行部——货运站，要完成零担货物质量的确认、货物的合理配载等大量的业务组织工作。

（3）单位运输成本较高

为了适应零担货物运输的要求，货运站要配备一定的仓库、货棚、站台，以及相应的装卸、搬运、堆置的机具和专用厢式车辆；此外，相对于整车货物运输而言，零担货物周转环节多，更易于出现货损、货差，赔偿费用相对较高，因此，零担货物运输成本较高。

3. 集装箱运输

公路集装箱运输是由于其货物的包装形态发生了质的变化，因此货物的装卸、运输过程（即流程）也将发生变化。就货物运输的流转程序来说，出口集装箱货物必须是先将分散的小批量货物预先汇集在内陆地区有限的几个仓库或货运站内，然后组成大批量货物以集装箱形式运到码头堆场，或者由工厂、仓库将货物整箱拖运到码头堆场。进口集装箱货物如果是整箱运输的，将直接送往工厂或仓库掏箱；如果是拼箱运输的，将箱子送到堆场或货运站拆箱后再分送。

4. 包车运输

包车运输又称行程租车运输，是指车辆出租人向承租人提供车辆，载运约定的货物，在约定的货运地点完成某一次或某几次行程的货物运输，由承租人支付运输费用的一种运输方式。

二、水路运输

（一）水路运输概述及经济技术特点

1. 水路运输概述

水路运输是利用船舶、排筏或其他浮运工具，在江、河、湖泊、人工水道以及海洋上运送旅客和货物的一种运输方式。它是我国综合运输体系中的重要组成部分，并且正日益显示出它的巨大作用。

水路运输按其航行的区域，大体上可划分为远洋运输、沿海运输和内河运输三种形式。远洋运输通常是指除沿海运输以外所有的海上运输。沿海运输是指利用船舶在我国沿海区域各地之间的运输。内河运输是指利用船舶、排筏或其他浮运工具，在江、河、湖泊、水库及人工水道上从事的运输。

2. 水路运输的经济技术特点

（1）运输能力大。在五种运输方式中，水路运输能力最大。在长江干线，一支拖驳或顶推驳船队的载运能力已超过万吨；国外最大的顶推驳船队的载运能力达 3 ~ 4 万吨；世界上最大的油船已超过 50 万吨。

（2）运输成本低、投资省。水路运输只需要利用江河湖海等自然水利资源，除必须投资购、造船舶，建设港口之外，沿海航道几乎不需要投资，整治航道也仅仅只是铁路建设费用的 1/5 ~ 1/3；我国沿海运输成本只有铁路运输的 40%，美国沿海运输成本只有铁路运输的 1/8，长江干线运输成本只有铁路运输的 84%，而美国密西西比河干线的运输成本只有铁路运输的 1/4 ~ 1/3。

（3）航速较低。航速以"节"表示。船舶的航速依船型不同而不同，其中干散货船和油轮的航速较慢，一般为 13 ~ 17 节；集装箱船的航速较快，目前最快的集装箱船航速可达 21.5 节；客船的航速也较快。

（4）劳动生产率高。沿海运输劳动生产率是铁路运输的 6.4 倍，长江干线运输劳动生产率是铁路运输的 1.26 倍。

水路运输的特点是载重量大、能耗小、航道投资少、不占用耕地面积，并且能够以最低的单位运输成本提供最大的货运量；尤其在运输大宗货物或散装货物时，采取专用的船舶运输，可以取得更好的技术经济效益。但水路运输也有其不利的一面，如运输速度较慢、装卸搬运费用高、航行和装卸搬运作业受天气的制约等。

案例

水路运输发展

水路运输是最早形成的运输方式之一，到 11 世纪左右，出现了可以跨洋运输的商船。我国古代科学家发明的指南针被用于航海，使航海技术得到了飞速发展。18 世纪，在帆船上使用了机械动力，使造船技术实现了重要突破。

在 19 世纪中期又制造出以烧煤为动力，以螺旋推进器为主要机械装置的轮船。内燃机用于轮船提高了其经济性和机动性。当代水路运输发展的总趋势是货物运输船舶的大型化、专业化、高速性、自动化、导航定位化、避碰自动化、海图电子化、航海资料数字化、航行记录自动化等。

（二）水路运输方式

1. 江河运输

江河运输是一种古老的运输方式，是水路运输的重要组成部分。中国分布有长江、珠江、黄河、淮河、辽河、黑龙江及海河七大主要水系，还有贯通海河、淮河、长江、钱塘江等水系的南北大运河，近年开通的澜沧江、湄公河水系已成为我国西南边境的主要运输干线。

（1）长江水系是我国江河运输的主体。

（2）在货运量方面，珠江仅次于长江居第二位。

（3）黄河是我国第二大河流。由于黄河上游多峡谷、水势湍急，下游水浅滩多，水位涨落不定，所以只能分段通航。

（4）黑龙江是我国第三大河流，可通轮船，但封冻期较长。

2. 海上运输

海上运输包括沿海运输、近海运输和远洋运输，简称海运。

海上货物运输是国际运输的主要方式，国际贸易中约有90%的货物是以海上运输方式承运的。国际海上货物运输是指使用船舶通过海上航道在不同的国家和地区的港口之间运送货物的一种运输方式。

沿海运输，利用船舶在国内海港之间运送货物的运输方式。

近海运输，利用船舶在近海的国际港口之间运送货物的运输方式。

远洋运输，利用船舶在国际港口之间运送货物的运输方式。远洋运输是海洋运输的一种，也是整个运输业的组成部分。若从地理概念理解，远洋运输是指以船舶为工具，从事跨越海洋运送货物和旅客的运输。然而，从运输业务的关系来理解，远洋运输则是指以船舶为工具，从事本国港口与外国港口之间或者完全从事外国港口之间的货物和旅客的运输，即国与国之间的海洋运输，或者称为国际航运（International Shipping）。远洋运输主要有集装箱运输和散货运输。

3. 航线营运方式

航线营运方式也称航线形式，即在固定的港口之间，为完成一定的运输任务，配备一定数量的船舶并按一定的程序组织船舶运行活动。

4. 航次运营方式

航次运营方式是指船舶的运行没有固定的出发港和目的港，船舶仅为完成某一特定的运输任务按照预先安排的航次计划运行。

5. 多式联运

多式联运是指以集装箱为媒介，把铁路、水路、公路和航空等单一的运输方式有机地结合起来，组成一个连贯的运输系统的运输方式。

三、铁路运输

（一）铁路运输概述及其特点

铁路运输（Rail Transportation）是使用铁路列车运送货物、旅客的一种运输方式。

由于铁路能快速、大批量、长距离运输货物，因而极大地改变了陆地运输货物的面貌，为货运业的发展提供了新的、强有力的交通运输方式。

铁路运输主要承担长距离、大数量的货物运输，在没有水运条件的地区，几乎所有大批量货物都依靠铁路来运送，铁路运输是干线运输中起主力运输作用的运输形式。

1. 铁路运输的优点

（1）受天气、季节和昼夜等自然条件影响小，连续性好。

（2）运输速度快，能较好地满足货物运输的时限要求（参见表5-2）。

（3）运费适中，铁路运输的单位费用要低于公路运输、航空运输和管道运输，但一般高于水路运输。

（4）由于列车在固定轨道线路上行驶，可以自成系统。不受其他运输条件的影响，能够按时刻表运输，运输准时，使用方便。

（5）与其他陆上运输相比，还具有占地少、能耗低、事故少、污染小等优势。

表 5 - 2　　　　　　　　2000 年部分国家铁路干线货运列车的速度　　　（单位：千米／小时）

国别	特快	快车
俄罗斯		120
法国	140～160	100～120
德国	120	100
英国		90
美国	140	100～120
中国	90	75

资料来源：周全申．现代物流技术与装备实务［M］．北京：中国物资出版社，2002.

2. 铁路运输的不足之处

虽然铁路运输具有如上优点，但它也存在不足之处，主要表现为：

（1）铺设铁路的初始投资很大，建设周期长，大多需要国家进行投资。

（2）机动性差，装卸费用较高。由于列车必须在专用铁路线上行驶，而且车站之间距离比较远，因此，缺乏机动性，往往需要汽车进行转运，增加了装卸次数，也可能增加货物的损耗。

（3）货物滞留时间长，不适宜紧急运输。

（4）短途运输成本高。铁路运输的经济里程一般在 2 000 千米以上。

（5）车站固定，不能够随时随处停车；不能实现"门到门"运输。

（二）铁路运输的技术经济特性

铁路运输的技术经济特性，可以用一定的技术经济指标即运营技术指标、实物指标和价值指标来反映。

运营技术指标有：运输的经常性（不间断性、均衡性和节奏性的程度），通过能力和输送能力，货物送达和旅客运送的时间和速度，运输货物的完好程度和旅客的舒适度，运输的安全和可靠性程度以及机动性。

实物指标有：劳动生产率和劳动力需要量，燃料和电力（能量）、金属和其他材料的单位需要量。

按照运营技术指标和实物指标的评价标准，各种运输方式的差别通常都会在经济价值指标上反映出来。列入经济价值指标的有：运营支出和运输成本，基建投资需要量以及运输生产基金需要量，在途货物所需的国民经济流动资金以及运送时货物的灭失、腐烂、损坏和非生产性支出。

根据铁路运输的技术经济指标，可以总结出铁路运输的技术经济特性：

1. 运行速度

火车运行速度高，客车最高速度每小时可达 200 千米，货车可达 100 千米。

2. 运输动力

铁路运输能力大，一列火车可装 2 000～3 500 吨货物，重载货车可装 2 万多吨货物。

3. 运输经常性和灵活性

由于铁路受自然条件影响很小，所以铁路运输经常性在所有运输方式中最强；但由于受车站位置的限制，不能实现"门到门"运输，使铁路运输的灵活性小于公路运输。

4. 货物送达速度

铁路的技术速度很高，但铁路运输在货物运送过程中，需要进行列车会车让行及解编等技术作业，因而铁路运输的运行速度低于技术速度。

5. 能源

铁路运输可以采用电力牵引，在节约能源方面占有优势。

6. 运输成本

铁路运输成本比较低，根据有关人员的计算，铁路运输成本是汽车运输成本的 $1/17～1/10$，是民航运输成本的 $1/267～1/97$。

7. 环境保护

铁路运输对环境的污染很小，排放废气对环境的污染是汽车运输的 $1/30$。

8. 运距

适于长途运输，运距比汽车运输高 10 倍左右，但低于水运和民航。

9. 劳动生产率

除水路运输外，铁路运输的劳动生产率是最高的。

10. 投资成本

铁路由于其技术设备（线路、机车车辆、车站等）需要投入大量人力、物力，因此投资额大、工期长。

这些特点使铁路运输在交通运输中占有重要地位，发挥着不可替代的作用。

（三）铁路货运种类和业务流程

1. 种类

铁路货物运输的种类分为三种：整车运输、零担运输和集装箱运输。其中包括快运、整列行包快运，但目前开展的范围不大。

（1）整车运输

托运人向铁路托运一批货物的重量、体积或形状需要以一节及其以上火车运输的货物，应按整车运输的方式向铁路（承运人）办理托运手续。即一批货物至少需要一节货车的运输均按整车托运。

我国现有的货车以棚车、敞车、平车和罐车为主。标记载重量（简称为标重）大多为 50 吨和 60 吨，棚车容积在 100 立方米以上，达到这个重量或容积条件的货物，即应按整车运输。

整车运输载装量大、运输费用低、运输速度快、能承担的运量也较大，是铁路的主要运输形式。

一般下列货物应选择整车运输方式：需要冷藏、保温或加温运输的货物，规定按整车办理的危险货物，易污染其他货物的污秽物（如未经消毒处理或未使用不漏包装的牲骨、湿毛皮、粪便、炭黑等），不易计算件数的货物，密封、未装容器的活动物（铁路局定有管内按零担运输办法者除外）；一批重量超过 2 吨、体积超过 3 立方米或长度超过 9 米的货物（经发站确认不至于影响中转站和到站装卸车作业的货物除外）。

（2）零担运输

托运人向铁路托运一批货物的重量、体积或形状不需要以一节及其以上火车运输的货物，即托运货物可与其他托运货物共放一节车厢的可按零担货物托运。凡不够整车运输条件的货物，即重量、体积和形状都不需要单独使用一节货车运输的一批货物，除可使用集装箱运输外，应按零担货物托运。零担货物一件体积最小不得小于 0.02 立方米（一件重量在 10 公斤以上的除外），每批件数不能超过 300 件。

（3）集装箱运输

利用集装箱运输货物的方式，是一种既方便又灵活的运输措施，它是铁路运输的三大种类之一。（凡货物超过 3 立方米，或总重量达 2.5~5 吨，或体积为 1~3 立方米且总重量未超过 2.5 吨的货物应采用集装箱托运。）

铁路货物运输的种类是根据托运人托运货物的数量、性质、状态等特点加以选择的，在签订货物运输合同时，托运人与承运人要按《铁路货物运输规章》的规定和所运货物的特点确定运输种类。

2. 业务流程

站在铁路运输管理者的角度，铁路货运的业务流程为：货物列车编组计划和车站作业计划→车站作业过程。这两个过程不断循环，同步进行。而站在被管理者的角度，其货运业务流程要与之配合，按章行事。

（1）货物列车编组计划和车站作业计划

车流组织是指规定车流由发货地向目的地运送的制度。将车流变成列车流就是车流组织要解决的问题。车流组织通过货物列车编组计划体现。货物列车编组计划同意安排全路各站解编组作业任务，具体规定所有重、空车流在哪些车站编组列车、编组有哪些种类、到站的列车以及编挂方法等。

货物列车编组计划任务是：在装车地最大限度地组织直达运输或成组装车，以减少技术站的改编作业量，加速物资送达和货车周转；根据车流特点，规定车站和技术站编组列车的办法，合理分配技术站的编组调车任务；在具有平行路径的方向时，按照运输里程及区段通过能力使用情况，规定合理的车流路径，以减少主要铁路方向的负担。

为了使车站能快速、有节奏地进行日常运输生产，在技术站和货运站均设有调度机构，通过制订车站作业计划来组织指挥日常工作。车站作业计划包括班列计划、阶段计划和调车计划。班列计划是车站最基本的计划，规定了车站在一个班的具体安排，是完成班列计划的保证，3~4 个小时为一个阶段；调车作业计划是实现阶段计划、组织列车编组和车辆取送作业的实际行动计划。

（2）车站作业过程

按货物运输过程的阶段划分，车站货运作业可分为发送、运输途中以及到站作业，发送作业为受理、进货、承运和装车；途中作业包括中交接、货物的中交接、换装和整理以及货物运输变更；到达作业为货物到达卸车、交付和出货。

四、航空运输

（一）航空运输的概念

航空运输又称飞机运输，它是在具有航空路线和航空港（飞机场）的条件下，利用飞机运载工具进行货物运输的一种运输方式。航空运输在我国运输业中，其货运量占全国货运量的比重还不是很大，目前，主要承担长距离的客运任务。

航空运输的最大特点是速度快，适合于运输费用负担能力强，货运量小的中、长距离运输；由于飞机运输对货物产生的振动和冲击较小，因此货物只需要简单打包即可运输，散包事故少。但由于飞机运费高，低价值物品和大批量货物的运输不适宜采用航空运输；另外，由于飞机运输需要航空港设施，因此，在没有飞机场的情况下也无法采用该种运输方式。

（二）国际航空货运的方式

1. 班机运输

班机运输是指在固定航线上定期航行的航班。班机运输一般有固定的始发站、到达站和经停站。按照业务对象不同，班机运输可分为客运航班和货运航班。顾名思义，后者，只承揽货物运输，大多使用全货机。

由于班机运输特点是固定航线、固定停靠港和定期飞行，因此国际货物流通多使用班机运输方式。班机能安全迅速地到达世界上各通航地点，发货人可确切掌握货物起运和到达的时间，这对市场上急需的商品、鲜活易腐货物以及贵重商品的运送是非常有利的。但班机运输一般是客货混载，因此，舱位有限，不能使大批量的货物及时出运，往往需要分期分批运输。

2. 包机运输

由于班机运输形式下货物舱位有限，因此当货物批量较大时，包机运输就成为重要方式。包机运输可分为整包机和部分包机两类。

包机运输的优点：

（1）可解决班机舱位不足的矛盾。

（2）货物全部由包机运出，节省时间和多次发货的手续。

（3）弥补没有直达航班的不足，且不用中转。

（4）减少货损、货差或丢失的现象。

（5）在空运旺季可缓解航班紧张状况。

（6）可解决海鲜、活动物的运输问题。

与班机运输相比，包机运输可以由承租飞机的双方议定航程的起止点和中途停靠的空港，因此更具灵活性。但由于各国政府为了保护本国航空公司利益常对从事包机业务的外国航空公司实行各种限制，如包机的活动范围比较狭窄，降落地点受到限制。需降落非指定地点外的其他地点时，一定要向当地政府有关部门申请，同意后才能降落（如申请入境、通过领空和降落地点）。这些复杂烦琐的审批手续大大增加了包机运输的固定营运成本，因此目前使用包机业务的并不多。

3. 集中托运

集中托运是指将若干票单独发运的、发往同一方向的货物集中起来作为一票货，填写一份总运单发运到同一到站的运输方式。它是航空货物运输中应用最为广泛的一种运输方式，是航空货运代理的主要业务之一。

集中托运的优点如下：

（1）节省运费。航空货运公司的集中托运运价一般都低于航空协会的运价，从而节省费用。

（2）提供方便。将货物集中托运，可使货物到达航空公司可到达地点以外的地方，延伸了航空公司的服务，方便了货主。

（3）提早结汇。发货人将货物交与航空货运代理后，即可取得货物分运单，可持分运单到银行尽早办理结汇。

集中托运方式已在世界范围内普遍开展，形成了较完善、有效的服务系统，为促进国际贸易发展和国际科技文化交流起到了良好的作用。集中托运成为我国进出口货物的主要运输方式之一。

4. 联运方式

陆空联运是火车、飞机和卡车的联合运输方式，简称 TAT（Train‑Air‑Truck），或火车、飞机的联合运输方式，简称 TA（Train‑Air）。

5. 航空快递

航空快递是指具有独立法人资格的企业将进出境的货物或物品从发件人所在地通过自身或代理的网络运达收件人的一种快速运输方式。

五、管道运输

（一）管道运输的概念

管道运输是利用管道输送气体、液体和粉状固体的一种运输方式。其运输形式是靠物体在管道内顺着压力表方向循序移动实现的，和其他运输方式的主要区别在于，管道设备是静止不动的。

（二）管道运输的优点

1. 运量大

一条输油管线可以源源不断地完成输送任务。根据其管径的大小不同，其每年的运输量可达数百万吨到几千万吨，甚至超过亿吨。

2. 占地少

运输管道通常埋于地下，其占用的土地很少。运输系统的建设实践证明，运输管道埋藏于地下的部分占管道总长度的95%以上，因而对于土地的永久性占用很少，分别仅为公路的 3%、铁路的 10% 左右，在交通运输规划系统中，优先考虑管道运输方案，对于节约土地资源，意义重大。

3. 管道运输建设周期短、费用低

国内外交通运输系统建设的大量实践证明，管道运输系统的建设周期与相同运量的铁路建设周期相比，一般来说要短 1/3 以上。历史上，我国建设大庆至秦皇岛全长 1 152 千米的输油管道，仅用了 23 个月的时间，而若要建设一条同样运输量的铁路，至少需要 3 年时间。新疆至上海市全长 4 200 千米的天然气运输管道，预期建设周期不会超过 2 年，但是如果新建同样动量的铁路专线，建设周期将在 3 年以上。特别是地质地貌条件和气候条件相对较差，大规模修建铁路难度将更大，周期将更长。统计资料表明，管道建设费用比铁路低 60% 左右。

4. 管道运输安全可靠、连续性强

由于石油天然气易燃、易爆、易挥发、易泄漏，采用管道运输方式既安全，又可以大大减少挥发损耗，同时泄漏导致的对空气、水和土壤的污染也可大大减少。也就是说，管道运输能较好地满足运输工程的绿色化要求。此外，由于管道基本埋藏于地下，其运输过程受恶劣多变的气候条件影响小，可以确保运输系统长期稳定地运行。

5. 管道运输耗能少、成本低、效益好

发达国家采用管道运输石油，每吨千米的能耗不足铁路的 1/7，在大量运输时的运输成本与水运接近，因此在无水条件下，采用管道运输是一种最节能的运输方式。管道运输是一种连续工程，运输系统不存在空载行程，因而系统的运输效率高。理论分析和实践经验已证明，管道口径越大，运输距离越远，运输量越大，运输成本就越低，以运输石油为例，管道运输、水路运输、铁路运输的运输成本之比为：1∶1∶1.7。

（三）管道运输的缺点

（1）较长距离的管道运输主要适用于液体和气体的输送，一般固体物资不适宜采用管道运输。

（2）管道运输只用于连续性运输的物资，对于运输量较小或者不连续需求的物料（包括液体和气体物资），也不适合用管道运输，而常采用容器包装运输。

（3）管道运输路线一般是固定的，管道设施的一次性投资也较大。

管道运输的以上特点，使得管道运输主要担负单向、定点、量大的流体状货物（如石油、油气、煤浆、某些化学制品原料等）的运输。

（4）灵活性差。管道运输不如其他运输方式（如汽车运输）灵活，除承运的货物比较单一外，它也不容随便扩展管线。要实现"门到门"的运输服务，对一般用户来说，管道运输常常要与铁路运输或汽车运输、水路运输配合才能完成全程输送。此外由于运输量明显不足时，运输成本会显著地增大。

另外，在管道中利用容器包装运送固态货物（如粮食、砂石、邮件等），也具有良好的发展前景。

第三节　装卸搬运

一、装卸搬运概述

装卸搬运是指同一地域范围内进行的以改变物品的存放状态和空间位置为主要内容和目的的活动。这里的"运"与运输的"运"，有范围上的不同。由于物品的存放状态与空间位置密切相关，因此，人们常常用"装卸"或"搬运"来代替装卸搬运的完整意义。如在生产领域被称为"物料搬运"，在流通领域被称为"货物装卸"。

装卸搬运活动在整个物流中占有很重要的地位。一方面，物流过程中各个环节之间的衔接以及同一环节不同活动的衔接，是通过装卸搬运把它们有机结合起来的，从而使物品在各环节、各种活动之间处于连续运动或称流动状态。另一方面，各种运输方式之所以能联合运输，也是由于装卸搬运作业才得以完成。在生产领域中，装卸搬运作业已成为生产过程中不可缺少的组成部分，成为直接生产的保障系统，从而形成装卸搬运系统。

装卸搬运的内容构成，基本有三项：需要搬运的物品、移动的目的和方法体系。

二、装卸搬运在物流中的地位与作用

1. 装卸搬运在物流中的地位

装卸搬运是物流的基本功能之一，是整个物流环节不可或缺的一环。在物流过程中，运输能产生"空间效用"，保管能产生"时间效用"，装卸搬运虽然不能创造出新的效用，但却是物流各项活动中出现频率最高的一项作业活动。无论是商品的运输、储存和保管，还是商品的配送、包装和流通加工，都离不开装卸搬运。

2. 装卸搬运的作用

装卸搬运是伴随生产过程和流通过程各环节所发生的活动，又是衔接生产各阶段和流通各环节之间相互转换的桥梁。因此，装卸搬运的合理化，对缩短生产期，降低生产过程中的物流费用，加快物流速度等，都起着重要作用。

装卸搬运是保障生产和流通其他各环节得以顺利进行的条件。其工作的好坏往往会对生产和流通其他各环节产生很大的影响，工作质量差可能会使生产过程不能正常进行，或者使流通过程不畅。所以，装卸搬运对物流过程中其他各环节所提供的服务具有劳务性质，提供"保障"和"服务"的功能。

装卸搬运是物流过程中的一个重要环节，它制约着物流过程的其他各项活动，是提高物流速度的关键。

由于装卸搬运是伴随着物流过程其他环节的一项活动，因而往往不能引起人们的足够重视。可是，一旦忽视了装卸搬运，生产和流通领域轻则发生混乱，重则造成停顿。由此可见，改善装卸搬运作业，对提高装卸业合理化程度、提高物流服务质量、发挥物流系统整体功能等都具有重要的意义和十分明显的作用。

3. 装卸搬运的目的

装卸搬运活动的主要目的如表5-3所示：

表5-3 装卸搬运活动的主要目的

目的	内容
提高生产力	顺畅的装卸搬运系统，能够消除瓶颈以维持和确保生产正常，使人力有效利用，减少设备闲置
降低装卸搬运成本	减少单位货品的搬运成本，并减少延迟、损坏和浪费
提高库存周转率，以降低存货成本	有效的装卸搬运可以加速货品移动及缩短搬运距离，进而减少总作业时间，使得存货成本及其他相关成本得以降低
改善工作环境，增加人员、货品搬运的安全性	良好的装卸搬运系统，能使工作环境大为改善，不但能保证物品的搬运安全，减少保险费率，而且能使员工保持良好的工作情绪
提高产品品质	良好的装卸搬运可以减少产品的毁损，使产品品质提升，减少客户抱怨、投诉事件的发生
促进配销成效	良好的装卸搬运可增进系统作业效率，缩短产品总配销时间，提高客户服务水平，还能提高空间利用率，从而提高公司运营水平

三、装卸搬运的特点

1. 均衡性与波动性

均衡性是针对生产领域而言。生产过程中的装卸搬运活动必须与生产过程的节拍保持一致。因此，生产中的装卸搬运基本上是均衡的、连续的和平稳的，具有节奏性。而流通领域中的装卸搬运是随车辆的到发和货物的出入库而发生的，其作业是突击的、波动的、间歇的。装卸搬运的波动程度可用波动系数进行定量描述。对波动作业的适应能力是装卸搬运的特点之一。

2. 稳定性和多变性

装卸搬运的稳定性主要是指生产领域的装卸搬运，它与生产过程的相对稳定相联系。在流通领域，由于物质产品本身的品种、形状、尺寸、重量、包装、性质等各不相同，运输工具性能各异，加上流通过程的随机性等，决定了装卸搬运作业的多变性。在流通领域，装卸搬运具有适应多变作业的能力，是其又一特点。

3. 局部性和社会性

生产领域中的装卸搬运一般限于企业内部。在流通领域，涉及的面则是整个社会。因为任何一个物流聚点的装货都有可能到任一个物流聚点去卸货，任何一个发货主都有可能向任何一个收货人发货，任何一个发货点都可能成为收货点等。所以，流通领域中的所有装卸搬运作业点的装备、设施、工艺、管理方式、作业标准，都必须互相协调，以实现发货装卸搬运活动的整体效益。

4. 单纯性与复杂性

生产领域中的装卸搬运是生产过程中的一项活动，其作业较为单纯、简单。而流通过程中的装卸搬运则与运输、存储紧密衔接，为了安全和运输的经济性，需要同时进行堆码、装载、加固、计量、取样、检验、分拣等作业，较为复杂。因此，装卸搬运作业必须具有适应这种复杂性的能力，才能加快物流的速度。

四、装卸搬运的分类

装卸作业的分类方法有多种，可按作业场所、操作特点、作业方式、作业对象等进行分类。

1. 按作业场所分类

按作业场所分类，基本上可以分为以下三类：①铁路装卸，指铁路车站进行的装卸搬运活动。除装、卸火车车厢货物以外，还包括汽车的装卸、堆码、拆取、分拣、配货、中转等作业。②港口装卸，指在港口进行的各种装卸活动。如装船、卸船作业，搬运作业等。③场库装卸，指在仓库、堆场、物流中心等处的装卸搬运活动。另外，如空运机场、企业内部及人不能进入的场所，均属此类。

2. 按操作特点分类

按操作特点分类，可以分为以下三类：①堆码拆取作业，包括在车厢内、船舱内、仓库内的码垛和拆垛作业。②分拣配货作业，指按品类、到站、去向、货主等的不同进行分拣货物的作业。③挪动移位作业，即单纯改变货物支承状态的作业，如从汽车上将货物卸到站台上等，以及显著（距离稍远）改变空间位置的作业。

3. 按作业方式分类

按作业方式分类，可以分为以下两类：①吊装吊卸法（垂直装卸法），主要是以使用各种起重机械来改变货物铅垂方向的位置为主要特征的一种作业方法，这种方法历史最悠久、应用最广。②滚装滚卸法（水平装卸法），主要是以改变货物水平方向的位置为主要特征的一种作业方法。如各种轮式、履带式车辆通过站台、渡板开上开下装、卸货物，用叉车、平移机装、卸集装箱、托盘等。

4. 按作业对象分类

按作业对象分类，可以分为以下三类：①单件作业法，是人力作业阶段的主导方法。目前对长、大、笨重的货物或集装会增加危险的货物等，仍采取这种传统的单件作业法。②集装作业法，是先将货物集零为整，再进行装卸搬运的一种方法。有集装箱作业法、托盘作业法、货捆作业法、滑板作业法、网装作业法及挂车作业法等。③散装作业法，指对煤炭、矿石、粮食、化肥等块、粒、粉状物资，采用重力法（通过筒仓、溜槽、隧洞等方法）、倾翻法（铁路的翻车机）、机械法（抓、舀等）、气力输送（用风机在管道内形成气流，运用动能、压差来输送）等方法进行装卸的一类作业方法。

另外，按装卸设备作业原理分类，有间歇作业（如起重机等）法、连续作业（如连续输送机等）法；按作业手段和组织水平可分为人工作业法、机械作业法及综合机械化作业法。

五、装卸搬运机械的合理选择

不同的货物，不同的运输场所，需要的装卸搬运机械不尽相同。合理选择装卸搬运机械，无论是在降低装卸搬运费用上，还是在提高装卸搬运效率上，都具有十分重要的意义。

选择装卸搬运机械，应考虑的基本因素有以下几项：

1. 装卸搬运机械的选择要与物流量相吻合

应力求做到机械作业能力与现场作业量之间形成最佳的配合状态。机械作业能力大于现场作业量，会造成生产能力过剩的经济损失；而机械作业能力小于现场作业量，会使物流受阻。

影响物流现场装卸作业量的因素很多，主要有吞吐量、堆码、搬运作业量、装卸搬运作业的高峰量等。

2. 装卸搬运机械的选择要考虑其配套性

装卸机械的合理配套，是提高装卸效率、降低装卸费用的重要因素。这里要考虑的是装卸机械在生产作业区的衔接，即各种装卸机械在作业区的配套、装卸机械在吨位上的配套以及装卸机械在作业时间上的衔接。可用线性规划方法设计装卸作业的机械配套方案。

3. 装卸搬运机械的选择要考虑其购置费用和运营费用

应根据不同类物品的装卸搬运要求，合理选择具有相应技术特征的装卸搬运设备。各种货物的单件规格、物理化学性能、包装情况、装卸搬运难易程度等，都是影响装卸搬运机械选择的因素。

还应根据物流过程输送和储存作业的特点，合理选择装卸搬运机械设备。不同的运输方式具有不同的作业特点，选择装卸搬运机械时要与之相适应；不同的储存方式，也需要不同的装卸搬运机械与之相配合。

不同的运输方式，对装卸搬运机械的选择具有特殊要求。例如，铁路、船、车、飞机的货物装卸搬运多数是在特定的设施内，使用特殊的机械进行或采用集装方式进行，以求得高效率。对散装物、流体货物、钢材等特殊货物进行大量、连续装卸时，应分别采用各种专用装卸搬运机械进行作业。卡车的装卸作业有多种情况，如在物流设施内外、卡车终端站、配送中心等，所以，装卸搬运机械的选择不尽相同。

选择好装卸搬运机械设备以后，还要对装卸搬运机械的运行进行合理组织。要采取相应措施提高设备的生产率，以发挥装卸搬运机械设备的效率。

本章小结

提到物流，人们自然会想到运输。通过本章的学习，我们应该掌握物流和运输的不同点，学会分析运输功能的完成需要利用哪些运输方式。

装卸搬运是库存物流作业中最频繁出现的作业活动，是存货在不同作业环节之间进行流动和转换的平台和桥梁。做好装卸搬运可以保证货物完好快速流动，防止和消除无效作业对物流环节有着重要的作用。

第六章 现代物流仓储管理

学习目标

（1）掌握库存的定义和分类；

（2）掌握库存管理的作用；

（3）了解传统的库存管理技术——ABC 分类法和 EOQ 法。

开篇案例

宝洁公司全球存货控制

宝洁专心致志地坚持优化存货管理，在不断提高服务质量的同时，持续降低存货水平。

总部位于美国俄亥俄州辛辛那提市的美国宝洁公司（P&G）是世界最大的日用消费品公司之一，全球雇佣员工10万人，在全球80多个国家设有工厂及分公司，所经营的300多个品牌的产品畅销160个国家和地区，其中有洗发、护发、护肤用品，婴儿护理产品，妇女卫生用品，医药，食品，饮料，织物，家居护理及个人清洁用品。在中国，宝洁的飘柔、海飞丝、潘婷、舒肤佳、玉兰油、护舒宝、碧浪、汰渍和佳洁士等已经成为家喻户晓的品牌。宝洁公司尽管已经成了家化产品的帝国，仍然居安思危、兢兢业业，在其日常经营活动中坚持以降低存货水平作为其降低供应链成本的主要手段。

1. 快速分销、快速响应

美国宝洁公司生产的一支牌子为"天生杀手"的口红，出现在中国上海淮海路某家商店橱窗内供消费者选购，其本身似乎非常平常，但是要把那支口红从美国宝洁公司总部分销到上海，却不是轻而易举的事情。

宝洁公司供应链研究和发展部总经理泰尔顿（Tarlton）表示，想方设法把宝洁公司的产品不断补充到世界各地零售商货架上，其本身与一场持久战没有什么两样，尤其是要把宝洁公司生产的"封面女郎"（Cover Girl）牌美容霜等热销产品，在规定时间内送到规定地点的零售商店货架上，更像是一场激烈的战斗。

泰尔顿面临的严峻挑战是，世界各地消费者对美容产品的需求常常变化多端，零售需求量瞬息万变，市场季节需求波动大，同样是美容产品，今天热销，明天可能被冷落到无人问津。产品研制、供货和存货水平必须高度灵敏，紧跟着市场需求走，坚持以市场为导向，不断突出宝洁公司的品牌优势。因此宝洁公司从美国延伸到世界各地的供应链必须拥有反应快、效率高和持续革新的特点。于是泰尔顿领导其团队首先把重点放在持续优化供应链全程存货水平方面：一是降低世界各地存货水平的3%～7%，二是确保世界各地供应链满足度保持在99%以上。泰尔顿表示，宝洁公司今天的辉煌，在很大程度上取决于供应链的经营管理，尤其是其存货水平的优化控制。泰尔顿在存货水平优化控制方面有着非常丰富的经验。

2. 最大优化存货

美国宝洁公司发现，在供应链中随时削减貌不惊人的多余存货必将为企业带来巨大的意外利润，这如同发现金矿一样。这绝对不是偶然，而是经过一番调查研究后才发现的。多年来，与其他企业一样，集制造商、供货商和批发零售商于一身的美国宝洁公司在经营管理方面坚持创新，其中包括积极推行准时货物递交、售卖管理存货活动、增加精确市场预报、市场营销积极应对、制定销售经营规划及合作原则等。尽管这些措施卓有成效，甚至促成产品市场营销成绩非凡，却无法从根本上保证存货水平与产品市场供销业绩保持同步，常常发生产品供过于求或者供不应求的情况，出现企业家最不喜欢看到的产品在市场内积压或者脱销等极端情况。

问题出在传统存货管理的具体操作规范十分教条，总是落后于时代发展步伐，尤其是宝洁公司那样的跨国跨洲的全球性企业，供应链几乎每周、每月都在向世界各地延伸和扩大，承包和外包制造商、供应商、批发零售商与日俱增，产品的有效期和多重配送渠道各有不同，因此宝洁公司必须以不断创新的精神，着力重新评估其存货管理程序和操作技术。也就是说，按照市场规律坚持创新改革存货管理系统，根据需要加大投资，引进物流供应链专业人才和存货管理科学技术设备，其重中之重就是运用电子软件等科学手段最大优化存货。宝洁公司大力削减其全球存货水平不是做普通的算术式减法，而是进行本身结构错综复杂的存货的最大优化，减法和最大化优化两者有着天壤之别。例如你有总额为1亿美元的存货，使用减法还是最大优化经营管理这批存货会给你带来截然不同的两种业绩。

3. 趁热打铁

宝洁公司擅长强化供应链管理和持续优化存货，其奥秘在于宝洁公司客户服务必须始终保持在99%的满意度，产品订购准确率必须超过99%，宝洁公司经营管理成本、现金流和货物交纳时间必须99%达标。于是宝洁公司在这个基础上，不断趁热打铁，建立卓有成效的高科技信息系统并采用多种软件工具预防供应链风险升级，实施制造商、营销商、供应商和批发零售商一体化经营管理机制，不断优化物资供应和产品配送系统，创新生产和营销规划，达到减少库存的目的；宝洁公司与客户合作，及时掌握市场信息，降低零售存货，经济效益显著。2006—2007财政年度，宝洁公司全球美容品市场部纯收入与上年同比增长13%，达到230亿美元，尤其是在发展中国家，宝洁公司的美容产品特别受到当地消费者欢迎。于是宝洁公司面临的供应链挑战更加严峻，其中包括市场需求和交纳周期各异甚至变幻莫测的口红、人工眉毛等美容品和其他产品必须精准送达市场，因此必须提高产品制造、营销、配送和批发零售一条龙精准服务，同时要严格控制各类产品的存货水平，密切关注美容产品市场的发展动态。

4. 寻找合适伙伴

宝洁公司除了注重分布在美国和世界各地的贸易伙伴外，还有富有才干的市场分析专家、规划专家、开发投资商、律师和中间商等。注重寻找合适伙伴所产生的直接好处是宝洁公司的各位股东均得到实惠。这项措施看似平凡，它却卓有成效地促使宝洁公司最大化降低了其整体供应链存货，优化了供应链全程中的存货战略，促使其中占较大部分的成品存货的水平精准度超过99%。加上不断优化供应链网络，由此获得的成果是持续降低供应链成本、强化市场信息预测和帮助合伙人提升市场态势评估精准度和完善存货经营管理应急安全机制。

5. 优化存货为大家

宝洁公司把优化存货作为企业发展和扩大企业成功业绩的基础工作，积极投资和持续扩大信息技术基础设施功能，招聘优秀经营管理人才充实企业机构和各个层面，全面汇集、更新、充实和分析供应链存货信息及市场动态，及时作出反应和正确解决有关存货的各种问题。为此必须做到：

（1）突出重点。凡是企业内部和跨企业项目的经营管理均必须集中落实到供应链网络优化，而且重点突出，优化操作上不排除多层次和多级别。

（2）强调清晰。凡是需要解决的存货问题必须首先搞清楚是什么类型——是原材料、零部件、成品、半成品还是其他？或者各个参半？各个项目存货水平的准确数据是什么？应该保持的存货水平是什么？正在处理的存货是否属于存货战略的一部分？存货问题属于个案性、战略性、战术性、结构性还是政策性问题等均必须搞清楚。

（3）确保深度，杜绝肤浅。凡是需要优化管理的企业，内部职工全部知道最优化存货的重大意义，与企业关系密切的销售人员也必须完全理解宝洁公司整体产业，做到不同层次经营，相互融会贯通，信息透明，持续更新，不断完善和全方位共享，自觉成为企业团队一分子。为促使成品配送最优化，使用不同规格的网络流通高科技管理，销售人员坚持学习，持续提高存货管理技术。

案例思考

1. 宝洁公司是如何优化存货管理、降低存货水平的？
2. 为保障宝洁削减全球存货，其成功的必要条件和关键因素有哪些？

第一节 仓储概念

一、储存的作用

储存对于调节生产、消费之间的矛盾，促进商品生产和物流发展有着十分重要的意义。总体来说，储存具有以下作用：

（一）时间效用

储存的目的是消除物品生产与消费在时间上的差异。生产与消费不但在距离上存在不一致性，而且在数量上、时间上存在不同步性，因此在流通过程中，产品（包括供应物流中的生产原材料）从生产领域进入消费领域之前，往往要在流通领域中停留一段时间，形成商品储存。同样，在生产过程中，原材料、燃料和工具、设备等生产资料和在制品，在进入直接生产过程之前或在两个工序之间，也有一小段停留时间，形成生产储备。这种储备保障了消费需求的及时性。而有了商品储备必然要求相应的商品保管。

(二) "蓄水池"作用

仓库是物流过程中的"蓄水池"。无论生产领域还是流通领域，都离不开储存。有亿万吨的商品、物质财富，平时总是处在储存状态，保管在生产或流通各个环节的仓库里，成为大大小小的"蓄水池"，以保证生产和流通的正常运行。

(三) 降低物流成本

现代物流中的仓库不仅是储存和保管物品的场所，还是促使物品更快、更有效地流动的场所。现代物流要求缩短进货与发货周期，物品停留在仓库的时间很短，甚至可以不停留，即"零库存"。进入仓库的货物经过分货、配货或加工后随即出库。物品在仓库中处于运动状态。这样通过仓储的合理化，减少储存时间，来降低储存投入，加速资金周转，降低成本。因此，仓储是降低物流成本的重要途径。

(四) 保持商品 (物品) 的使用价值和价值

由于进入科学保管和养护，使商品或产品的使用价值和价值得到完好地保存，也才有实现及时供货的意义。库存商品看上去好像是静止不变的，但实际上受内因和外因两方面的影响和作用，它每一瞬间都在运动着、变化着，但这种变化是从隐蔽到明显、从量变到质变的，所以只有经过一段时间，发展到一定程度才能被发现。库存商品的变化是有规律的。商品保管就是在认知和掌握库存商品变化规律的基础上，灵活有效地运用这些规律，采用相应的技术和组织措施，削弱和抑制外界因素的影响，最大限度地减缓库存商品的变化，以保存商品的使用价值和价值。

二、仓储的任务

(一) 库存商品 (物品) 的变化及损耗

商品 (物品) 存储在仓库内，不可能不发生变化。库存商品变化的形式主要有物理变化、化学变化和生物变化等。

所谓物理变化，是指只改变商品本身的外部形态而不改变其本质、不生成新的物质的变化。如挥发、溶化、熔化、干燥、变形等。库存商品的化学变化不仅改变物质的外部形态，而且改变物质的性质，并生成新的物质。库存商品常见的化学变化主要有化合、水化、分解、水解、氧化、聚合、老化、风化等。库存商品的生物变化，是指库存商品受到生物和微生物的作用所发生的变化。如虫蛀、鼠咬、霉变、腐朽、腐败等。

库存商品的损耗包括有形损耗与无形损耗。有形损耗指库存商品不使用而产生的损耗。按其损耗的原因又分为异常损耗和自然损耗。由于非正常原因，如对商品保管不善、装卸搬运不当、管理制度不严所造成的锈蚀、变质、破损、丢失、燃烧等称为有形损耗。而自然损耗，是指商品在储存过程中，由于受自然因素的影响，本身发生物理变化或化学变化所造成的不可避免的自然减量。其主要表现为：干燥、风化、挥发、黏结、散失、破碎等。

库存商品的自然损耗是不可避免的，但其损耗量应控制在规定的标准之内，若超出规定的标准，则视为不合理的损耗。衡量商品的自然损耗是否合理的标准是自然损耗率。自然损耗率是指在一定时间内和一定条件下，某种商品的损耗量与该商品库存量的百分比。不同商品在不同时间、不同条件下的自然损耗率是不同的。无形损耗指更新、更好、更廉价的同类产品进入市场，致使库存商品贬值而产生的损耗。如机电产品、电子器件由于更新换代比较快，新的产品出现后，库存中同种类原产品就会贬值甚至报废，造成无形损耗。

库存商品的无形损耗所造成的损失是巨大的，从某种意义上讲，减少库存商品的无形损耗比减少其有形损耗更为重要。

（二）导致库存商品（物品）发生变化的因素

导致库存商品（物品）发生变化、损耗的原因，归纳起来有内因和外因两个方面。

1. 内因

库存商品（物品）发生变化、损耗的内因主要有物品的化学成分、结构形态、物理化学性质、机械即工艺性质等。物品的化学成分不同，或者相同成分但成分的含量不同，都会影响物品的基本性质及抵抗外因侵蚀的能力。如普通低碳素钢中加入适量的铜和磷，就能提高其抗腐蚀性能。物品的结构是指原材料结构，通常分为晶体结构和非晶体结构；物品的形态主要分为固态、液态和气态。不同结构形态的物品，产生的变化形式和程度都不相同。

物品的物理化学性质由其化学成分和结构决定，表现为物理性质如挥发性、吸引性、水溶性、导热性等；表现为化学性质如结构稳定性、燃烧性、爆炸性、腐蚀性等。

物品的机械性质是指其强度、硬度、韧性、脆性、弹性等；物品的工艺性质是指其加工程度和加工精度。不同机械及工艺性质的物品，其变化程度不同。

2. 外因

库存商品（物品）发生变化、损耗的外因很多，主要有温度、湿度、日光、大气、生物与微生物。适当的温度是物品发生物理变化、化学变化和生物变化的必要条件。对于易燃品、自燃品，温度过高容易引起燃烧；含有水分的物质，温度过低则会冻结生凌等。大气的湿度对物品的变化影响也很大。怕湿的物品会受潮，如金属会生锈、水泥会结块硬化等；怕干的物品如果过于干燥会开裂、变形等。日光实际上是太阳辐射的电磁波，按其波长有紫外线、可见光和红外线之分。紫外线能量最强，它可促使高分子材料老化，油脂酸败、褪色等；可见光和红外线能量较弱，能加速物品发生物理化学变化。大气由干洁空气、水汽、固体杂质所组成。空气中的氧气、二氧化碳、二氧化硫等，大气中的水汽、固体杂质等，都对物品有很大的危害作用。致使物品发生生物变化的生物有白蚁、老鼠、鸟类等，微生物主要有霉菌、木腐菌、酵母菌、细菌等，它们使有机物质发霉、木材及木制品腐朽等。

内因是库存商品发生变化的决定因素，但外因通过内因起作用。开展商品保管工作，就是要采取技术措施，抑制外因，以减少、减缓库存商品（物品）的变化与损耗。

（三）商品（物品）保管的任务

商品保管的基本任务是：根据商品本身的特性及其变化规律，合理规划并有效利用现有仓储设备，采取各种行之有效的技术与组织措施，确保库存商品的质量与安全。其具体任务包括以下几方面：

1. 规划与配备仓储设施

仓储设施主要包括仓储建筑物和有关保管设备。对仓储设施要有全面规划，包括库区的平面布局、仓库建筑物的结构特点和保管设备类型等的确定。

2. 制定商品储存规划

商品储存规划是根据现有仓储设施和储存任务，对各类、各种商品的储存在空间和时间上作出全面安排。如分配保管场所，对保管场所进行布置，建立良好的保管秩序等。合理的储存规划是进行科学养护的前提。

3. 提供良好的保管条件

各种商品具有不同的物理化学性质，要求相应的、良好的保管条件和保管环境。因此要为商品保管创造一个温度、湿度适宜，有利于防锈、防腐、防霉、防虫、防老化、防火、防爆的小气候。

4. 进行科学的保养与维护

根据不同的库存商品，采取一定的防治措施，抑制其变化，减少其损失。如金属的涂油防锈、有机物的防霉、仓库害虫的杀灭、机电设备的检测与保养等。

5. 掌握库存商品信息

商品保管，除了对商品实体的保管，还要对商品信息进行管理。信息流和物流是密不可分的，信息流是物流的前提。在商品保管中，实物和信息两者必须一致。库存商品信息管理，主要包括各种原始单据、凭证、报表、技术证件、账卡、图纸、资料的填制、整理、保存、传递、分析和运用。

6. 建立健全必要的规章制度

建立健全有关商品保管的规章制度是做好商品保管的一个重要方面，如岗位责任制、经济责任制、盘点制、奖罚制等。

三、仓库的分类

仓库是以库房、货物及其他设施、装置为劳动手段的，对商品、货物、物资进行收进、整理、储存、保管和分发的场所，在工业中则是指储存各种生产需用的原材料、零部件、设备、机具和半成品、产品的场所。其主要有以下类型：

（1）按使用对象及权限分为自备仓库、营业仓库、公共仓库。

（2）按所属的职能分为生产仓库、流通仓库。

（3）按结构和构造分为平房仓库、楼房仓库、高层货架仓库、罐式仓库。

（4）按技术处理方式及保管方式分为普通仓库、冷藏仓库、恒温仓库、露天仓库、水上仓库、危险品仓库、散装仓库、地下仓库。

（5）特种仓库。如移动仓库、保税仓库。

第二节　仓储管理

仓储管理包括两个概念：一是储存，指物品在离开生产过程但尚未进入消费过程的间隔时间内在仓库（本书泛指包括堆场、料库等储存场所，下同）中储存、保养、维护管理；二是库存控制与管理，以备及时供应。

仓储是物流的主要功能要素之一，是社会物资生产的必要条件之一，可以创造"时间效用"。仓储在物流系统中起着缓冲、调节和平衡的作用，它与运输形成了物流过程的两大支柱，是物流的中心环节之一。实行物品的合理储存，提高保管质量，对加快物流速度、降低物流费用、发挥物流系统整体功能都起着重要的作用。

一、仓储的概念

仓储是对货物的存储，是指通过仓库对暂时不用的物品进行收存、保管、交付使用的活动过程，是仓库储藏和保管的简称。仓储一般是指从接受储存物品开始，经过储存保管作业，直接把物品完好地发放出去的全部活动过程。仓储的各项作业活动可以分为两大类：一类是基本生产活动，另一类是辅助生产活动。基本生产活动是指劳动者直接作用于储存物品的活动，如装卸搬运、验收、保管等；辅助生产活动是指为保证基本生产活动正常进行所必需的各种活动，如保管设施、工具的维修，储存设施的维护，物品维护所用技术的研究等。

二、仓库管理的任务和原则

（一）仓储管理的任务

仓储管理简单来说就是对库存及库存内的货物进行的管理，是仓储机构为了充分利用所具有的仓储资源提供高效的仓储服务而进行的计划、组织、控制和协调过程。具体来说，仓储管理主要包括仓储资源的获得、仓储商务、出入库作业、货物的保管养护、库存控制及安全管理等一系列管理工作。宏观方面仓储管理的任务是进行资源的合理配置及储存。微观方面仓储管理的任务是提高企业的仓储效率、降低储运成本、减少仓储损耗，具体有以下几项：

（1）合理组织发送，保证收发作业准确、迅速及时，使供货单位及用户满意。

（2）采取科学的保管养护方法，创造适宜的保管环境，提供良好的保管条件，确保在库物品数量准确、质量完好。

（3）合理规划并有效利用各种仓库设施，搞好革新、改造，不断扩大储存能力，提高作业效率。

（4）积极采取有效措施，保证仓储设施、库存物品和库存职工的安全。

（5）搞好经营管理，开源节流，提高经济效益。

（二）仓储管理的原则

仓储管理的基本原则是：保证质量、注重效率、确保安全、追求经济。

1. 保证质量

仓储管理的一切活动，都必须以保证在库物品的质量为中心。没有质量的数量是无效的，甚至是有害的（如资金占用、产生管理费用、产生积压和报废物资）。为了完成仓储管理的基本任务，仓储活动中的各项必须有质量标准，并严格按标准进行作业。

2. 注重效率

仓储管理要充分发挥仓储设施和设备的作用，提高仓储设施和设备的利用率；要充分调动仓库生产人员的积极性，提高劳动生产率；要加速在库物品的周转，缩短物品在库时间，提高库存周转率。

3. 确保安全

仓储活动中不安全因素很多，有的来自库存物，如有些物品具有毒性、腐蚀性、辐射性、易燃易爆等；有的来自装卸搬运作业过程，如违反机械安全操作过程等。因此，特别要加强安全教育，提高认知，制定安全制度，贯彻执行"安全第一，预防为主"的安全生产方针。

4. 追求经济

仓储活动中所耗费的物化劳动和活劳动的补偿是由社会必要劳动量决定的。为实现一定的经济效益目标，必须力争以最少的人、财、物消耗，及时准确地完成最多的储存任务。

三、仓储合理化

（一）仓储合理化的概念

仓储合理化的含义是用最经济的办法实现储存的功能。仓储合理化的实质是，在保证储存功能实现的前提下尽量减少投入，这也是一个投入产出的关键问题。

（二）仓储合理化的主要标志

1. 质量标志

保证被储存物的质量，是完成储存功能的基本要求，只有这样，商品的使用价值才能通过物流得以最终实现。在储存中增加了多少时间价值或是得到了多少利润，都是以保证质量为前提的。所以，储存合理化的主要标志中，为首的应当是反映使用价值的质量。保证储存商品的使用价值是商品储存合理化的主要标志。

2. 数量标志

商品储存合理化的另一个标志是在保证功能实现前提下对储存商品合理数量作出科学的决策。

3. 时间标志

在保证功能实现的前提下，寻求一个合理的储存时间，这是和数量有关的问题。储存量大而消耗速度慢，则储存的时间必然长，因此，在具体衡量时往往用周转速度指标来反映时间标志，如周转天数、周转次数等。

4. 结构标志

结构标志是从被储存物的不同品种、不同规格、不同花色与储存数量的比例关系对储存进行合理的判断。尤其是相关性很强的各种物资之间的比例关系更能反映储存合理与否。

5. 分布标志

分布标志指不同地区储存的数量比例关系，以此判断当地需求比，对需求的保障程度，也可以此判断对整个物流的影响。

6. 费用标志

仓租费、维护费、保管费、损失费、资金占用、利息支持等，都能从实际费用上判断仓储的合理与否。

(三) 实现商品储存合理化的措施

为了实现商品储存的合理化，可以采取以下十大实施要点：

1. 储存物品的 ABC 分析

ABC 分析法是根据事物在技术或经济方面的主要特征进行分类、排列，分清重点和一般，从而有区别地实施管理的一种分析方法。ABC 分析是实施储存合理化的基础，在此基础上可以进一步解决各类结构关系、储存量、重点管理、技术措施等合理化问题。

2. 实施重点管理

在 ABC 分析的基础上，分别决定实施各种物品的合理库存储备数量以及经济储备数量的办法，乃至实施零库存。

3. 适当集中储存

在形成一定规模的前提下，追求规模经济、适度集中储存是合理化的重要内容。适度集中库存是利用储存规模优势，以适度集中储存代替分散的小规模储存来实现合理化。

4. 加速总的周转，提高单位产出

储存周转速度加快，会带来一系列的合理化好处，如资金周转快、资本效益高、货损少、仓库吞吐能力增加、成本下降等。具体做法有采用单元集装存储，建立快速分拣系统等，这些都有利于实现快进快出、大进大出。

5. 采用有效的"先进先出"方式

"先进先出"是保证物品储存期不至过长的合理化措施，也成为储存管理的准则之一。有效的"先进先出"方式主要有：贯通式货架系统、"双仓法"储存、计算机存取系统。

6. 增加储存密度，提高仓容利用率

主要目的是减少储存设施的投资，提高单位存储面积的利用率，以降低成本、减少土地占用。

7. 采用有效的储存定位系统

如果定位系统有效，就不但能大大减少寻找、存放、取出的时间，而且能防止差错，便于清点及实行订货点管理方法。储存定位方法有"四号定位"和电子计算机定位等。

8. 采用有效的监测清点方式

对储存物品数量和质量的监测，既是掌握基本情况所必需的，也是科学库存控制所必需的。在实际工作中稍有差错，就会使账物不符，因而必须及时、准确地掌握实际储存情况，经常与账、卡、物进行核对，这在人工管理或计算机管理中，都是必不可少的。此外，经常监测也是掌握被储存商品质量状况的重要工作。仓储管理中常用的监测清点方式有："五五化"堆码、光电识别系统和电子计算机监测系统。

9. 采用现代储存保管技术

这是储存合理化的重要方向，主要有气幕隔潮、气调储塑料薄膜封闭。

10. 采用集装箱、集装袋、托盘等运储装备一体化方式

集装箱等集装设施的出现，给储存带来了新理念。采用集装箱后，本身便能起到物品储存的作用，在物流过程中，也就省去了入库、验收、清点、堆垛、保管、出库等一系列储存作业，因而对改变传统储存作业有很重要的意义，是储存合理化的一种有效方式。

第三节　储存作业管理

一、仓储入库作业

仓储入库作业也叫收货业务，它是仓储业务的开始。仓储入库管理是根据商品入库凭证，在接受入库商品时所进行的卸货、查点、验收、办理入库手续等各项业务活动的计划和组织。

（一）入库前准备

仓库应根据仓储合同或者入库单、入库计划，及时进行库存准备，以便货物能按时入库，保证入库过程顺利进行。仓库的入库准备需要由仓库的业务部门、管理部门、设备作业部门分工合作，共同做好以下工作：①熟悉入库货物；②掌握仓库库场情况；③制订存储计划；④妥善安排货位；⑤做好货位准备；⑥准备苫垫材料、作业工具；⑦验收准备；⑧装卸搬运工艺设定；⑨文件单证准备。

应注意的问题是：由于不同仓库、不同货物、业务性质不同，入库准备工作存在差别，需要根据实际情况和仓库制度做好充分准备。

（二）货物接运

货物的接运是入库业务流程的第一道作业环节，也是仓库直接与外部发生的经济联系，它的主要任务是及时而准确地向交通运输部门提取入库货物，要求手续清楚、责任分明，为仓库验收工作创造有利条件。因为接运工作是仓库业务活动的开始，如果接收了损坏的或错误的货物，那将直接导致货物出库装运时出现差错。货物接运是

货物入库和保管的前提，接运工作完成的质量直接影响货物的验收和入库后的保管养护。因此，在接运由交通运输部门（包括铁路）转运的货物时，必须认真检查、分清责任，取得必要的证件，避免将一些在运输过程中或运输前就已经损坏的货物带入仓库，造成验收中责任难分和保管工作中的困难或损失。

（三）货物入库验收

凡货物进入仓库储存，必须经过检查验收，只有验收后的货物，方可入库保管。货物入库验收是"三关"（入库、保管、出库）的第一道，抓好货物入库质量关，能防止劣质货物流入流通领域，划清仓库与生产部门、运输部门以及供销部门的责任界线，也为货物在库场中的保管提供第一手资料。

1. 商品验收的基本要求

（1）及时。到库商品必须在规定的期限内完成验收入库工作。

（2）准确。验收应以商品入库凭证为依据，做到货、账、卡相符。

（3）严格。仓库的各方都要严肃认真地对待商品验收工作。验收工作的好坏直接关系到国家和企业的利益，也关系到以后各项仓储业务能否顺利开展。

（4）经济。商品在验收时的多数情况下，不但需要检验设备和验收人员，而且需要装卸搬运机具和设备以及相应工种工人的配合。要求各工种密切协作，合理组织调配人员与设备，尽可能保护原包装，减少或避免破坏性试验也是提高作业经济性的有效手段。

2. 商品的验收程序

商品验收包括：验收准备、核对凭证、确定验收比例、实物检验、做出验收报告及验收中发现问题的处理。

（四）入库交接

入库物品经过点数、检验之后，可以安排卸货、入库堆码，表示仓库已接受物品。在卸货、搬运、堆垛作业完毕，还要与送货人办理交接手续，并建立仓库台账。

1. 交接手续

交接手续是指仓库对收到的物品向送货人进行的确认，表示已接受物品。完整的交接手续包括接收物品、接受文件、签署单证。

2. 登账

物品入库，仓库应建立详细反映物品仓储的明细账，登记物品入库、出库、结存的详细情况，用以记录库存物品动态和入出库过程。登账的主要内容有：物品名称、规格、数量、件数、累计数或结存数、存货人或提货人、批次、金额，注明货位号或运输工具、接（发）货经办人。

3. 立卡

物品入库或上架后，将物品名称、规格、数量或出入状态等内容填在物料卡上，称为立卡。

4. 建档

仓库应对所接受仓储的货物或者委托人建立存货档案或者客户档案，以便货物管理和保持客户联系，也为将来可能发生的争议保留凭证。同时有助于总结和积累仓库保管经验，研究仓储管理规律。

（五）影响入库作业的因素及作业的组织原则

1. 影响入库作业的因素

影响入库作业的因素主要来自供应商及其送货方式、商品种类、特性、商品数量、入库作业与其他作业的相互配合等方面。

（1）供应商及其送货方式。每天送货的供应商的数量、供应商所采用的送货方式、送货工具、送货时间等因素都会直接影响入库作业的组织和计划。

（2）商品种类与特性。不同的商品具有不同的性质，也就需要采用不同的作业方式，因此每种商品的包装形态、规格、质量特性以及每天到货的批量大小，都会影响物流中心的入库作业方式。

（3）入库作业人员。在安排入库作业时，要考虑现有的工作人员的技术素质、人力的合理利用以及高峰期的作业组织等，尽可能缩短入库作业时间，避免车辆等待时间过长。

（4）设备及存货方式。设备的使用和存货方式同样也会对商品的入库作业产生影响。具体操作时应注意叉车、传送带、货架储位的可用性以及货物的作业状态，如是否需要拆箱、再包装等。

2. 入库作业的组织原则

（1）尽量将卸货、分类、加注标签、验货等理货作业集中在同一工作场所进行。

（2）依据各作业环节的相关性安排活动，避免倒装、倒流。

（3）作业人员集中安排在入库高峰期。

（4）合理使用可流通的容器，尽量避免更换。

（5）详细认真地处理入库资料和信息，便于后续作业及信息的查询与管理。

二、仓储存储作业

物品经过入库作业后即进入存储作业环节。存储作业的主要任务是妥善保存商品，合理利用仓储空间，有效利用劳力和设备，安全、经济地搬运商品，对存货进行科学管理。

（一）储位管理技术

1. 储位规划

在仓储作业中，为有效地对商品进行科学管理，必须根据仓库、存储商品的具体情况，实行仓库分区、物品分类和定位保管。仓库分区是根据库房、货场条件将仓库分为若干区域；分类就是根据商品的不同属性将仓储商品划分为若干大类；定位是在分区、分类的基础上确定每种物品在仓库中具体存放的位置。

2. 物品储存方法

（1）定位储存。定位储存是指每一项商品都有固定的储位，商品在储存时不可互相窜位，在采用这一储存方法时，必须注意每一项货物的储位容量必须大于其可能的最大在库量。采用定位储存方式易于对在库商品保管，提高作业效率，减少搬运次数，但需要较多的储存空间。

（2）随机储存。随机储存是根据库存货物及储位使用情况，随机安排和使用储位，各种商品的储位是随机产生的。随机储存由于共同使用储位，可以提高储区空间的利用率。

（3）分类储存。分类储存是指对所有货物按一定特性进行分类，每一类货物固定其储存位置，同类货物不同品种又按一定的法则来安排储位。

（4）共同储存。共同储存是指在确定各货物进出仓库的确切时间的前提下，不同货物共用相同的储位。这种储存方式在管理上较复杂，但储存空间及搬运时间却更合理。

3. 储位指派方式

在完成储位确定、储位编号等工作之后，需要考虑用什么方式把商品指派到合适的储位上。指派的方法有人工指派法、计算机辅助指派法和计算机全自动指派法三种。

（二）储存场所的布置

储存场所的布置就是根据库区场地条件、仓库的业务性质和规模、商品储存要求以及技术设备的性能和使用特点等因素，对储存空间、作业区域、站台及通道布置进行合理安排和配置。

在进行商品储存场所布置时主要考虑两个方面的因素：一是充分提高储存空间的利用率；二是提高物流作业效率。储存区域是仓库的核心和主体部分，提高储存空间的利用率是仓库管理的重要内容。在进行储存空间的规划和布局时，首先必须根据储存货物的体积大小和储存形态来确定储存空间的大小，然后对空间进行分类，并明确其使用方向，再进行综合分析和评估比较，在此基础上进行布置。

（三）储存设备的配置

1. 选择储存设备时考虑的因素

储存是仓储作业环节的核心，储存设备是最基本的物流设施。储存设备既可以存放和有效保护商品，又可以提高储存空间的利用率。在选择适用的储存设备时，最主要的依据是仓库的作业内容和运作方式；还必须综合考虑货物特性、物流量的大小、库房结构以及配套的搬运设备等因素。

2. 储存设备配置的组合形式

仓库储存作业中的储存设备，主要以单元负载的托盘储存方式为主，配合各种拣货方式的需要，另有以容器及单品为储存设备的。储存设备以储存单位分类，可大致分为托盘、容器、单品和其他四大类。每一类型因其设计结构不同，又可分为多种形式。

（四）盘点作业

在仓库作业过程中，商品处于不断地入库和出库状态，在作业过程中产生的误差经过一段时间的积累会使库存资料反映的数据与实际数量不相符。有些商品长期存放，品质下降，不能满足用户需要。为了对库存商品的数量进行有效控制，并查清商品在库房中的质量状况，必须定期对各储存场所进行清点作业，这一过程我们称为盘点作业。

盘点的主要目的是希望通过盘点来检查目前仓库中商品的出入库及保管状态，并由此发现和解决管理及作业中存在的问题。找出在管理流程、管理方式、作业流程、人员素质等方面需要改进的地方，进而改善商品管理的现状，降低商品损耗，提高经营管理水平。

三、仓储出库作业

出库业务是储存作业的结束，既涉及仓库同货主或收货企业以及承运部门的经济联系，也涉及仓库各有关业务部门的作业活动。为了能以合理的物流成本保证出库物品按质、按量、及时、安全地发给客户，满足其生产经营的需要，仓库应主动向货主联系，由货主提出出库计划。特别是供应给异地和大批量出库的物品更应该提前发出通知，以便仓库及时办理流量和流向的运输计划，完成出库任务。这是仓库出库的依据。

仓库必须建立严格的出库和发运程序，遵循"先进先出，推陈出新"的原则，尽量一次完成，防止差错。需托运物品的包装还要符合运输部门的要求。

（一）物品出库的要求

物品出库要求做到"三不、三核、五检查"。"三不"，即未接单据不翻账，未经审单不备库，未经复核不出库；"三核"即在发货时，要核实凭证、核对账卡、核对实物；"五检查"，即对单据和实物要进行品名检查、规格检查、包装检查、物件检查、重量检查。商品出库要求严格执行各项规章制度，提高服务质量，使用户满意，包括对品种规格要求、积极与货主联系、为客户提货创造各种方便条件、杜绝差错事故的发生。

（二）物品出库方式

出库方式是指仓库用什么样的方式将货物交付给顾客。选用哪种方式出库，要根据具体条件，由供需双方事先商定。

1. 送货

仓库根据货主单位的出库通知或出库请求，通过发货作业把应发物品交由运输部门送达收货单位或使用仓库自有车辆把物品运送到收货地点的发货形式，就是通常所称的送货制。

2. 收货人自提

这种发货形式是由收货人或其代理人持取货凭证直接到库取货，仓库凭单发货。仓库发货人与提货人可以在仓库现场划清交接责任，当面交接并办理签收手续。

3. 过户

过户是一种就地划拨的形式，物品实物并未出库，但是所有权已从原货主转移到新货主的账户上。仓库必须根据原货主开出的正式过户凭证，才能办理过户手续。

4. 取样

货主由于商检或样品陈列等需要，到仓库提取货样（通常要开箱拆包、分割抽取样本）。仓库必须根据正式取样凭证发出样品，并做好账务记载。

5. 转仓

转仓是指货主为了业务方便或改变储存条件，将某批库存自甲库转移到乙库。仓库也必须根据货主单位开出的正式转货单，办理转货手续。

（三）出库业务程序

1. 出库前的准备工作

出库前的准备工作可分为两个方面：一方面是计划工作，即根据货主提出的出库计划或出库请求，预先做好物品出库的各项安排，包括货主、机械设备、工具和工作人员，提高人、财、物的利用率；另一方面是要做好出库物品的包装和标志标记。发往异地的货物，需要经过长途运输，所以包装必须符合运输部门的规定，如捆扎包装、容器包装等。成套的机械、器材发往异地，事先必须做好货物的清理、装箱和编号工作。在包装上挂签（贴签）、书写编号和发运标记（去向），以免错发或混发。

2. 出库程序

出库程序包括核单备货—复核—包装—点交—登账—清理等过程。出库必须遵循"先进先出、推陈出新"的原则，使仓储活动的管理实现良性循环。

（1）核单备货

如属自提物品，首先要审核提货凭证（见表6-1、表6-2）的合法性和真实性；其次核对品名、型号、规格、单价、数量、收货单位、有效期等。

表6-1　　　　　　　　　　器材领（送）料单

用料单位：　　　　　　　　　　　　　　　　　　　编号：

项目或用途：　　　　　　　　　　　　　　　　　　登账日期：

领料日期：　　年　月　日

器材编号	品名规格	单位	数量		单价	金额
			分配	实发		

领料单位主管：　　　　　　　领料人：　　　　　　　保管员：

表6-2　　　　　　　　　　　商品调拨单

用料单位：　　　　　　　运输方式：　　　　　　　编号：

地址：　　　　　　　　　结账方式：　　　　　　　到站：

银行账卡：　　　　　　　收货人：

开单日期：　　年　月　日

品名规格	单位	数量	单价	调拨原因

主管：　　　　　　财务：　　　　　　保管：　　　　　　制单：

出库物品应附有质量证明书或副本、磅码单、装箱单等，机电设备、电子产品等物品，其说明书及合格证应随货同附。备料时应本着"先进先出、推陈出新"的原则，易霉易坏的先出，接近失效期的先出。

（2）复核

为了保证出库物品不出差错，备货后应进行复核。出库的复核形式主要有专职复核、交叉复核和环环复核三种。除此之外，在发货作业的各道环节上，都贯穿着复核工作。

复核的内容包括：品名、型号、规格、数量是否同出库单一致；配套是否齐全；技术证件是否齐全；外观质量和包装是否完好。只有加强出库的复核工作，才能防止发错、漏发和重发等事故的发生。

（3）包装

出库物品的包装必须完整、牢固，标记必须正确清楚，如有破损、潮湿、捆扎松散等不能保障运输中安全的，应加固整理，破包破箱不得出库。各类包装容器上若有水渍、油迹、污损也不能出库。

包装是仓库生产过程的一个组成部分。包装时，严禁互相影响或性能互相抵触的物品混合包装。包装后要写明收货单位、到站、发货号、本批总件数、发货单位等。

（4）点交

出库物品经过复核和包装后，需要托运和送货的，应由仓库保管机构移交调运机构；属于用户自提的，则由保管机构按出库凭证向提货人当面交接清楚。

（5）登账

点交后，保管员应在仓库单上填写实发数、发货日期等内容，并签名。然后将出库单连同有关证件资料及时交货主，以便货主办理货款结算。

（6）清理

经过仓库的一系列工作程序之后，实物、账目和库存档案等都发生了变化。应将现场和档案进行彻底清理，使保管工作重新趋于账、物、资金相符的状态。

第四节 储存控制

根据我国国家标准 GB/T18354—2001《物流术语》，库存是指处于储存状态的物品。通俗地说，库存是指企业在生产经营过程中为现在和将来的耗用或者销售而储备的资源。广义的库存还包括处于制造加工状态和运输状态的物品。

一、库存的作用与弊端

（一）库存的作用

库存的作用主要体现在以下几个方面：

1. 维持销售商品的稳定

销售预测型企业对最终销售商品必须保持一定数量的库存，其目的是应付市场的销售变化。这种方式下，企业预先并不知道市场真正需要什么，只是按对市场需求的预测进行生产或采购，因而产生一定数量的库存是必需的。

2. 维持生产的稳定

企业按销售订单与销售预测安排生产计划，并制订采购计划，下达采购订单。由于采购的物品需要一定的提前期，这个提前期是根据统计数量或者是在供应商生产稳定的前提下制定的，但存在一定的风险，有可能延迟交货，最终影响企业的正常生产，造成生产的不稳定，为了降低这种风险，企业就会增加材料的库存量。

3. 平衡企业物流

在企业的采购、供应、生产和销售各物流环节中，库存起着重要的平衡作用。

4. 平衡企业物流资金的占用

库存的材料、在制品及成品是企业流动资金的主要占用部分，因而库存量的控制实际上也是进行流动资金的平衡。例如，加大订购批量会降低企业的订购费用，保持一定量的在制品库存与材料会节省生产交换次数、提高工作效率，但这两方面都要寻找最佳控制点。

（二）库存的弊端

库存的作用都是相对的，也就是说，无论原材料、在制品还是成品，企业都在想方设法降低其库存量。库存的弊端主要表现在以下几个方面：

（1）占用企业大量资金。通常情况下，库存占企业总资产的比重大约为 20% ~ 40%，库存管理不当会形成大量资金的积压。

（2）增加了企业的商品成本与管理成本。库存材料的成本增加直接增加了商品成本，而相关库存设备、管理人员的增加也加大了企业的管理成本。

（3）掩盖了企业众多管理问题，如计划不周、采购不力、生产不均衡、产品质量不稳定及市场销售不力、工人不熟练等情况。

二、库存控制的重要性

（一）库存控制是物流管理的核心内容

库存管理之所以重要，首先在于库存领域存在着降低成本的广阔空间，对于中国的大多数企业尤其如此。所以对于我国企业来说，物流管理的首要任务是通过物流活动的合理化降低物流成本。例如：通过改善采购方法和库存控制的方法，降低采购费用和保管费用，减少库存占用资金；通过合理组织库存内作业活动，提高搬运装卸效率，减少保管装卸费用支出等。

（二）库存控制是提高顾客服务水平的需要

在激烈的市场竞争中，不仅要有提高优质商品的能力，而且还要有提供优质物流服务的能力。再好的商品如果不能及时供应到顾客手中，也会降低商品的竞争能力。要保证用户的订购不发生缺货，并不是一件容易的事情。虽然加大库存可以起到提高顾客服务率的作用，但是，加大库存不仅要占用大量资金，而且要占用较大的储存空间，会带来成本支出的上升。如果企业的行为不考虑成本支出，则是毫无意义的。对经营本身并不会起到支持作用，在过高成本下维持的高水平服务也不会长久。因此，必须通过有效的库存控制，在满足物流服务需求的情况下，保持适当的库存量。

（三）库存控制是回避风险的需要

随着科学技术的发展，新商品不断出现，商品的更新换代速度加快。如果库存过多，就会因新商品的出现使其价值缩水，严重情况下可能会一钱不值。从另一个角度看，消费者的需求在朝着个性化、多样化方向发展，对商品的挑剔程度在增大，从而导致商品的花色品种越来越多，这给储存管理带来一定难度，也使库存的风险加大。一旦消费者的需求发生变化，过多的库存就会成为陷入经营困境的直接原因。因此，在多品种小批量的商品流通时代，更需要运用现代仓库管理技术科学地管理库存。

三、库存控制的任务

对于任何一个企业来说，无论库存过高还是过低，都会给企业的生产或经营带来麻烦，因此，库存控制的任务是：

（一）占用最低的费用

在适宜的时间和适宜的地点获得适当数量的原材料、消耗品、半成品和最终产品，即保持库存量与订购量的均衡，通过维持适当的库存量，使企业资金得到合理的利用，从而实现盈利目标。

（二）减少不良库存

在大多数企业中，库存占企业总资产的比例都非常高，许多企业都存在库存过剩、库存闲置、积压商品、报废商品、呆滞商品等不良库存问题。这是因为人们只重视库存保障供应的任务，忽视库存过高所产生的不良影响。

1. 库存过高的不良影响

（1）使企业资本冻结。库存过高将使大量的资本冻结在库存上，当库存停滞不动时，周转的资金越来越短缺，使企业利息支出相对增加。

（2）加剧库存损耗。库存过高的必然结果是使库存的储存期增长，库存发生损失和损耗的可能性增加。

（3）增加管理费用。企业维持高库存在防止库存损耗、处理不良损耗方面的费用将大幅度增加。

2. 不良库存产生的原因

（1）计划不周。计划不周或制订计划的方法不当，就会出现计划与实际的偏差，使计划大于实际，从而导致过高库存。

（2）生产计划变更。企业生产计划的变更会带来一定数量的原材料或产成品的过剩，如果不及时进行调整，就会转变为不良库存。

（3）销售预测失误。销售部门对客户可能发生的订单数量估计错误，也将使采购、生产等部门的采购计划和生产计划与实际需求产生偏差，进而出现库存过高的情况。

四、影响库存水平的因素

影响库存水平的因素很多，一般可以利用因果分析，从经营、生产、运输、销售和订购周期五个方面对影响库存的主要因素进行分析。

（一）从经营方面看

经营的目标应满足客户服务的要求，因而必须保持一定的预备库存。但要实现利润最大化，就必须降低订购成本，也要降低生产准备成本，更要降低库存持有成本，因而库存量水平的高低需要在这些因素中进行权衡。

（二）从生产方面看

商品特性、生产流程和周期以及生产模式都将在许多方面对库存产生影响。例如：季节性消费的商品——圣诞传统礼品、饰品等，就不能完全等到节日到来之时才突击生产，通常都按订单提前进行均衡生产，这样就必然在一定时期内形成大量库存。

（三）从运输方面看

运输费用、运输方法、运输途径对库存水平的影响很大，运输效益与库存效益之间存在极强的二律背反关系。

（四）从销售方面看

销售渠道对库存的影响也是显著的，环节越多库存总水平就会越高，减少流通环节就能减少流通过程中的库存。客户服务水平与库存之间存在极强的二律背反关系，高的客户服务水平通常需要高库存来维持，但是库存管理成本不能超过由此带来的库存成本节约。客户订购的稳定性对销售库存的影响及可能或已经发生的偏差，可以通过加强客户关系维护与管理、提高销售预测的精确度来纠正。

（五）从订购周期看

订购周期是指从确定对某种商品有需求到需求被满足之间的时间间隔，也称为提前期。其中包括订单传输时间、订单处理和配货时间、额外补充存活时间以及采购装运交付运输时间四个变量。这些因素都在一定程度上对库存水平造成影响。

五、合理库存量的确定

库存管理者的责任就是测量特定地点现有库存的单位数和跟踪基本库存数量的增减。这种测量和跟踪可以手工完成，也可以通过计算机技术完成。其主要的区别是速度、精确性和成本。这个测量和跟踪的过程主要包括确定库存需求、补充订购、入库和出库管理等方面。其中库存需求量的确定需要在需求识别和需求预测的基础上进行。

企业确定库存量的依据很多，其中采用经济订购批量是最普遍的做法。但由于持有库存的目的是为了满足客户的服务需求，所以，库存量与服务水平的平衡是在经济订购批量条件下最突出的问题。企业的年销售目录（计划）、商品月需求量的变动、毛利率与周转率的关系等也都供库存量决策做参考。不过，实际情况可能会更加复杂。

例如：一些流行商品的库存决策完全不容进行太多的分析，还有许多企业在库存商品上可使用的资金非常有限。对于库存的数量应该保有多少是最佳的状态，要根据整个运作成本来确定。配送中心从补货到入库再到库存管理，直至能否满足顾客的要求，都涉及一定的成本，对于任何一个企业来讲，追求的目标都是利益最大化，因此进行库存量控制的标准是：在整个供应到销售的过程中总成本最低。

（一）库存量的影响因素

1. 库存量与服务水平的平衡

对于大多数企业来讲，如果要增加销售额，就必须满足客户的需求，就需要增加商品库存。但是在增加库存的拥有量（拥有额）的同时，营业利润会下降。商品处于库存形态时相当于流动资金被冻结，无法产生任何利润，而且还要面对各种可能出现的损失。对于库存水平与服务质量之间的权衡很难用一个恰当的公式来计算，因此，能够保证客户服务需求的库存量就是一个比较合理的库存量。

2. 企业的年销售目标

对于大多数企业来讲，经营首要的工作就是制订销售计划，制定企业全年的销售目标，然后就可以根据行业标准周转率的概念来计算年度平均库存量。计算公式为：

$$商品平均库存额 = 年度销售计划 / 行业标准周转率$$

标准周转率的选用可以利用企业自己所设立的目标周转率，也可以参考有关部门编制的经营指南。

【例 6-1】某企业 2015 年度的销售目标为 3 000 万元，行业标准周转率为 15 次/年，那么该企业的年度平均库存额是 200 万元。计算过程如下：

$$商品平均库存额 = 3\,000/15 = 200（万元）$$

$$365/15 \approx 24（天/次）$$

计算结果是该企业年度平均库存额为 200 万元，大约 24 天周转一次。但是实际情况却并非如此，因为通常情况下企业不可能在一年中的任何时间都持有相等的库存。市场行情随时都在发生变化，并立即带来商品需求量的波动。此外还有许多商品的需求是有季节性的，消费者的喜好也在不断地变化。这些不确定的因素导致了商品需求量的变动，因此企业不可能也不应该长时间保持固定库存量。

3. 月需求量的变动

商业结算通常都以月为结算周期，因此商品库存可以参照已经发生的月需求变动来推算下月初应有的库存额，计算公式为：

$$月初库存额 = 年度平均库存额 \times 1/2 \times (1 + 季节指数)$$

$$季节指数 = 该月销售目标或计划 / 月平均销售额$$

【例 6-2】某公司年度销售目标（计划）为 6 亿元，预计年度周转率为 15 次，由于市场需求量下降，一季度实现销售额每月平均 4 000 万元，预计 4 月份销售额为 3 760 万元，那么该公司 4 月初期库存额应调整为 3 880 万元。计算过程如下：

$$月初库存额 = 年度平均库存额 \times 1/2 \times (1 + 季节指数)$$

$$= 60\,000/15 \times 1/2 \times (1 + 3\,760/4\,000)$$

＝3 880（万元）

4. 商品毛利率与周转率的关系

通常情况下周转率高的商品毛利率低，而周转率低的商品毛利率则比较高。最显著的事例是价格昂贵的商品流转速度都比较慢，而日用消耗品的流转速度则比较快。因此企业可以依据商品的这种属性来制定不同商品库存策略。这个问题可以利用交叉比率来进行分析。交叉比率是商品周转率和毛利率的乘积，计算公式为：

$$交叉比率 = 商品周转率 \times 毛利率 \times 100\%$$

通过公式可以看出一旦毛利率下降，就必须采用提高周转率的对策才能保持良好的交叉比率。换个角度来讲，如果公司采用的是低价策略，就必须通过提高商品周转率来增加销售额，而足够的库存是保证销售的前提。

（二）确定库存量的依据

由于进行库存量控制的标准是整个供应到销售的过程中总成本最低，在这一过程中，涉及的成本如下：

1. 订货成本

为补充库存而进行的每一次订货都涉及多种业务活动，这些活动都会给企业带来成本。这些成本包括准备订单及所有附属文件的办公及通信成本，安排货物接收以及处理和保持所需信息的各种成本。

2. 价格折扣成本

在许多行业，供应商都对大批量采购提供价格折扣。对于小批量订货，供应商则可能收取附加费用。

3. 缺货成本

如果因订货批量决策失误发生缺货，企业便会因不能满足用户需求而遭受损失。如果用户是外部的，他们可能会向其他企业采购；而对于内部用户，缺货会导致生产设备闲置、效率低下，最终导致不能满足外部用户需求。

4. 库存占用流动资金的成本

在购方发出补充库存订单后，供应商将要求购方为其商品付款。当购方公司最终又向其用户供货时，也会从其用户得到付款。然而，在向供方付款与得到用户付款之间会存在时差，在此期间，库存占用了企业的流动资金，其成本体现为外借资金利息支出，或不能将资本投资于他处所导致的机会成本。

5. 存储成本

这是指货物实体存储所导致的费用。房租、供暖、雇员和仓库照明费用都是高昂的，当要求特殊仓库条件，如需要低温或高温安全的仓库时，尤其如此。

6. 废弃成本

如果企业订货批量很大，库存产品便会在仓库中储存很长时间。在这种情况下，产品或者可能过时（如因时尚变化），或者可能变质（如多数食品的情况）。

对于具体仓库量的大小，以及订货时间的确定，将在后面具体的模型中介绍。

六、库存分类管理

要对库存进行有效的管理和控制，首先要对存货进行分类。常用的存货分类方法有 ABC 分类法和 CVA 分类法。

（一）ABC 分类法

ABC 分类法又称重点管理法或 ABC 分析法。它是一种从名目众多、错综复杂的客观事物或经济现象中，通过分析找出主次，分类排队，并根据其不同情况分别加以管理的方法。该方法是根据巴雷特曲线所揭示的"关键的少数和次要的多数"的规律在管理中加以应用的。通常是将手头的库存按年度资金占用量分为三类：

A 类是年度货币量最高的库存，这些品种可能只占库存总数的 15%，但用于它们的库存成本却占到总数的 70%~80%；

B 类是年度货币量中等的库存，这些品种占全部库存的 30%，占总价值的 15%~25%；

那些年度货币量较低的为 C 类库存品种，它们只占全部年度货币量的 5%，但却占库存总数的 55%。

除资金量指标外，企业还可以按照销售量、销售额、订购提前期、缺货成本等指标将库存进行分类。通过分类，管理者就能为每一次的库存品种制定不同的管理策略，实施不同的控制。建立在 ABC 分类基础上的库存管理策略包括以下内容，如表 6-3 所示：

表 6-3　　　　　　　　　不同类型库存的管理策略

库存类型	特点 （按货币占用量）	管理方法
A	品种数约占库存总量的 15%，成本约占 70%~80%	进行重点管理。现场管理更加严格，应放在更安全的地方；为了保持库存记录的准确要经常进行检查和盘点；预测时要更加仔细
B	品种数约占库存总量的 30%，成本约占 15%~25%	进行次重点管理。现场管理不必投入比 A 类更多的精力；库存检查和盘点的周期可以比 A 类长一些
C	成本也许只占总成本的 5%，但品种数量或许是库存总数的 55%	进行一般管理。现场管理可以更粗放一些；但是由于品种多，差错出现的可能性也比较大，因此也必须定期进行库存检查和盘点，周期可以比 B 类长一些

利用 ABC 分类法可以使企业更好地进行预测和现场控制，以及减少库存和库存投资。ABC 分析法并不局限于分成三类，可以增加，但经验表明，最多不要超过五类，过多的种类反而会增加控制成本。

（二）CVA 分类法

ABC 分类法有不足之处，通常表现为 C 类商品得不到应有的重视，而 C 类商品往往也会导致整个装配线的停工。因此，有些企业在库存管理中引入了关键因素分析法（Critical Value Analysis，CVA）。

CVA 法的基本思想是把存货按照关键性分成 3~5 类，即：

（1）最高优先级。这是经营的关键性商品，不允许缺货。

（2）较高优先级。这是指经营活动中的基础性商品，但允许偶尔缺货。

（3）中等优先级。这多属于比较重要的商品，允许合理范围内的缺货。

（4）较低优先级。经营中需要这类商品，但可替代性高，允许缺货。

按 CVA 库存管理法划分的库存种类及管理策略如表 6-4 所示：

表 6-4　　　　　　　　　　　CVA 法库存种类及其管理策略

库存类型	特　点	管理措施
最高优先级	经营管理中的关键物品，或 A 类重点客户的存货	不许缺货
较高优先级	生产经营中的基础性物品，或 B 类客户的存货	允许偶尔缺货
中等优先级	生产经营中比较重要的物品，或 C 类客户的存货	允许合理范围内缺货
较低优先级	生产经营中需要，但有可代替的物品	允许缺货

CVA 分类法比起 ABC 分类法有着更强的目的性。但在使用中，人们往往倾向于制定高的优先级，结果高优先级的商品种类很多，最终哪种商品也得不到应有的重视。CVA 分类法和 ABC 分类法结合使用，可以达到分清主次、抓住关键环节的目的。在对成千上万种商品进行优先级分类时，也不得不借用 ABC 分类法进行归类。

本章小结

仓储就是在特定的场所储存物品的行为，既有静态的仓储又有动态的仓储。搞好仓储管理是实现社会再生产过程顺利进行的必要条件，是保持商品使用价值的必要环节，是加快资金周转，节约流通费用，降低物流成本，提高经济效益的有效途径。

第七章　现代物流配送管理

学习目标

（1）掌握物流配送的概念和服务特征；

（2）掌握物流配送的类型；

（3）掌握物流配送的功能与作用。

开篇案例

西安高校蔬菜的物流与配送

随着经济的发展，生活节奏的加快，人们生活水平的提高和对更好生活品质的追求，新鲜蔬菜销售走出传统模式，以现代配送方式走进家庭、步入工矿企业是大势所趋。西北地区，蔬菜配送业务起步较晚，但一旦起步，就会很快发展起来。由于高校人口密度大，网络普及率高，容易接受新事物，所以选择高校作为蔬菜配送的起点非常合适，对以后家庭用户的蔬菜配送也是一个经验积累。

1. 国内外蔬菜配送的现状

国外蔬菜配送已经很发达，在欧洲，集体订购和家庭订购量已占 40%，其余需求量一般由超市供应，而超市作为配送中心也可以看作蔬菜配送的一种。日本由于生活节奏快，在蔬菜配送上做得更为出色，年产值数以百亿日元计。

我国一些发达地区，蔬菜配送业务这几年飞速发展，像北京、上海等地，很多小区内部都有配送中心，订购业务发展很快。深圳的蔬菜配送公司万家欢，从 1995 年成立至今，已吞并 30 多家蔬菜配送公司，不仅垄断了广东市场，还延伸到海南、云南、福建，而一个广州市场仅 2003 年蔬菜配送就达 60 亿元产值。

西安是高校密集的省会，各高校分布比较集中。随着招生规模的扩大，各高校的学生一般都在万人以上，有的可达 3 万人，再加上教职员工，构成了一个庞大的消费群体。各高校食堂所需蔬菜，每天需派专人采购，还需配备专用货车，费事费力。因为对蔬菜的不了解，蔬菜品质与质量难以保证。如果采用蔬菜配送的模式，以上不足都可避免。

2. 西安高校采用蔬菜配送的优点

每天傍晚，各高校通过浏览网站，了解各种蔬菜的信息，按照需求给物流中心发去订单（可以是电话、传真、E-mail 等），物流中心把各高校的订单汇总、调整后，按照订单要求及供需方的具体情况准时配送，其优点如下：

（1）订货方便，省时省力。只需一个电话或 E-mail，足不出户就可采购到自己所需的各种蔬菜，不必派专人采购，也不需自己准备运货工具。

（2）价格便宜。配送的优势之一就是通过集货形成规模效应，减少中间环节，使蔬菜的成本大大降低。

（3）蔬菜品质可以保证。配送中心拥有自己的蔬菜基地，对蔬菜的种植、农药的使用量和蔬菜质量均有严格要求。为使客户放心，配送中心蔬菜的清洗、消毒、加工工作也有严格的规定，并且绝对保证蔬菜保存时间少于 24 小时，安全、卫生、新鲜。

（4）配送时间准确。每天早上 8～9 点和下午 2～3 点把蔬菜定时送达各高校。

3. 高校蔬菜物流配送计划与配送的基本功能

（1）配送实际上是一个物品集散过程，包括集中、分类和散发 3 个步骤。这 3 个步骤由一系列配送作业环节组成。配送的基本功能要素主要包括集货、分拣、配货、配装、送货等。

① 集货：集货是配送的首要环节，是将分散的、需要配送的物品集中起来，以便进行分拣和配货。西安各高校主要集中在南郊，故可在南郊设立蔬菜基地，采用规模生产方式，每天按照订单要求，把一定量的蔬菜送到配送中心。

② 分拣、配货：配送中心收到蔬菜基地的蔬菜后马上按类、按质、按照各高校的要求分拣、配备，并贴上标签，以减少差错，提高配送质量，并力求树立品牌。

③ 配装：配装指充分利用运输工具的载重量和容积，采用先进的装载方法，合理安排货物的装载。在西安各高校的蔬菜配送计划中，主要利用货车进行运输。

④ 送货：送货是指将配好的蔬菜按照配送计划确定的配送路线送达各高校，并进行交接。如何确定最佳路线，使配装和路线有效地结合起来，是配送运输的特点，也是难度较大的工作。

（2）配送网络结构的确定

配送网络结构一般分为集中型、分散型、多层次型 3 种。到底选用哪种配送网络取决于外向运输成本和内向运输成本的高低。外向运输成本是指从配送中心到顾客的运输成本，内向运输成本是指货物供应方到配送中心的运输成本。

① 集中型配送网络：这种配送网络只有一个配送中心，所以库存集中，有利于库存量的降低和规模经济的实现，但存在外向运输成本增大的趋势。其特点是：管理费用少；安全库存低；用户提前期长；运输成本中外向运输成本相对高一些。

② 分散型配送网络：这种方案根据用户的分布情况，设置多个配送中心，其特点是外向运输成本低，而内向运输成本高，且管理费用增大，库存分散，但是用户的提前期可以相对缩短。

③ 多层次型配送网络：这种配送网络是集中型和分散型配送网络的综合。

通过对西安高校地理位置、蔬菜基地位置和各节点交通状况、运输费用的综合性考虑，决定采用集中型配送网络。

（3）配送模式与服务方式的确定

蔬菜配送方式属于城市配送中心，并且是加工型配送中心。配送网络确定后，配送模式与服务方式就成为降低配送成本、提高服务水平的关键。由于蔬菜配送的特殊性（蔬菜不便储藏），宜选用直通型配送模式，即商品从蔬菜基地到达配送中心后，迅速分拣转移，在12小时内准时配送。准时配送的特点是时间的精确性，要求按照用户的生产节奏，恰好在规定的时间将货物送达，可以完全实现"零库存"。为了达到整个物流信息系统的高效性、准确性，有必要采用电子商务与配送系统相结合的配送方式。蔬菜配送网络成了物流中心、蔬菜基地、各高校之间的商务、信息交流平台。

（4）配送路线的确定

在讨论蔬菜配送的路线问题之前，先来讨论一个旅行商（TSP）问题：一个旅行者从出发地出发，经过所有要到达的城市之后，返回到出发地。要求合理安排其旅行路线，使总旅行距离（或旅行时间，旅行费用等）最短。如果把配送中心看成配送路线的起点和终点的话，配送路线问题就是一个旅行商问题。

方案1：从配送中心 P_0 出发，先到 P_1 后返回配送中心，继续到 P_2 再返回。

方案2：从配送中心 P_0 出发，到达 P_1 和 P_2 后，返回 P_0。

经过对路线进行比较，可看出方案2比方案1更经济合理。节约量为 $(2d_1 + 2d_2) - (d_1 + d_2 + d_{1,2}) = d_1 + d_2 - d_{1,2}$，不过这个节约公式的前提条件是各节点之间可直接相连，即有最短路线。其中 d_1、d_2 是 P_0 到 P_1、P_2 的最短路程，$d_{1,2}$ 是 P_1 到 P_2 的最短路程。

4. 网站的建立

作为一个纯商业性网站，蔬菜配送中心的网站主要是为通过电子商务模式购买蔬菜的新型顾客提供最方便快捷的途径，真正做到让网民足不出户，就能买到一份质优价廉的蔬菜，同时介绍、宣传公司的各种产品。当消费者浏览网页时，可以看到网站提供的各种时新蔬菜的图片和详细的资料，并为不同的客户提供专业的营养菜谱，满足客户的各种要求。

5. 结语

此处，高校蔬菜的物流与配送只起到一个抛砖引玉的作用。随着职业妇女的增加和人们消费观念的改变，针对工矿企业和家庭的主动型蔬菜配送，以其价格合理、节省时间、销售期短、质量稳定等优势，在未来将成为农产品销售的主流形式，商机无限。

案例思考

1. 西安高校蔬菜配送的基本步骤是什么？

2. 配送中心0到各客户的距离以及客户与客户之间的距离如表7-1所示。分别求出各段距离的节约量。

表7-1 配送中心到各客户的距离

	配送中心0	客户1	客户2	客户3	客户4	客户5
配送中心0	0					
客户1	8	0				
客户2	5	8	0			

表7-1(续)

	配送中心 0	客户 1	客户 2	客户 3	客户 4	客户 5
客户 3	9	15	7	0		
客户 4	12	17	9	3	0	
客户 5	13	7	10	17	18	0

第一节 物流配送概念与服务特征

配送作为一种先进的物流方式，自20世纪80年代中期引进我国以来，特别是处于信息和通信相结合的新经济时代的今天，已经成为我国经济界广泛关注的焦点。目前人们对配送概念的理解尚存在一定的差异，即使在配送业发达的美国、日本，对于配送概念仍没有形成统一的看法。"配送"一词是日本引进美国物流科学时，对英文 delivery（一说 distribution）的意译，我国转学于日本，也直接用了"配送"这个词，形成了我国的一个新词汇。

配送活动的实践始于20世纪60年代初，这一阶段，可称为配送的萌芽阶段。人们由普通送货转向备货、送货一体化。之后进入配送的阶段，企业开始设立配送中心，探索共同配送。到了20世纪末，配送进入成熟阶段。配送区域进一步扩大，配送手段日益先进，配送集约化程度明显提高。现在，已经进入配送的现代化阶段，配送讲求信息化、网络化、系统化、自动化、规模化、社会化。

一、配送的概念

我国国家质量技术监管局在2001年颁布的《中华人民共和国国家标准——物流术语》中将配送定义为"在经济合理区域范围内，根据客户要求，对物品进行分拣、加工、包装、分割、组配等作业，并按时送达指定地点的物流活动"。

配送是从发送、送货等业务活动中发展而来的。原始的送货是作为一种促销手段而出现的。随着商品经济的发展和客户多品种小批量需求的变化，原来那种有什么送什么和生产什么送什么的发送业务已经不能满足市场的需求，从而出现了"配送"这种发送方式。

概括而言，以上关于配送的概念反映了如下信息：

(1) 配送是接近客户资源配置的全过程。

(2) 配送实质是送货。配送是一种送货，但是和一般送货又有区别：一般送货可以是一种偶然的行为，而配送却是一种固定的形态，甚至是一种有确定组织、确定渠道，有一套装备和管理力量、技术力量，有一套制度的体制形式。所以，配送是高水平的送货形式。

(3) 配送是一种"中转"形式。配送是从物流结点至客户的一种特殊送货形式。

从送货功能看，其特殊性表现为：从事送货的是专职流通企业，而不是生产企业；配送是"中转"性送货，而一般送货，尤其从工厂至客户的送货往往是直达型；一般送货是生产什么送什么，有什么送什么，配送则是企业需要什么送什么。所以，要做到需要什么送什么，就必须在一定中转环节筹集这种需要，从而使配送必然以中转形式出现。当然，广义上，许多人也将非中转型送货纳入配送范围，将配送外延从中转扩大到非中转，仅以"送"为标志来划分配送外延，也是有一定道理的。

（4）配送是"配"和"送"的有机结合。配送与一般送货的重要区别在于，配送利用有效的分拣、配货等理货工作，使送货达到一定的规模，以便利用规模优势取得较低的送货成本。如果不进行分拣、配货，有一件运一件，需要一点送一点，就会大大增加劳动力的消耗，使送货并不优于取货。所以，追求整个配送的优势，分拣、配货等项工作是必不可少的。

（5）配送以客户要求为出发点。在定义中强调"按客户的订货要求"，明确了客户的主导地位。配送是从客户利益出发，按客户要求进行的一种活动，因此，在观念上必须明确"客户第一""质量第一"，配送企业的地位是服务地位而不是主导地位，因此不能从本企业利益出发，而应从客户利益出发，在满足客户利益的基础上取得企业的利益。更重要的是，不能利用配送损伤或控制客户，不能将配送作为部门分割、行业分割、割据市场的手段。

（6）概念中"根据客户要求"的提法需要基于这样一种考虑：过分强调"根据客户要求"是不妥的，客户要求有客户本身的局限，有时会损伤自我或双方的利益。对于配送者来讲，必须以"要求"为依据，但是不能盲目，应该追求合理性，进而指导客户，实现双方共同获益的商业目的。这个问题近些年国外的研究著作也常提到。

二、配送的服务特性

配送包括了物流的多项功能，它是物流活动在某一范围的缩影和体现。配送与物流系统一样，具有服务特性。在社会再生产过程中，物流起着桥梁和纽带作用，服务于生产和消费。配送作为供应物流的一种特殊形式，为生产过程提供服务，配送原材料、零部件等；配送作为销售物流的一种服务方式，为商业部门和消费者提供服务，按需求者的要求把商品送到指定的地点。

1. 配送的综合服务特性

配送的综合服务表现在两个方面：一是服务内容的综合性，二是配送作业的综合性。客户购货，一般需要订货、选货、付款、提货、包装、装车、运输、卸货等过程，而配送为客户提供综合服务，将大大简化客户的购货过程。现代配送只需客户下达订单，配送中心便按客户要求，把规定的货物送到接收地点，客户验收即可。当然还要按规定的方式结算付款。

配送作业比一般的送货作业更复杂一些，一般还包括拣选、分选、分割、配装和加工等环节。在这种条件下，适宜采用先进的仓储、拣选技术和系统管理方法，以提高配送效率和管理水平。

2. 配送的准时服务特性

物流配送服务的准时性是现代生产和现代社会生活的需要。比如现代生产流水装配是连续性运转，各工位需要准时供应零部件，如果零部件不能准时配送到位，就会使装配作业陷入混乱或瘫痪。再如，接待贵宾需要鲜花和宴席，如果鲜花不能准时送到贵宾接待处，烤鸭不能准时送到宴会厅，那就可能造成极坏的影响。因此，现代配送的准时服务是一项不可缺少的条件。

3. 配送的增值服务特性

一般来说，送货是把货物从一个地点送到另一个地点，只改变物品的空间位置，而不改变物品的特性和使用价值。客户的需求有各种各样的，配送中心可以把生产领域中的产品进行深加工，以满足客户的多样性需求，这就是增值服务。就像把水泥加工成混凝土，向建筑工地配送；又如把金属板材按客户要求进行剪裁加工，配送给客户；再如根据生产企业的需要，把钢材、木材、平板玻璃等进行集中下料，制成生产所需的毛坯件，向生产企业配送；等等。

第二节　配送的种类

为满足不同产品、不同企业、不同流通环节的要求，可以采用各种形式的配送。配送的种类可划分如下：

一、按配送主体不同分类

(一) 配送中心配送

组织者是专司配送的配送中心，规模较大。有的配送中心需要储存各种商品，储存量也比较大；有的配送中心专司配送，储存量较小，货源靠附近的仓库补充。配送中心专业性较强，和客户有固定的配送关系，一般实行计划配送，需配送的商品有一定的库存量，一般很少超越自己的经营范围。配送中心的设施及工艺流程是根据配送需要专门设计的，所以配送能力强，配送距离较远，配送品种多，配送数量大，承担工业生产用主要物资的配送及向配送商店实行补充性配送等。配送中心配送是配送的主体形式，在数量上占主要部分，但是难以一下子建设大量配送中心，因此，这种配送形式仍有一定的局限性。

(二) 仓库配送

仓库配送是以一般仓库为据点进行的配送形式。它可以是把仓库完全改造成配送中心，也可以是以仓库原功能为主，在保持原功能的前提下，增加一部分配送职能。由于不是专门按配送中心要求设计和建立的，所以，仓库配送规模较小，配送的专业化程度低。但它可以利用原仓库的储存设施及能力、收发货场地、交通运输线路等，开展中等规模的配送，并且可以充分利用现有条件而不需要大量投资。

二、按配送服务方式分类

由于市场环境的不同，要满足不同的生产需求和消费需求，所采用的配送服务方式也不尽相同。按此可以把配送分成以下几类：

（一）定时配送

定时配送是指按规定时间间隔进行配送。定时配送的时间或时间间隔是由供需双方以协议的形式确定的。每次配送的品种和数量既可以预先在协议中约定，按计划执行；也可在送货之前以商定的联络方式（如电话、传真、E-mail 等）通知配送企业。

定时配送的主要表现形式有：

1. 日配式

日配式即在接到订货要求后，在 24 小时之内将货物送达的配送方式。日配式是定时配送中广泛使用的方式，尤其在城市内的配送中，当日配送占了绝大多数。日配式的时间要求大体是：上午的配送订货下午可送达，下午的配送订货第二天早上送达，送达时间在订货的 24 小时之内。

日配式适合的用户有：①连锁型商业企业以及要求周转快、随进随出的小型商店、量贩店、零售店；②连锁型服务企业和保证货物鲜活程度的服务业网点；③采用"零库存"的生产企业和由于自身条件限制以致缺乏储存设施的企业。

2. 准时配送式

准时配送式即按照双方约定的时间准时将货物配送到用户。这种方式的特点在于时间的精确性。其配送每天至少一次，甚至几次，以保证企业生产的不间断。利用这种方式，用户的微量库存——保险储备也可以取消，绝对实现用户企业"零库存"的目标。

准时配送式要求有很高水平的配送系统来实施，由于要求迅速反应，因而不大可能对多用户进行周密的共同配送计划。此种配送方式适合于装配型、重复大量生产的用户，这种用户所需配送的物资是重复、大量且没有大变化的，因而往往是一对一的配送。

3. 快递式

快递式是一种快速配送的服务方式。一般而言，这种方式覆盖范围较广，服务承诺的时限随着地域的变化而变化。

正因为快速配送的对象是整个社会的企业型用户和个人用户，所以发展很快，颇受青睐。日本的"宅急便"、美国的"联邦快递"、我国邮政系统的"特快专递"等都是运作得异常成功的快递式配送。

（二）定量配送

定量配送就是按照协议约定的数量实施的配送。这种方式由于数量固定，在管理上可以增强备货的计划性，可以按托盘、集装箱及车辆的转载能力规定配送的定量，能有效利用托盘、集装箱等集装方式，也可做到整车配送，配送效率较高。由于时间不严格限定，可以将不同客户所需物品凑成整车方式，运力利用也较好。对客户来讲，每次接货都处理同等数量的货物，有利于人力、物力的准备。其不足之处是，有时会增大用户的库存。

（三）定时定量配送

定时定量配送是指按照规定配送时间和配送数量进行配送。这种方式兼有定时、定量两种方式的优点，但特殊性强，计划难度大，适合采用的对象不多，不是一种普遍的方式，配送企业没有一定的实力和能力是难以胜任的，因此，这种方式仅适合于生产量大且稳定的用户，如汽车、家用电器、机电产品制造业等。

（四）定时定路线配送

定时定路线配送是一种在约定的运送路线上，按照运行时刻表进行的配送方式。这种方式要求用户预先提出供货的品种、数量，并在规定的时间，到指定的地点接货。采用这种方式，有利于配送企业安排车辆及驾驶人员，在配送客户较多的地区，也可免去过分复杂的配送要求所造成的配送组织作业及车辆安排的困难。对客户来讲，既可对一定路线、一定时间进行选择，又可有计划地安排接货力量。但这种方式的应用领域也是有限的，适合于消费者集中的商业繁华区域的用户，若因街道狭窄，交通拥挤，也难以实现配送到门。

（五）即时配送

即时配送是完全按照客户突然提出的配送要求的时间和数量随即进行配送的方式，这是具有很高灵活性的一种应急方式。这种方式是对其他配送服务方式的完善和补充。它主要是应对用户由于事故、灾害、生产计划突然改变等因素而产生的突发性需求以及普通消费者的突发性需求所采用的高度灵活的应急方式。采用这种方式的品种可以实现保险储备的零库存，即用即时配送代替保险储备。

三、按加工程度的不同分类

根据加工程度不同，可以把配送分成以下两种：

（一）加工配送

加工配送是指和流通加工相结合的一种配送形式，即在配送据点中设置流通加工环节，或是流通加工中心与配送中心建在一起。当社会上现成的产品不能满足客户需求，客户根据本身工艺要求使用经过某种初步加工的产品时，可以在加工后通过分拣、配货再送货到户。

流通加工与配送相结合，使流通加工更有针对性，减少盲目性。配送企业不但可以依靠送货服务、销售经营取得收益，还可通过加工增值取得收益。

（二）集疏配送

集疏配送是指只改变产品数量组成形态而不改变产品本身的物理形态、化学形态，与干线运输相配合的一种配送方式。如大批量进货后小批量、多批次发货；零星集货后以一定批量送货等。集疏配送主要适用于：农产品等需先集货后分配的产品；商业内部物资商品供应等。

四、共同配送

共同配送是由多个企业联合组织实施的配送。由于共同配送是一种协作性的活动，其目标是实现配送的合理化，因而，有利于充分发挥配送企业的整体优势，合理配置配送资源，降低配送成本，减少运送里程，同时也为电子商务的发展奠定了基础。

（一）共同配送的类型

共同配送可以分为两种类型：一种是以货主为主体的共同配送；另一种是以物流企业为主体的共同配送。

1. 以货主为主体的共同配送

以货主为主体的共同配送是由有配送需要的厂家、批发商、零售商以及由它们组建的新公司或合作机构作为主体进行合作，解决个别配送效率低下的问题的配送。这种配送又可以分为发货货主主体型和进货货主主体型两种配送方式。

2. 以物流企业为主体的共同配送

以物流企业为主体的共同配送是由提供配送的物流企业或以它们组建的新公司或合作机构作为主体进行合作，克服个别配送的效率低下等问题的配送。这一类共同配送又可以分为公司主体型和合作机构主体型两种共同配送方式。

（二）共同配送的优点

1. 共同配送可以控制各个配送企业的建设规模

多个企业共建配送中心，分工合作，优势互补，各自的建设规模可以控制在适当的范围之内。

2. 配送设施共享，减少浪费

在市场经济条件下，每个企业都要开辟自己的市场和供应渠道，因此，不可避免地要分别建立自己的供销网络体系和自己的物流设施。这样一来，便容易出现在用户较多的地区设施不足、在用户稀少的地区设施过剩，造成物流设施的浪费，造成不同配送企业重复建设物流设施的状况。实行共同配送，可实现物流资源的优化配置，减少浪费。

3. 改善交通环境

由于近些年来出现的"消费个性化"趋势和"用户是上帝"的观念，准时配送的物流方式应运而生。送货次数和车辆急剧增加，大量的配送车辆云集在城市商业区，导致严重的交通阻塞问题。共同配送可以使用一辆车代替原来多个配送企业的多台车，自然有利于缓解交通拥挤，减少环境污染。

4. 提高效益

共同配送通过统筹规划，提高车辆使用效率，提高设施利用率，减少成本支出，提高企业的经济效益。

（三）共同配送的缺点

共同配送的缺点是经常出现如下管理问题。

（1）配送货物种类繁多，分属多个主体，服务要求不一致，难于进行商品管理。当货物破损或出现污染、丢失等现象时，责任不清，容易出现纠纷，最终导致服务水平下降。

（2）共同配送的运作主体多元化，主管人员在管理协调方面容易出现问题。

（3）共同配送是多方合伙经营，在物流资源调度和收益分配方面容易出现问题。

（4）参与人员多而复杂，企业的商业机密容易泄露。

第三节　配送的功能与作用

一、配送的基本功能

配送的基本功能包括备货、储存、理货、配装和送货等。这些功能的实现，便形成了备货、储存、理货（拣选配货）、配装和送货（运输与送达服务）等配送业务环节。

（一）备货

备货是配送的准备工作和基础环节。备货工作包括组织货源、订货、采购、进货、验货、入库以及相关的质量检验、结算等一系列作业活动。备货的目的在于用户的分散需求集合成规模需求，通过大量的采购，来降低进货成本，在满足用户要求的同时也提高了配送的效益。

（二）储存

储存是进货的延续，是维系配送活动连续运行的资源保证。它包括入库、码垛、上架、上苫下垫、货区的维护、保养等活动。

在配送活动中，储存有暂存和储备两种形态。

1. 暂存形态的储存

这种形态的储存是指按照分拣、配货工序的要求，在理货场地所做的少量货物储存。这种形态的储存是为了适应"日配""即时配送"的需要而设置的；其数量的多少，只会影响到下一步工序的方便与否，而不会影响到储存的总体效益。因此，在数量上并不做严格控制。

在分拣、配货之后，还会出现一种发送货物之前的暂存。这种形式的暂存时间一般不长，主要是为调节配货和送货的节奏而设置的。

2. 储备形态的储存

储备形态的储存是按一定时期的配送经营要求和货源到货情况而设置的，它是配送持续运作的资源保证。这种形态的储备数量大，结构较完善。可根据货源和到货情况，有计划地确定周转储备及保险储备的结构与数量。因此，货物储备合理与否，会直接影响到配送的整体效益。

储备形态的储存可以在配送中心的自有库房和货场中进行，也可以在配送中心以外租借的库房和货场中进行。

(三) 理货

理货是配送活动中的一个重要内容。理货通常包括：分类、拣选、加工、包装、配货、粘贴货运标识、出库、补货等项作业。

理货是配送活动中最重要的环节，是不同配送企业在送货时进行竞争和提高自身经济效益的重要手段。所以，从某种意义上说，理货环节抓得好坏，直接关系到配送企业所创造的附加效益的好坏。

(四) 配装

配装是送货的前奏，是根据运载工具的运能，合理配载的作业活动。在单个用户的配送量达不到运载工具的有效载荷时，为了充分利用运能和运力，往往需要把不同用户的配送货物集中起来搭配装载，以提高运送效率，降低送货成本。所以，配装也是配送系统中一个重要环节。

配装一般包括粘贴或附加关于货物重量、数量、类别、物理特性、体积大小、送达地、货主等的标识，登记、填写送货单，装载、覆盖、捆扎固定等项作业。

(五) 送货

送货是配送活动的核心，也是配送的最终环节。要求做到在恰当的时间，将恰当的货物、恰当的数量，以恰当的成本送达恰当的用户。由于配送中的送货（或运输）需面对众多的用户，大多数的运送也许是多方向的。因而，在送达过程中，必须对运输发货方式、运输路线和运输工具作出规划和选择。选择时要贯彻经济合理、力求最优的原则。在全面计划的基础上，制定科学的、运距较短的货运路线，选择经济、迅速、安全的运输方式，采用适宜的运输工具。一般而言，城市或区域内的送货，由于距离较短，规模较小，频率较高，往往采用汽车、专用车等小型车辆为交通工具。

送货一般包括运送路线、方式、工具的选择，卸货地点及方式的确定，交付、签收和结算等项活动。

二、配送管理的作用及意义

(一) 完善和优化物流系统

第二次世界大战之后，大吨位、高效率运输力量的出现，使干线运输无论在铁路、海路或公路方面都达到理想的较高水平，长距离、大批量的运输量的运输及小搬运成了物流过程的一个薄弱环节。这个环节有和干线运输不同的许多特点，如要求灵活性、适应性、服务性，致使运力往往利用不合理、成本过高等问题难以解决。采用配送方式，从范围来讲将支线运输及小搬运统一起来，加上上述的各种特点使运送过程得以优化和完善。

(二) 提高末端物流的效益

采用配送方式，通过增大经济批量实现经济进货，又通过将各种商品客户集中在一起进行一次发货，代替分别向不同客户小批量发货来实现经济发货，使末端物流经济效益提高。

（三）通过集中库存使企业实现低库存或零库存

实现了高水平的配送之后，尤其是采取准时配送方式之后，生产企业可以完全依靠配送中心的准时配送而不需保持自己的库存。或者，生产企业只需保持少量保险储备而不必留有经常储备。这就可以实现生产企业多年追求的零库存，将企业从库存的包袱中解脱出来，同时解放出大量储备资金，从而改善企业的财务状况。实行集中库存后，其库存总量远低于不实行集中库存时各企业分散库存的总量，同时增加了调节能力，也提高了社会经济效益。此外，采用集中库存可利用规模经济的优势，使单位存货成本下降。

（四）简化事务，方便客户

采用配送方式，客户只需向一处订购，或与一个进货单位联系就可以订购到以往需要去许多地方才能订购到的货物，只需组织对一个配送单位的接货便可以代替以往的高频率接货，因而大大减轻了客户的工作量和负担，也节省了事务开支。

（五）提高供应保证程度

生产企业自己保持库存，维持生产，供应保证程度很难提高（受到库存费用的制约）。采取配送方式，配送中心可以比任何单位企业的储备量都大，因而对每个企业而言，中断供应、影响生产的风险便相对缩小，使客户免去短缺之忧。

第四节　物流配送实务

一、物流配送的组织

物流配送的组织，实际上就是根据用户订货品种、规格、数量、送货时间、送货地点等制订物流配送计划，下达给用户和配送中心，然后由配送中心根据用户需要组织进货，调动运输部门、仓储部门、分货部门、财务部门等完成备货、理货、送货各项任务并最后与用户结算的过程。物流配送的组织，是每一次物流配送活动的宏观统筹安排。配送计划的合理制订，是成功组织物流配送的关键。

物流配送的组织程序如下：

1. 制订配送计划

配送虽然是一种物流业务，但商流是制订配送计划的依据。也就是说，由商流决定何时何地向何处送货，然后由配送中心安排恰当的运力、路线、运量，以便使商品安全、及时地送达用户。制订配送计划的主要依据是：

（1）根据订货合同的副本，确定用户的送达地、接货人、接货方式及用户订货的品种、规格、数量、送货时间等。

（2）根据分日、分时的运力配置情况，决定运输工具及装卸搬运方式。

（3）根据分日、分时的运力配置情况，决定是否临时增减配送业务。

（4）充分考虑配送中心到送达地之间的道路水平和交通条件。

（5）调查各配送地点的商品品种、规格、数量是否适应配送任务的完成。

配送计划制订以后，开始进入物流配送计划实施的环节。

2. 配送计划的下达

配送计划制订后，可以通过电子计算机或表格形式及时下达用户与配送点，使用户按计划做好接货准备，使配送点按计划规定的时间、品种、规格、数量组织物流配送，使用户能在约定时间和地点接收货物。

3. 按配送计划组织进货

各配送点接到配送计划后，审核库存商品是否能保证配送计划的完成，当数量不足或目前商品不符合配送计划要求时，要根据配送计划，积极组织进货。

4. 配送点下达配送指令

配送点向其运输部门、仓储部门、分货包装部门、财务部门下达配送指令，各部门根据配送指令做好配送准备。

5. 配送发运

理货部门按配送计划将用户所需的商品进行分货和配货，进行适当包装，并详细标明用户名称、地址、配送时间等，按计划将各用户的商品组合、装车，并按配送计划发运。

配货是配送工作的第一步，根据各个用户的需求情况，首先确定配送货物的种类、数量，然后在配送中心将所需货物挑选出来，即所谓分拣。分拣作业可采用自动化的分拣设备，也可采用人工方法，这要取决于配送中心的规模及其现代化程度。分拣作业一般有两种基本形式：

（1）分货方式。分货方式是将需配送的同一种货物，从配送中心集中搬运到发货场地，然后再根据各用户对该种货物的需求量进行二次分配，这种方式使用于货物易于集中移动且对同一种货物需求量较大的情况。

（2）拣选方式。拣选方式是用分拣车在配送中心分别为每个用户拣选其所需货物，此方法的特点是配送中心中每种货物的位置是固定的。对于货物种类多、数量少的情况，这种分拣方式便于管理和实现现代化。

6. 送达

将用户所需的商品按照配送中心所选择的运输工具和运输路线安全、经济、高效地送达用户，并由用户在回执上签字，然后由财务部门进行结算，一次配送活动就此终结。

由于配装作业本身的特点，配装工作所需车辆一般为汽车；由于需配送的货物重量、体积以及包装形式各异，在配送货物时，既要考虑车辆的载重量，又要考虑车辆的容积，使车辆的载重和容积都能得到有效的利用，这样就可以节省运力，减少配送的时间千米里程数（小时·千米），从而降低配送费用。

配送路线合理与否对配送速度、成本、效益影响很大，采用科学合理的方法确定配送路线，是配送活动中非常重要的一项工作。配送路线的确定原则是：

（1）以效益最高为目标的选择：指选择路线时以利润的数值最大为目标值。

（2）以成本最低为目标的选择：实际上也是选择以效益最大为目标。

（3）以路程最短为目标的选择：指如果成本与路程相关性较强，而和其他因素是微相关时，可以选择它。

节约里程法是选择最佳配送路线的一个常用方法。

节约里程法的基本原理是几何学中三角形的一边之长必定小于另外两边之和。

假设配送中心 A 和门店 B 和 C 的最短运输距离分别为 m 和 n，B 和 C 之间最短运输距离为 k，则用两辆汽车分别给 B 和 C 往返配货，运输总距离 L_1 为：

$L_1 = 2(m+n)$

假设一辆汽车能够负荷 B 和 C 的需货量，采用一辆车巡回配货总运输距离 L_2 为：

$L_2 = m+n+k$

后一种方案可比前一种方案节约的里程 dt（里程节约量公式）为：

$dt = m+n-k$

在实际配送活动中，门店往往较多，按照上述原理，在车辆运力允许的情况下，将有关门店整合起来，选定一个合理的配送路线，会大大提高配送效率。

二、物流配送网络

物流配送系统是一个网络结构的系统，它与物流一样，是由物流节点活动和线路活动构成的，节点活动的场所（节点）包括物流中心、配送中心、物品的供方和需方；线路活动是运输工具在运输线路上的运动形成的，它反映了节点之间物品的传递关系。所以配送网络常用节点和节点之间的物品传递关系来表示。配送网络是配送作业的基本形式，不同类型的节点和不同的网络结构决定了配送模式和配送方法，从而产生不同的配送效果。因此，我们在讨论配送模式和配送策略之前，先了解一下物流配送网络结构是非常必要的。

（一）集中型配送网络

集中型配送网络是指在配送系统中设立一个配送中心，所有用户需要的物品均由这个配送中心完成配送任务。在这种系统中，因为只有一个配送中心，配送决策由这个中心作出，配送的商品也只经过这个中心进出，所以从这一点看是一种集中控制和集中库存的模式。如一个城市范围内，中小型连锁公司自己设置的所属连锁店配送商品的配送系统一般只设一个中心，生产企业给配送中心供货，配送中心给所属连锁店配送商品，就属于这种配送网络类型。

集中配送库存集中，有利于规模经济的实现，也有利于库存量的降低，但也存在外向运输（从配送中心到顾客的运输）成本增加的趋势，具体表现在如下几个方面：

1. 管理费用少

相对于分散配送系统，由于规模大，管理的固定费用下降，因此管理费用低。

2. 安全库存降低

在相同服务水平下，集中比分散需要的安全库存小，所以总平均库存降低。

3. 用户提前期长

由于集中型系统中配送中心离用户远了一些，因此使用户的提前期变长。

4. 运输成本中外向运输成本（从配送中心到顾客的运输成本）相对高一些

配送中心离用户的距离与分散型系统相比要远一些，但内向运输成本（从生产厂到配送中心的运输成本）相对会低一些。

（二）分散型配送网络

分散型配送网络是指在一个配送系统中（通常指在一个层次上）设有多个配送中心，而将用户按一定的原则分区，归属于某一个配送中心。大城市中的大型连锁公司自己设置的为所属连锁公司配送商品的配送系统通常要设置多个配送中心才能满足需要，就属于这种配送网络类型。

这种结构的配送的特点是：

（1）由于配送中心离用户近，外向运输成本低。

（2）从供应商向配送中心送货时，由于要向多个配送中心送货，规模经济自然没有集中型好，故内向运输成本（从供应商到配送中心的运输成本）高。

（3）由于库存分散，安全库存增大，总平均库存也增大。

（4）由于配送中心离用户相对近一些，因此用户的提前期会相应缩短。

（三）多层次配送网络

多层次配送网络是在系统中设有两层或更多层次的物流中心和配送中心，其中至少有一层是配送中心，而且靠近用户。大型第三方物流企业、大型零售企业或从供应链来看的物流系统，它们的配送网络通常采用这种结构。

日本许多大型第三方物流企业和大型零售企业多在大城市40千米的圈外建立大规模的广域物流中心，与原有配送中心共同构成多层次的配送网络结构，目的是既要满足用户高度化的服务需求，又要提高物流效率。随着企业规模的大型化，配送规模扩大，经营品种增多，以高频率、小批量为前提的高水平配送需要使库存集约化，需要最大限度地追求连托架、货柜、散货都能高效率快速处理的机械化、自动化、信息化的物流设施，同时也为了追求低成本物流战略，这种大型广域物流中心应运而生。日本以综合商店为中心的大批量销售的连锁型零售业，90%以上都拥有这种广域物流中心。

多层次配送的网络系统，因为与供应商和用户的距离都较近，所以内向运输成本（从供应商到配送中心的运输成本）和外向运输成本（从配送中心到用户的运输成本）相对都会有所降低。

在多层次配送的网络系统中，有些物流中心或配送中心只是充当物品中转的协调点，而不是商品的储存点。商品从制造商到达物流中心或从物流中心到达客户或零售店停留只有几个小时，这是为了缩短商品储存的时间和零售店的提前期。因此，这种多层次的系统并不一定会增加商品的库存量。

（四）几种典型的配送网络

1. 工业生产资料配送网络

工业生产资料是工业企业生产过程中所消耗的生产资料，包括原材料、燃料、设备和工具等。工业生产资料的配送也可称为供应配送或供应物流，它是为生产企业提供原材料、零部件等物流品而进行的配送。工业生产资料配送服务的对象都是企业，供方是提供原材料和零部件的企业，需方是消耗原材料和零部件的企业。生产企业消耗的生产资料量一般比较大，计划性强，可替换性小，进入消耗可能要经过初加工。为了降低物流成本，保证生产的顺利进行，需方企业对配送系统在品种、数量、到达时间、到达地点方面的要求会比较高，特别是采用准时制生产的企业，要求物流配送系统能严格按生产计划和进度将所需生产资料直接配送到生产现场进入消耗。

2. 生活消费品配送网络

生活消费品是由工农业企业提供的个人消费品，包括五金、家电、家具、纺织品、化妆品、工艺品、食品、饮料、果蔬、药品等。

生活消费品的配送网络结构和流程与工业生产资料的配送没有什么本质区别，只是配送的用户是零售店而不是生产企业，零售店只能根据对市场的预测来确定需求计划，因而计划的精度没有生产企业根据生产进度来确定原材料和零配件需求计划那样高。另外，零售店一般会保留一定数量的商品库存，也与生产资料配送中心和生产企业期望做到零库存配送的要求不一样。因此，工业生产资料的配送与生活消费资料的配送，在配送作业与用户需求衔接的严密程度方面，前者比后者的要求高一些。

3. 包裹快递配送网络

包裹快递又称住宅配送，它是在全国或全球范围内构筑一个多层次配送网络的基础上，各网点以小货车为工具收取用户（个人或组织）需要寄送的物品，并集中到发送地中转站，在中转站进行分拣、配货、配载，然后经区间运输送到接收地中转站，再通过接收地网点用小货车送到收货人手中。

包裹快递原是为住宅区居民提供快捷、便利的包裹运输服务的一种物流方式，后来发展成一种专门的快递业务。

包裹快递是一种特殊的配送业务，与供应配送和销售配送的主要区别在于：

（1）配送的使命不同，即客体不同。包裹快递不同于供应配送和销售配送，不是直接为生产经营服务，而是为人们的工作、生活提供方便，即使命不同。包裹快递配送的客体主要是小包裹和信函之类，如机械小配件、录像带、贸易小样品、礼品、私人小行李、信函、票据、合同、资料等。随着物流的发展和市场竞争的加剧，包裹快递也在逐渐向生产经营领域里的物流业务延伸，如电子商务和网络经销方式下的经销配送业务，有时就是由快递公司承担的，B2C 模式销售比个人的消费品交由快递公司配送具有更大的优势。

（2）功能差异。由于使命不同，功能上存在差异。供应配送和销售配送为了保证生产和市场需求，配送过程通常具有储存和加工功能；而包裹快递用户要求的是尽可能快地实现物品空间位置的转移，因而主观上不希望出现停滞，即包裹快递配送是不需要储存功能和加工功能的。

（3）服务对象广泛，网络覆盖面广。供应配送和销售配送的服务对象主要是工商企业；包裹快递的服务对象要广泛得多，不仅包括工商企业，还包括政府机关、事业单位、社会团体，更多的还是广大居民，凡有人群的地方都需要这类业务，因而包裹快递配送网络的覆盖范围应尽可能宽。目前，快递业务已遍及世界五大洲95%以上的国家和地区。

（4）包裹输送速度快。"快"是包裹快递的最本质特征，也是用户最基本的要求。如美国联邦快递向用户承诺的服务时间是在24小时和48小时以内把用户的包裹送到收件人手中。

三、物流配送模式

配送网络确定以后，配送模式与服务方式就成为降低配送成本、提高服务水平的关键。而且，配送模式与服务方式还会对物流系统的库存和其他物流环节产生影响。因此，正确地选择配送模式和服务方式对于改善配送效果、提高物流系统的效率和效益有着重要意义。

配送的模式一般有：

（一）直接配送模式

直接配送模式实际上不设配送中心，即用户或零售商需要的商品直接从供应商配送到指定的地点。这种模式的优势在于不需要中介仓库，而且在操作和协调上简单易行。运输决策完全是地方性的，一次运输决策不影响别的货物运输。同时，由于每次运输都是直接的，从供应商到零售商的运输时间较短，减少了中间环节，避免了配送中心的费用。但这种模式同时也带来三个方面的问题：一是由于库存分散在用户或零售商的仓库里，不能集中调度，无法利用风险分担效应来降低整个系统的库存量，会使存储成本增高；二是不设配送中心，若用户离供应厂商的距离远，用户也必须保持较大的库存量；三是不利于组织共同配送，运输的规模效益难以形成。因为当一个供应商供货量不大时，运输工具的空载率高，或者派较小的车辆送货，这样规模效益都比较低。

如果零售店的规模足够大，对供应商和零售店来说，每次的最佳补给规模都与卡车的最大装载量接近，那么直接运输网络就是行之有效的。但对于规模较小的零售店来说，直接运输网络的成本过高。如果在直接运输网络中使用满载承运商，由于每辆卡车相对较高的固定成本，从供应商到零售店的货运必然是大批量进行的，这必然会导致供应链中库存水平提高；相反，如果使用非满载承运，尽管库存量较少，但却要花费较高的运输费用和较长的运输时间。如果使用包裹承运，运输成本会非常高。而且，由于每个供应商必须单独运送每件货物，因此供应商的直接运送将导致高的货物接收成本。

（二）送奶线路的直接配送模式

送奶线路是指一辆卡车将从一个供应商那里提取的货物送到多个零售店时所经历

的路线。在这种运输体系中，供应商通过一辆卡车直接向多个零售店供货。一旦选择这种运输体系，供应链管理者就必须对每条送奶线路进行规划。

直接运送具有不需要中介仓库的好处，而送奶线路通过多家零售店在一辆卡车上的联合运输降低了运输成本。由于每家零售店的库存补给规模较小，这就要求使用非满载进行直接运送，而送奶线路使多家零售店的货物运送可以在同一辆卡车上进行，从而更好地利用卡车并降低运输成本。直接向商店供货的公司，如 Frito－Lay 零售公司，利用送奶线路可能降低运输成本。

如果有规律地进行经常性、小规模的配送，而且一系列的供应商或零售店在空间上非常接近，那么送奶线路的使用将显著地降低成本。比如说，丰田公司利用送奶线路运输来维持其在日本的即时制造系统。在日本，丰田公司的许多装配厂在空间上很接近，因而可以使用送奶线路从单个供应商那里运送零配件到多个工厂。

（三）所有货物通过配送中心模式

在这种配送模式中，供应商并不直接将货运送到零售店，而是先运到配送中心再运到零售店。零售供应链依据空间位置将零售店划分为若干区域，并在每个区域建立配送中心。供应商将货物送到配送中心，然后由配送中心选择合适的运输方式，再将货物送到零售店。在这一运输体系中，配送中心是供应商和零售商之间的中间环节，发挥着两种不同的作用：一方面进行货物保管；另一方面则起着转运点的作用。当供应商和零售店之间的距离较远、费用高昂时，配送中心（通过货物保管和转运）有利于减少供应链中的成本耗费。通过使进货地点靠近最终目的地，配送中心使供应链获取了规模经济效益，因为每个供应商都将中心管辖范围内所有商店的进货送至该配送中心，而且，配送中心的送货费不会太高，因为它只为附近的商店送货。

（四）所有货物通过配送中心对接的配送模式

如果零售店要在区域内小批量进货，那么配送中心就保有这些库存，并为零售店更新库存进行小批量送货。例如，沃尔玛商店在从海外供应商处进货的同时，把产品保存在配送中心，因为配送中心的批量进货规模远比附近的沃尔玛零售店的进货规模大。如果商店的库存更新规模大到足以获取进货规模经济效益，配送中心就没有必要为其保有库存了。在这种情形下，配送中心通过把进货分拆成运送到每一家商店的较小份额，将来自同一个供应商处的产品进行对接。当配送中心进行产品对接时，每一辆进货卡车上装有来自同一个供应商并将运送到多个零售店的产品，而每一辆送货卡车则装有来自不同供应商并将送到同一家商店的产品。货物对接的主要优势在于无须进行库存，并加快了供应链中产品的流通速度。货物对接也减少了处理成本，因为它无须从仓库中搬进搬出，但成功的货物对接常常需要高度的协调性和进出货物步调的高度一致性。

货物对接使用于大规模的可预测商品，要求建立配送中心，以在进出货物两个方面的运输都能获取规模经济。沃尔玛已经成功地运用货物对接，减少了供应链中的库存量，而且没有引起运输成本增高。沃尔玛在某一区域内建立了许多由一个配送中心支持的商店。因此，在进货方面，所有商店从供应商处的进货都能装在一辆卡车上并获取规模经济。而在送货方面，为了获取规模经济，他们把从不同供应商运往同一零售店的货物装在一辆卡车上。

（五）通过配送中心使用送奶线路的配送模式

如果每家商店的进货规模较小，配送中心就可以使用送奶线路向零售商送货了。送奶线路通过联合的小批量运送减少了送货成本。比如说，日本的 7 - 11 公司将来自新鲜食品供应商的货物在配送中心进行对接，并通过送奶线路向商店送货。因为单个商店依据所有供应商的进货还不足以装满一辆卡车，货物对接和送奶线路的使用使该公司在向每一家连锁店提供库存商品时降低了成本。同时，使用货物对接和送奶线路要求高度的协调以及对送奶线路进行合理规划和安排。

（六）量身定做的配送模式

以上几种配送模式减少了运输费用，增强了供应链的反应能力。量身定做的配送模式是上述配送模式的综合运用。它在运输过程中综合运用货物对接、送奶线路、满载承运和非满载承运，甚至在某些情况下使用包裹递送，目的是视具体情况，采用合适的配送方案。送到大规模商店的大批量产品可以直接运送，送到小商店的小批量产品可以通过配送中心运送。这种配送模式是非常复杂的，因为大量不同的产品和商店要使用不同的运送程序。量身定做的配送模式的运营，要求有较多的信息基础设施，以便进行协调。但同时，这种配送模式以及相对应的配送网络也可以有选择地使用送货方法，减少运输成本和库存成本。

四、物流配送作业

物流配送作业一般由备货（集货）、理货和送货三个基本环节组成。

备货是配送作业的基本环节，涉及接收并汇总订单、订货、验货、存货等操作性活动。

理货是按照客户需要，对货物进行分拣、配送、包装等一系列操作性活动。理货是配送业务中操作性最强的环节，是配送区别于一般送货的重要标志，而且从操作角度讲，理货技术也是配送业务的核心技术。

送货是配送业务的核心，也是备货和理货的延伸，涉及装车、出货、送达等操作性活动。在物流运动中的送货实际上就是货物的运输或运送，因此，常常以运输代表送货。但是，构成配送活动的运输与一般的干线运输是有很大区别的，前者是由物流体系中的运输派生出来的，多表现为末端运输和短距离运输，而后者则为一次性运输和长距离运输。

在实际的操作当中，不管是配送中心的配送，还是生产企业的配送，或者是商店的自有仓库的配送，它们的业务作业流程基本上都是相同的。

以配送中心的配送为例，其程序和具体内容大致如下：

（一）接收并汇总订单

无论从事何种货物配送活动，配送中心都有明确的服务对象。换言之，无论何种类型的配送中心，其经营活动都是有目的的经济活动。据此，在进行实质性的配送活动之前，都有专门的机构以各种方式收取客户的订货通知单加以汇总。按照惯例，接受配送服务的各个客户一般都要在规定的时间以前将订货情况通知配送中心，以此来确定所要配送货物的种类、规格、数量和配送时间等。

（二）进货

配送中心的进货流程包括以下几种作业：

1. 订货

配送中心收到和汇总客户的订货单后，首先要确定配送货物的种类和数量，然后要查询本系统现有库存商品中有无所需的现货。如有现货，则转入拣选流程；如果没有，或虽有现货但数量不足，则要即时向供应商发出订单订货。有时，配送中心也根据各客户的需求情况、商品销售情况以及供货商签订的协议订货，以备发货、接货。通常，在商品资源宽裕的条件下，配送中心向供应商发出订单之后，后者会根据订单的要求很快组织供货，配送中心的有关人员接到货物以后，需要在送货单上签收，继而对货物进行检验。

2. 验收

验收是指采取一定的手段对接收的货物进行检验。若与订货合同要求相符，则很快转入下一道工序；若不符合合同要求，配送中心将详细记载差错情况，并且拒收货物。按照规定，质量不合格的商品将由供应商处理。

3. 分拣

对于生产商送交来的商品，经过有关部门验收之后，配送中心的工作人员随即要按照类别、品种将其分门别类地存放到指定的场地或直接进行下一步操作——加工和拣选。

4. 存储

为了保证配送活动正常进行，也为了享受价格上的优惠待遇，有些配送中心常常大批量进货，继而将货物暂时存储起来。由此，在进货流程中就增加了一项存储作业。

（三）理货

为了顺利、有序地出货，以及为了便于向客户发送商品，配送中心一般都要对组织进来的各种货物进行整理，并依据顾客要求进行组合。从地位和作用上说，理货是整个作业流程的关键环节，同时，它也是配送活动的实质性内容。

从理货流程的作业来看，它是由以下几项作业构成的：其一是加工作业；其二是拣选作业；其三是包装作业；其四是组合或配装作业。具体情况概述如下：

1. 加工作业

在配送中心所进行的加工作业中，有的属于初级加工活动（如长材、大材改制成短材、小材等），有的系辅助性加工，也有的属于深加工活动。加工作业属于增值性经济活动，它完善了配送中心的服务功能。

2. 拣选作业

拣选作业就是配送中心的工作人员根据要货通知单，从储存的货物中拣出客户所要商品的一种活动，具体的做法是"以摘取的方式拣选商品"，即工作人员推着集货箱在排列整齐的仓库架间巡回走动，按照配货单上所填的品种、数量、规格，挑选商品并放入集货箱内。

目前，随着配送货物数量的不断增加和配送范围的日益扩大，以及配送节奏的明显加快，许多大型的配送中心已经配置了自动化的分拣设施，开始实施自动化拣选货物。

3. 包装作业

配送中心将客户所需的货物拣选出来以后，为了便于运输和识别各个客户的货物，有时要对配置好的货物重新进行包装，并在包装物上贴上标签。因此，在拣选作业之后，常常进行包装作业。

4. 组合或配装作业

为了充分利用载货车辆的容积和提高运输效率，配送中心常常把同一条送货路线上不同客户的货物组织起来，配装在同一辆载货车上。于是，在理货流程中还需完成组合或配装作业。

（四）送货

这是配送中心的末端作业，也是整个配送流程中的一个重要环节，包括装车、出货和送达三项经济活动。

1. 装车

配送中心的装车作业有两种表现形式：其一是使用机械装卸货物；其二是利用人力装车。通常，批量较大或较重物品都放在托盘上进行装车。有些散装货物，或用吊车装车，或用传送设备装车。因各配送中心普遍推行混载送货方式，对装车作业有如下几点要求：

（1）按送货点的先后顺序组织装车，先到的要放在混载货物的上面或外面，后到的要放在其下面或里面。

（2）要做到"轻者在上，重者在下""重不压轻"。

2. 出货

出货是货物向客户需要的地点运输或运送。在一般情况下，配送中心都使用自备的车辆进行出货作业。有时，它也借助于社会上专业运输组织的力量，联合进行出货作业。此外，为适合不同客户的需要，配送中心在进行出货作业时，常常作出多种安排，有时是按照固定时间、固定路线为固定客户送货；有时也不受时间、路线的限制，机动灵活地进行。

3. 送达

将客户所需的货物在指定时间指定地点送到，并由客户在回执上签字，一次配送活动就此完成。

第五节 物流配送服务

物流配送本身是一种服务性活动，而运输、配送是物流功能的核心，特别是配送，它是多种物流功能的整合，所以物流的服务性特点在配送活动上体现得最为充分。

配送服务分为基本服务和增值服务。配送基本服务是配送主体据以建立基本业务关系的客户服务方案，所有的客户在一定的层次上予以同等对待；增值服务则是针对特定客户提供的特定服务，它是超出基本服务范围的附加服务。

服务是一种活动，它以必要的成本为顾客提供一定的效用价值。服务是有成本的，而且服务的成本与服务水准呈正相关关系。如果某商店愿意承担必要的耗费，那么几乎任何水平的物流服务都是能达到的。从当今的物流环境看，物流服务的限制因素往往不是技术，而是经济。

高水准的物流服务可以形成物流服务优势或物流优势，但成本很高。所以归根到底，物流配送服务是服务优势和服务成本的一种平衡。服务成本不是越低越好，而是以用户满意为目标。但是，不同用户对服务水平的要求是不一样的，我们把支持大多数顾客从事正常生产经营和正常生活的服务称为基本服务，而把针对具体用户进行的独特的、超出基本服务范围的服务称为增值服务。

一、物流配送基本服务

(一) 物流配送基本服务的目标

物流配送作为物流系统的终端，直接面对服务的对象，其服务水平的高低直接决定着整个物流配送的效益。一般而言，理想的物流配送服务要求达到6R，即适当的质量、适当的数量、适当的时间、适当的地点、好的印象、适当的价格。这实际上也是每一次物流配送活动所要达到的服务目标。

物流配送基本服务要求配送系统具备一定的基本能力，这种能力是配送主体向用户承诺的基础，也是用户选择配送主体的依据。配送需要一定的物质条件，包括配送中心、配送网络、运输车辆、装卸搬运设备、流通加工、计算机信息系统以及组织管理能力。配送基本能力是这些设施、设备、网点及管理能力的综合表现，是形成物流企业竞争优势的基础。每个承担配送业务的物流企业，都应该创造条件，形成这种能力。

(二) 物流配送基本服务的能力要求

衡量一个物流企业或者一个配送主体的配送能力，应该从两个方面加以考虑：一是规模能力，包括配送中心的存储能力、吞吐能力、运输周转能力、流通加工能力等；二是服务水准能力，包括配送物品的可得性、作业绩效、可靠性等。一般而言，衡量服务水平能力的标准有：

1. 可得性

配送物品的可得性是从用户对物品的需求是否能得到满足的角度提出来的服务水平，即满足率。在配送系统中，满足率可通过多种途径实现或提高，传统的做法是通过对用户需求的预测来设定库存，用一定的库存量保证用户需求的满足，库存量增大，满足率就高，否则就低。现代配送系统可通过生产延迟、物流延迟等方式，在不增加库存量的情况下也可达到提高满足率的效果。

对用户来说，可得性常常用缺货频数和缺货率两个指标来衡量，因为满足率不能完全说明服务水平的状态。

缺货频数是指用户在一段时期内多次订货中缺货的次数，缺货频数越高，说明配送系统对用户的生产、经营或生活的影响越频繁，给用户造成的损失越大。

缺货率是用缺货数量所占用户需求量的比重来衡量的，它反映了缺货的程度，有时虽然缺货次数不多，但每次缺货的量可能比较大，缺货率高，对用户的生产和经营或生活的影响也大。

2. 作业表现

作业表现是指配送活动对所期望的时间和可接受的变化所承受的义务，它表现为作业完成的速度、一致性、灵活性、故障与恢复的状况等。

作业完成速度是反映配送系统是否能即时满足用户的服务需求能力，通常用接到用户订单或发出作业指令到用户得到货物的时间长度来衡量。作业完成速度指标要求配送各环节具有快速响应的能力，作业完成速度越快，越有利于降低用户库存，有利于缩短用户提前期，从而也有利于提高对市场预测的准确程度。一致性是从系统稳定性的角度对配送服务提出的要求。

3. 可靠性

可靠性的服务内容包括：商品品种齐全、数量充足、保证供应；接到客户订货后，按照要求的内容迅速提供商品；在规定时间内把商品送到需要的地点；商品运到时保证数量准确、质量完好。

二、物流配送增值服务

增值服务是在基本服务基础上延伸的服务项目。增值服务涉及的范围很广，一般可以归纳为以顾客为核心的增值服务、以促销为核心的增值服务、以制造为核心的增值服务和以时间为核心的增值服务四种。

（一）配送增值服务的内容

1. 以顾客为核心的增值服务

这种增值服务向顾客提供利用第三方专业人员来配送产品的各种可供选择的方式，指的是处理客户向供应商的订货、直接送货到商店或客户家，以及按照零售店货架储备所需的明细货物规格持续提供配送服务。例如，日本大和公司为了在激烈的市场竞争中形成自己的竞争优势，开创了许多具有独创性的"宅急便"（物流配送）服务，包括百货店的进货和对家庭顾客的配送、通信销售业者的无店铺销售支援系统、产地生产者的直接配送、专业的订货配送、书刊的家庭配送等，使"宅急便"成为多样化、小批量定制化服务时代企业和家庭用户不可缺少的物流服务。又如，武汉物资储运总公司承担了福州、厦门一些陶瓷生产企业向武汉汉西建材市场经销商配送瓷砖的运输和配送业务，同时，还为陶瓷生产企业提供代收货款的业务，公司开发的计算机信息系统中心还专门设计了这一代收货款的功能。

2. 以促销为核心的增值服务

这种增值服务旨在为提供有利于用户营销活动的服务。物流提供服务的对象通常是生产企业或经销商，配送增值服务是在为它们提供配送服务的同时，增加更多有利于促销的物流支持。例如，为配送增值商品贴标、为储存的产品提供特别的介绍、为促销活动中的礼品和奖励商品设置专门的系统进行处理和托运等。

3. 以制造为核心的增值服务

这种增值服务指在为用户提供有利于生产制造的特殊服务，实际上是生产过程的向后或向前延伸，使通过配送为生产企业提供的原材料、燃料、零部件进入生产消耗过程时尽可能减少准备活动和准备时间。玻璃套裁、金属剪切、木材初加工等属于这类增值服务。

4. 以时间为核心的增值服务

这种服务是以对顾客的反应为基础，运用延迟技术，使配送作业在收到用户订单时才开始启动，并将物品直接配送到生产线上或零售店的货架上，目的是尽可能降低预估库存和减少生产现场的搬运、检验等作业，使生产效率达到最高程度。对于采用准时制（JIT）生产方式的企业实施生产"零库存"配送就是典型的以时间为核心的增值服务。

（1）"零库存"配送的目的是减少生产现场的库存或完全消除库存。库存本来是为了调节供需在时间上的不一致而设置的。因为人们在生产经营和生活过程中，生产和消费常常存在时间上的矛盾，为了保证未来消费的需要，必须保证一定数量的库存，特别是在未来需求是随机或不确定时保留的库存量可能会更大。但是，库存会占用资金，会发生管理费用，即需要一定的储存保管成本，所以库存并不是人们主观期望的。应该说，只要不影响生产经营或生活，库存量应该是越少越好，甚至不发生为最佳，但客观库存量的最小化或不保持库存，并不是说以仓库储存形式的某种或某些物品的储存数量真正为零。如前面讨论的直接配送模式中，配送中心不保持库存，商品由生产企业运送到配送中心后，立即分拣、配货并发送到零售店，但商品在配送中心仍要停留几小时或10多个小时，事实上也是有库存的，只是储存的时间很短，可以认为是"零库存"。

（2）"零库存"实现的主要方式是准时制。所谓准时制，是指在准确测定生产的各工艺环节、作业效率的前提下按订单确定计划，以消除一切无效作业与浪费为目的的一种管理模式。这一概念是1953年由日本丰田汽车工业公司提出的，当时作为公司满足顾客需求、提高公司竞争力的主要手段，在全公司推广应用。1976年，该公司的年流通资金全年周转率高达63次，为日本平均水平的8.85倍，为美国的十多倍。

（3）准时制的基本思想是"在需要的时候，按需要的量，生产所需要的产品"。这种思想从理论上讲，在生产的各个环节上不会出现闲置的原料和零部件，从而也就不会有库存，因此被称为"零库存"生产方式。

准时制形成一种拉动式供应链，这种拉动式供应链必然要求进行原材料、零部件配送的配送系统也是准时制的，即配送作业应该是小批量、高效率的准时送货，这是准时制生产的重要条件。

（4）为了实现准时制生产和配送，通常用"看板"作为各环节之间联系与沟通的工具，故称看板管理。"看板"按用途分为提料看板、生产看板、采购看板等，配送与生产环节之间采用的看板应是提料看板。看板上标有相关的作业和材料信息，后一道作业向前一道作业提取材料时必须出示提料看板，前一道作业按看板所示的材料名、需要数量在需要时间内向后一道作业发货。

（二）增值服务的功能

1. 增加便利性

一切能够简化手续、简化操作的服务都是增长性服务。简化是相对于消费者自我服务而言的，并不是说服务的内容简化，而是指消费者为了获得某种服务，以前需要消费者自己做的一些事情，现在由物流提供商以各种方式代替消费者做了，从而使消费者获得这种服务后感到简单，而且更加方便，从而增加了商品或服务的价值。

2. 加快反应速度

快速反应已经成为物流发展的动力之一。传统的观点和做法是提高运输工具的速度或采用快速的运输方式来提高运输速度，但在需求方绝对速度要求越来越高的情况下，由于运输速度的极限，运输速度限制也变成了一种约束。因此必须通过其他办法来提高速度。现代物流配送的做法是优化配送系统的结构和重组业务流程，重新设计适合客户要求的流通渠道，以此来减少物流环节，简化物流过程，提高物流系统的快速反应能力。

3. 降低物流成本

通过配送增值物流服务，可以寻找能够降低物流成本的解决方案。可以考虑的方案包括：采取共同配送；提高规模效益；实施准时制配送，降低库存费用；进行原材料、零部件与产品的双向配送；提高运输工具的利用率。

4. 业务延伸

业务延伸是指向配送或物流以外的功能延伸。向上可以延伸到市场调查与预测、采购及订单处理；向下可以延伸到物流咨询、物流系统设计、物流方案的规划与选择、库存控制决策建议、货款回收与结算、教育与培训等。结算功能，不只是物流费用的结算，还包括替货主向收货人结算货款。关于需求预测功能，物流服务商应该对商品的需求进行预测，从而指导用户订货。关于物流系统设计咨询功能，第三方物流服务商要充当客户的物流专家，为客户设计物流系统，替它们选择和评价运输网、仓储网及其他物流服务供应商。关于物流教育与培训功能，通过向客户提供物流培训服务，可以培养其对物流中心经营管理者的认同感，提高客户的物流管理水平，并将配送中心经营管理者的要求传达给客户，便于确立物流作业标准。

本章小结

　　配送是现代物流的一个重要职能。它是现代市场经济体制、现代科学技术和现代物流思想的综合产物，与人们熟知的送货有着本质区别。配送是企业经营活动的重要组成部分，它能给企业创造更高的效益，是企业增强自身竞争力的重要手段。

第八章 现代物流配送中心

学习目标

（1）掌握配送中心的概念；

（2）掌握配送中心的类型；

（3）掌握配送中心的基本作业。

开篇案例

沃尔玛的配送中心

沃尔玛诞生在 1945 年的美国。在它创立之初，由于地处偏僻小镇，几乎没有哪个分销商愿意为它送货，于是不得不自己向制造商订货，然后再联系货车送货，效率非常低。在这种情况下，沃尔玛的创始人山姆·沃尔顿决定建立自己的配送组织。1970年，沃尔玛的第一家配送中心在美国阿肯色州的一个小城市本顿维尔建立，这个配送中心供货给 4 个州的 32 个商场，集中处理公司所销商品的 40%。

沃尔玛配送中心的运作流程是：供应商将商品的价格标签和 UPC 条形码（统一产品码）贴好，运到沃尔玛的配送中心；配送中心根据每个商店的需要，对商品就地筛选，重新打包，从"配区"运到"送区"。

由于沃尔玛的商店众多，每个商店的需求各不相同，这个商店也许需要这样一些种类的商品，那个商店则有可能又需要另外一些种类的商品，沃尔玛的配送中心根据商店的需要，把产品分类放入不同的箱子当中。这样，员工就可以在传送带上取到自己所负责的商店所需的商品。那么在传送的时候，他们怎么知道应该取哪个箱子呢？传送带上有一些信号灯，有红的、绿的，还有黄的，员工可以根据信号灯的提示来确定箱子应被送往的商店，并拿取这些箱子。这样，所有的商店都可以在各自的箱子中拿到需要的商品。

在配送中心内，货物成箱地被送上激光制导的传送带，在传送过程中，激光扫描货箱上的条形码，全速运行时，只见纸箱、木箱在传送带上飞驰，红色的激光四处闪射，将货物送到正确的卡车上，传送带每天能处理 20 万箱货物，配送的准确率超过 99%。

20 世纪 80 年代初，沃尔玛配送中心的电子数据交换系统已经逐渐成熟。到了 20世纪 90 年代初，它购买了一颗专用卫星，用来传送公司的数据及其信息。这种以卫星技术为基础的数据交换系统的配送中心，将自己与供应商及各个店面实现了有效连接，沃尔玛总部及配送中心任何时间都可以知道每个商店现在有多少存货，有多少货物正在运输过程当中，有多少货物存放在配送中心等；同时还可以了解某种货品上周卖了多少，去年卖了多少，并能够预测将来能卖多少。沃尔玛的供应商也可以利用这个系统直接了解自己昨天、今天、上周、上个月和上年的销售情况，并根据这些信息来安排组织生产，保证产品的市场供应，同时使库存降低到最低限度。

由于沃尔玛采用了这项先进技术，配送成本只占其销售额的 3%，其竞争对手的配送成本则占到销售额的 5%，仅此一项，沃尔玛每年就可以比竞争对手节省下近 8 亿美元的商品配送成本。20 世纪 80 年代后期，沃尔玛从下订单到货物到达各个店面需要 30 天，现在由于采用了这项先进技术，只需要 2~3 天，大大提高了物流的速度和效益。

从配送中心的设计上看，沃尔玛的每个配送中心都非常大，平均占地面积大约有 11 万平方米，相当于 23 个足球场。一个配送中心负责一定区域内多家商场的送货，从配送中心到各家商场的路程一般不会超过一天的行程，以保证送货的及时性。配送中心一般不设在城市里，而设在郊区，这样有利于降低用地成本。

沃尔玛的配送中心虽然面积很大，但它只有一层，之所以这样设计，主要是考虑到货物流通的顺畅性。有了这样的设计，沃尔玛就能让产品从一个门进，从另一个门出。如果产品不在同一层就会出现许多障碍，如电梯或其他物体的阻碍，产品流通就无法顺利进行。

沃尔玛配送中心的一端是装货月台，可供 30 辆卡车同时装货，另一端是卸货月台，可同时停放 135 辆大卡车。每个配送中心有 600~800 名员工，24 小时连续作业；每天有 160 辆货车开来卸货，150 辆车装好货物开出。

在沃尔玛的配送中心，大多数商品停留的时间不会超过 48 小时，但某些产品也有一定数量的库存，这些产品包括化妆品、软饮料、尿布等各种日用品，配送中心根据这些商品库存量的多少进行自动补货。到现在，沃尔玛在美国已有 30 多家配送中心，分别供货给美国 18 个州的 3 000 多家商场。

沃尔玛的供应商可以把产品直接送到众多的商店中，也可以把产品集中送到配送中心，两相比较，显然集中送到配送中心可以使供应商节省很多钱。所以在沃尔玛销售的商品中，有 87% 左右是经过配送中心的，而沃尔玛的竞争使物流成本降低达到 50% 的水平。由于配送中心能降低物流成本 50% 左右，这使得沃尔玛能比其他零售商向顾客提供更廉价的商品，这正是沃尔玛迅速成长的关键所在。

（育路物流师考试网：http://www.yuloo.com/wlks/）

第一节 配送中心概述

一、配送中心的概念

一般地说，配送中心是专门从事商品配送业务的物流部门，是通过转运、分类、保管、流通和信息处理等作业，根据用户的订货要求备齐商品，并能迅速、准确和廉价地进行配送的物流场所或组织。对于"配送中心"，国内外有不同的定义。

日本《市场术语辞典》对配送中心的定义是"一种物流结点，它不以储藏仓库这种单一的形式出现，而是发挥配送职能的流通仓库，也称为基地、据点或流通中心"。配送中心的目的是"降低运输成本、减少销售机会的损失，为此建立设施、设备并开展经营管理作业"。

日本《物流手册》将配送中心定义为"从供应者手中接受多种大量货物进行倒装、分类、保管、流通加工和情报处理等作业，然后按照众多需要者的订货要求备齐货物，以令人满意的服务方式进行配送的设施"。

我国物流专家王之泰在《物流学》中将配送中心定义为"从事货物配备（集货、加工、分货、拣选、配货）和组织对客户的送货，以高水平实现销售或供应的现代流通设施"。

这个定义的要点有：

（1）配送中心的"货物配备"工作是其主要的、独特的工作，是由配送中心完成的。

（2）配送中心有的是完全承担送货，有的是利用社会运输企业完成送货，从我国国情来看，在开展配送的初期，用户自提的可能性是不小的。所以，对于送货而言，配送中心主要是组织者而不是承担者。

（3）定义中强调了配送活动和销售或供应等经营活动的结合，是经营的一种手段，以此排除了这是单纯的物流活动的看法。

（4）定义强调配送中心是"现代流通设施"，着重于和以前的诸如商场、贸易中心、仓库等流通设施的区别。在这个流通设施中以现代装备和工艺为基础，不但处理商流而且处理物流，是兼有商流、物流全功能的流通设施。

我国2001年8月颁布的国家标准《物流术语》将配送中心定义为："配送中心是从事配送业务的物流场所和组织。它应基本符合下列要求：①主要为特定的客户服务；②配送功能健全；③完善的信息网络；④辐射范围小；⑤多品种，小批量；⑥以配送为主，储存为辅。"

不论国内外如何认识配送中心，定义如何不同，但对于配送中心的现实功能和功能目的的认识都是一致的，就是配送中心是配送业务活动的聚集地和发源地，其功能和目的是按照客户的要求为客户提供高水平的供货服务。至于配送中心是一种物流设施还是物流活动组织则要看配送中心的经济功能定位。

二、配送中心的形成与发展

（一）配送中心的兴起

对配送中心的认识，我们要看看配送中心的形成和发展。配送中心的形成及发展是有其历史原因的，日本经济新闻社的《输送的知识》一书，将它说成是物流系统化和大规模化的必然结果。而《变革中的配送中心》一文中这样讲："由于用户在货物处理的内容上、时间上和服务水平上都提出了更高的要求，为了顺利地满足用户的这些要求，就必须引进先进的分拣设施和配送设备，否则就建立不了正确、迅速、安全、廉价的作业体制。因此，在运输业界，大部分企业都建立了正式的配送中心。"

在国外，发达国家为了实现物流合理化进行了积极的探索。面对物流状况存在的许多问题，比如物流分散、道路拥挤、运输效率低而流通费用高等，美国"20 世纪财团"曾组织过一次调查，发现流通结构分散和物流费用的逐年上升，严重阻碍了生产发展和企业利润率的提高。在这种形势下，改变传统的物流方式，采用现代化的物流技术，进一步提高物流合理化程度，成为企业界人士的共同要求；而零售业的多店铺化、连锁化及多业态化也对物流作业的效率提出了更高的要求。美国企业界人士受第二次世界大战期间"战时后勤"观念与实践的影响和启发，率先把"战时后勤"的概念引用到了企业的经营活动中，推进了新的供货方式，将物流中心的装卸、搬运、保管、运输等功能一体化和连贯化，取得了很大成效。第二次世界大战后美国、日本和西欧等经济发达的国家为了适应经济发展和商品流通的需要，在仓储、运输、批发等企业的基础上发展了形态各异的配送中心，到 20 世纪 80 年代，这些配送中心已开始取代传统的批发体系，成为商品流通体系中的重要环节。

在此以后，受多种因素的影响，配送中心开始有了长足的发展，配送已演化成以高新技术为支撑的系列化、多功能的供货活动。这主要表现在以下几个方面：①配送区域进一步扩大，例如以商贸为主的国家荷兰，货物配送的范围已经扩大到了欧盟国家。②作业手段日益先进，普遍采用自动分拣、光电识别、条形码等现代先进技术手段，极大地提高了作业效率。③配送集约化程度提高。据有关资料介绍，1986 年，美国 GPR 公司共有送货点 3.5 万个，到 1988 年经过合并，送货点减少到 0.18 万个，减少幅度为 94.85%；美国通用食品公司新建的 20 个配送中心取代了过去的 200 个仓库，逐步以配送中心形成规模经济优势。④配送方式日趋多样化。

20 世纪 90 年代，我国为了促进流通方式向现代化发展，实现贸易国际化，也在不断筹建和扩大配送中心，使其发挥重要的保障和中介作用。尤其是在大型跨国零售连锁集团和物流服务商纷纷抢滩我国物流与零售市场的过程中，配送中心更是受到众多商家的青睐，那些外商也往往是以完善的物流体系为先导，以相应的配送中心建设为载体来抢滩着陆。

由此可见，配送中心是基于物流合理化和拓展市场两方面逐步发展起来的。它是物流领域中社会分工，专业分工进一步细化后的产物。在新型的配送中心建立起来之前，配送中心现在承担的有些职能是在转运结点完成的。以后，一部分这类中心向纯粹的转运站发展以衔接不同的运输方式和不同规模的运输，一部分则增加了配送的职能，而后向更强的"配"的方向发展。

(二) 配送中心的发展趋势

作为物流组织形式之一的配送中心，它连接着生产与消费，并以其多种物流功能，更好的经济效益和社会效益蓬勃发展。它一头连接生产，一头连接销售或消费，已经取代好的经济批发企业，成为一种少环节、低成本、高效率的现代物流方式。

现代流通领域已将物流的现代信息技术（自动分类系统、自动拣选系统、自动仓储系统、电子补货系统等）广泛应用于配送中心。通过采用先进的信息技术、优化配送业务流程和与供应商、客户间的业务衔接，可以实现配送作业的高效、低耗、实时与高质的服务，即时了解客户的需求，来拉动整个物流作业与流程，并促进物流产业整体效益的提高。在先进的信息技术支持下，它已呈现出一系列现代化趋势。

1. 仓储自动化

配送中心通常采用自动化立体货架和拆零商品拣选相结合的仓储系统，大大提高了仓库空间的利用率和存货与取货的准确性和快速性。

2. 装卸机械化

配送中心全面采用叉车、托盘作业系统，配以蓄电池拣选搬运车，实现装卸搬运作业机械化。

3. 配货自动化

由于连锁超市对商品的"拆零"作业需求越来越强烈，国外配送中心拣货、拆零的劳动力已占整个配送中心劳动力的 70%，因此，配送中心逐渐采用自动分类、自动拣选系统来完成配货过程。

4. 补货电子化

为了即时补进所需的货物，配送中心采用了自动补货系统，利用计算机技术来实现补货的电子化，这样既能与供应商即时交换信息，又减少了人工作业易发生的错误。

5. 商品数字化

对货物采用条形码与电子扫描技术，可以实现对货物的自动检测和监控，只要把订单输入计算机，商品存放的各种货架上，相应货格的货位指示灯和品种显示器，立刻显示需拣选商品在货架上的具体位置以及所需数量，作业人员便可以从货格里取出商品，放入拣货周转箱，然后启动按钮，货位指示灯和品种显示器熄灭，订单商品配齐后进入理货环节。

6. 流程无纸化

采用条形码、扫描技术和 EDI 技术后，实现了流程无纸化，大幅度地降低了差错率；采用无线通信的计算机终端，从收货验货、入库到拆零、配货，全面实现条形码和无纸化。

7. 作业智能化

计算机技术在物流上的应用已远远超出了数据处理和事务处理，已跨入职能管理的领域。例如，配送中心的配车计划与车辆调度计算机管理软件，在美国、日本等国家已商品化，它能大大缩短配车计划编制时间，提高车辆的利用率，减少闲置及等候时间，合理安排配送区域和路线等。

8. 交流协同化

由于配送中心要与众多的供应商以及客户交换信息，作业的计划与执行间的协调尤为重要，而协同的关键是实现信息共享，在采用 Internet、电子商务和 EDI 等技术与手段后，就能紧密集成各自的信息系统和整合相互间业务流程，实现上下游间的协同运作。

三、配送中心在现代物流中的地位

（一）配送中心是物流功能系统化的体现

在配送中心，有配送、保管、装卸搬运、包装、流通加工及信息处理等作业，这正是物流各环节功能的集成与组合，是完整的物流功能系统化过程。配送中心通过现代信息技术，有效地将物流的各种功能整合在一起，使各种功能之间协调运作，均衡运行，形成了一个十分精细而科学的运行系统。配送中心中硬件与软件的配合效能发挥充分，体现了物流功能系统化的特点，达到了相对完美的程度。

（二）配送中心的出现表明物流的发展进入了新阶段

配送中心作为运输的结点，把干线运输与支线运输衔接起来，把运输的"线"变成了配送的"面"，把分散的物流结点编织成密密麻麻的"网"；配送中心把单一的运输、保管、装卸搬运、包装、流通加工和信息通信有效地结合起来，由原来单一功能的提高，变成各项功能的整体发挥，使系统得到升华。配送中心是物流整体系统功能的缩影，集中反映了现代物流的综合效应和发展水平。配送中心使物流成本降低，效益增加，服务质量提高。也可以说配送中心的出现是物流产业的一大跨越，是物流管理进入新阶段的具体表现。

（三）配送中心是现代物流技术的集成

配送中心的配送业务性强、路线稳定、流向合理，大大减少了交叉运输、空间往返和迂回、倒流等现象，节约了运输成本，提高了运输效率；进入配送中心的货物，在一般情况下，大部分经过分类后，按不同运输方向和不同客户直接运走，小部分在配送中心的立体自动化仓库中短暂保管；货物周转快，保管质量好，差错率低；配送中心的货物装卸搬运、转送、包装、分类拣选、流通加工等自动化作业，效率高、速度快、精确度好。自动分类、分拣、条形码识别、手持终端利用、计算机控制等技术，把电力学、机械学、物理学、动力学、光学等多种科学技术有机地结合在一起，这种现代科学的有效利用和高度集成，把物流提升到了一个崭新的水平。

（四）配送中心是企业销售竞争的重要手段

建立配送中心尽管需要投入较多的资金，但企业投资配送中心的热情始终不减，配送中心的数量仍在不断上升，究其原因，主要因为配送中心是企业销售竞争的重要手段之一。

在日益激烈的竞争环境中，企业为了赢得客户，满足客户日益强烈的多样化、个性化需要，维持市场份额，不得不提高对客户服务的质量和水平。而客户在市场竞争中为了节约物流费用，要求供货企业加大送货频率、减少送货数量，更快速、更及时、更精细地送货。因此，生产企业和流通企业只有通过建立更多的配送中心来解决这一矛盾。配送中心虽然投入大，但可以减少人工成本、降低配货和送货差错率，避免运输环节的浪费。同时，利用配送中心又能够高速度、小批量、多批次地送货，因而配送中心作为企业之间销售竞争的一种手段，越来越受到重视。

四、配送中心的功能

配送中心是专业从事货物配送活动的物流场所或经济组织，它是集加工、理货、送货等多种职能于一体的物流结点，也可以说，配送中心是集货中心、分货中心、加工中心功能的综合。因此，配送中心具有以下一些功能：

（一）存储功能

配送中心的服务对象是生产企业和商业网点，如连锁店和超市，其主要职能就是按照用户的要求及时将各种配装好的货物送交到用户手中，满足生产需要和消费需要。为了顺利有序地完成向客户配送商品（或货物）的任务，更好地发挥保障生产和消费需要的作用，通常，配送中心都建有现代化的仓储设施，如仓库、堆场等，存储一定量的商品，形成对配送资源的保证。某些区域性大型配送中心和开展"代理交货"配送业务的配送中心，不但要在配送货物的过程中存储货物，而且它所存储的货物数量更大，品种更多。

（二）分拣功能

作为物流结点的配送中心，其客户为数众多，在这些众多的客户中，彼此之间存在着很大的差别。它们不仅经营性质、产业性质不同，而且经营规模和经营管理水平也不一样。为满足这些复杂用户群的不同需求，有效地组织好配送活动，配送中心必须采取适当的方式对组织来的货物进行分拣，然后按照配送计划组织配货和分装，强大的分拣能力是配送中心实现按客户要求送货的基础，也是配送中心发挥其分拣中心作用的保证，分拣功能是配送中心重要的功能之一。

（三）集散功能

在一个大的物流系统中，配送中心凭借其特殊的地位和拥有的各种先进设备，完善的物流信息系统能够实现将分散在各个生产企业的产品集中在一起，通过分拣、配货、配装等环节向多家用户进行分送。同时，配送中心也可以把各个用户所需的多种货物有效地组合和配装在一起，形成经济、合理的批量，来实现高效率、低成本的商品流通。另外，配送中心在选址时也充分考虑了其集散功能，一般选择商品流通发达、交通较为便利的中心城市或地区，以便充分发挥配送中心作为货物或商品集散地的功能。

（四）衔接功能

通过开展货物配送活动，配送中心能把各种生产资料直接送到用户手中，另外通过发货和储存，配送中心又起到了调节市场需求、平衡供求关系的作用。现代化的配送中心如同一个储水池，不断地进货、送货，快速地周转，有效地解决了产销不平衡，缓解了供需矛盾，在产、销之间建立起一个缓冲平台，这是配送中心衔接供需两个市场的另一个表现。可以说，现代化的配送中心通过储存和集散货物功能的发挥，体现了其衔接生产与销售、供应与需求的功能，使供需双方实现了无缝连接。

（五）流通加工功能

配送加工虽是普通的，但往往是有着重要作用的功能要素，可以大大提高客户的满意程度。国内外许多配送中心都很重视提升自己的配送加工能力，通过按照客户的要求开展配送加工，可以使配送的效率和满意程度提高。配送加工有别于一般的流通加工，它一般取决于客户的要求，销售型配送中心有时也根据市场需求来进行简单的配送加工。

（六）信息处理功能

配送中心连接着物流干线和配送，直接面对着产品的供需双方，因而不仅是实物的连接，更重要的是信息的传递和处理，包括在配送中心的信息生成和交换。

五、物流中心与配送中心

物流中心是从事物流活动的场所或组织，它主要是面对社会服务，具备完整的物流功能、完善的信息网络，辐射的范围较大，涉及的商品品种较多，批量较大，存储和吞吐货物的能力较强，物流业务统一经营、管理。物流中心是综合性、地域性、大批量的物流物理位移集中地，它把商流、物流、信息流、资金流融为一体，成为产销企业的媒介。物流中心按照其功能不同可分为流转中心、储存中心、流通加工中心等。

配送中心作为物流中心的一种形式，其功能基本涵盖了所有的物流功能要素。它是以组织配送性销售或供应，实行货物配送为主要职能的物流结点。在配送中心，为了能做好送货的编组准备，需要采取零星集货、批量进货等种种资源的集散工作和对货物分拣配备等工作，因此，配送中心也具有集货中心、分拣中心的职能。为了更有效地、更高水平地送货，配送中心往往还有比较强的流通加工能力。此外，配送还必须执行货物配备后送达客户的使命，这是和分拣中心只管分货的重要不同之处。由此可见，如果说集货中心、分货中心、加工中心的职能还较为单一的话，那么，配送中心功能则较全面、完整。也可以说，配送中心实际上是集货中心、分货中心、加工中心的综合，并有了"配"与"送"的有机结合，这样，配送中心作为物流中心的一种主要形式，有时可和物流中心等同起来。

第二节　配送中心的类型

配送中心是专业从事配送活动的经济实体。随着市场经济的不断发展和商品流通规模的日益扩大，配送中心的数量也在不断增加。然而，在为数众多的配送组织（或称配送设施）中，由于各自的服务对象、组织形式和服务功能不一致，从理论上又可以把配送中心分成若干类型。总结归纳国内外配送中心的运作情况，现实中的配送中心大体上可以根据以下几种情况分成不同的类型。

一、根据配送中心的经济功能分类

1. 供应型配送中心

供应型配送中心即专门向某些用户供应货物、充当供应商角色的配送中心。在现实生活中，有很多从事货物配送活动的经济实体，其服务对象主要是生产企业和大型商业组织（超级市场或联营商店），它们所配的货物以原材料、元器件和其他半成品为主，客观上起着供应商的作用。这些配送中心类似于用户的后勤部门，故属于供应型配送中心。在物流实践中，那些接受客户委托、专门为生产企业配送零件、部件以及专为大型商业组织供应商品的配送中心即属于供应型配送中心。我国上海地区6家造船厂共同组建的钢板配送中心和服务于汽车制造业的英国HONnA斯温登配件中心，美国SIEuKI、MoTQR洛杉矶配件中心，以及德国MA2nA、MoTQR配件中心等物流组织均是供应型配送中心的典型代表。

由于供应型配送中心担负着向多家用户供应商品（其中包括原料、材料和零配件等）的任务，因此，为了保证生产和经营活动能正常运行，这种类型的配送中心一般都建有大型的现代化仓库并存储一定数量的商品。

2. 销售型配送中心

以销售商品为主要目的，以开展配送为手段而组建的配送中心属销售配送中心。这些配送中心为了提高商品的市场占有率，采取了多种降低流通成本和完善其服务的办法及措施，其中包括：代替客户（或消费者）理货、加工和送货等，为用户提供系列化、一体化的后勤服务（商品售前和售后服务）。与此同时，改造和完善了物流设施（如改造老式仓库），组建了专门从事加工、分拣、拣选、配货、送货等活动的配送组织或配送中心。很明显，上述配送中心完全是围绕着市场营销（销售商品）而开展配送业务的。从本质上看，这种配送中心所从事的各种物流活动是服务（或从属）于商品销售活动的。因单位不同，销售型配送中心又可细分成以下三种：

第一种是生产企业（或称制造商）为了直接销售自己的产品及扩大自己的市场份额而建立的销售型配送中心。在国外，特别是在美国，这种类型的配送中心数量很多。据有关资料介绍，美国加工业的配送中心（如美国Keebler芝加哥配送中心、美国Mary Kay化妆品公司所属的配送中心）均为这种类型的配送中心。

第二种是专门从事商品销售活动的物流企业为了扩大销售而自建或合作建立起来的销售型配送中心。近几年，在我国一些试点城市所建立或正在建立的生产材料配送中心多属于这种类型的物流组织。

第三种是流通企业和生产企业联合建立的销售型配送中心。这种配送中心类似于国外的"共用型"配送中心。

3. 储存型配送中心

这是一种储存功能很强的配送中心。其主要是为了满足三方面的需要而建立的。实践证明，储存一定数量的物资（包括原材料和半成品）乃是生产和流通得以正常进行的物质保障。从商品销售的角度来看，在买方市场条件下，由于企业在销售商品（包括生产企业自销其产品）的过程中，不可避免地会出现迟滞现象，因此，客观上需要有储存环节予以支持；而从生产的角度看，在卖方市场条件下，生产企业常常要存储一定数量的生产资料，以保证生产连续运转和应付急需，在这种情况下，同样需要设立储存环节予以支持；再从物流运动本身来看，大范围、远距离、高水平地开展配送活动（如开展即时配送），客观上也要求配送组织储存一定数量的商品。在实际生活中，有一些大型的配送中心，为了满足上述要求，相继改造和扩建了仓库，并配置各种先进的设备，随之形成了以储存和配送商品为主要功能的物流组织。不难看出，储存型配送中心是在发挥储存作用的基础上组织、开展配送活动的。这样的配送中心多起源于传统的仓库。在国内外，这种类型的配送中心也不乏其例。中国物资储运总公司天津物资储运公司唐家港仓库即是储存型配送中心的雏形；在国外，瑞士 GIAB - GEIGY 公司所属的配送中心，以及美国弗莱明公司的食品配送中心则是储存型配送中心的典型。据专业刊物介绍，瑞士的配送中心拥有规模居世界前列的储存仓库，可存储 4 万个托盘。美国弗莱明公司的食品仓库建筑面积为 7 万平方米，其中包括 4 万平方米的冷藏库、3 万平方米的杂货仓库。

4. 流通型配送中心

这是一种只以暂存或随进随出方式运作的配送中心，基本上没有长期储存功能。这种配送中心的典型方式是：大量货物整进并按一定批量零出，采用大型分货机，进货时直接进入分货机传送带，分送到各用户货位或直接分送到配送汽车上，货物在配送中心里仅做少许停留。因此流通型配送中心充分考虑市场因素，在地理上定位于接近主要的客户地点，可获得从制造点到物流中心货物集中运输的最大距离，而向客户的第二程零货运输则相对较短，从而便于以最低成本迅速补充库存，其规模大小应取决于被要求的送货速度、平均订货的多少以及单位用地成本。

二、根据物流设施的归属和服务范围分类

1. 自用（或自有）型配送中心

这种类型的配送中心指的是：包括材料仓库和成品仓库在内的各种物流设施和设备归一家企业或企业集团所有，作为一个物流组织，配送中心是企业或企业集团的一个有机组成部分。自然，这种隶属某一企业集团的配送中心只服务于集团内部各个企业，通常，它是不对外提供配送服务的。前面讲述的美国沃尔玛商品公司所属的配送中心即是公司独资建立、专门为本公司所属的连锁店提供商品配送服务的自用型配送中心。目前，随着经济的发展，大多数自用型配送中心均已转化成了公司型配送中心。

2. 公司型配送中心

顾名思义，这类配送中心是面向所有用户提供后勤服务的配送组织（或物流设施），只要支付服务费，任何用户都可以使用这种配送中心。从归属的角度说，这种配送中心一般是由若干家生产企业共同投资、共同持股和共同管理经营的实体。在国外，也有个别的公司型配送中心是由私人（或某个企业）投资建立和独自拥有的。此外，据有关资料介绍，在美国，有的公司型配送中心的土地属于某一方，而设施的兴建和激光仪器管理工作是由专门的经营公司来承担的。公司型配送中心的数量很多。在配送中心总量中，这种配送组织占相当大的比例。据介绍，在美国，约有 250 家公司型

配送中心，有的已经形成了网络、体系。

还有一种配送中心叫作"合作配送中心"。这种配送中心是由几家企业合作兴建、共同管理的物流设施。合作型配送中心多为区域性配送中心。

三、根据服务范围和服务对象分类

1. 城市配送中心

城市配送中心亦即只能向城市范围内的众多用户提供配送服务的物流组织。由于在城市范围内，货物的运距比较短，因此，这类配送中心在从事（或组织）送货活动时，一般都使用载货汽车。又由于使用汽车配送物资时机动性强、供应快、调度灵活，因此，在实践中依靠城市配送中心能够开展少批量、多批次、多用户的配送活动，也可以开展"门到门"式的送货业务。

因为城市配送中心的服务对象多为城市圈里的零售商、连锁店和生产企业，所以，一般来说，它的辐射能力都不太强。在物流实践中，城市配送中心是采取与区域配送中心联网的方式运作的。当前，我国一些试点城市所建立或正在建立的配送中心（如北京食品配送中心、无锡市各专业物资配送中心）绝大多数都属于城市配送中心。在国外，很多配送中心也属于城市配送中心。

2. 区域配送中心

这是一种辐射较强、活动范围较大、可以跨省进行配送活动的物流中心。美国沃尔玛公司属下的配送中心、荷兰 Nedlloyd 集团所属的"国际配送中心"以及欧洲其他批发公司所属的配送中心（如瑞典 NAG 公司所属乔鲁德市布洛配送中心）就是这种性质的物流组织。

区域配送中心有三个基本特征：其一，经营规模比较大，设施和设备齐全，并且数量较多、活动能力强。如前所述，美国沃尔玛公司的配送中心，建筑面积有 12 万平方米，投资 7 000 万美元，它每天向分布在 6 个州的 100 家连锁店配送商品，经营的商品有 4 万种；荷兰的"国际配送中心"，其业务活动范围更广，该中心在接到订单之后，24 小时之内即可将货物装好，仅用 3 天的时间就可把货物运到欧盟成员国的客户手中。目前，该中心不仅在国内外建立了许多现代化的仓库，而且装备了很多现代化的物流设备。其二，配送的货物批量比较大而批次较少。比如，有的区域配送中心每周只为用户配送 3 次货物，但每次配送的货物都很多。其三，在配送实践中，区域配送中心虽然也从事零星的配送活动，但这不是它的主要业务。很多区域配送中心常常向城市配送中心和大的工商企业配送商品，因而，这种配送中心是配送网络或配送体系的支柱结构。

四、根据所经营货物的种类划分

1. 经营散装货物的配送中心

在国外，这类配送中心主要是合作配送中心。其职能是向加工厂提供诸如石油、汽油、原料等物资。该配送中心多设在铁路沿线和沿海地区。我国的煤炭配送中心即属上述类型。

2. 经营原材料（生产资料中的一种）的配送中心

它的任务是向生产企业配送诸如钢材、木材、建材等物资。在发达国家，这类配送中心多以集装箱的方式配送货物。

3. 经营"件货"的配送中心

这通常指的是配送制成品（如食品）的物流中心。实践中，上述货物也是用集装箱和托盘来完成运送任务的。

4. 经营冷冻食品的配送中心

这类配送中心有加工、冷冻食品的功能。

5. 特殊商品配送中心

这是一种专门处理和运送一些特殊商品（如有毒物品，易燃、易爆物品，特殊药品等）的配送中心。这些物流组织（或物流设施）通常都设置在人口稀少的地区，并且对所存放的商品须进行特殊的管理。

第三节　配送中心的基本作业

配送中心的效益主要来自"统一进货、统一配送"。统一进货的主要目的是避免库存分散，降低企业的整体库存水平。通过降低库存水平，可以减少库存商品占用的流动资金，减少为这部分占压资金支付的利息和机会损失，降低商品滞销压货费用。配送中心的作业流程设计要便于实现两个主要目标：一是降低企业的物流总成本；二是缩短补货时间，提供更好的服务。

配送中心的作业流程中的每一步都要准确、及时，并且具备可跟踪性、可控制性和可协调性。综合归纳为 7 项作业活动：①客户及订单处理；②进货作业；③理货作业；④装卸搬运作业；⑤流通加工作业；⑥出库作业；⑦配送作业。以下分别说明。

一、客户及订单处理

配送中心和其他经济组织一样，具有明确的经营目标和对象，配送中心的业务活动以客户订单发出的订货信息作为其驱动源。在配送活动开始前，配送中心根据订单信息，对客户的分布、所订商品的品名、商品特性和订货数量、送货频率和要求等资料进行汇总和分析，以此确定所要配送的货物种类、规格、数量和配送时间，最后由配送中心调度部门发出配送信息（如拣货单、出货单等）。订货处理是配送中心调度、组织配送活动的前提和依据，是其他各项作业的基础。

订单处理是配送中心客户服务的第一个环节，也是配送服务质量得以保证的根本。在订单处理过程中，订单的分拣和集中是重要的环节。订单处理的职能之一是填制文件，通知指定仓库将所订货物备齐，一般用分拣清单表明所需集中的商品项目，该清单的一联送到仓库管理人员手中。仓库接到产品的出货通知后，按清单拣货、贴标，最后将商品组配装车。

国外许多配送中心采用电子化方法将订单直接传送到企业，较为先进的方法是采用 EDI（电子数据交换）。在分拣方面，发展趋势是通过计算机进行控制，这不但加快了订单的分拣速度，也加大了分拣的准确性。

配送中心收到客户订单后，进行处理的主要作业有：

（1）检查订单是否全部有效，即订单信息是否完全、准确。

（2）信用部门审查客户的信誉。

（3）市场部门把销售额记入有关销售人员的账目。

（4）会计部门记录有关的账目。

（5）库存管理部门选择和通知距离客户最近的仓库，分拣客户的订单，包装备运，并及时登记公司的库存总账，扣减库存，同时将货物及运单送交运输部门。

（6）运输部门安排货物运输，将货物从仓库发运到收货地点，同时完成收货确认（签收）。

二、进货作业

配送中心进货作业主要包括订货、接货、验收入库三个环节。

1. 订货

配送中心收到并汇总客户的订单以后，首先要确定配送货物的种类和数量，然后要查询管理信息系统，看现有库存商品有无所需的订货商品，如现货数量满足，则转入拣货作业；如果没有现货或现货数量不足，则要及时向供应商发出订单，提出订货。另外，对于流转速度较快的热门商品保证供货，配送中心也可以根据需求情况提前组织订货，批量上最好是经济批量。对于商流、物流相分离的配送中心，订货作业由客户直接向供应商下达采购订单，配送中心进货工作从接货作业开始。

2. 接货

供应商在接到配送中心或用户的订单后，会根据订单要求的品种数量组织供货，配送中心则组织人力、物力接收货物，按有关规定或合同中的事先约定验收入库。

三、理货作业

理货作业是配送中心的基本作业活动，主要完成货物的储存保管、库存控制、盘点、拣选、补货、再包装等作业。

商品在库保管的主要目的是加强商品养护，确保质量完好。同时要加强储位合理化工作和储存商品的数量管理工作。商品储位可根据商品属性、周转率、理货单位等因素来确定。储位商品的数量管理则需依靠健全的商品账务制度和盘点作业制度。商品储位合理与否、商品数量管理精确与否将直接影响商品配送作业效率。

拣选是配送作业最主要的前置工作。配送中心接到配送指示后，及时组织理货作业人员，按照出货优先顺序、储位区别、配送车辆趟次、先进先出等方法和原则，把配货商品整理出来，经复核人员确认无误后，放置到暂存区，准备装货上车。

分拣作业的方法分为摘果式和播种式两种，常用的是摘果式拣选。具体做法是拣货员拉着拣货箱在库存架内巡回走动，根据拣货单上货物在拣选区货架上的位置，按拣货单上确定的品种和数量拣取货物并放入拣货箱内。另外，一些大型配送中心采用了自动分拣技术，利用自动分拣设备自动分拣，大大提高了拣货作业的准确性和作业效率。

补货作业是从保管区把货物运送到拣选区的工作。补货作业的目的是确保货物能保质保量按时送到指定的拣选区。补货的单位一般是托盘。拣选区存货量的多少是决定补货的重要因素。一般来讲，补货策略有三种形式：第一种是批次补货，即每天由计算机系统计算出所需货物的总拣选量，查看拣选区存货量后，在拣选之前一次性补足，从而满足全天拣货量；第二种是定时补货，即把每天分成几个时点，当拣选区存货量小于设定标准时，立即补货；第三种是随即补货，即巡视员发现拣选存货量小于设定标准时，立即补货。

四、装卸搬运作业

装卸搬运作业是指装货、卸货，实现货物在配送中心不同地点之间的转移等活动。装卸、搬运是物流各环节连接成一体的接口，是配送、运输、保管、包装等物流作业得以顺利实施的根本保证。

装卸搬运作业活动的基本动作包括装车（船）、卸车（船）、堆垛、入库、出库以及连接上述各项动作的短程输送，是伴随运输和保管活动而产生的必要活动。物流作业流程中，从进货入库开始，储存保管、拣货、流通加工、出库装载直到配送到客户手上，装卸搬运活动是不断出现和反复进行的，它出现的频率高于其他各项物流活动。每次装卸搬运活动都要花费一定时间，因此，往往成为决定物流速度的关键。装卸搬运活动所消耗的人力也很多，是物流活动中造成货物破损、散失、损耗、混杂等损失的主要环节。所以装卸搬运费用在物流成本中占很大比重。

由此可见，装卸搬运活动是影响物流效率、决定物流技术经济效果的重要环节。物流配送的合理化必须先从装卸搬运系统着手，一般方法是在装卸运作中采用有效的机械设备。目前使用的搬运机械大致可分为起重机类、输送机类、提升绞车类、工业车辆类以及其他机器。

五、流通加工作业

配送中心加工作业属于增值性活动，不具有普遍性。有些加工作业属于初级加工活动，如按照客户的要求，将一些原材料套裁；有些加工作业属于辅助加工，比如对产品进行简单组装，给产品贴上标签或套塑料袋等；也有些加工作业属于深加工，食品类配送中心的加工通常是深加工，比如将蔬菜、水果洗净、切割、过磅、装袋等，加工成净菜，或按照不同的风味进行配菜组合，加工成原料菜等配送给超市或零售店。

不同类型的配送中心会根据其配送商品的特性、用户的要求、加工的可行性选择是否进行配送加工作业，作业内容也不尽相同，通过加工作业可完善配送中心的服务功能。

六、出库作业

出库是指货物离开货位，经过备货、包装和复核、装载至发货准备区，同时办理完交接手续的过程。货物出库要根据"先进先出、推陈出新"的发货原则，做到先进的先出、保管条件差的先出、包装简易的先出、容易变质的先出，对有保管期限的货物要在限期内发出。

货物发运质量直接影响到货物流通的速度和安全运输。按照"及时、准确、安全、经济"的货物发运原则，做到出库的货物包装牢固，符合运输要求，包装标识和发货标志鲜明清楚；要单证齐全、单证相符；要手续清楚、货物交接责任明确，确保货物配送顺利进行。

七、配送作业

配送作业就是利用车辆把客户订购的货物从配送中心送到客户手中的工作。

首先要制订配送计划。配送计划制订后，需要进一步组织落实，完成配送任务。配送计划确定后，要将到货时间、到货品种、规格、数量及车辆型号通知客户做好接车准备；同时向各职能部门下达配送任务，做好配送准备，然后组织配送发运。理货部门要将各客户所需的各种货物进行分货及配货，然后进行适当的包装并详细标明客户名称、地址、送达时间以及货物明细。按计划将客户货物组合、装车，运输部门按指定路线运送各个客户，完成配送作业。

交货是配送活动最后的作业，它是把运送到客户的货物，按客户要求，在指定地点卸车，办理核查、移交手续等作业活动。如果客户有退货、调货的要求，则应将退调商品随车带回，并完成有关单证手续。

本章小结

配送中心的作业，主要由商品到货、保管、配货、出库、包装、出货及配送等作业组成，有些配送中心还具有商品的加工功能。物品的配送有其自身的流程，不同类型商品在配送中心的作业内容是有所区别的。配送中心的作业项目很多，因此必须对各个作业流程加强管理。

第九章　现代物流管理技术
——MRP、JIT 和 ERP

学习目标

(1) 掌握物料需求计划（MRP）、闭环 MRP 的基本原理；

(2) 掌握制造资源计划（MRPII）的特点及其实施过程中的关键问题；

(3) 掌握准时制生产方式（JIT）的基本原理和基本内容；

(4) 掌握 ERP 的管理理念、系统构成以及与 JIT、MRPII 的区别；

(5) 了解基于 TOC 理论的生产物流计划与控制。

开篇案例

国内某家大型成套设备制造商的生产主管谈到该企业的生产过程时，指出存在以下问题：

"我们制造的零部件中超过 50% 的都得延期完工。这样必然会延误最后交货期。

"我们得为那些延期交货的产品和未完工的产品提供更多地方存放。

"我们不得不延长计划准备期，生产车间、总装车间、辅助生产部门必须提前 6 周安排生产计划和进行生产准备。

"总装车间经常等待，无人知道何时能完工交货。客户等得不耐烦，开始取消订单。"

这家企业为了使生产线不至于停产，尽量提前生产一些零部件，以备急需。库房里很快就堆满了各种零部件。企业的生产资金奇缺。会计师发现流动资金在半年中从 5 000 万元急剧增加到 8 000 万元。

他们大约有 20 多套产品在不同的生产线上同时生产，总装这些产品需要的零部件大部分已经备好，但是因为都缺少一二个小部件，所以还未完工。

提前一个多月加班生产出来的零部件，由于生产中暂时不需要，只得再存入生产库中，之所以加班突击把它们生产出来，是因为它们在缺件表中，属于已经误期的零件，实际上总装急需的该零部件只是其中的很少一部分。尽管他们知道加班生产出来的并非都是急需的，但他们不知道急需的是什么，除非在总装线上已经发现的缺件。等到他们知道急需的是什么时，已经对最后交货期产生了影响。

"因为长期加班突击，生产工人极度疲劳。产品质量不稳定，生产设备过了维修期而无法安排计划维修。带病运转的设备大量增加，维修工人必须增加。"

结果常常是这样的：

企业的经理得到报告，他们的生产能力不够，还需要增加新的生产设备；流动资金短缺，需要追加更多的资金；库房不够，需要新建库房；生产人员短缺，需要增加熟练生产工人；某某订单又得推迟交货，因延误交货期，客户取消了订货计划。

这种问题不仅仅存在于中国的制造业企业，就连制造业发达的美国也存在同样的问题。

在我们的印象中，美国的大型制造企业似乎都有雄厚的经济实力和高效的运作体系，怎么可能会出现这样的问题？

美国解决问题的方案包括：

在早期，他们采用优先级法则来控制生产活动。比如从工序时间出发，把工序时间中最少的松弛时间、最早交货时间等参数，输入计算机中进行车间作业模拟，以观察哪一种方案最好。

20世纪60年代，许多企业曾尝试采用"车间作业管理系统"以期提高车间能力的利用率，解决"车间并没有完成应该完成的任务""车间设备工时利用率不高""车间作业负荷不均衡""车间能力不够"等问题。

在一段时间内，许多企业自己尝试开发实施一种旨在更好地利用车间能力负荷的应用系统——车间作业负荷平衡及优化系统，这种系统通过修改计划日期保证均衡生产。

物料统管是指把物料采购、生产控制、库存控制和其他物料管理功能集中起来，形成一个统一管理的组织形式，作为上面所分析问题的解决方案。

后来的实践证明，这些方案都无法达到预期的目标。原因在于这些方案的设计者没有真正认识到出现问题的根源在于这些企业的计划问题。

绝大多数用来解决生产控制问题的方法，都没有考虑到真正的问题是计划问题。

（1）采用优先级法则来控制生产活动的人们竟没有想到，在模拟中使用的交货时间到底是否有效。如果交货时间并不真正反映需求日期，这种模拟还有什么意义？

（2）一些企业采用"生产作业管理系统"，是因"车间并没有完成应该完成的任务""车间设备工时利用率不高""车间作业负荷不均衡""车间能力不够"等表面现象误导了人们。实际上，这些问题并非是车间工作人员的问题，而是因为计划安排无效，他们根本不知道什么是应该完成的任务。

（3）采用"车间作业负荷平衡及优化系统"的人们在实践中发现，该系统所依据的是不准确的计划日期。

（4）物料统管的方案是必要的。这种解决方案使采购人员、生产控制人员、库存控制人员一起工作，而不是相互扯皮，有利于解决物流过程的衔接问题。但是如果没有有效的生产计划作保证，这种方案只是治标而不治本。

1. 无效计划的影响

美国人发现无效的计划安排是使美国的制造企业竞争力下降的原因。

无效的计划安排常常表现为加班生产赶进度。经常性的加班使得工人的工作效率下降，影响设备的正常维修和保养，造成设备故障率增加。

如果计划安排是无效的，那么采购人员就常常是在一种紧张的气氛中工作。由于采购紧缺物料是被动的，必须马上完成任务，这样会使工作人员忽视经济效益评价、价格判断、签订供货协议以及与工程设计人员合作使产品符合企业控制标准等工作。

当计划不能有效运行时，采购和退货方面的交通运输费与订货费也会增加。

2. 计划失效的原因

为什么企业会出现计划无效的问题？因为不断变化的环境使计划的编制极为复杂和困难。

所有在企业中编制过计划的人们都可能体会到，编制企业生产作业计划最大的问题是复杂多变的环境！特别是产品结构比较复杂的离散制造企业，其生产计划必须在企业内安排生产数以千百计的项目或从企业外采购数以千计的不同种类的零部件、原材料或最终产品等。

他们编制计划的依据主要有两个：一是市场预测，二是客户订货合同。

在许多企业，生产计划的编制是从市场预测开始的。他们一般根据本企业过去的统计数字，再考虑一些现在变动的因素，最后通过臆想的系数来调整，得出其市场预测的结果。问题是这些市场预测是很难做到准确的，实际执行的结果又会与原来预期的结果产生越来越大的偏差。例如某项作业遗漏了、提前了或推后了，客户需要提前交货等。人们常常会在生产现场看到某些紧急下达的作业指令，其他计划中的作业必须让位于这些紧急作业。原订计划会被打乱，进而导致更多的紧急作业。

另外有很多企业是依据客户合同编制生产作业计划的，因此他们不会遇到预测不准的问题，只需要根据销售部门已经落实的客户订货合同开展生产作业计划即可。但实际上这样编制出来的生产计划在执行过程中，仍然会有问题。例如，客户修改了产品规格，要求提前交货；已经发出的采购订单不能按期交货；供应商要改变规格等。这些都会使原定计划失效。

为了解决无效计划问题，美国制造业采用了 MRP 作为解决问题的方案。

MRP 应用的目的之一是进行库存的控制和管理。按需求的类型可以将库存问题分成两种：独立性需求和相关性需求。独立性需求是指将要被消费者消费或使用的制成品的库存，如自行车生产企业的自行车的库存。这些制成品需求的波动受市场条件的影响，而不受其他库存品的影响。这类库存问题往往建立在对外部需求预测的基础上，通过一些库存模型的分析，制定相应的库存政策来对库存进行管理，如什么时候订货、订多少、如何对库存品进行分类等。相关性需求库存是指将被用来制造最终产品的材料或零部件的库存。自行车生产企业为了生产自行车还要保持很多种原材料或零部件的库存，如车把、车梁、车轮、车轴、车条等。这些物料的需求彼此之间具有一定的相互关系。例如一辆自行车需要有两个车轮，如果生产 1 000 辆自行车，就需要 1 000×2＝2 000 个车轮。这些物料的需求不需要预测，只需通过相互之间的关系来进行计算便可。在这里自行车称为父项，车轮称为子项（或组件）。

20 世纪 60 年代计算机应用的普及和推广，使人们可以运用计算机制订生产计划。美国生产管理和计算机应用专家首先提出了物料需求计划（Material Requirement Planning，MRP），IBM 公司则首先在计算机上实现了 MRP 处理。

MRP 的基本思想是：由主生产进度计划（MPS）和主产品的层次结构逐层逐个地

求出主产品所有零部件的生产时间、生产数量，把这个计划叫作物料需求计划。其中，如果零部件靠企业内部生产，需要根据各自的生产时间长短来提前安排投产时间，形成零部件投产计划；如果零部件需要从企业外部采购，则要根据各自的订货提前期来确定提前发出各自订货的时间、采购的数量，形成采购计划。切实按照这些投产计划进行生产和按照采购计划进行采购，就可以实现所有零部件的生产计划，从而不仅能够保证产品的交货期，而且还能够降低原材料的库存，减少流动资金的占用。

第一节　物料需求计划　（MRP）

物料需求计划（Material Requirements Planning，MRP）是20世纪60年代在美国出现，20世纪70年代发展起来的一种管理技术和方法。1970年，Joseph A. Orlicky、George W. Plossl 和 Olibers W. Wight 三人在美国生产和库存管理协会（American Production and Inventory Control Society，APICS）的学术年会上首先提出了物料需求计划的概念和基本框架，并得到该协会的大力支持和推广普及。

在供应链中，各个环节必须保持一定数量的库存作为"缓冲器"，才可以保证供应链上的生产和销售活动顺利进行。虽然各种各样传统的统计库存控制的方法不断被开发和应用，但是它们都有一个共同的缺点，就是采用这些方法确定的库存水平要么大于要么小于实际所需的库存，总不能达到一致。特别是在需求不连续、时常变动或成块间断出现的情况下，这种不一致将会扩大。而当某物品的需求与其他物品的需求相关联或是从其他需求派生出来的时候，该物品的需求有时呈现不连续、间断地成块出现的状态。

把需求区分为独立需求和从属需求是非常重要的。所谓独立需求是指外界或消费者对物品的需求；从属需求是指物品的需求是从其他物品的需求中派生出来的需求。对于独立需求可以采用传统的预测方法来确定，如可采用经典的经济批量模型等传统的库存管理方法来优化这些独立需求物品的库存；而对于从属需求则必须通过供应链的下一个环节的需求水平进行计算。由于供应链上各个环节的需求是相互关联的，而且这些从属需求有时是以不连续的、经常变化的或成块间断的形式出现，传统的库存管理方法不能有效地解决这种情况下的库存管理问题。对于企业整体而言，企业的库存水平与企业的生产制造方式、销售方式、采购方式和信息处理方式等有着密切的联系，因此，组成的各个成员企业间的合作与协调将是必由之路。

随着库存管理概念的变化和通信技术的发展，出现了许多能有效减少库存、提高顾客服务水平的管理方法和管理技术，MRP 便是其中之一。

一、MRP 的概念

物料是一个广义的概念，它不仅仅指原材料，而是包含材料、自制品（零部件）、成品外购件和服务（备品备件）这个更大范围的物料。

物料需求计划是根据主生产计划所规定的产品类目，对所需零部件制订的采购计划或生产计划，其中列明所需的零部件的数量以及何时制造或采购，是对采购和生产活动进行直接控制的计划。

对于各种物料的管理并非仅仅是对物料的库存管理，还包括建立物料需求科学的、系统的计划，协调和控制各部门的物料数量。在物料管理中，一方面要满足生产过程中的物料需求，保证生产过程的连续进行而不发生中断；另一方面又要控制物料储备量的限度，减少所占用的流动资金，加速资金周转，降低产品成本。

二、MRP 的原理

MRP 的基本原理是根据市场需求和预测来测定未来物料供应和生产的计划与控制方法。对于庞大而复杂的生产系统，MRP 的制定与执行具有很高的难度，必须有强有力的计算机软、硬件实行集中的控制，才能达到预想的效果。MRP 的逻辑原理如图 9-1 所示：

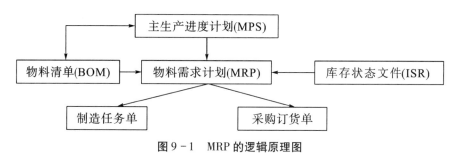

图 9-1　MRP 的逻辑原理图

由 MRP 逻辑原理图可见，根据 MPS/BOM 和 ISR 的信息，物料需求计划产生新产品投产计划和采购计划，生成生产任务单和采购订货单，再据此组织产品的制造和物料的采购。

三、MRP 的特点

(一) 计划的复杂性

MRP 计划要根据主生产计划、物料清单、库存文件、生产时间和采购时间，来决定主生产品的所有零部件的需求数量、需求时间以及相互关系。简单说来就是根据主生产计划进度表上何时需要物料来决定订货和生产，从理论角度上分析，显然是一种比较理想的方法。但是，在计算机应用之前，人工计算物料需要量得花上 6~13 周的时间，因此也只能按季度订货，这样一来，MRP 也不一定比订货点法优越多少。人工数据处理的展开成为当时为许多公司所选用的一种经济、高效的工具，这种物料清单列出了组件代号、描述以及每次组装所需数量，并指出这些零件属自制还是外购。用这种物料清单，计划人员就能够为下一批组装数量订货。但是，在办理一份订单之前，计划人员应知道每一期间对每一组件的全部需求，显然，这样的要求是非常苛刻的，管理实践也很难做到精准。

然而，应用计算机之后，情况就大不相同了，计算物料需用量的时间缩短为 1~2

天，订货日期短，订货过程快。随着计算机处理能力的增强，许多企业每个星期都重新研究订货量，根据实际情况进行计算，使订货期缩短为一个星期，这样，物料的"需求期"变得更加明确。企业可以通过将主生产计划输入计算机，物料清单和库存量分别存入数据库，经过计算机的运算，就可以预测未来一段时间内什么物料将会短缺。主生产计划改变，物料需求计划也会随之调整，所以 MRP 的实施将会解决未来的物料短缺问题，降低库存，节约成本。

（二）需求的重要性

在 MRP 系统中，需求的重要性明显突出，其作用是无法替代的。同时，它也有着自身的独特之处。在流通企业中，各种需要往往是独立的。而在生产系统中，需求具有相关性。例如，根据订单确定了所需产品的数量之后，由物料清单即可推算出各种零部件和原材料的数量，这种根据逻辑关系推算出来的物料数量称为相关需求。不但品种数量有相关性，需求时间与生产工艺过程的决定也是相关的。

由于需求的相关性，MRP 的需求都是根据主生产计划、物料清单和库存文件精确计算出来的，品种、数量和需求时间都有严格要求，不可改变。

四、MRP 的基本构成

MRP 的基本结构包括 MRP 的输入、MRP 的实施和 MRP 的输出三个部分。其最终目的是解决下面三个问题：需求什么，需求多少，何时需求。用其确定的所需物料的生产或订货日程和进度，保证生产进度的正常进行，同时花费最低的库存成本。

（一）MRP 的输入系统

MRP 的基本输入系统主要由三部分组成：主生产计划、物料清单和库存状态记录。

1. 主生产计划（Master Production Schedule，MPS）

主生产计划是指在平衡企业资源和生产能力的基础上，确定每一具体的最终产品在每一具体时间段内生产数量的计划，制定产成品出厂时间和各种零部件的制造进度，它决定产成品与零部件在各个时间段内的生产量，包括产出时间、数量或装配时间和数量等。

主生产计划中的最终产品是指对于企业来说最终完成要出厂的完成品，它要具体到产品的品种、型号。这里的具体时间段，通常以周为单位，也可以是日、旬、月。主生产计划详细规定生产什么、何时产出，它是独立需求计划。主生产计划根据客户合同和市场预测，把经营计划或生产大纲中的产品系列具体化，使之成为展开物料需求计划的主要依据，起到从综合计划向具体计划过渡、承上启下的作用。如果制订的主生产计划得不到企业现有生产能力的支持，或者制订的计划超过了企业的生产能力，那么这种生产计划就失去了现实意义。

2. 物料清单（Bill of Material，BOM）

物料清单，也称产品结构表。它反映新产品的层次结构，即所有零部件的结构关系和数量组成。根据 BOM 可以计算出物料需求的时间和数量，特别是相关需求物料的数量和时间，首先要使系统能够知道企业所制造的产品的结构和所有要使用到的物料。

产品结构列出构成成品或装配的所有部件、组件、零件等的组成、装配关系和数量要求。它是 MRP 的基础。通常它的表示方法有两种：一种是树状结构（如图 9-2），一种是表状结构（如表 9-1）。

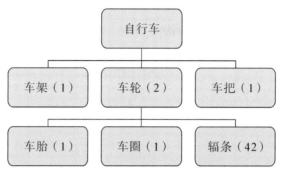

图 9-2　自行车产品结构图

为了便于计算机识别，必须把产品结构图转换成规范的数据格式，这种用规范的数据格式来描述产品结构的文件就是物料清单。它必须说明组件（部件）中各种物料需求的数量和相互之间的组成结构关系。表 9-1 就是一张简单的与自行车产品结构相对应的物料清单。

表 9-1　　　　　　　　　　　自行车产品的物料清单

层次	物料号	物料名称	单位	数量	类型	成品率	ABC 码	生效日期	失效日	提前期
0	CB950	自行车	辆	1	M	1.0	A	950101	971231	2
1	CB120	车架	件	1	M	1.0	A	950101	971231	3
1	CL120	车轮	个	2	M	1.0	A	950101	971231	2
2	LG300	车圈	件	1	B	1.0	A	950101	971231	5
2	GB890	车胎	套	1	B	1.0	A	950101	971231	7
2	GBA30	辐条	根	42	B	0.9	A	950101	971231	4
1	113000	车把	套	1	B	1.0	A	590101	971231	4

注：类型中"M"为自制件，"B"为外购件

MRP 系统将独立需求产品展开为各个层次的从属材料需求。这种展开是依据物料清单表示的原材料和零部件在制造加工过程中的工艺路线和数量关系推算出来的。很显然，物料清单的微小差错将会导致整个系统需求数据出错。因此，全面准确的物料清单是保证 MRP 系统正常运作的前提条件，是现代计划工作的基础。

3. 库存状态文件（Inventory Status Records，ISR）

库存状态文件是指有关物料库存水平的详细记录资料。这些资料包括原材料、零部件和产成品的库存量、已订未到货和已分配但还没有提取的数量、交货周期、物料特性和用途、供货商资料等。因为库存在不断变化，所以这些记录也是动态的、变化的，需要及时更新。完整、正确、动态的库存信息是保证 MRP 系统发挥作用、减少整

体库存水平的保证。下面是必须记录的一些具体数据：

（1）现有库存量——在企业仓库中实际存放的物料的可用库存数量；

（2）计划收到量（包括在途量）——根据正在执行中的采购订单，在未来某个时段物料将要入库或将要完成的数量；

（3）已分配量——尚保存在仓库中但已被分配的物料数量；

（4）提前期——执行某项任务由开始到完成所消耗的时间；

（5）订货（生产）批量——在某个时间段向供应商订购或要求生产部门生产某种物料数量；

（6）安全库存量——为了预防需求或供应方面不可预测的波动，在仓库中经常保持的最小库存数量。

（二）MRP 的实施过程

MRP 的实施过程就是根据 MPS、BOM 和 ISR，通过计算求得每个时间段上各种物料的净需求量，同时也确定订货数量、订货时间、订货批量和零部件的加工组装时间等内容。

（1）总需求量的计算。根据 MPS、BOM 和 ISR 计算出每个时间段内各种材料的总需求量和需求的时间。

（2）净需求量的计算：

$$净需求量 = 毛需求量 + 已分配量 - 计划收到量 - 现有库存量$$

如果在时间段内总需求量小于该材料的有效库存，则净需求量为零。

（3）材料订货批量和指令发出时间的确定。在求出每个时间段的材料净需求量后，就要根据材料自身的特点选择采购订货的方式。订货的方式有定量和定期两种，不同的企业会根据自己的实际情况来选择订货方式和批量，在考虑供应商的情况和交货时间的基础上来确定物料的订货时间。

$$订货时间 = 计划需求时间 - 作业加工时间$$

生产制造过程中，在参考生产能力和加工周期的基础上确定材料的加工开始时间。

$$加工开始时间 = 计划完成时间 - 作业加工时间$$

（4）制订物料需求计划。

（5）执行与控制。依据制订好的物料需求计划开始进行采购和生产等活动，并对其进行控制。

（三）MRP 的输出过程

MRP 是一种极好的计划与进度安排工具，它的最大优点是可以根据不可预见的意外情况重新安排计划和进度。MRP 系统能及时发现物料的短缺与过量，以便采取措施阻止这种情况的发生。

MRP 系统提出的报告分为两种：一种是基本报告，另一种是补充报告。基本报告主要包括计划订货日程进程表、进度计划的执行和订货计划的修正调整及优先次序的变更等内容。其中，计划订货日程进度表包括将来的物料订购数量、订购时间、物料加工的数量和加工时间等；进度计划的执行包括物料品种、规格、数量及到货时间、加工结束时间等多个规定事项；订货计划的修正调整及优先次序的变更包括到货日期、订货数量的调整、订单的取消、物料订购优先次序的改变等事项。基本报告主要为采购部门的决策提供依据。

补充报告的内容主要有成果检验报告、生产能力需求计划报告和例外报告。其中，成果检验报告包括物流成本效果、供应商信誉、是否按时到货、材料质量、数量是否符合要求、预测是否准确等；生产能力需求计划报告包括设备和人员的需求预测，工序能力负荷是否满足需求等；例外报告是专门针对重大事项提出的报告，为高层管理人员提供管理上的参考和借鉴，例如，发生到货时间延后严重影响生产进度造成重大损失时，就到货延期产生的主要原因以及防范应变措施提出的报告。

制订物料需求计划：通过平衡、整合时间段内各个层次所有的物料需求数量、订货（或加工）批量、指令发出时间等，制订出物料需求计划，同时通过生产能力需求计划对物料需求计划进行调整。

第二节　闭环 MRP

20 世纪 60 年代，MRP 能根据有关数据计算出相关物料需求的准确时间与数量，但它还不够完善，其主要缺陷是没有考虑到生产企业现有的生产能力和采购条件的约束，因此计算出来的物料需求的日期有可能因设备和工时的不足而没有能力生产，或者因原材料的不足而无法生产，同时它也缺乏根据计划实施情况的反馈信息对计划进行调整的功能。为了解决以上问题，MRP 系统在 20 世纪 70 年代发展为闭环 MRP 系统。闭环 MRP 系统除了物料需求计划外，还将生产能力需求计划、车间作业计划和采购作业计划也全部纳入 MRP，形成一个封闭系统。

一、闭环 MRP 的原理与结构

MRP 系统的正常运行，需要有一个现实可行的主生产计划，它除了反映市场需求和合同订单以外，还要能力与资源均满足负荷需要时，才能开始执行计划。而要保证实施计划就要控制计划，执行 MRP 是用派工单来控制加工的优先级，用采购单来控制采购的优先级。这样，基本的 MRP 系统进一步发展，把能力需求计划和执行及控制计划的功能也包括进来，形成一个环形回路，称为闭环 MRP（如图 9 - 3 所示），因此，闭环 MRP 成了一个完整的生产计划与控制系统。

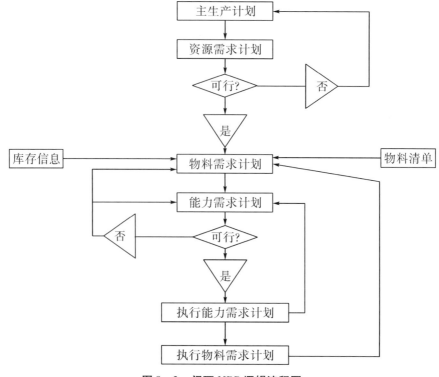

图 9-3　闭环 MRP 逻辑流程图

二、能力需求计划（Capacity Requirement Planning，CRP）

（一）资源需求计划与能力需求计划

在闭环 MRP 系统中，把关键工作中心的负荷平衡称为资源需求计划或粗能力计划，它的计划对象为独立需求件，主要面向的是主生产计划。把全部工作中心的负荷平衡称为需求计划，或称为细能力计划，而它的计划对象为相关需求件，主要面向的是车间。由于 MRP 和 MPS 之间存在着内在的联系，所以资源需求计划与能力需求计划之间也是一脉相承的，而后者正是在前者的基础上进行计算的。

（二）能力需求计划的依据

1. 工作中心

它是各种生产或加工能力单元和成本计算单元的统称。对于工作中心，都统一用工时来量化其能力的大小。

2. 工作日历

这是用于编制计划的特殊形式的日历，它是由普通日历除去每周双休日、假日、停工和其他不生产的日子，并将日期表示为顺序形式而形成的。

3. 工艺路线

这是一种反映制造某项"物料"加工方法及加工次序的文件。它说明加工和装配的工序顺序、每道工序使用的工作中心、各项时间定额、外协工序的时间和费用等内容。

（三）能力需求计划的计算逻辑

闭环 MRP 的基本目标是满足客户和市场的需求，因此在编制计划时，总是先考虑能力约束而优先保证计划需求，然后再进行能力计划。经过多次反复运算，调整核实，才转入下一个阶段。能力需求计划的运算过程就是把物料需求计划订单换算成能力需求数量，生成能力需求报表。这个过程流程如图 9-4 所示：

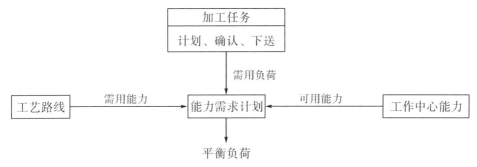

图 9-4　能力需求报表生成过程

当然，在计划时段中也有可能出现能力需求超负荷或低负荷的情况。闭环 MRP 能力计划通常是通过报表的形式（直方图是常用工具）向计划人员报告，但并不是进行能力负荷的自动平衡，这个工作由计划人员人工完成。

三、现场作业控制

各工作中心能力与负荷需求基本平衡后，接下来的一步就要集中解决如何具体地组织生产活动，使各种资源既能合理利用又能按期完成各项订单任务，并将生产活动进行的实际情况及时反馈到系统中，以便根据实际情况进行调整与控制，这就是现场作业控制。它的工作内容一般包括以下几个方面：

1. 车间订单下达

订单下达是核实 MRP 生成的计划订单，并转换为下达订单。

2. 作业排序

它是指从工作中心的角度控制加工工件的作业顺序或作业优先级。

3. 投入产出控制

这是一种监控作业流（正在作业的车间订单）通过工作中心的技术方法。利用投入/产出报告，可以分析生产中存在的问题，并采取相应的措施。

4. 作业信息反馈

它主要跟踪作业订单在制造过程中的运动，收集各种资源消耗的实际数据，更新库存余额并完成 MRP 的闭环。

第三节　制造资源计划　（MRPII）

一、MRPII 的管理思想

闭环 MRP 系统的出现，使生产活动方面的各个子系统得到了统一。但这还不够，因为在企业的管理中，生产管理只是一个方面，它所涉及的仅仅是物流，而与物流密切相关的还有资金流。这在许多企业中是由财务人员专门管理的，这就造成了数据的重复录入与存储，甚至造成数据的不一致。在全球竞争激烈的大市场中，制造业企业面临越来越多的问题，其中很多问题已经是 MRP 所无法解决的。为解决这些问题，制造业开始寻求更优化的制造管理方法，MRPII 就是在这样的背景下应运而生的。

20 世纪 80 年代，基于西方工业化国家的管理思想和管理方法的管理信息系统，通过物流与资金信息的集成，人们把生产、财务、销售、工程技术、采购等各个子系统集成为一个一体化的系统，并称为制造资源计划（Manufacturing Resource Planning）系统，英文缩写还是 MRP，为了区别于物料需求计划（其缩写也为 MRP）而记为 MRPII。MRPII 作为一种现代化的管理思想和方法，是现代管理技术、信息技术和计算机技术的综合应用。MRPII 的管理思想正确反映了企业生产、供销等管理活动与人、财、物等资源的内在逻辑关系，对企业管理有着广泛的适用性。

随着经营管理的不断进步，MRPII 也得到了很大的发展和完善。现代的 MRPII 管理模式具有计划的一贯性和可行性、管理系统性、数据共享性、动态应变性、模拟预见性、物流和资金流的统一性等特点。

MRPII 的基本思想就是把企业作为一个有机整体，从整体最优的角度出发，通过运用科学方法对企业各种制造资源和产、供、销、财务各个环节进行有效的计划、组织和控制，使它们得以协调发展，并充分发挥作用。MRPII 的逻辑流程如图 9-5 所示。在流程图的右侧是计划与控制的流程，它包含了决策层、计划层和执行控制层，可以理解为经营计划管理的流程；中间是基础数据，要存储在计算机系统的数据库中，并且可以反馈调用，这些数据信息的集成，把企业各个部门的业务沟通起来，可以理解为计算机数据库系统；左侧是主要的财务系统，列出应收账款、总账和应付账款。各条连接线表明信息的流向及相互之间的集成关系。

二、MRPII 管理模式的特点

MRPII 的特点可以从以下几个方面来说明，每一项特点都含有管理模式的变革和人员素质或行为变革两方面，这些特点是相辅相成的。

1. 计划的一贯性与可行性

MRPII 是一种以计划为导向的管理模式，计划层次从宏观到微观、从战略到战术、由粗到细逐层优化，但始终保证与企业经营战略目标一致。它把通常的三级计划管理统一起来，即将计划编制工作集中在厂级职能部门，车间班组只能执行计划、调度和

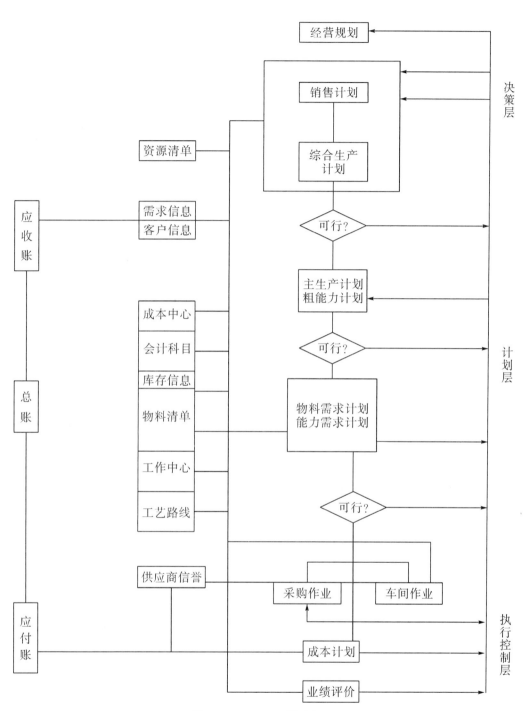

图 9 - 5　MRPII 逻辑流程图

反馈信息。在计划下达前反复验证和平衡生产能力，同时根据反馈信息及时调整，处理好供需矛盾，保证计划的一贯性、有效性和可执行性。

2. 管理的系统性

MRPII 是一项系统工程，它把企业所有与生产经营直接相关的部门的工作连接成一个整体，各部门都从系统整体出发做好本职工作，每个员工都知道自己的工作质量同其他职能的关系。这只有在"一个计划"下才能成为系统，条块分割、自行其是的局面应被团队合作所取代。

3. 数据共享性

MRPII 是一种制造企业管理信息系统，企业各部门都依据同一数据信息进行管理，任何一种数据变动都能及时地反映给所有部门，做到数据共享。在统一的数据库支持下，按照规范化的处理程序进行管理和决策，改变了过去那种信息不通、情况不明、盲目决策、相互矛盾的现象。

4. 系统的可调控性

MRPII 是一个闭环系统，它要求跟踪、控制和反馈瞬息万变的实际情况，管理人员可随时根据企业内外环境条件的变化迅速作出响应，及时调整决策，保证生产正常进行。它可以及时掌握各种动态信息，保持较短的生产周期，因而有较强的应变能力。

5. 模拟预见性

MRPII 具有模拟功能。它可以解决"如果这样……将会怎样"的问题，可以预见在相当长的计划期内可能发生的问题，事先采取措施消除隐患，而不是等问题已经发生了再花几倍的精力去处理。这将使管理人员从忙碌的事务堆里解脱出来，致力于实质性的分析研究，提供多个可行方案供领导决策。

6. 物流、资金流的统一

MRPII 包括了成本会计和财务功能，可以由生产活动直接生成财务数据，把实务形态的物料流动转换为价值形态的资金流动，保证生产和财务数据一致。财务部门把及时得到的资金信息用于控制成本，通过资金流动状况反映物料经营情况，随时分析企业的经济效益，参与决策，指导和控制经营和生产活动。

以上几个方面的特点表明，MRPII 是一个比较完整的生产经营管理计划体系，是实现制造企业整体效益提高的有效管理模式。

三、MRPII 系统实施过程中的几个关键问题

1. 上层管理人员全力积极支持和参与，并准备好组织实施的领导机构，规划好各项活动

由于 MRPII 系统对企业竞争优势具有重大影响，最高管理层必须从战略高度考虑其影响。高层管理者开始组织实施这项工作前必须弄清以下几个问题：该系统增加企业竞争力吗？它是否影响企业组织和文化？该系统实施的范围是什么？还可用其他更好的系统来满足企业发展需要吗？一旦决定，高层管理者必须介入 MRPII 系统实施过程中，配备强有力的领导机构，制定科学合理和稳妥的规划，不断监督项目的进程，积极解决利益、权力等冲突，让不同组织中的每个人都具有共同努力方向和合作精神。MRPII 系统成功实施表明，其成功完全依赖最高管理层的强有力的支持。

2. 实施人员对现行企业管理业务流程清晰了解，成功进行管理业务流程再造

MRPII 系统实施研究表明，即使是最好的 MRPII 软件系统也仅能满足企业组织运行的 70% 的需要，企业必须改变它的业务流程以符合 MRPII 系统要求，或修改软件以

适合企业组织的需要。一个先进成熟的 MRPII 系统，是建立在系统所遵循的最优运作实践上的，修改软件可能会使系统运行存在许多不确定问题，如科学合理性、升级换代等，增加系统寿命周期内实施总费用。实施 MRPII 系统涉及把企业现存的业务流程进行改造，在一个企业内所有的流程图和对外接口必须符合 MRPII 系统模块的要求。

3. 管理人员清晰知道采用 MRPII 系统可以提高供应链一体化的程度，而且每一环节的工作质量直接影响整个供应链的运行效率

实施 MRPII 系统与电子商务相结合的供应链管理企业，常常面临贯穿供应链的各信息共享和控制问题。一方面，对企业外部环境而言，虽然各供应商极其关注共享和控制信息对象，但又不希望其竞争对手看到订货价格和数量等信息，担心分享这些信息有损于它们的业务；另一方面，各业务单元所犯错误及工作波动影响会实时传递到其他环节，可能使原来所犯的错误波及整个企业价值链，企业需要信任其合作者，并相互协调和支持工作，才能使 MRPII 系统运行有效。

4. 聘用合适的咨询顾问和机构是 MRPII 系统成功实施的重要保证

企业与软件供应商之间存在直接的利益关系，但往往相互缺乏信任。用户提出要求常常具有合理和不合理、现实和未来特征，这需要第三者站在公正立场对其进行处理。MRPII 系统实施具有很强行业专业性、技术性和人际关系处理技巧，企业和软件供应商很难有充裕时间和资源来配备所需的各方面专业人员，但咨询公司可以提供相应咨询人员。

5. 制订详尽的、科学合理的实施计划，控制实施过程中项目实施的时间和资源

MRPII 系统涉及面很广，系统以功能模块形式开发，并存在相互处理逻辑关系，绝大多数企业可以分阶段分模块实施。实施的时间长短主要取决于以下因素：被实施的模块数量、实施的范围、修改软件的程度以及其他应用软件系统接口数量等。这需要企业制订出科学合理的实施计划，以协调相互关系和实现资源综合利用。所需修改的软件程序越多，实施软件所需的时间就越长，维护它所需的费用就越高。若选择更先进的管理技术，可减少实施的时间和提高工作效率。

6. 企业应选择合适的员工参与 MRPII 系统的实施

目前，大多数咨询公司一般都提供关于选择内部员工参加项目的综合纲领，企业应认真选择参加项目工作的人员。对系统项目的需要缺乏正确的理解、企业实施人员没有能力领导和参与，常常是 MRPII 系统项目失败的主要原因。企业各级管理者应考虑到 MRPII 系统的实施是组织发展的关键步骤，应配备最好的员工参加项目实施。

7. 开展有效教育与培训活动，真正认识到这项工作对整个系统正常运行的重要性

培训员工和使员工适应 MRPII 系统是一项重要工作。企业员工是保证 MRPII 系统实施和正常运行的关键。绝大多数一线工人没有经过培训将不能适应新系统的要求，他们需要清楚他们的数据将怎样影响公司的其他部门。培训的内容主要是 MRPII 工作原理、技术要求和工作职责，如果员工缺乏计算机基础知识或对计算机有恐惧感，这一"知识的传播"将变得艰难。因此，培训人员或咨询人员在 MRPII 系统实施与运行过程中，需要不断对员工进行培训。企业应该通过不断增加培训机会，增强员工技术，提高员工工作责任心，以满足企业和员工应对变化的需求。

第四节　准时制生产方式（JIT）

一、JIT 的产生和发展

JIT 的产生源于 1976 年爆发的全球石油危机及由此所引起的日益严重的自然资源短缺，这对于当时靠进口原材料发展经济的日本冲击最大。生产企业为提高产品利润，增强公司竞争力，在原材料成本难以降低的情况下，只能从物流过程寻找利润源，降低由采购、库存、运输等方面多产生的费用，这一思路最初为日本丰田汽车公司的丰田英二和大野耐以"看板"管理的方式提出，并应用到生产中去，取得了意想不到的效果。随后，许多其他日本公司也采用这一管理技术，为日本经济的发展和崛起做出了重要贡献。

日本企业的崛起，引起西方企业界的普遍关注。西方企业家追根溯源，认为日本企业在生产经营中采用 JIT 技术和管理思想，是其在国际市场上取胜的基础。因此，20 世纪 80 年代以来，西方经济发达国家十分重视对 JIT 的研究和应用，并将它应用于生产管理、物流管理等方面。有关资料显示，现在绝大多数美国企业都应用 JIT。因为 JIT 已从最初的一种减少库存水平的方法，发展成为一种内涵丰富，包括特定知识、原则、技术和方法的管理科学。

二、JIT 的基本原理

JIT 是针对传统的大量生产而言的，它打破了传统的金字塔式的分层管理模式，将产品开发、生产和销售结合起来，使松散脱节的生产各部门紧密地结合起来。它的基本思想就是杜绝在生产待工、多余劳动、不必要搬运、加工不合理、库存及不良品返修等方面的浪费，以降低生产成本，达到零故障、零缺陷、零库存。

JIT 的基本原理是以需定供。它的基本思想可用一句话来概括，即"只在需要的时候，按需要的量，生产需要的产品"，这种生产方式的核心是追求一种无库存或使库存达到最小的生产制造系统，为此而开发了包括"看板"在内的一系列具体方法，并逐渐形成了一套独具特色的生产经营体系。即供方根据需方的要求，将物品配送到指定的地点，不多送也不少送，不早送也不晚送，所送品种要个个保证质量，不能有任何废品。具体来说，就是系统的上一道工序的加工品种、数量和时间由下一道工序的需求决定，零部件供应商的品种、数量和交货时间由生产组装的进度需要来决定，从而做到生产过程的每一个阶段或工序，在制品的移动以及供应商的交货均能符合时间和数量的要求，即在适当的时间供应所需的数量。理论上说，这样就意味着在生产的每一个阶段或工序上都不会出现闲置的零部件，从而就不会产生库存，因此，JIT 往往被称为零库存生产方式。实际上，在实践中做到绝对零库存是不可能的，但是 JIT 强调及时服务、过硬品质、消除浪费和库存减少到尽可能低的水平。JIT 原理虽然简单，但是内涵丰富，具体有四个方面。

（1）品种配置上，保证品种有效性，拒绝不需要的品种；

（2）数量配置上，保证数量有限性，拒绝多余的数量；

（3）时间安排上，保证所需时间，拒绝不按时的供应；

（4）质量管理上，保证产品质量，拒绝次品和废品。

三、JIT 的构成

JIT 着眼的是整个生产过程，而不是个别或几个工序。其基本理念是彻底清除浪费，采用拉动的概念，通过及时化和目标管理使库存减少到尽可能低的水平，主要包括消除质量检测环节和返工现象，消除零件不必要的移动和消灭库存等方面。

（一）实现准时生产的关键是实现及时供应

企业在实施 JIT 时，一个重要环节就是减少库存、缩短生产周期，要做到这两点，采购及供应的管理至关重要。事实上，控制、减少原材料的库存，缩短原材料的交货周期，在原材料供应过程中实施 JIT 即及时供应，相对企业内部实施 JIT 生产来说见效更快，而且实施起来更容易。这一方面能为本企业实施 JIT 打下基础，另一方面也能推动企业整体供应链的优化。准时供应的目的是降低原材料库存、缩短原材料交货周期，其基本出发点就是要将库存由"下游"转移到"上游"，即从本企业转移到供应商处。供应商为了保证供应、满足顾客的需要，要么保持适量的成品库存，要么改变工作方法，也采取 JIT 生产，随时通过生产及时将产品供应给顾客，并将原材料库存的压力进一步传递给"上游"供应商。因此，要在供应商与企业之间开展准时供应的基本思路是：将本企业的原材料库存压缩到最低甚至取消库存，说服供应商提高送货率，减少每次送货量，并尽量做到随要随到、要什么送什么。

（二）均衡化生产和标准作业是 JIT 生产制的重要手段

均衡化生产就是要求同一生产线上每日均衡地生产多种多样的产品，企业产品的种类越多，均衡化生产就越繁杂，越难实现。为了消除生产高低起伏不定的现象，防止生产过量和工序过快，不仅生产的数量和品种要均衡化，计划也要均衡化，并且具有灵活性，即应使现场易于改变生产计划和熟悉改变了的计划。均衡化生产计划可分为两个阶段：第一阶段是根据年度内月需求变化所做的调整制订出月度生产计划，以决定各厂各工序的日平均生产量；第二阶段是根据月内每日需求变化所做的调整，制订出每日各种产品投入的顺序计划。为实现生产周期的缩短，可由单件流动的生产来实现或靠缩短小批量生产作业变换时间来实现，各种部门部件都可以单件流动生产，但在冲压、铸造、锻造等工序可实行约一天用量的小批量生产，可通过尽量缩短作业变换时间来缩短生产周期，以实现适时、均衡、高效生产。

标准作业是在标准时间内，一个作业者担当的一系统多种作业内容标准化而成的"作业配合"，以完成在标准时间内单位产品所需的全部加工作业。标准作业包含周期时间、作业程序、标准手头存货量三要素。周期时间是指生产一件工件或单位产品需要的时间；作业程序是指操作工人加工工件时，运送工件、在机器上装卸工件、按时间先后顺序进行作业的程序；标准手头存货量是指工序内开展作业所必需的待加工的数量。标准作业是使单件流动生产成为可能的前提。

(三) 作业人员的弹性配置

在劳动费用越来越高的今天，降低劳动费用是降低成本的一个重要方面。达到这一目的的方法是"少人化"。所谓少人化，是指根据生产量的变动，弹性地增减各生产线的作业人数，以及尽量用较少的人力完成较多的生产。这里的关键在于能否将生产量减少了的生产线上的作业人员数减下来。这种"少人化"技术不同于传统的生产系统中的"定员制"，是一种全新人员配置方法。实现这种少人化的具体方法是实施独特的设备布置，以便能够在需求减少时，将作业所减少的工时集中起来，以削减人员。但从作业人员的角度来看，这意味着标准作业中的作业内容、范围、作业组合以及作业顺序等的一系列变更。因此，为了适应这种变更，作业人员必须是具有多种技能的"多面手"。

(四) 实现 JIT 的重要手段——看板管理

看板管理作为一种生产管理的方式，在生产管理史上是非常独特的，看板管理也可以说是 JIT 生产方式最显著的特点，但绝不能把 JIT 生产方式与看板管理等同起来。看板只有在工序一体化、生产均衡化、生产同步化的前提下才有可能运用。如果错误地认为 JIT 生产方式就是看板管理，不对现有的生产管理方法作任何变革就单纯地引进看板管理，是不会起到任何作用的。所以，在引进 JIT 生产方式以及看板管理技术时，最重要的是对现存的生产系统进行全面改革。

1. 看板的机能

（1）生产以及运送的工作指令。看板中记载着生产量、时间、方法、顺序以及运送量、运送时间、运送目的地、放置场所、搬运工具等信息，从装配工序逐次向前工序追溯，在装配线将所使用的零部件上所带的看板取下，再去前工序领取。"后工序领取"以及"合时适量生产"就是这样通过看板来实现的。

（2）防止过量生产和过量运送。看板必须按照既定的运用规则来使用，规则是"没有看板不能生产，也不能运送"。根据这一规则，看板数量减少，则生产量也相应减少。由于看板所表示的只是必要的量，因此通过看板的运用能够做到自动防止过量生产以及适量运送。

（3）进行"目视管理"的工具。看板的另一条运用规则是"看板必须在实物上存放"，前工序按照看板取下的顺序进行生产。根据这一规则，作业现场的管理人员对生产的优先顺序能够一目了然，易于管理。并且只要见到看板，就可知道后工序的作业进展情况、库存情况等。

（4）改善的工具。在 JIT 生产方式下，通过不断减少看板数量来减少在制品的中间储存。在一般情况下，如果在制品库存较高，即使设备出现故障、不良品数目增加也不会影响到后工序的生产，所以容易把这些问题掩盖起来。而且即使有人员过剩，也不易察觉。根据看板的运用规则之一"不能把不良品送往后工序"，后工序所需得不到满足，就会造成全线停工，由此可立即使问题暴露，从而可以立即采取改进措施来解决问题。这样，通过改进活动不仅使问题得到了解决，也使生产线的"体质"不断增强，带来了生产率的提高。JIT 生产方式的目标是要最终实现无储存生产系统，而看板提供了实现这个目标的有效工具。

2. 看板的种类

看板的种类如下：①在制品看板，包括工序内看板和信号看板。②领取看板，包括工序间看板、对外订货看板和临时看板。

四、质量保证体系

通常认为，质量与成本之间是一种负相关关系，即要提高质量，就得花人力、物力来予以保证。但在 JIT 生产方式中，却一反常态，通过将质量管理贯穿于每一工序之中来实现提高质量与降低成本的一致性，具体方法是"自动化"。这里所讲的"自动化"是指融入生产组织中的这样两种机制：①使设备或生产线能够自动检测不良产品，一旦发现异常产品或不良产品可以自动停止设备运行的机制。为此，在设备上开发、安装了各种自动停止装置和加工状态检测装置。②生产第一线的设备操作工人发现产品或设备的问题时，有权自动停止生产的管理机制。依靠这样的机制，不良产品一出现马上就会被发现，防止了不良产品的重复出现或累积出现，从而避免了由此可能造成的大量浪费。而且，一旦发生异常，生产线或设备就立即停止运行，比较容易找到发生异常的原因，从而能够有针对性地采取措施，防止这类异常情况的再发生，杜绝类似不良产品的再生产。这里值得一提的是，通常的质量管理方法是在最后一道工序对产品进行检验，尽量不让生产线或加工出现停止。但在 JIT 生产方式中，却认为这恰恰是使不良产品大量出现或重复出现的"元凶"。因为发现问题后不立即停止生产的话，问题得不到暴露，以后难免会出现类似的问题，同时还会出现"缺陷"的叠加现象，增加最后检验的难度。而一旦发现问题就使其停止，并立即对其进行分析、改进，久而久之，生产存在的问题就会越来越少，企业的生产素质就会逐渐增强。

五、生产的现场管理方法

仅仅对生产流程予以持续的改进，还不足以实现准时化生产，还要进一步改进生产流程中的个别活动，以便更好地配合改进的生产流程。在没有库存或低库存情况下生产过程的可靠性至关重要。要保证生产的连续性，必须减少生产准备时间，减少机器检修、待料的停工时间，减少废品的生产。因此，必须在实施准时生产方式中开展以"5S"、定置管理、全面生产维修（TPM）、目视管理等为内容的系统改进，从而将JIT 的精神灌输给现场每个人，并得以在生产中全面实施。

（一）"5S"法

"5S"法又称"五常法"，即常整理、常整顿、常清扫、常清洁和常修养。常整理就是经常清理有用、无用的东西，并将无用的东西处理掉；常整顿就是将有用的东西有秩序地放在应该放置的地方，以便随时使用，用完后立即放回原处；常清扫就是经常清扫自己的工作场所；常清洁就是永远保持自己工作场所的整洁及有序；常修养就是培养操作人员自觉维持现场整洁的习惯。

对全体员工进行"5S"理念培训,接着将工厂区域依据责任范围进行划分,确定检查考核制度,然后从清理清洁开始正式展开。清洁不仅仅是打扫卫生,随时维持生产现场所有区域、场所(包括设备、工具本身)的整洁则是清洁中最简单而又最不容易做到的。首先,工作地面、台面、墙面等要干净,设备、设施、工具、量具、工位器具要内外整洁并处于良好的状态;其次,各种设备设施、场地区域、产品及原材料、在制品等要标识清楚、状态明显,并以不同的油漆颜色、字标、挂牌、印章或贴纸等统一格式予以区分、注明;最后,清洁意味着设备、工具、量具等应润滑良好、计量校准正确等。

(二)定置管理

定置管理就是对生产现场进行定置,让所有的东西如设备、原材料、各工序在制品、废品、返工品、待检品、辅助材料、工具、工位器具、量检具、工艺文件、质量记录、生产基础设施等各就各位——将它们固定在应有的位置以供随时使用。定置要同工艺流程的合理布局与改进结合起来,工艺流程应尽量缩短工序间距离,避免物流"迂回"及回流、逆流。对组装线,应用工业工程技术,通过工序作业分析和工序平衡将原来的机群式作业改变为流水线,将不同产品的换型夹具等采取平面定置的方式重新布局,这样不仅大大缩短生产周期,降低在制品或成品库存,还将大大缩短更换产品型号的时间,极大地提高生产的柔性。生产计划、生产进度、质量状态等要用图表、看板、显示板等随时更新并显示出来,做到一目了然。

(三)全面生产维修(TPM)

TPM是消除停机时间最有力的措施,包括例行维修、预测性维修、预防性维修和立即维修四种维修方法,它的目标是零缺陷、无停机时间。要达到此目标,必须致力于消除产生故障的根源,而不仅仅是处理好日常出现的问题。工人不仅要对自己所生产的产品的质量、产量负责,还要对设备的日常养护、维修负责,同时注意设备的定期维修、检查、易损件更换等,使设备故障停机率降低到最低,以防患于未然,避免生产因设备故障而停顿。力求做到减少设置、调试时间,提高标准的模架、定位销以减少换模、装模时间;保证设备设置与调试时相应的材料与工具到位;强化设置调试人员的培训,使其工作规范化、动作标准化;采用快速接头,对相应的水、电、汽等管线使用不同的颜色标识;在首次设置与调试过程中相关的设计、制作人员要共同参与。

(四)目视管理

所谓目视管理,是指生产现场的所有工作人员具有及时发现生产过程中出现的问题、查明原因并加以改善的责任和能力。具体的方法是在生产线每道工序上安装具有红、黄、绿三种颜色的指示灯:绿灯亮表示生产线作业正常;黄灯亮表示该工序作业进度落后,需要支援,同时就会有其他员工来支援,消除作业瓶颈;红灯亮表示出现异常情况,要求停止生产线作业,找出原因并加以改善,这样就不会造成其他工序继续作业而导致出现大量产成品等待库存的现象。同时,各个工序共同协作来解决问题,能赋予员工高度的责任心，有利于发挥团队精神，防止出现不良品，避免发生在库制成品库存等。

六、JIT 成功实施的条件与步骤

（一）JIT 实施的条件

1. 完善的市场经济环境，信息技术发达

要有效地实施 JIT，必须有良好的经济环境，市场体制完善。这样供应链上的企业就能按照市场规则运作，确保在理念上的一致。另外，实施 JIT，信息技术是关键；假如没有先进的信息技术作支撑，就无法确保信息准确、及时和可靠地传递，JIT 的思想就不能有效地落实。

2. 严格拉动的概念

JIT 要求严格按照拉动的概念，以最终需求为起点，以后道作业向前道作业按看板所示信息提取材料（商品），前道作业按看板所示信息进行补充生产。在生产流程的安排上，要求生产制造过程（可推广到整个供应链）保持标准化，即生产制造过程安定化、标准化和同步化，保证从原材料到成品的整个过程畅通无阻，不出现瓶颈现象。这样，不仅可以满足顾客的要求，提高服务水平，而且可以实现低水平的库存，降低成本。

3. 重视人力资源的开发和利用

JIT 要求重视人力资源的开发和利用，这包括对员工进行培训使其掌握多种技能，同时要求给予作业现场员工处理问题的权力，做到不将不良品移送给下道作业，确保产品的质量，实现零缺陷。JIT 还要求企业的所有员工（包括管理者）具有团队精神，共同协作解决问题。

4. 小批量生产

JIT 要求小批量生产。小批量生产的优势在于能减少在制品库存，降低产成品库存，节约库存空间，易于现场管理，当发生质量问题时，容易查找和重新加工。在生产进度安排上允许有一定的弹性，可按要求进行调查，对市场需求的变化能作出迅速及时的反应。同时，小批量生产要求在变换产品组合时，生产线的切换程序简便化和标准化，进而使生产切换速度加快，为此要求供应商能小批量、频繁、及时地供货。

5. 与供货商建立长期可靠的伙伴关系

JIT 要求与供货商建立长期可靠的合作伙伴关系。JIT 要求供应商在需求的时间提供需求的数量。具体说，就是要求供应商能小批量、频繁地运送，严格遵守交货时间。同时要求供应商能对订货的变化作出及时、迅速的反应，具有弹性，因此，必须选择少数优秀的供应商，并与它们建立长期可靠的合作伙伴关系，分享信息资源，共同协作解决问题。

6. 高效率、低成本的物流运输方式

JIT 要求高效率、低成本的物流运输装卸方式，要求供应商小批量、频繁运送。但是小批量、频繁运送将增加运输成本。为了降低运输成本，JIT 要求积极寻找集装机会

（Consolidation Opportunity）。进货集装运送（Inbound Consolidation Delivery）是指把来自多个供应商的小批量集中起来作为一个运输单位进行运送的方法，这样不仅可保证按时交货，还可节约运输成本。另外，需要采用使小批量物品的快速装卸变得容易的设备。

7. JIT 要求企业最高管理层的大力支持

与认为库存是经营所必需的传统管理思想不同，JIT 视库存为企业负债，认为库存是浪费。采用 JIT 要求对企业整体进行改革甚至重建，这需要大量资金投入和时间消耗，也存在着较大的风险。如果没有最高决策层的支持，企业不可能采用 JIT，即使采用了，也可能由于部门间不协调或投入资源不足而不能充分发挥 JIT 的优势。因此，JIT 要求企业最高层的大力支持。

（二）JIT 实施的步骤

建立 JIT 系统需要很长的时间，同时需要企业文化和管理方式发生巨大的变革。实施 JIT 系统的步骤如下：

1. 进行准备工作

实施 JIT 系统的第一步就是要进行人员培训。企业高层管理人员对 JIT 系统的支持是实施 JIT 的首要条件，因此首先必须让他们深刻理解和领会 JIT 思想的实质，明确各自的职责。其次就是对工人进行培训和激励，使企业全员都参与 JIT 系统的建设。

2. 实行全面质量管理

全面质量管理是与 JIT 系统紧密联系的。JIT 系统的各个环节，需要在全面质量管理的思想指导下，才能做到协调一致。也只有在全面质量管理的作用下，才能在每个环节把好质量关，使之尽力实现"零缺陷"，进而实现"零库存"。

3. 对现行系统进行分析

在实施 JIT 系统之前，首先要对现行的制造系统进行仔细分析和解剖，找出现行系统存在的缺陷与不足，明确改进目标。

4. 工艺和产品设计

实施 JIT 要求企业的生产工艺流程具有很强的柔性。目前一些高科技企业成功地把 JIT 与柔性制造系统（FMS）结合在一起，创造了巨大的经济效益。JIT 要求尽可能地采用标准件以降低 JIT 生产系统的复杂性。

5. 使供应商成为 JIT 系统的一部分

供应商能否及时向企业提供优质的材料是 JIT 系统运行的条件。把企业 JIT 系统与供应商的 JIT 系统连接在一起，使供应商成为企业 JIT 系统的一部分，将有利于保证物料供应的及时性和可靠性。

6. 不断改善

JIT 生产系统是一个需要不断改进和完善的开放系统。理想的 JIT 系统的最高目标是"零机器调整时间""零库存""零设备故障"，而这些目标的实现是以企业各项工作不断改进和完善为前提的，因而 JIT 是一个永不停止的过程。

七、JIT 与 MRPⅡ的区别与联系

(一) JIT 生产方式的特点

1. 零库存

用户需要多少就供应多少，不会产生库存，不占用流动资金。

2. 最大节约

用户不需要的商品就不用订购，可避免商品挤压、过时质变等不良品浪费，也可避免装卸、搬运以及库存等费用。

3. 零废品

JIT 能最大限度地限制废品流动所造成的损失。废品只能停留在供应方，不可能配送给客户。

JIT 具有普遍意义，既适用于任何类型的制造业，也适用于服务业中的各种组织。对于发展初期的电子商务，尤可采用和吸收 JIT 技术，以降低物流成本，使物流成为电子商务中的重要利润源。

(二) JIT 与 MRPⅡ的区别与联系

MRPⅡ是美国人提出的适用于大批量生产的管理模式和方法，而 JIT 却是由日本人发明的适用于精益生产的管理技术，这两者的区别与联系如表 9-2 所示：

表 9-2　　　　　　　　　　　JIT 和 MRPⅡ的区别与联系

项目	JIT	MRPⅡ
库存	一种不利因素，应尽一切努力减少库存	一种资产，用来预防预测的误差、机床的故障、供货商延期交货等。其目的是要控制适量的库存
批量	仅生产立即需求的数量，对自制件与外购部件都只下达最小的需求补充量	用某种公式来计算批量，一般对库存费用和生产准备费用进行折中考虑，用某个公式修正得到最佳批量
生产准备时间	使生产准备时间最少。要求最快地更换刀卡具以对生产率的影响最小，或是具备已经完成生产准备的机床。迅速地更换工卡具以实现多批次、小批量生产	用某种公式来计算时间，一般对库存时间和生产准备时间进行折算考虑，用某个公式修正得到最佳生产时间
在制品库存	取消等待加工队列。当出现等待加工队列时，确定发生的原因，并纠正它。在制品库存减少时，说明这一纠正过程是正确的	是需要的投资，当上道工序发生问题时，在制品库存可保证持续地生产
供货商	合作者。他们是协同工作的一部分。把供应商看成是自己的扩展部分	是有矛盾的甲乙关系。一般有多个供货来源，这是一种典型的在供货商间挑拨矛盾以从中获利的方法
质量	废品为零。如果质量不是 100% 合格，则生产就处于困难状态	允许一些废品。记录实际废品数，并用一些公式来预测废品数

表 9 - 2（续）

项目	JIT	MRPII
设备维修	设备稳定并有效地运行。设备的故障要减少至最少	设备维修是必需的。由于允许在制品库存，所以这个问题不是关键
提前期	使提前期压缩。销售、采购及生产管理简化，所以提前期压缩	提前期越长越好

JIT 追求尽善尽美，比如在废品方面，追求零废品率；在库存方面，追求零库存。可以这样说，JIT 的目标是一种理想的境界。和 MRPII 相比，后者更多地考虑了制造业的普遍情况，考虑了较多的不确定因素。在处理这两个不同的理论体系方面，正确的态度是将两者结合起来，依靠 MRPII 奠定基础，逐渐达到 JIT 的水平。

第五节 企业资源计划 （ERP）

随着全球经济一体化的不断深化，全球市场格局、居民消费结构和消费水平都发生了深刻的变化，产品呈现出多样化、个性化、系统化和国际化的特征，这更加大了企业生产与管理的难度。单一改善离散制造环境和流程环境的 MRPII 已经无法满足企业多元化和跨地区的全球化经营管理的要求。伴随网络通信技术的迅速发展和广泛应用，解决问题的出路就是在企业与市场之间建立起有效的闭环系统，形成"面向顾客化生产"，要迅速响应顾客的需求、尽快实现供应链制造（Supply Chain Manufacturing），重新定义供应商、制造商和分销商的业务关系，从产品开发的并行工程发展到各个实体业务的同步运行。

一、企业资源计划（Enterprise Resource Planning，ERP）的产生和发展

ERP 是从 MRPII 发展、演变而来的。1990 年，在美国 Gartner Group 公司分析员 L. Wylie 编写的《ERP：设想下一代 MRPII》（*A Vision of the Next-Generation MRPII*）的分析报告中，针对当时某些软件公司有一些新的软件包问世，需要制定对传统的 MRPII 软件评价的内容，并把具有这些新内容的软件包称为 ERP。为此，Gartner Group 公司拟定了评价核对表（Check List），分技术和功能两个方面。技术方面的主要内容支持多数据库及软件数据库集成，包括采用图像用户界面（GUI）、关系数据库、第四代程序语言、客户机/服务器体系结构。而功能方面主要是从企业经营管理拓展的角度来考察系统，如多行业（离散/流程/分销）、多币种（跨国经营）、生产报告/分析报告图形化、内部集成（设计/核心业务系统/数据采集）、外部集成（客户信息、电子采购）。而把达到这些要求的管理信息系统称为 ERP。

20 世纪 90 年代，Gartner Group 公司以《ERP：设想定量化》（*Quantifying the Vision*）为题发表的会议报告用了大量的篇幅比较详尽地阐述了 ERP 的理念和对今后 3～5 年发展的预测，深刻阐明了 ERP 的实质和定义，是 ERP 发展历史上的一篇极其重要并具有

较高分析水平的文献，使人们对 ERP 的概念有了全新的认识。从功能远景来看，ERP 要涉及整个供应链上所有的制造商、供应商和顾客，因而使生产制造可以更高效地运行。通常通过系统来平衡各个部门或实体的价值标准。制造业将成为 ERP 活动的轴心，并使供应链上的所有支持单位能够像同步工程一样向业务流程同步化转变。为了实现"面向客户"，应把供应商和客户当成企业制造流程的组成部分，搬开部门之间的"路障"，使客户直接同分销商、制造商甚至供应商沟通，从而缩短从客户下达订单到完工交货的周期。这是因为企业如果不能灵活地成为客户的伙伴，将难以生存。

ERP 除了功能方面的扩展（其中有许多是与 MRPII 相同的部门）以外，重要的是通过业务流程重组实现管理的预见能动性。对 ERP 的功能要求实现了"管理整个供应链"，权衡供应链上各个实体的价值，实现对制造、财务、客户、分销和供应的业务流程管理。

在信息技术所起的作用方面，ERP 特别强调面向对象技术，强调通用的界面、数据交换架构和连接，强调开放性和便于用户使用。在互联网技术的应用刚刚开始时，有不少新技术在那时还是无法预见的。在 ERP 应用集成方面将围绕数据库和中间技术来开展。因此，ERP 的范围既包括不同类型的制造业的内部信息集成，也扩展企业外部信息系统。它在企业资源最优化配置的前提下，整合企业内部主要或所有经营活动，包括财务会计、管理会计、生产计划及管理、物料管理、销售与分销等主要功能模块，以达到效率化经营的目标。

二、ERP 研究的发展趋势

ERP 代表了当代最先进的企业生产经营管理模式与技术。随着先进制造技术、信息技术等的不断发展，现行的 ERP 将不断进化。具体发展趋势如下：

（1）ERP 将与制造执行系统（MES）、车间层操作控制系统（SFC）更紧密地结合，形成实时化的 ERP/MES/SFC 系统；

（2）ERP 的供应链管理功能将更强，并进一步面向全球化市场环境；

（3）ERP 将更好地支持多种不同的制造方式，包括流程制造方式；

（4）ERP 将包含基于知识的市场预测、订单处理与生产调度、约束调度功能，具有更强的企业优化能力；

（5）ERP 的工作流程管理功能也将进一步增强，并能支持企业经营过程的重构；

（6）在技术方面，ERP 将以客户/服务器分布式结构、面向对象方法和 Internet 等为核心技术；

（7）当前一些 ERP 软件的功能已经远远超出了制造业的应用范围，成为一种适应性强、具有广泛应用意义的企业管理信息系统，将来 ERP 会进一步从制造部门扩展到全球经济的各个行业；

（8）ERP 的不断发展与完善，最终将导致支持全球化企业合作与敏捷制造、虚拟企业经营的集成化企业管理系统的产生。

三、ERP 的基本原理

(一) ERP 的基本思想

ERP 是在物料需求计划（MRP）和制造资源计划（MRPII）的基础上发展起来的更高层次的管理信息系统。ERP 并不像 MRPII 那样能给出明确的定义，但从管理思想上看，ERP 是在供应链的基础之上扩展了管理的范围。ERP 将企业流程看作一个紧密连接的供应链，其中包括供应商、制造工厂、分销网络和客户等；将企业内部划分为几个相互协同作业的支持子系统，如财务、市场营销、生产制造、质量控制、服务维修、工程技术等，还包括竞争对手的监视管理。通过对供应链上所有环节进行有效的管理，来加速企业的信息流程，提高反应速度，改善决策品质，从管理的深度上为企业提供更丰富的功能和工具。

(二) ERP 的显著特征

1. ERP 是供应链管理（Supply Chain Management）的信息集成系统

ERP 所要达到的一个最基本的目的是将客户、销售商、供应商、协作单位等纳入企业的资源系统，组成企业的基本供应链，按客户不断变化的需求同步组织生产，时刻保持产品的高质量、多样化和柔性。当前企业之间的竞争已不再是一个企业对另一个企业的竞争，而是发展成了企业的供应链之间的竞争。任何企业都是供应链中的一个节点，既是供应商的顾客，又是顾客的供应商。企业从供应商处获取价值，通过自己的生产而增值，然后把价值传给顾客。如果把供应链概念引申，企业内部也有类似的供应链。物资部门是供应商的顾客，又是生产部门的供应商；生产部门是物资部门的顾客，又是销售部门的供应商；销售部门是生产部门的顾客，又是客户的供应商。所以，任何部门都既是供应商又是顾客，都是整条供应链中的一员。

现代化企业为了追求利润最大化，通过收入最大化和成本最小化来扩大利润的理念，无疑是正确的，但是拼命地压低供应商的价格、提高顾客的价格的方式，却严重伤害了供应链上的其他环节，破坏了供应链的平衡。事实证明，这样的策略已经落伍。只有将供应商、顾客等纳入统一的供应链中来，跨越企业的围墙，建立一个跨企业的协作平台，以追求和分享市场机会，这样才能达到双赢或者多赢的局面。因此，基于供应链管理的 ERP 现代化管理信息系统覆盖了从供应商到顾客的全过程，真正以一种清楚的理解和探索的方法去建立供应链，去创造和重塑有着巨大潜力的利益相关者的共同价值。

2. 业务流程重组（Business Process Reengineering，BPR）是 ERP 的重要组成部分

企业业务流程重组对经营过程进行彻底的重新构思、根本性的重新设计，以达到成本、质量、服务和速度等关键性能方面显著的提高，ERP 与企业业务流程重组是密切相关的。在企业供应链上，信息、物料、资金等通过业务流程才能流动，业务流程决定了各种流的速度和流量。为了使企业的业务流程能够预见并适应内外环境的变化，企业的业务流程必须进行改革，这项改革不只局限于企业内部，它把供应链上的所有关联企业与部门都包括进来，是对整个供应链的改革。ERP 的概念和应用已经从企业

内部扩展到企业需求市场和供应市场的整个供应链的业务流程和组织机构的重组。

　　3. ERP 发展的最终目的是实现整个产业系统增值

　　在企业供应链上，除资金流、物流、信息流外，根本的是要有增值流。各种资源在供应链上流动，应是一个不断增值的过程，在此过程中 ERP 要求消除一切无效劳动。在供应链的每一个环节都做到价值增值，因而供应链的本质是增值链（Value Add Chain）。从形式上看，客户是在购买企业提供的商品或服务，但实质是在购买商品或服务带来的价值。供应链上每一环节增值与否、增值的大小都会成为影响企业竞争力的关键因素。各个企业的供应链又组成了错综复杂的整个产业系统的供应链，ERP 发展的最终目的就是使整个系统内的供应链达到最合理的增值。因此，ERP 的发展趋势应由单个企业供应链的管理转向整个产业系统供应链的研究与管理。

四、应用 ERP 的主要优势

（一）系统运行集成化

　　ERP 系统是对企业物流、资金流、信息流进行一体化管理的系统，其应用将跨越多个部门甚至多个企业。系统运行之后，将会实现集成化应用，建立完善的数据库体系和信息共享机制。

（二）企业组织结构优化

　　ERP 的应用首先是优化企业组织结构，减少管理层级，规范企业的内部管理，这就必将增强对整个市场的敏感程度及对市场的反应速度，降低管理成本，大大提高企业对市场的应变能力。

（三）降低企业的综合经营成本

　　ERP 的应用可以降低企业的综合经营成本。如库存管理系统可以为企业建立动态的合理库存，在不出现库存短缺的情况下，尽量减少库存；采购管理系统可以为企业缩短采购提前期，建立更为合理的科学采购周期，从而减少资金占用周期和短货情况；销售管理系统可以为企业决策者提供每天或某段时间各类物品的销售情况、客户应收账款情况，为企业采购、库存提供科学的依据。更为重要的是，ERP 整合了企业集团的综合优势，加强了企业内各部门、各子公司之间的相互协调，使之有机地结合在一起。这样就避免了企业各部门之间各自为政、盲目决策情况的出现，减少了管理上的失误，减少了企业内部因为不协调而出现的资源（包括人力、物力、财力等）浪费。

（四）监控动态化

　　ERP 系统的应用，将为企业提供丰富的管理信息，并可以根据管理需要，利用系统提供的信息资源设计出动态监控体系，及时反馈和纠正管理中存在的问题。对于大型企业及企业集团来说，ERP 的应用可以强化总公司对各部门、各子公司财务经营情况的监管力度，避免了企业内部监管不力造成的损失。同时，ERP 的应用能充分发挥集团优势，可以低成本扩展销售网点，建立覆盖面更为广阔的销售服务网络，从而达到低成本扩大销售市场的目的。

（五）信息共享化

应用 ERP 可以使企业内部各子公司之间、各部门之间、企业与客户之间实现充分的信息共享。企业可以为客户提供高层次的信息化服务，加强企业与客户之间的有机联系，从而赢得客户、赢得市场。

（六）管理改善持续化

ERP 系统的应用和企业业务流程的优化，将会使企业的管理水平明显提高。企业可以依据管理咨询公司提供的企业管理评价指标体系对企业管理水平进行综合评价，了解企业管理水平的改善程度。而评价的过程和结果并不是企业最终的目的，为企业建立一个可以不断进行自我评价和不断改善管理的机制，才是真正的目的。可以说，企业实施 ERP 系统管理，能使企业由过去静态的、片面的、孤立的管理变成动态的、全面的、网络化的理性管理，从而使企业成为一个有机整体，提高企业的盈利能力。

五、ERP 与 MRPII 的关系

（一）MRPII 是 ERP 的一个核心子系统

在 ERP 中，MRPII 只是其中对生产制造进行管理的一个子系统，它和其他功能子系统一起把企业所有的生产场所、营销系统、财务系统结合在一起，可以实现全球范围内多工厂、多地点的跨国经营运作。这样，企业就超越了以物料需求为核心的生产经营管理范畴，能够更有效地安排自己的产、供、销、人、财、物，实现以客户为中心的经营战略。

MRPII 作为生产计划与控制模块，是 ERP 系统不可缺少的核心系统。MRPII 将生产活动中的销售、财务、工程技术等主要环节集成为一个系统，是覆盖企业生产制造活动所有领域的一种综合计划制订工具。MRPII 通过周密的计划，有效地利用各种资源，控制资金占用、缩短生产周期、降低成本、提高生产率，实现了企业综合生产计划的制订，便于实时作出各种决策。

（二）应用环境的扩展

传统的 MRPII 系统把企业划分为几种典型的生产方式来进行管理，如重复制造、批量生产、按订单生产等，对每一种类型都有一套管理标准。近年来，各企业为了适应市场的变化，快速占领市场，获得高回报率，就必须实现柔性制造，转向多角化经营。很多企业的生产方式都是"多品种小批量生产"和"大批量生产"并存，因此，针对离散制造环境和流程环境的 MRPII 系统已无法为企业带来经营与管理的高效。而 ERP 系统则可以很好地支持和管理混合型制造环境，满足企业的这种多角化经营的需求。并且在 ERP 系统中，增加了许多 MRPII 的实时特征，减少了作业批量和转换时间。

（三）模拟分析和决策支持的扩展

MRPII 的实时性较差，一般只能作月度分析，基本上是一种事后、事中控制。而 ERP 系统强调企业的事中和事前控制能力，它是在管理事务及信息集成处理的基础上

为企业计划和决策提供多种模拟功能和财务决策支持系统，使之能对每天发生的事情进行分析；同时可以使设计、计划、制造、质量控制、销售、运输等计划及时滚动，保证这些作业顺利执行；它的财务系统也将不断地收到来自所有业务过程、分析系统和交叉功能子系统发出的信息，监控整个业务过程，快速作出决策；另外它还具有决策分析功能。

（四）技术支持的扩展

网络通信技术的广泛应用，使 ERP 系统得以实现供应链信息集成，加快了信息的传递速度，加强了实时性，扩大了业务的覆盖面和信息的交换量，提高了信息的通畅性，增强了企业的竞争优势，促进了企业业务流程、信息流程和组织结构的改革，推动了 ERP 通过网络信息对内外环境的变化作出能动的反应，为企业进行信息的实时处理和决策提供极其有利的条件。

六、ERP 的基本功能模块

ERP 是将企业所有资源进行集成管理，简单地说是将企业的三大流，即物流、资金流、信息流进行全面一体化管理的信息系统。它的功能模块已不同于以往 MRP 和 MRPII，它不仅可用于生产制造企业的管理，而且可以引入一些非生产制造型、公益事业的组织进行资源计划和管理。在企业中，一般的管理主要包括制造（计划、制造）、物流管理（分销、采购、库存管理）和财务管理（会计核算、财务管理），这三大系统相互之间有相应的接口，需要集成在一起对企业进行管理。另外，随着社会对人力资源管理的重视，越来越多的 ERP 厂商将人力资源管理纳入 ERP 系统，其由此成为一个重要的组成部分。本书以典型的生产制造企业为例介绍 ERP 的功能模块。

（一）财务管理模块

企业中财务管理是极其重要的，所以在整个 ERP 系统中它是不可或缺的一部分。ERP 中的财务模块与一般的财务软件不同，作为 ERP 系统中的一部分，它和系统的其他模块有相应的接口，能够相互集成。例如，它可将由生产活动、采购活动输入的信息自动计入财务模块生成总账、会计报表，取消了烦琐的凭证输入过程，几乎完全替代了传统的手工操作。一般的 ERP 软件的财务部分分为会计核算与财务管理两大块。

1. 会计核算

会计核算的主要职能是核算、反映和分析资金在企业经济活动中的变动过程及其结果。它由总账、应收账、应付账、现金、固定资产、多币制等部分构成。

（1）总账模块。它的功能是处理记账凭证输入、登记，输出日记账、一般用细账及总分类账，编制主要会计报表。它是整个会计核算的核心，应收账、应付账、固定资产核算、资金管理、工资核算、多币制等各模块都以其为中心来互相传递信息。

（2）应收账模块。它是指企业应收的由于商品拖欠而产生的正常客户欠款账，它包括发票管理、客户管理、付款管理、账务分析等功能。它和客户订单、发票生成业务相联系，同时将各项事件自动生成记账凭证，导入总账。

（3）应付账模块。应付账是企业应付购货款等账，它包括发票管理、供应商管理、支票管理、财务分析等。它能够和采购模块、库存模块完全集成以替代过去琐碎的手工操作。

（4）现金管理模块。它主要是对资金流入流出的控制以及零用现金及银行存款的核算。它包括对硬币、纸币、支票、汇票和银行存款管理。在 ERP 中提供了票据维护、票据打印、付款维护、银行清单打印、付款查询、银行查询和支票查询等先进的功能。此外，它还和应收账、总账等模块集成，自动产生凭证，导入总账。

（5）固定资产核算模块。此模块完成对固定资产的增减变动以及折旧、有关基金计提和分配的核算工作。它能够帮助管理者对目前固定资产的现状有所了解，并能通过该模块提供的各种方法来管理资产，以及进行相应的会计处理。它的具体功能有：登录固定资产卡片和明细账、计算折旧、编制报表以及自动编制转账凭证，并转入总账。它和应收账、成本、总账模块集成。

（6）多币制模块。这是为了适应当今企业的国际化经营，对外币结算业务的要求增多而产生的。多币制将企业整个财务系统的各项功能以各种币制来表示和结算，客户订单、库存管理及采购管理等也能使用多币制进行交易。多币制和应收账、应付账、总账、客户订单、采购等各模块都有接口，可自动生成所需数据。

（7）工资核算模块。该模块自动进行企业员工的工资结算、分配、核算以及各项相关费用的计提。它能够登录工资、打印工资清单及各类汇总报表、计提各项与工资有关的费用、自动做出凭证，导入总账。这一模块是和总账、成本模块集成的。

（8）成本模块。它将依据产品结构、工作中心、工序、采购等信息进行产品的各种成本的计算，以便进行成本分析和规划，还能用标准成本或平均成本法进行成本比较分析。

2. 财务管理

财务管理的功能主要基于会计核算的数据，再加以分析，从而进行相应的预测、管理和控制活动。它侧重于财务计划、控制、分析和预测。

（二）生产制造管理模块

这一部分是 ERP 系统的核心所在，它将企业的整个生产过程有机地结合在一起，使得企业能够有效地降低库存，提高效率。同时各个原本分散的生产流程自动连接，也使得生产流程能够前后连贯地进行，而不会出现生产脱节，耽误生产交货时间。生产控制管理是一个以计划为导向的先进的生产管理方法。企业首先需要确定总生产计划，再经过系统层层细分，下达到各部门去执行，生产部门以此组织生产，采购部门按此采购等。

1. 主生产计划（MPS）

这是根据生产计划、预测和客户订单的输入来安排将来的各周期中应提供的产品种类和数量的进度计划，它是一个将生产计划转为产品计划并在平衡了物料和能力的需要后可以得到的精确的进度计划。它是企业在一段时期内安排的总活动，是一个稳定的计划，是通过对生产计划、实际订单和对历史销售分析预测后获得的。

2. 物料需求计划（MRP）

在主生产计划决定最终产品的生产数量后，再根据物料清单，把整个企业要生产的产品的数量转变为所需生产的零部件的数量，并比照现有库存量得到还需加工多少、采购多少零部件的最终数量。

3. 能力需求计划（RCP）

它是在得出初步的物料需求计划之后，将所有工作中心的总工作负荷与工作中心的能力平衡后所产生的详细工作计划，用以确定生成的物料需求计划以企业生产能力来衡量是否可行。能力需求计划是一种短期的、当前实际应用的计划。

4. 车间控制

这是随时间变化的动态作业计划，它是将作业分配到具体各个车间，然后再进行作业排序、作业管理、作业监控。

5. 产品数据管理

在编制计划中需要许多生产基本信息，即制造标准，包括零件、产品结构、工序和工作中心都需要以唯一的代码在计算机中加以识别。

（1）零件代码是对物料资源的管理，对每种物料给予的唯一的代码识别；

（2）物料清单是定义产品结构的技术文件，是用来编制各种计划的基础文件；

（3）工序是描述加工步骤及制造和装配产品的操作顺序，它包含加工顺序，指明各道工序的加工设备及所需的额定工时和工资等级等；

（4）工作中心是由相同或相似工序的设备和劳动力组成的进行生产进度安排、核算能力、计算成本的基本单位。

（三）物流管理模块

1. 分销管理

销售管理包括对产品的销售计划、销售地区、销售客户各种信息的管理和统计，并可对销售数量、金额、利润、绩效、客户服务作出全面分析。分销管理模块大致有以下三方面的功能：

（1）客户信息管理和服务。它能建立一个客户信息档案，进行分类管理，进而进行有针对性的客户服务，以便最有效地保留老客户、争取新客户。在这里，要特别提到的是最近新出现的客户关系管理（CRM）软件，ERP 与它的结合必将大大增加企业的效益。

（2）对销售订单的管理。销售订单是 ERP 的入口，所有的生产计划都是根据它下达并安排生产的。销售订单的管理贯穿在产品生产的整个流程之中。它包括：客户信用审核及查询（客户信用分级，用来审核订单交易）；产品库存查询（决定是否要延期交货、分批发货或用代用品发货等）；产品报价（为客户作不同产品的报价）；订单输入、变更及跟踪（订单输入后，变更的修正及订单的跟踪分析）；交货期的确认及交货处理（决定交货期和发货事务安排）。

（3）对销售的统计与分析。系统根据销售订单的完成情况，依据各种指标作出统计，比如客户分类统计、销售代理分类统计等，再就这些统计结果对企业实际销售效果进行评价。

2. 库存控制

用来控制库存物料的数量，以保证有稳定的物流支持正常的生产，同时又是最小限度地占用资本。它是一种相关的、动态的、真实的库存控制系统。它能够结合、满足相关部门的要求，随时间变化动态地调整库存，精确地反映库存现状。这一系统的功能有：

（1）为所有的物料建立库存，决定何时订货采购，同时作为采购部门进行采购的依据，作为生产部门执行生产计划的依据。

（2）收到订购物料，经过质量检验后入库。当然，生产的产品也同样要经过检验才能入库。

（3）收发料的日常业务处理工作。

3. 采购管理

确定合理的订货量、优秀的供应商，保持最佳的安全储备。能够随时提供订购、验收的信息，跟踪和催促外购或委托外加工的物料，保证货物及时到达。建立公司档案，用最新的成本信息来调整库存成本。

（四）人力资源管理模块

以往的 ERP 系统基本上都是以生产制造及销售过程（供应链）为中心的。近年来，企业内部的人力资源管理越来越受到企业的关注，并被视为资源之本。人力资源作为一个独立的模块，被加入到了 ERP 系统中，它和 ERP 中的财务、生产系统组成了一个高效的、具有高度集成性的企业资源系统。它与传统方式下的人事管理有着根本的不同。

1. 人力资源计划的辅助决策

此功能对于企业人员、组织结构编制的多种方案进行模拟比较和运行分析，并辅之以直观的图形评估，辅助管理者作出最终决策。制定职务模型，包括职位要求、升迁路径和培训计划，根据该职位员工的资格和条件，系统会提出一系列的职位变动或升迁建议。进行人员成本分析，可以对过去、现在、将来的人员成本作出分析及预测，并通过 ERP 集成环境，为企业成本分析提供依据。

2. 招聘管理

人才是企业最重要的资源。有了优秀的人才，才能保证企业持久的竞争力。人才是招聘来的，所以对人才招聘的管理很重要。ERP 系统可以进行招聘过程的管理，优化招聘过程，减少业务工作量；同时对招聘的成本进行科学管理，从而降低招聘成本；为选择聘用人员的岗位提供辅助信息，并有效地帮助企业进行人力资源的管理。

3. 工资核算

工资核算功能模块能根据公司跨地区、跨部门、跨工种的不同工资结构及处理流程显示与之相适应的工资核算动态；同时具有核算功能，通过和其他模块的集成，根据要求自动调整工资结构及数据。

4. 工时管理

工时管理根据本国或当地的日历，安排企业的运作时间及劳动力的作息时间；运用远程考勤系统，可以将员工的实际出勤状况记录到主系统中，并把员工的工资、奖金有关的时间数据导入工资系统和成本核算中。

5. 差旅核算

系统能够自动控制差旅申请、批准和报销整个流程，并且通过集成环境将数据导入财务成本核算模块中去。

（五）ERP 的扩展功能模块

一般 ERP 软件提供的最重要的三个扩展功能模块是：供应链管理（SCM）、客户关系管理（CRM）以及电子商务（E-Business，EB）。

1. 供应链管理（SCM）模块

SCM 是将从供应商的供应商到顾客的顾客的物流、信息流、资金流、程序流、服务和组织加以整合化、实时化、扁平化的系统。SCM 系统可分为三个部分：供应链规划与执行系统、运送管理系统、存储管理系统。

2. 客户关系管理（CRM）模块

CRM 是用来管理与客户有关的活动，它能从企业现存数据中挖掘关键的信息，自动管理现有顾客和潜在顾客的数据。CRM 通过分析、整合企业的销售、营销及服务信息，协助企业提供客户化的服务及实现目标营销的理念，以此可以大幅改善企业与客户的关系，带来更多的销售机会。目前，提供前端功能模块的 ERP 厂商数、相关的功能模块数都不多，且这些厂商几乎都是将目标市场锁定在金融、电信等拥有顾客数目众多、需要提供后续服务多的几个特定产业。

3. 电子商务（EB）模块

产业界对电子商务的定义存在分歧。电子商务一般具有共享企业信息、维护企业间关系以及产生企业交易行为三大功能的远程通信网络系统。有学者进一步将电子商务分为企业与企业间（B2B）、企业与个人（消费者）间（B2C）的电子商务两大类。目前，ERP 软件供应商提供的电子商务应用方案主要有三种：一是提供可外挂于 ERP 系统下的 SCM 功能模块，如让企业依整合、实时的供应链信息去自动订货的模块，以协助企业推动企业间的电子商务；二是提供可外挂于 ERP 系统的 CRM 功能模块，如企业建立经营网络商店的模块，以协助企业推动其与个人间的电子商务；三是提供中介软件来协助企业整合前后端信息，使其达到内外信息全面整合的境界。

七、ERP 与电子商务

（一）电子商务

电子商务是企业通过 Internet 来拓展要素市场和消费市场、采购投入口以及销售产出口或服务的一种全新交易模式。它不仅追求网站点击率，还追求网点交易率、企业整体竞争力和经济效率。它有如下特点：一是商品和货币的数字化或符号化；二是交易过程的电子化、无纸化和购买行为的个性化；三是市场的网络化、一体化和边际化；

四是超越时空，异地交易。企业使用电子商务非常重要。因为它可以减少流通环节，降低交易成本，加快资金周转和库存周转；提高市场营销能力，拓展国内外市场；方便客户信息记录，改善客户服务体系，增强客户关系管理；促进企业从面向生产的管理转向面向市场的管理。

在电子商务中，B2B 是发展的重点。作为一个开发的交易平台，它突破了地域、时空的限制和市场机会的壁垒，加快了信息流动的进程，简化了传统模式下层层流转的方式，减少了部分中间环节，降低了交易成本，使企业的业务流程发生了巨大的变化，企业只需非常低的成本即可建立全球市场，给传统的商务模式带来了巨大的冲击。

(二) ERP 与电子商务相辅相成

电子商务与 ERP 有着千丝万缕的联系：网上接到一个订单，企业的生产系统如何作出反应？网上售出一件产品，企业的财务系统怎样记账？B2B 的每一个动作都会与 ERP 发生联系，可以说 ERP 系统建设得如何，将直接影响到 B2B 的成功与否。电子商务的发展迫切需要后台 ERP 的有力支持，需要确定是通过中间软件还是在原有的基础上增设模块，只要企业内部的前后端无缝整合可行，实现网络化的订单输入和报价就成为可能，相当于原来对销售人员开放的前端软件延伸到了网络上。企业的现实客户或潜在客户只要从网络界面上获得相关信息（产品目录、单价、折扣和库存），就可决定是否下订单。客户从网络上输入的订单正如销售人员输入的订单一样，这些信息可立刻传输到后台 ERP，ERP 经过计算，把订单总价、订单号码和折扣金额等信息再传回网络界面，客户收到信息后，就可随时通过呼叫中心继续追踪这笔订单。

电子商务的发展，也使企业管理的内涵得到了延伸，除了传统的财务、库存、销售、采购、生产等管理以外，涉及整个企业价值链的许多环节也被要求进入管理范畴。客户关系管理系统是一个实例。随着市场竞争的日益加剧，企业的产品和服务本身已很难分出绝对优劣，谁能把握客户需求，谁就能取得竞争优势。客户、供应商以及合作伙伴连成一片的价值链已经成为企业间竞争的核心，包括供应商和合作伙伴的关系管理和发掘，拓展了传统 ERP 的概念和范畴。

(三) ERP 和电子商务的关系剖析

1. 基于供应链的兼容性

企业中存在三种流：物流、资金流和信息流。信息流反映了物资和资金流动前、流动中和流动后的状况。与三种流对应分别存在三条供应链：物资链、资金链和信息链。市场营销部通过网络 ERP 软件及时准确地掌握客户订单信息，并按时间、地点、客户统计出产品的销量和销售速度，然后对这些数据进行加工和分析，从而对产品需求的市场前景作出预测。同时把产品需求结果反馈给计划与生产部门，以便安排某种产品的生产和相应投入品的购进。

电子商务主要涉及采购与销售业务，因此应设立两个新部门——网上信息采购部和网上销售部，使企业原有物流和资金流分别增加一个入口和出口，并成为新物流与资金流的一部分。同时通过组织结构和业务流程的重组，电子商务可以纳入供应链中，但网上模式中客户的订单、企业的采购单由网上形成和交付，货币收支也通过网络进行。

2. 侧重点的差异

ERP 系统作用于企业的整个业务流程，它的应用层次有三个：决策层的数据查询与综合分析、中间层的管理与控制、作业层的业务实现。而电子商务主要在于作业层的业务实现以及采购和销售业务的网上实现，也包括为市场营销提供网上辅助手段，如网上广告发布、网上消费问卷调查等。

3. 应用的互补性

根据我国企业目前的条件，企业在引进电子商务时，不完全抛弃传统的采购与销售模式，而是两种模式、两个系统共同存在、互为补充。当然，今后网上模式会越来越占优势。

（四）电子商务与 ERP 的整合实现

电子商务与 ERP 的整合需要有业务流程重组配合，同时也要求应用软件各模块合理划分和有机集成。在实现两者的整合时，ERP 方面应优先考虑采购、生产计划、市场营销、销售、库存、财务等与物流、资金流密切相关的模块；电子商务方面应考虑网站管理模块、网上销售模块、网上采购模块和网上资金管理模块，把两者的模块集成到一起，构成一个新的系统。整合系统要为今后模块的扩充留有接口，在系统设计时要充分考虑到以下方面：

（1）传统销售模式和网上销售都必须对同一产品库存进行减量，两种模式下的销售都必须反映到市场营销部，并在市场营销部进行汇总，为市场需求分析提供数字依据；

（2）传统采购模式和网上采购模式都必须对同一投入品库存进行定量，两种模式下的采购额都必须反映到计划与生产部，并在该部门进行汇总，为市场提供分析数据；

（3）两种模式可以共享投入品编号或产品编号数据库、供应商数据库、客户数据库和其他相关数据库；

（4）两种模式下的资金收入与支出，包括应收应支，都必须反映到财务部，在财务部进行汇总，并作财务指标分析。

由上可知，在两种模式并存的情况下，如果电子商务与 ERP 不进行整合，就很难保证物流、资金流和信息流的有机统一，也很难保证数据的一致性、完善性和准确性。

八、企业间 ERP 互联实现全程电子商务

不同的软件使用不同的操作平台和数据库系统，内部数据的格式也各有不同。这样的企业间的商务数据交流，如订单收发、往来账核销、产品数据交换、库存对账、生产计划协同，都必须加入手工处理，速度降低和差错增加也就不可避免了。怎样使不同的 ERP 产品实现低成本高效率的互通呢？不同的情况有不同的解决方案：

（1）建立和使用一种适合大多数软件的数据标准格式，这些格式包括上面提到的订单、发票、库存实务、产品数据等。

（2）在 ERP 用户端安装数据转换软件，从企业 ERP 软件数据库中提取要发送的数

据并转换成标准格式数据，通过互联网发送。接受方收到标准格式的数据，仍然通过相应的数据转换软件输入数据库，实现数据的互通。

（3）数据的传输以数据包的形式采用电子邮件传输，大大降低实用技术难度和使用成本，数据包技术将数据在发送前封装起来可以避免数据被窃或出错。

（4）对尚未实施 ERP 系统的企业，可以运用一个简单数据界面直接生成标准格式的数据，通过数据发送程序发送。在收到数据的同时，也可以报表形式打印，以此消除使用 ERP 的企业和未使用 ERP 的企业之间的交流障碍，降低企业间电子商务的技术门槛，同时对于未使用 ERP 系统的企业也是一种推动和促进，使企业能够在近日将 ERP 提上议事日程。

（5）在互联网上建立数据交货中心，实现数据的共享和缓存。规模较小的企业可通过 WEB 方式访问数据，实现网上订单，与使用 ERP 系统的企业平等地进行网上交易。

总之，ERP 系统在电子商务的推广过程中起到的作用是巨大的，互联性将大大发挥 ERP 系统的功效，并将使更多的企业纳入其中。

九、ERP 的实施

实施 ERP 系统带来的企业经营手段的进步和巨大的经济效益令人向往。ERP 系统的正确实施，有助于加强企业在不断变化的市场环境中的竞争能力，使企业获得更高的客户满意度。然而，ERP 系统要深入、有效地解决企业经营中现存的和潜在的问题，从而给企业带来巨大的收益。

ERP 系统的实施并不是单纯的软件的应用，而是一个需要考虑到企业发展策略、企业转变管理模式、企业业务流程和企业信息技术四个方面的企业变革过程。ERP 系统的实施必须建立在企业对持续变革过程有明确的认识并决心付诸行动的基础上，必须始终不断地进行企业改革的活动，并把企业策略、人力资源与组织重构、业务流程、信息技术这四个企业经营管理的关键因素和业务集成的思想和方法贯穿始终，以保证新的管理观念能够通过 ERP 系统来体现，同时也要有效地保证 ERP 系统实施能顺利地进行。也就是说，ERP 系统的实施就是企业的持续改革，企业必须认识到，只有持续的改革，才是 ERP 系统的生命力所在，才是企业不断走向成功的根本保证。ERP 系统的实施步骤如下：

（一）策略制定

策略制定需要运用从国内外相关行业的应用案例中获得的宝贵经验及专业知识，从行业和市场的内部机制入手，对企业进行深入的"诊断"，帮助企业认识可能面对的挑战，分析竞争势态，发掘有创意的、行之有效的企业经营策略，用来指导企业及其业务流程的变革。只有通过确定近期的企业发展和经营战略目标，企业才能发现自身存在的问题，才能知道自己需要的到底是什么，才能以此确定企业的运作策略和业务构架。这样，ERP 系统的实施才有发展的基础和成功的前提。

（二）信息技术规划和软件选择

信息技术投资是企业的战略性投资，而信息技术的发展更是日新月异。因此，把握信息技术发展的脉搏，考虑企业未来发展的切实需求，制定一个使用但不至于浪费、成熟且有未来可扩展性能和发展潜力的、积极而周密的信息技术规划，就成为企业信息技术投资能够在其生命周期内提供良好服务的基础。

信息技术规划的任务是根据策略制定阶段确定企业的发展战略和目标，确定相应的信息技术基础架构，包括能够满足企业发展需求的业务应用架构、能够支持企业应用架构并符合信息技术发展趋势的技术架构、能够满足应用和技术架构要求的网络架构、能够管理和维护以及应用以上基础架构的组织。

依据信息技术规划进行 ERP 软件选择。但在购买和实施 ERP 系统之前，企业必须了解各个业务功能的需求和存在的问题哪些是主要的，哪些是次要的，企业希望未来的信息技术基础架构和 ERP 系统帮助自己解决什么样的问题，什么样的 ERP 软件更适合自己的专业。

在对这些问题作出明确回答以前，进行信息技术投资、采购 ERP 软件产品，将会给企业带来无法挽回的损失。有些企业就是因为没有进行必要的信息技术规划和软件选择工作，在软件投入使用以后才发现所选的软件不能很好地满足企业的需要，造成进退两难的局面。

软件选择就是通过以下的工作，为企业选择能够为实现企业战略目标提供支持的、符合信息技术基础架构要求的 ERP 软件产品作为企业改革的一种有效的工具。ERP 软件产品的选择应考虑以下因素：

（1）确定企业各项业务的优化流程；

（2）确定企业业务需求及优先级；

（3）确定适合企业需求的软件选择指标（包括软件功能、软件技术、供应商状况及软件成本等方面的指标）和权重；

（4）充分利用全球信息资源和行业经验，了解软件产品的基本状况；

（5）评价候选软件对企业业务需求的满足程度；

（6）对候选软件进行综合评估。

进行信息技术规划和软件选择工作的另一个重要目的是：在企业各级员工中，对实施 ERP 系统的目的、意义、内容和步骤以及实施过程中可能面对的问题和困难达成一个共识。因为目前市场上任何一种 ERP 软件产品都是考虑了某种通用性能的套装软件。企业在进行 ERP 选择时，必须从整个业务流程的角度统筹考虑业务需求和软件功能之间的匹配。选定的软件总会存在有的业务部门满意而有的业务部门不满意的情况。于是，通过软件选择的过程，让公司各个业务部门都能明确地了解将来所选软件的情况和企业的整体需求，从而在心理上对将要实施的 ERP 系统和具体使用过程中可能遇到的问题和困难做好准备就显得非常重要。

（三）ERP 系统的应用

ERP 系统的应用即是在前两个阶段的基础上，结合企业的具体运作，针对所选择的 ERP 软件的要求和特性，将两者进行有机的融合，也就是在企业业务流程的各个环节上展开具体的工作，如软件初始化设置、数据准备和转换、模拟企业优化后的模型、应用指导和培训、用户实用手册编制、软件试运行和上线等。同时，在这个阶段还需要对企业的业务流程进行系统的优化。

（1）应用过程的计划性。ERP系统的应用根据需要实施软件模块和企业规模的不同，所需时间也不相同。而且应用过程不但要占用企业的大量资金，还要占用企业大量的人力。于是，做好系统应用过程计划就很重要，要明确地计划具体的实施步骤和阶段性的工作范围。同时还要在长期实施经验的基础上，根据不同软件产品内部不同的逻辑关系，安排各模块应用的前后顺序，以做到既能按时、按质、按预算地完成系统应用工作，又能合理地配置各项资源。

（2）实施过程的控制。良好的计划在执行过程中还必须有一个与之配套的监控机制，包括：①项目质量计划的确定。项目质量计划是对项目进行中涉及项目最终质量的各个过程和相关因素进行系统确认、管理与评价的总体安排，用以保证企业管理层的期望得到满足，显在和潜在的质量问题得到确认、控制和解决，质量作业和有关的规定标准和计划得到落实。②系统应用过程的定期检查。在应用过程中需要定期地进行企业中、高管理层会议来检查整个项目是否按预定的计划进行，是否存在影响项目进行的主要困难和障碍，从而对项目实施计划进行必要的和适当的调整。③项目投入和产出的控制。在系统应用的各个阶段和时点上将会有很多项目成果的产出和预期所需的要求，如何控制好这些因素，也是影响项目进行的关键要素。

（3）人员的培训和管理。由于ERP系统的实施和将来的使用对员工来说是一个全新的工作环境，企业员工必须学习新的工作技能，因此，为了将来ERP系统的顺利使用，实施阶段的员工培训是必需的。这些培训除了关于ERP软件的培训外，另一个重要的培训方面是逐渐改变整个企业员工的工作思维方式和先进的管理理念。因此，如何管理好整个培训进程，真正做到学有所用，这是企业在实施阶段需要认真考虑的。

（4）企业业务流程系统的优化。前面我们一直在不断地强调企业改革的重要性，并且由于企业使用ERP系统后的业务流程和原来相比有了很大的改变，因此在ERP系统实施过程中的"策略制定"和"信息技术规划及软件选择"所进行的企业业务流程优化工作，必须在这个阶段再进行与具体软件产品的功能契合的进一步的调整和优化工作，使其成为企业员工在日常工作中拿来能用、简单实效的作业指导流程。从另一个角度说，也就是将企业的改革落实到企业业务管理工作的每一个具体环节。它所涉及的步骤有：①审阅前期企业高层所制定的优化业务流程；②讨论每个具体业务流程如何与软件的各个具体业务功能结合；③制定出相应的精确的作业流程，并和各个相关部门人员讨论；④修改业务流程，并最终确认；等等。

（5）企业内部的沟通和协调。企业原有的业务流程是分布在各个智能部门中的，为了适应新的流程化企业工作方式，企业应进行整体改革，消除企业内部在新的工作方式下思想和行为上的壁垒。在此阶段中为企业内部建立沟通和协调机制，并就各方面问题进行充分的、及时的协调，就成为系统应用工作有效进行的重要因素。因此，需要明确企业内部各部门之间、各管理层次之间进行沟通的方式、内容和频率，并使之制度化。

第六节 基于 TOC 理论的生产物流计划与控制

一、TOC 理论的基本思想

TOC 理论把企业看作一个完整的系统，认为任何一种体制都至少有一个约束因素。犹如一条链子，是链条中最薄弱的那个环节决定着整个链条的作用一样，正是各种各样的制约（瓶颈）因素限制了企业出产产品的数量和利润增长。因此，基于企业在实现其目标的过程中现存的或潜伏的制约因素，通过逐个识别和消除这些约束，使得企业的改进方向和改进策略明确化，从而更有效地实现其"有效产出"目标才是最关键的。

二、TOC 理论的核心内容

1. 重新建立企业目标和作业指标体系

TOC 理论认为，一个企业的最终目标是在现在和将来实现价值最大化。衡量生产系统的作业指标应该有三种：①有效产出，是指企业在某个规定时期通过销售获得的货币；②库存，是指企业为了销售有效产出，在所有外购物料上投资的货币；③运行费用，是指企业在某个规定时期为了将库存转换为有效产出所花费的货币。

2. 寻找系统资源的瓶颈约束

TOC 理论认为，在生产系统中，有效产出最薄弱的环节决定着整个系统的产出水平。因此，任何一个环节只要它阻碍了企业更大程度地增加有效产出，或约束了库存和运行费用的节约，那么它就是一个"约束"。所以，找出系统的瓶颈（约束），充分利用瓶颈，由非瓶颈配合瓶颈，打破瓶颈，再找一个新瓶颈，如此反复，别让惰性成为最大的约束，也就是应持续不断地进行改进。

3. 以物流中心实施企业计划

TOC 根据不同类型的物流特点，对企业进行分类，从而为企业准确识别各自的薄弱环节或者"约束"提供帮助，并且对其实施有针对性的计划与控制。

4. 进行系统化管理的九条管理准则

TOC 理论认为企业坚持以下原则，可以为企业实现有效产出：

（1）瓶颈控制了库存和有效产出；

（2）非瓶颈资源的利用程序不由其自身决定，而是由系统的约束决定；

（3）瓶颈上一个小时的损失则是整个系统的一个小时的损失；

（4）非瓶颈资源节省的一个小时无益于增加系统的有效产出；

（5）资源的"利用"和"活力"不是同义词；

（6）编制作业计划时考虑资源的约束，提前期是作业计划的结果，而不是预定值；

（7）平衡物流，而不是平衡生产能力；

（8）运输批量不一定等于加工能力；

（9）批量大小应该是可变的，而不是固定的。

三、TOC 计划与控制方法

TOC 理论认为，一个企业的计划与控制的目标就是寻求顾客的需求与企业能力的最佳配合，对约束环节进行有效的控制。一旦一个被控制的工序（瓶颈）建立一个动态的平衡，其余的工序应相应地与这一被控制的工序同步，而实现方法是以"鼓—缓冲器—绳"系统设计的。

（1）TOC 理论把主生产计划（MPS）比喻为"鼓"，根据瓶颈资源的可用能力确定物理量，作为约束全局的"鼓点"，控制在制品库存量。从计划和控制的角度来看，"鼓"反映系统对约束资源的利用。所以，对约束资源应编制详细的生产作业计划，以保证对约束资源进行充分合理的利用。

（2）所有瓶颈和总装工序要有"缓冲器"，以保证起制约作用的瓶颈资源得以充分利用，实现企业最大的产出。一般说来，"缓冲"分为"库存缓冲"和"时间缓冲"。前者是将所有的物料比计划提前一段时间提交，以防随机波动以及机器故障，且以约束资源上的加工时间长度作为计量单位。其长度可凭观察与实验，经过必要的调整确定。后者是保证在制品其位置、数量的确定原则同"时间缓冲"。

（3）所有需要控制的工作中心如同用一根传递信息的"绳子"牵住的队伍，按同一节拍，也就是在保持均衡的在制品库存，保持均衡的物料流动条件下进行生产。由于"约束"决定着生产线的产出节奏，而在其上游的工序实行拉动式生产，等于用一根看不见的"绳子"把"约束"与这些工序串联起来，有效地使物料依照产品生产计划快速地通过非约束作业，以保证约束资源的需要。所以，"绳子"控制着企业物料的进入，起到传递作用。即驱动系统的所有部分按"鼓"的节奏进行生产，通过"绳子"系统的控制，使得约束资源前的非约束资源均衡生产，加工批量和运输批量的减少，可以减少提前期以及在制品库存，而同时又不使约束资源停工待料。在 DBR 的实施中，"绳子"是由一个涉及原材料到各车间的详细作业计划来实现的。

（4）识别企业的真正约束（瓶颈）所在是控制物流的关键，在"鼓－缓冲器－绳"系统中，"鼓"的目标是使产出率最大。缓冲器的目标是对瓶颈进行保护，使其生产能力得到充分利用。"绳子"的目标是使库存最小。一般说来，当需求超过能力时，排队最长的机器就是"瓶颈"。如果管理人员知道一定时间内生产的产品及其组合，就可以安排物料清单，计算需要生产的零部件。然后，按零部件的加工路线及工时定额，算出机床的任务工时，将任务工时与生产能力工时比较，负荷最高、最不能满足需要的机床就是瓶颈。找出瓶颈之后，可以把企业里所有的加工设备划分为关键资源和非关键资源。

（5）基于瓶颈约束建立产品生产计划，建立产品生产计划（Master Schedule）的前提是使受瓶颈约束的物流达到最优，因为瓶颈约束控制着系统的"鼓的节拍"，即控制着企业的生产节拍和销售率。为此，需要按有限能力法进行生产安排，在瓶颈上扩大批量，设置"缓冲器"。对非约束资源安排作业计划，则按无限能力倒排法，使之与约束资源上的工序相同。

①设置"缓冲器"进行监控，以防止随机波动，使约束资源不至于出现等待任务的情况。

②对企业物流进行平衡，使得进入非瓶颈的物料为瓶颈的产出率所控制（即"绳子"）。

本章小结

本章主要讨论了企业生产物流计划与控制的内容。生产物流计划与控制就是根据计划期内规定的产品的品种、数量、期限，具体安排物料在各工艺阶段的生产进度，并使各环节上的在制品的结构、数量和时间协调。而对生产物流进行控制则主要体现在物理量的进度控制和在制品管理方面。由于多品种小批量生产类型正成为现代企业生产制造的发展趋势，本章就基于现代企业先进生产制造模式中的物流进行对比分析。

先进制造管理模式中的物流计划与控制随着信息技术的不断进步，物料需求计划MRP、闭环MRP、MRPII 也得到了很大的发展和完善。先进制造管理模式具有计划的一贯性和可行性、管理系统性、数据共享性、动态应变性、模拟预见性、物流和资金流的统一性等特点。如 JIT 生产方式的基本理念是彻底消除浪费，采用拉动的概念，通过及时化和目标管理使库存减少到尽可能低的水平。主要包括消除质量检测环节和返工现象、消除零件不必要的移动和零库存等方面。

ERP 与电子商务的整合建立全程电子商务。ERP 系统的采购、生产计划、市场营销、销售、库存、财务等功能模块以及与物流、资金流密切相关的模块、与电子商务的网站管理模块、网上销售模块、网上采购模块和网上资金收购模块集成起来，构成一个全新的管理信息系统。

TOC 理论把企业看作一个完整的系统，认为企业系统中最薄弱的那个环节（"瓶颈"）决定着整个生产计划链条，正是"瓶颈"环节限制了企业出产产品的数量和利润增长。因此，应基于企业在实现其目标的过程中存在或潜在的制约因素，逐个识别和消除这些约束（"瓶颈"），从而更有效地实现其"有效产出"目标是最关键的环节。

第十章　现代物流信息管理

学习目标

（1）懂得物流信息化在物流发展中的重要性；

（2）掌握物流信息系统开发、管理模式；

（3）掌握物流信息条码技术、射频识别技术；

（4）了解信息系统规划及发展趋势。

开篇案例

苏宁电器：IT 支撑下的螺旋式突破

"在苏宁电器螺旋式发展的背后，一直有着信息化的不断突破和创新。信息化已经成为苏宁电器企业发展的重要支撑，企业发展的每次突破都有一个信息系统的支撑。"苏宁电器总裁孙为民这样评价信息化在苏宁电器发展中的地位。

作为一家中国 A 股上市企业，苏宁电器利用信息化手段加强企业内部控制、提高内外沟通，降低企业的运营成本、提高企业的竞争力，为股东带来尽可能多的价值。投资者选择一只股票、选择一家企业，除了看行业的基本面之外，更要了解企业内在的管理运作。苏宁不盲目发展，店面的中心与店面建设同步配套，信息系统成为支撑苏宁连锁发展的关键投入点之一。

苏宁电器在信息化应用管理的内容上，全面实现信息化应用集成。先后引用了基于 SAP 的 ERP、CRM、SOA、WMS、TMS、Call Center、B2B、B2C 系统，实现了业务流程的标准化管理，降低了工作中对人的依赖，提高了管理效率以及管理执行力度。

通过各类先进的应用系统实现了上游供应商、内部员工、下游消费者三位一体的全流程信息化管理，并在多媒体三级网络架构的基础上形成了具有苏宁电器特色的信息化集成应用体系。

目前，苏宁已经形成在南京、上海、北京、广州、深圳等大中型城市建立 800 多家连锁店、75 个物流基础、300 个售后服务网点，企业员工达 2 万人，覆盖 280 多个城市的综合销售网络。

信息系统支撑了这么庞大、多纬度地区的人员管理，实现了所有终端、所有员工的全程在线，在强大的信息系统支撑下，每天处理上百万条内部流程、近 10 万个采购订单、100 万笔销售数据、10 万个客服电话、10 万条服务短信，将苏宁电器专业化、标准化、制度化、信息化发展理念深入到每一个角落。

2008 年，苏宁电器新进地级以上城市 26 个，新开连锁店 210 家，实现营业总收入

498.97 亿元，比上年同期增长了 24.27%。而在信息软件开发方面，2008 年增加了 5 778.4 万元人民币的投入，共完成各类大型应用项目 34 个，有效地支撑着内部资源整合和管理效率的提升。

1. 内控：利用 SOA

从财务预算管理、费用管理到供应商服务管理、终端客户服务管理以及内部人力资源管理等方方面面，苏宁电器利用 SOA 实现了共享服务统一管理，加强了企业的内部控制。共享服务统一管理，也就是将共同的重复的流程从企业个体中抽出，转移到一个共享服务中心（SSC），同时实现在共享服务中心分享稀有的资源，给企业带来高效率和规模经济优势，使得企业个体可以用更多的时间完成高附加值的任务。

在对供应商服务中，所有的供应商发票（包括经销和代销供应商）都集中在共享服务中心进行处理，这样就提高了发票处理的效率，提高了发票处理的及时性和准确性。所有的供应商资质文件原件都通过扫描系统扫描到总部进行审核，以此来统一操作供应商资质审核的标准，提高了对供应商选择的控制。所有的采购合同也都通过扫描系统扫描到总部实施合同数据化，保证供应商的合同数据化一定要有书面签订的合同，以增强对返利费用收取的控制。除此之外，苏宁电器还重新设计了多项流程，例如从终端收款、资金入账、资金监控到收入核对的整个流程，提升了资金入账的及时性和准确性，加强了总部对各个分（子）公司营业网点的实时监控，使整个流程做到了透明、高效和可控。还重新设计和规范了提货卡业务的流程，并结合多账户管理的要求，使提货卡业务做到了全国购买、全国使用、集中管理和集中核算。

"服务是苏宁的唯一产品，也是苏宁差异化竞争能力的重要一环。"孙为民说。苏宁电器自 1990 年开始创业，至今已有 19 个年头，苏宁电器服务过的用户也数以亿计，"将宝贵的客户资源转变为生产力是苏宁最重要的任务之一。"因此，在精细化营销与全方位主动服务的趋势下，苏宁引进了一套 ERM 平台，一方面实现了统一的客户信息管理，同时通过多个维度细分客户群体，以提供差异化的服务，推进主动服务，改变被动服务的现状。通过深度的数据挖掘，建立多维度的数据模型，通过呼叫中心与 CRM 的集成，达到统一介入、单点服务、一个电话解决一切。

苏宁电器目前已经形成了覆盖 280 多个城市的综合销售网络。在分支机构、员工队伍、管理层级不断增加的情况下，也对整个集团的日常经营管理提出了更多的要求，为了匹配集团经营上的高速发展，保证集团能够实施统一标准的人力资源管理和服务，苏宁电器建立了人力资源管理系统，并纳入了统一的共享服务平台。这一系统实现了人力资源业务横向关联、纵向贯通，全面覆盖人力资源的"选、用、育、留"各个环节，同时加强了总部与各地公司及终端之间的人事业务纵向衔接，提高了人力资源管控的能力。由于实现了所有员工及人事业务在统一平台上的集中管理、动态即时的在线过程控制，有效地提高了集团人力资源管理的效率和质量，通过系统能够对人力资源各项关键绩效指标进行实时全面的关注，实现了整个集团人事管理从定性到定量管理的转变。

通过共享服务中心，苏宁电器利用规模效益削减成本，将业务流程及数据进行标准化，并提高服务水平。

2. 沟通：与上游无缝对接

"在与上游供应商的沟通途径中，我们采用了 B2B 的方式。"孙为民说。通过 B2B 电子商务技术手段，苏宁电器与供应商的供应链从流程到信息都实现了协同管理。从采购订单，到发货、入库、发票、远程认证、实物发票签收、结算清单、付款、对账等主干流程和环节，都在 B2B 平台上实现了全面的整合，双方都可以实时在线查询和互动。

B2B 系统由三部分组成：公共平台、B2B 功能模块和增值服务。

第一部分，公共平台提供了 B2B 平台中的基本功能，如协议转换、访问权限管理等；第二部分则包括 Rosettanet 所支持的业务流程管理、业务文档管理等；第三部分，增值服务则提供了对内和对外的服务功能。

利用 B2B 平台的向上沟通，苏宁电器实现了与电器供应商的完全自动化订单和全面的协同，目前，苏宁已经与三星、海尔、摩托罗拉等大型企业建立了这种直联的 B2B 供应链合作关系，供应商可以进入苏宁的系统里，随时查看自己商品的销售进度和库存情况，减少业务沟通成本，极大地提高了供应链效率、降低了交易成本、提高了库存水平，并缩短了供应周期、增加了企业的利润。

3. 战略：专业化、信息化物流

对于零售企业来说，物流是其顺畅运作、良性发展的关键，从采购、存储、配送到售后服务，零售企业各个业务环节都要有高效的物流系统来保障。物流体系的建设同样也是苏宁连锁经营战略的核心内容之一。目前，苏宁在加紧第三代信息化物流基地的建设，它采用全自动、机械化的立体仓储系统的集成方案，通过库内立体化仓库系统、机械化运输系统、WMS 及 TMS 仓库管理信息系统的实施，将建成国内电器连锁行业最先进的物流中心之一，成为苏宁电器新一代物流系统的运作和发展的标志性工程。

第三代物流中心与之前物流中心的不同之处在于，它采用二级配送模式：一级配送分拨服务，负责将各类商品从区域大库分拨运送到区域内的所有二级城市；二级配送服务，由区域内二级城市物流配送服务中心将商品全面分拨配送到千家万户；而之前的第二代物流中心采用的是三级配送模式——一级配送到市、二级配送到店、三级配送到户。在第三代物流中心中重点应用的信息技术包括 WMS（仓库管理软件）和 TMS（运输管理软件）。

通过 WMS 系统，实现订单管理、库存管理、收货管理、拣选管理、盘点管理、移库管理，实现管理条码化，仓库作业实时监控，通过 RF、监控设备相结合；通过 TMS 系统，提高配送服务响应时间，提高车辆资源利用率，降低运输成本，将电子地图、GPS 全面用于零售等配套的服务行业，实现准时化配送。

目前，苏宁电器已经建成的第三代物流中心为江苏物流中心，正在建设的是沈阳物流中心，即将建设的包括北京、无锡、成都、徐州以及重庆物流中心等。第三代物流中心将承担起物流中心所在城市周边地区连锁店销售商品的长途调拨（300 千米范围内）；门店配送、零售配送（150 千米范围内）；所在城市市场需求的管线配送、支架配送等。建成之后，可以满足 50 亿~100 亿元的年商品周转量的作业要求。

目前已经建成的江苏物流中心按照"专业化分工、标准作业、模块化结构、层级化管理"的标准建设。在南京建立了辐射 150 千米范围内的城市配送，仓库面积 4.6 万平方米，充分应用机械化、自动化、信息化的现代物流设备及系统，存储能力高达 300 万台套，日作业能力达 3 万台套，支持销售额 300 亿元。

在零售行业中，沃尔玛利用强大的信息技术构建起了它的零售帝国。在信息化方面，苏宁虽然还不能与沃尔玛相比，但是它已经走在了行业的前头，苏宁比竞争对手早迈出的一步，也许会成为苏宁未来壮大的基石。

案例思考

1. 业务流程标准管理的含义及其优点是什么？
2. 根据案例资料理解什么是 SOA。其有哪些优点？
3. 结合案例，简要说明信息技术对于企业物流管理的重要性。

第一节　物流信息综述

"信息"一词有着很悠久的历史，早在两千多年前的西汉，即有"信"字的出现。"信"常可作消息来理解。作为日常用语，"信息"经常是指"音讯、消息"的意思，但至今信息还没有一个公认的定义。

信息是物质、能量及其属性的标识。

信息是确定性的增加。

信息是事物现象及其属性标识的集合。

信息以物质介质为载体，是传递和反映世界各种事物存在方式和运动状态的表征。

信息是物质运动规律的总和，信息不是物质，也不是能量。

信息是客观事物状态和运动特征的一种普遍形式，客观世界中大量地存在、产生和传递着以这些方式表示出来的各种各样的信息。

信息论的创始人香农认为："信息是能够用来消除不确定性的东西。"

信息相关资料：图片信息（又称作讯息），又称资讯，是一种消息，通常以文字或声音、图像的形式来表现，是数据按有意义的关联排列的结果。信息由意义和符号组成。文献是信息的一种，即通常讲到的文献信息。信息就是指以声音、语言、文字、图像、动画、气味等方式所表示的实际内容。

信息是抽象于物质的映射集合。

信息是有价值的，就像不能没有空气和水一样，人类也离不开信息。因此人们常说，物质、能量和信息是构成世界的三大要素。所以说，信息的传播是极具重要与有效的。

信息是事物的运动状态和过程以及关于这种状态和过程的知识。它的作用在于消除观察者在相应认识上的不确定性，它的数值则以消除不确定性的大小，或等效地以新增知识的多少来度量。虽然有着各式各样的传播活动，但所有的社会传播活动的内容从本质上说都是信息。

一、信息的特征

1. 可识别性

信息是可以识别的。识别又可分为直接识别和间接识别；直接识别是指通过感官的识别，间接识别是指通过各种测试手段的识别。不同的信息源有不同的识别方法。

2. 可存储性

信息是可以通过各种方法存储的。

3. 可扩充性

信息随着时间的变化，将不断扩充。

4. 可压缩性

人们对信息进行加工、整理、概括、归纳就可使之精练，从而浓缩。

5. 可传递性

信息的可传递性是信息的本质等征。

6. 可转换性

信息可以由一种形态转换成另一种形态。

7. 特定范围有效性

信息在特定的范围内是有效的，否则是无效的。

二、物流信息

物流过程是一个多环节（子系统）的复杂系统。物流系统中的相互衔接是通过信息予以沟通的，基本资源的调度也是通过信息的传递来实现的。因此，物流信息是物流系统的重要组成内容。

1. 物流信息的含义

物流信息是反映物流各种活动内容的知识、资料、图像、数据、文件的总称。物流信息管理就是对物流信息资源进行统一规划和组织，并对物流信息的收集、加工、储存、检索、传递和应用的全过程进行合理控制，从而使物流供应链各环节一致，实现信息共享和互动，减少信息冗余和错误，辅助决策支持，改善客户关系，最终实现信息流、资金流、商流、物流的高度统一，达到提高物流供应链竞争力的目的。

2. 物流信息的分类

物流信息是与企业的物流活动同时发生的。物流的各种功能是为了使运输、保管、装卸、配送圆满化必不可少的条件。在物流活动中，按照所起的作用不同，将物流信息分类如下：

（1）订货信息；

（2）库存信息；

（3）生产指示信息（采购指示信息）；

（4）发货信息；

（5）物流管理信息。

一般来说，在企业的物流活动中，按照顾客的订货要求，接受订货处理是物流活动的第一步。因此，接受订货的信息是全部物流活动的基本信息。接着，根据发货信息把货物移到搬运的地方准备发货。商品库存不足时，制造商将接受订货的信息和现有商品的库存信息进行对照，根据生产指示信息安排生产；在销售业中按照采购指示信息安排采购。物流管理部门进行管理和控制物流活动，必须收集交货完毕的通知，并将物流成本、费用、仓库、车辆等物流设施的机械工作率等信息作为物流管理信息。

3. 物流信息的特征

物流信息一般具有广泛性、联系性、多样性、动态性、复杂性等特征，主要表现如下：

（1）物流信息涉及多方面，而且绝对量多；

（2）高峰时与平时的信息量差别很大；

（3）每天发生信息的单位（每一件的大小）并不大，但范围涉及广；

（4）信息发生的来源、处理场所、转达对象、分布地区很广；

（5）要求与商品流通的时间相适应；

（6）和商流、生产等本企业内其他部门的关系密切；

（7）在货主与物流业者及有关企业之间，物流信息相同，各连接点的信息再输入情况较多；

（8）有不少物流系统的环节同时兼办信息的中转和转送，贯穿于生产经营活动的全过程。

4. 物流信息的主要内容

物流信息包括伴随物流活动而发生的信息和在物流活动以外发生的但对物流有影响的信息，主要包括以下几方面的信息：

（1）货源信息

货源的多少是决定物流活动规模大小的基本因素，它既是商流信息的主要内容，也是物流信息的主要内容。

（2）市场信息

直接的货源信息对制订物流计划、确定月度以至年度的运输量和储存量指标能起现实的微观效果。但是为了从宏观上进行决策的需要，还必须对市场动态进行分析，注意掌握有关的市场信息。

（3）运输信息

运输能力的大小对物流活动能否顺利开展有着十分密切的关系。运输条件的变化，如铁路、公路、航空运力运量的变化，会使物流系统对运输工作和运输路线的选择发生变化，这些会影响到交货的及时性及费用是否增加。

（4）企业物流信息

企业物流信息是指由企业产生的物流信息。不同类型的企业会产生不同的物流信息。

三、信息与物流信息的关系

物流作为一种与商品实体空间位移相关联的经济活动，在物质资料生产和流通过程中发挥着重要的作用。物流信息是物流活动中各个环节生成的信息，一般是随着从生产到消费的物流活动而产生的信息流，与物流过程中的运输、保管、装卸、包装等各种职能有机结合在一起。信息是事物内容、形式及其发展变化的反映。物流信息和运输、仓储等各个环节关系密切，起着相当于人的大脑的神经中枢的作用。

可以根据不同的标准对信息进行不同的分类。这些标准有：信息的来源、信息的稳定程度、信息的管理职能、信息的管理层次。

1. 内部信息与外部信息

这是按信息的来源划分的。内部信息是在企业的经营、管理过程中，从企业内部得到的信息，常常用于管理及具体业务工作中；外部信息来自企业的外部环境，这类信息往往参与企业的高层决策。

2. 固定信息与流动信息

这是按信息的稳定程度划分的。固定信息也称静态信息，指在一定时间内相对稳定不变、可供各项管理工作重复使用的信息，如定额标准、规章制度、合同文件；流动信息也称动态信息，是指随着生产经营活动不断更新的一类信息，它反映某一时刻生产经营的实际情况。流动信息具有明显的时效性。

3. 市场信息、生产信息、物流信息、技术信息、经济信息、人事信息

这是按信息的管理职能划分的。市场信息反映市场供需状况；生产信息产生于生产过程中；物流信息产生于物流过程中；技术信息是企业的技术部门提供的；经济信息反映企业的经济状况、经营状况、资金使用情况；人事信息反映企业的人事编制、员工状况。

4. 高层管理信息、中层管理信息、基层管理信息

这是按管理的层次划分的。高层管理是企业的最高领导所做的工作，其主要任务是根据对企业内、外的全面情况的分析，制定长远目标及战略。这种管理工作需要大量的企业内、外部信息。中层管理的任务是根据高层管理确定的目标，具体安排系统所拥有的各种资源，订出资源分配计划及进度表，组织基层单位来完成计划，它所要求的信息大多是系统内部的中短期决策信息。基层管理的主要任务是按照中层管理制订的计划，具体组织人力、物力去完成。基层管理信息主要来自企业基层及其具体业务部门，涉及的往往是业务工作或技术工作。

物流主要是信息沟通的过程，物流的效率依赖于信息沟通的效率。同时物流信息对整个物流系统起着相互衔接的作用，对物流活动起支持作用。

第二节　物流信息管理

一、物流信息管理概述

物流信息是反映物流各种活动内容的知识、资料、图像、数据、文化的总称，从而使物流供应链各个环节协调一致，实现信息共享和互动，减少信息错误，辅助决策支持，改善客户关系，最终实现信息流、资金流、商流、物流的高度统一，达到提高物流供应链竞争力的目的。

物流信息管理是运用计划、组织、指挥、协调、控制等基本职能对物流信息收集、检索、研究、报道、交流和提供服务的过程，并有效运用人力、物力和财力等基本要素以期达到物流管理的总体目标的活动。

二、物流信息管理的目的

随着经济发展，国内物流业近几年也有了长足进步。确切地说，物流是国家经济的血脉，对经济建设起着重大作用。国内的部分物流公司迅速崛起，业务能力越来越强，经验也有所积累。但与此同时，管理难度加大。为了能得到进一步发展，必须对客户提供更完善的服务，增加业内的竞争力。

物流信息管理作为一个动态发展的概念，其内涵和外延不断随着物流实践的深化和物流管理的发展而不断发展。物流信息的目的在于实现库存适量化、缩减库存开支、提高搬运作业效率，实现合理运输，降低运输成本，提高运输效率，使接受订货和发出订货更为省力，提高订单处理的精度，防止发货和配送差错，实时反映物流市场变化并作出及时反应等实现物流各个环节、各个部门与各个企业之间的完美衔接和合作，实现物流资源的合理调配和使用，保证一体化物流供应链管理的完成，达到以客户为中心，以市场为基础的物流目标。

三、物流信息管理的内容

1. 信息政策制定

为了实现不同区域、不同国度、不同企业、不同部门间物流信息的相互识别和利用，实现物流供应链信息的通畅传递与共享，必须确定一系列共同遵守和认同的物流信息规则或规范，这就是物流信息政策的制定。如信息的格式与精度、信息传递的协议、信息共享的规则、信息安全的标准、信息存储的要求等，这些是实现物流信息管理的基础。

2. 信息规划

这是指从企业或行业的战略高度出发，对信息资源的管理、开发、利用进行长远发展的计划，确定信息管理工作的目标与方向，制定出不同阶段的任务，指导数据库系统的建立和信息系统的开发，保证信息管理工作有条不紊地进行。

3. 信息收集

这是指应用各种手段、通过各种渠道进行物流信息的采集，以反映物流系统及其所处环境情况，为物流信息管理提供素材和原料。信息收集是整个物流信息管理中工作量最大、最费时间、最占人力的环节，操作时应注意把握以下要点：首先，收集工作前要进行信息需求分析。明确了解企业各级管理人员在进行管理决策和开展日常管理活动过程中何时、何处以及如何需要哪些信息，确定信息需求的层次、目的、范围、精度、深度等要求，实现按需收集，避免收集的信息量过大，造成人、财、物的浪费，或收集的信息过于狭窄影响使用效果等。其次，收集工作要具有系统性和连续性。要求收集到的信息能客观地、系统地反映物流活动的情况，并能随一定时间的变化，记录经济活动的状况，为预测未来物流发展提供依据。再次，要合理选择信息源。信息源的选择与信息内容及收集目的有关，为实现既定目标，必须选择能提供所需信息的最有效信息源。信息源一般较多，应进行比较，选择提供信息数量大、种类多、质量可靠的信息源，建立固定信息源渠道。最后，信息收集过程的管理工作要有计划，使信息收集过程成为有组织、有目的的活动。

4. 信息处理

信息处理工作，就是根据使用者的信息需求，对收集到的信息进行筛选、分类、加工及储存等活动，加工出对使用者有用的信息。信息处理的内容如下：

（1）信息分类及汇总。按照一定的分类标准或规定，将信息分成不同的类别进行汇总，以便信息的存储和提取。

（2）信息编目（或编码）。所谓编目（或编码）指的是用一定的代号来代表不同的信息项目。用普通方式（如资料室、档案室、图书室）保存信息则需进行编目，用电子计算机保存信息则需确定编码。在信息项目、信息数量很大的情况下，编目及编码是将信息系统化、条理化的重要手段。

（3）信息储存。应用电子计算机及外部设备的储存介质，建立有关数据库进行信息的存储，或通过传统的纸质介质如卡片、报表、档案等对信息进行抄录存储。

（4）信息更新。信息具有有效的使用期限，失效的信息需要及时淘汰、变更、补充等，才能满足使用者的需求。

（5）数据挖掘。信息可区分为显性信息和隐性信息；显性信息是可用语言明确表达出来的、可编码化的信息，隐性信息则存在于人头脑中的个人行为、世界观、价值观和情感之中，往往很难以某种方式直接表达出来或直接发现，也难于传递与交流，但隐性信息具有可直接转化为有效行动的可能性，其价值可能高于和广于显性信息。因此，为了充分发挥信息的作用，需要对显性信息进行分析、加工和提取等，挖掘出隐藏在后面的隐性信息，这就是数据挖掘的任务。数据挖掘包括数据准备、数据挖掘、模式模型的评估与解释、信息巩固与应用等几个处理过程。首先通过数据准备对数据库系统中的积累数据进行处理，包括选择、净化、推测、转换、缩减等操作，然后进入数据挖掘阶段，依据有关目标，选取相应算法参数，分析数据，得到形成隐性信息的模式模型，并通过模式模型的评估与解释，依据评估标准完成对模式模型的评估，剔除无效、无用的模式模型，最后在隐性信息的巩固与运用中，对形成模式模型的隐性信息做一致性检查，消除其中的矛盾与冲突，然后运用数据分析手段对挖掘出的信息做二次处理，形成专业化、可视化、形象化的数据表现形式，这个过程是一个不断循环、反馈、完善的过程。

四、信息传递

信息传递是指信息从信息源发出，经过适当的媒介和信息通道传输给接收者的过程。信息传递方式有许多种，一般可从不同的传递角度来划分信息传递方式。①从信息传递方向看，有单向信息传递方式和双向信息传递方式。单向信息传递是指信息源只向信息接收源传递信息，而不双向沟通交流信息；双向信息传递是指信息发出者与信息接收者共同参与信息传递，双方相互交流传递信息，信息流呈双向交流传递。②从信息传递层次看，有直接传递方式和间接传递方式。两种传递方式的区别是在信息源与信息接收者之间信息是直接传递还是经其他人员或组织进行传递。③从信息传递时空来看，有时间传递方式和空间传递方式。信息的时间传递方式指信息的纵向传递，即通过对信息的存贮方式，实现信息流在时间上的连续传递；空间传递方式指信息在空间范围的广泛传递。由于现代通信技术的发展，电视传真、激光通信、卫星通信等手段，为信息的空间传递创造了条件。④从信息传递媒介看，有人工传递和非人工的其他媒体传递方式。

五、信息服务与应用

服务与应用是物流信息资料重要的特性，信息工作的目的就是将信息提供给有关方面使用。物流信息的服务工作主要内容有以下几方面：

1. 信息发布和传播服务

按一定要求将信息内容通过新闻、出版、广播、电视、报纸杂志、音像影视、会议、文件、报告、年鉴等形式予以发表或公布，便于使用者收集、使用。

2. 信息交换服务

通过资料借阅、文献交流、成果转让、产权转移、数据共享等多种形式进行信息的交换，以起到交流、宣传、使用信息的作用。

3. 信息技术服务

信息技术服务包括数据处理、计算机、复印机等设备的操作和维修及技术培训、软件提供、信息系统开发服务等活动。

4. 信息咨询服务

信息咨询服务包括公共信息提供、行业信息提供、政策咨询、管理咨询、工程咨询、信息中介、计算机检索等，实现按用户要求收集信息、查找和提供信息，或就用户的物流经营管理问题，进行有针对性的信息研究、信息系统设计与开发等，帮助用户提高管理决策水平，实现信息的增值和放大，以信息化水平的提高带动用户物流管理水平的提高。

六、物流信息系统

物流信息系统是企业管理信息系统的一个重要子系统，是对与企业物流相关信息进行加工处理来实现对物流的有效控制和管理，并为物流管理人员及其他企业管理人员提供战略及运作决策支持的系统。物流信息系统是提高物流运作效率、降低物流总成本的重要基础设施。

1. 物流信息系统所涉及的主要经营活动

物流信息系统管理两类活动流中的信息，即调控活动流和物流运作活动流。调控活动包括企业总体的安排调度与需求计划，具体为战略计划、能力计划、物流计划、生产计划和采购计划等。上述计划在物流中的具体实施就构成企业主要的增值活动，正是这些增值活动为企业带来利益。尽管调控活动中的各项计划工作是相对独立的，计划周期也各不相同，但如果各项计划出现不一致、失调或扭曲，就会造成运作的低效率和库存的过量或短缺。调控活动流程是整个物流信息系统构架的支柱。物流运作活动包括订单的生产与跟踪、库存配置、产成品在分销设施之间和分销设施与顾客指定地点之间的运输、采购等。

库存管理直接与调控信息流和物流运作信息流相联系，是两大信息流的集成与结合部分。

以顾客实际需求驱动的库存管理称为响应式管理，典型的如重订货点（Reorder Point）法；基于预测的库存管理称为计划式管理，典型的如分销资源计划（DRP）。计划驱动的库存管理模式更接近于调控计划层面，而响应式库存管理模式更接近于物流运作活动层面。

2. 物流信息的主要内容

物流信息系统概括地说包括三个部分，即输入、数据库管理、输出。系统的基本功能是进行物流信息处理，主要目标是为企业物流系统的计划和运作提供决策支持。

3. 物流信息系统的功能结构

通过信息系统管理物流，可以有效地提高整个物流的灵活性。物流的灵活性是指一个企业的物流运行可以适应多种内部及环境的变化。

七、物流信息管理的基本职能

1. 仓储管理

使用仓储管理系统（WMS）管理仓库的收发、摆补货、移库、盘点等，同时 WMS 还可以进行库存分析及财务系统集成。先进的 WMS 还能帮助企业实现逆向物流，并适应企业产品推迟策略对配送中心的管理需求。

2. 运输管理

使用运输管理系统（TMS）优化运输模式组合，寻求最佳运输路线。TMS 还可以实现在途物品的跟踪，并在必要时调整运输模式，实现车队管理、运输计划、调度与跟踪以及与运输商的电子数据交换等。

3. 订单管理

订单管理系统是从客户处接受订单、准备货物、明确交货时间、交货期限、剩余仓库管理等作业系统。办理接受订货手续是交易活动的始发点，所有物流活动均从接受订单开始。为了迅速准确地将商品送到，必须准确迅速地办理接受订单的各种手续，高效有序地处理各种订单。

4. 财务管理

财务管理包括应收账款管理、应付账款管理、费用核算等。

5. 代码及参数管理

实体代码化是信息系统的基础，代码设计与管理是信息系统的一个重要组成部分，设计一个好的代码方案对于系统的开发和使用极为有利。它可以使许多计算机处理变得十分方便，也使事务处理工作变得简单。同样，系统设置的参数化也使得系统变得灵活、易于维护。

6. 报表管理

报表管理包括采购、销售、配送、库存、成本、毛利等与经营有关的业务报表。

7. 计划管理

计划管理在整个物流系统中承担着指导全局的重要作用，是物流业务的控制与协调中心，因此与其他模块之间存在非常复杂的关系。计划管理包括采购计划、补货计划、配送计划等业务管理。

8. 资源管理

这是指充分发挥人力和设备资源的潜力、改进生产率、建立员工培训系统、绩效评估系统、设备档案和技术性能评估系统。

9. 客户关系管理

建立对客户和供应商的全面管理系统，要保存客户和供应商的基本信息，还要保存以往企业对客户、供应商对企业的服务、销售信息，还可以设置客户、供应商的商品信息。

第三节　物流信息技术

所谓物流信息技术，是指运用于物流各环节中的信息技术。根据物流的功能及特点，物流信息技术包括计算机技术、网络技术、信息分类编码技术、条码技术、射频识别技术、电子数据交换技术、全球定位系统（GPS）、地理信息系统（GIS）等。

一、条码技术

条码技术是在计算机技术和信息技术的基础上发展起来的一门集编码、印刷、识别、数据采集和处理于一身的新兴技术。条码技术的核心内容是利用光电扫描设备识读条码符号，从而实现机器的自动识别，并快速准确地将信息录入到计算机进行数据处理，以达到自动化管理的目的。

（一）条码的概念

条码是由一组粗细不等、黑白或彩色相间的条、空及相应的字符、数字、字母组成的标记，用以表示一定的信息。它是用光电扫描阅读设备识读并实现数据输入计算机的一种特殊代码，如图 10 - 1 所示。

图 10 - 1　商品条码符号图形

　　条码中的条、空分别由深浅不同且满足一定光学对比度要求的两种颜色（通常为黑白色）来表示。条为深色，空为浅色。这组条、空和相应的字符代表相同的信息。前者用于机器识读，后者供人直接识读或通过键盘向计算机输入数据使用。这种由条、空组成的数据编码很容易被翻译成二进制数。这些条和空可以有各种不同的组合方法，从而构成不同的图形符号，即各种符号体系，也称为码制，适合于不同的场合。

（二）商品条码

　　商品条码是在流通领域中用于标识商品的全球通用条码，该代码是一种模块组合型条码，分为标准版商品条码（13 位）和缩短版商品条码（8 位）。商品条码是现实商品管理信息化、现代化的重要手段。

1. 商品条码的代码结构

　　标准版商品条码所表示的代码由 13 位数字组成，其结构如表 10 - 1 所示：

表 10 - 1　　　　　　　　　　　　　　标准商品条码结构

结构种类	厂商识别标识									商品项目代码					校验码
结构一	X_{13}	X_{12}	X_{11}	X_{10}	X_9	X_8	X_7			X_6	X_5	X_4	X_3	X_2	X_1
结构二	X_{13}	X_{12}	X_{11}	X_{10}	X_9	X_8	X_7	X_6		X_5	X_4	X_3	X_2		X_1
结构三	X_{13}	X_{12}	X_{11}	X_{10}	X_9	X_8	X_7	X_6	X_5	X_4	X_3	X_2			X_1

　　注：X_i（$i=1$，2，3，…，13）表示从右至左的第 i 位数字代码

2. 商品条码的符号结构

　　标准版商品条码符号由前置码、左侧空白区、起始符、左侧数据符、中间分隔符、右侧数据符、校验符、终止符、右侧空白区及供人识别的字符组成，如图 10 - 2 所示：

图 10 - 2

（三）二维条码

二维条码是用某种特定的几何图形按一定规律在平面分布的黑白相间的图形上记录数据符号信息的一种条码技术。在代码编制上巧用构成计算机内部逻辑基础的"0""1"比特流的概念，使用若干个与二进制相对应的几何形体来表示文字数值信息，通过图像输入设备或光电扫描设备自动识读以实现信息的自动处理。它具有条码技术的一些共性：每种码制有其特定的字符集；每个字符占有一定宽度；具有一定的校验功能。同时还具有对不同行的信息自动识别的功能，以及处理图形旋转变化等特点。

1. 二维条码的类型

二维条码的研究在技术路线上从两个方面发展：一是在一维码的基础上向二维码方向扩展；二是利用图像识别原理，采用新的几何形体和结构设计出二维码制。

堆积式二维码在实现原理、结构形状、检校原理、识读方式等方面继承了一维码的特点，识读设备与条码印制兼容一维条码技术。但由于行数的增加，行的鉴别、译校算法与软件不完全和一维条码相同。

点阵码是用几何形状为实心圆，以矩阵的形式组成。在矩阵相应元素位置上，用"1"表示原点的出现，"0"表示没有原点出现。原点的排列组合确定了条码所代表的意义，矩阵点阵就可以转换为矩阵的二进制字阵，经过译码解码反映出所代表的信息。点阵码是建立在计算机图像处理技术、组合编码原理等基础上的一种新型图形符号自动识读处理码制。

2. 二维条码的特点

（1）信息容量大。根据不同的条空比例每平方英寸（1平方英寸=6.4516平方厘米。下同）可以容纳250～1100个字符。在国际标准的证卡有效面积上（相当于信用卡面积的2/3，约为76mm×25mm），二维条码可以容纳1848个数字字符，约为500个汉字信息。这种二维条码比普通条码容量高几十倍。

（2）编码范围广。二维条码可以将照片、指纹、掌纹、声音、文字等凡可数字化的信息进行编码。

（3）保密、防伪性能好。二维条码具有多重防伪性特性，它可以采用密码防伪、软件加密及利用所包含的信息如指纹、照片等进行防伪，因此具有极强的防伪性能。

（4）译码可靠性高。普通条码的译码错误率约为百分之二，而二维条码的误码率不超过千分之一，译码可靠性极强。

（5）修正错误能力强。二维条码采用了世界上最先进的数学纠错理论，如果污损面积不超过50%，条码由于玷污、破损所丢失的信息，可以照常破译出来。

（6）容易制作并且成本低。利用现有的点阵、激光、喷热敏/热转印、制卡机等打印技术，即可在纸张、卡片、PVC甚至金属表面上印出二维条码，由此所增加的成本也仅是油墨的成本。

（7）条码符号的形状可变。基于同样的信息量，二维条码的形状可以根据载体面积及美工设计进行调整。

二、射频技术

（一）射频技术的概念

射频识别（Radio Frequency Identification，RFID）技术简称射频技术，是一种非接触式的自动识别技术，它通过射频信号自动识别目标对象并获得相关数据，识别工作无须人工干预，可工作于各种恶劣环境中。RFID 技术可识别高速运动物体并可同时识别多个标签，操作快捷方便。

（二）射频技术的工作原理

RFID 技术的基本工作原理是：标签进入磁场后，接收解读器发出的射频信号，凭借感应电流所获得的能量发送出存储在芯片中的产品信息，或者主动发送某一频率的信号；解码器读取信息并解码后，送至中央信息系统进行有关数据处理。RFID 技术的原理是利用发射无线电波信号来传送资料，以进行无接触式的资料辨识与存取，实现身份及物品内容识别的功能（图 10－3）。

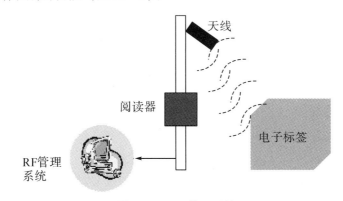

图 10－3　RF 管理系统

（三）射频技术与条码的区别

当条码被当作一种新的自动识别技术应用的时候，其改变了物品被识别的方式。而随着 RFID 技术的逐渐应用，其必将掀起一场让物品识别变得更为自由的革命。二者的区别在于：

1. 快速扫描

条形码一次只能有一个条形码受到扫描；RFID 辨识器可同时辨识读取数个 RFID 标签。

2. 体积小型化、形状多样化

RFID 在读取上并不受尺寸大小与形状的限制，无须为了读取精确度而配合纸张的固定尺寸和印刷品质。此外，RFID 标签更可往小型化与多样形态发展，以应用于不同产品。

3. 抗污染能力和耐久性

传统条形码的载体是纸张，因此容易受到污染，但 RFID 对水、油和化学药品等物质具有很强的抵抗性。此外，由于条形码是附于塑料袋或外包装纸箱上，所以特别容易受到折损；RFID 卷标是将数据存在芯片中，因此可以免受污损。

4. 可重复使用

现今的条形码印刷上去之后就无法更改，RFID 标签则可以新增、修改、删除 RFID 卷标内储存的数据，方便信息的更新。

5. 穿透性和无屏障阅读

在被覆盖的情况下，RFID 能够穿透纸张、木材和塑料等非金属或非透明的材质，并能够进行穿透性通信。而条形码扫描机必须在近距离而且没有物体阻挡的情况下，才可以辨读条形码。

6. 数据的记忆容量大

一维条形码的容量是 50Bytes，二维条形码最大的容量可储存 2 ~ 3 000 字符，RFID 最大的容量则有数 MegaBytes（兆字节）。随着记忆载体的发展，数据容量也有不断扩大的趋势。未来物品所需携带的资料量会越来越大，对卷标所能扩充容量的需求也相应增加。

7. 安全性

由于 RFID 承载的是电子式信息，其数据内容可经由密码保护，使其内容不易被伪造和变造。

近年来，RFID 因其所具备的远距离读取、高储存量等特性而备受瞩目。它不仅可以帮助一个企业大幅提高货物、信息管理的效率，还可以让销售企业和制造企业互联，从而更加准确地接收反馈信息，控制需求信息，优化整个供应链。

三、电子数据交换（EDI）技术

EDI 是英文 Electronic Data Interchange 的缩写，它是一种在公司之间传输订单、发票等作业文件的电子化手段。它通过计算机通信网络将贸易、运输、保险、银行和海关等行业信息，用一种国际公认的标准格式，实现各有关部门或公司与企业之间的数据交换与处理，并完成以贸易为中心的全过程。它是 20 世纪 80 年代发展起来的一种新颖的电子化贸易工具，是计算机、通信和现代管理技术相结合的产物。

（一）定义

国际标准化组织（ISO）将 EDI 定义为"将贸易（商业）或行政事务处理按照一个共识的标准变成结构化的事务处理或信息数据格式，从计算机到计算机的电子传输"。由于使用 EDI 可以减少甚至消除贸易过程中的纸面文件，因此 EDI 又被人们通俗地称为"无纸贸易"。

总之，EDI 指的是：按照协议，对具有一定结构特征的标准经济信息，经过电子数据通信网，在商业贸易伙伴的计算机系统之间进行交换和自动处理的全过程。

（二）内涵

由上述定义可得 EDI 内涵：

（1）定义的主体是"经济信息"，即 EDI 是面向经济信息的应用系统，如订单、运单、发票、报关单等。

（2）这些信息是"按照协议"形成的，"具有一定结构特征"这一点对 EDI 很重要。EDI 报关能被不同贸易伙伴的计算机系统识别和处理，关键就在于数据格式的标准化。

（3）信息传递的路径是计算机到"电子数据通信网络"，再到对方的计算机，中间补充信息需要人工干预。

（三）EDI 的特点

1. 单证格式化

EDI 传输的是企业间格式化的数据，如订购单、报价单、发票、货运单、装箱单、报关单等，这些信息都具有固定的格式与行业通用性。

2. 报文标准化

EDI 传输的报文符合国际标准或行业标准，这是计算机能自动处理的前提条件。目前使用最广的 EDI 标准是：UN/EDI FACT（联合国标准 EDI 规则适用于行政管理、商贸、交通运输）和 ANSIX.12（美国国家标准局特命标准化委员会第 12 工作组制定）。

3. 处理自动化

EDI 信息传递的路径是计算机到数据通信网络，再到商业伙伴的计算机，信息的最终用户是计算机应用系统，它自动处理传递来的信息。因此这种数据交换是机—机、应用—应用，无须人工干预。

4. 软件结构化

EDI 功能软件由五个模块组成：用户界面模块、内部 EDP 接口模块、报文生成与处理模块、标准报文格式转换模块、通信模块。这五个模块功能分明，结构清晰，形成了 EDI 较为成熟的商业化软件。

5. 运作规范化

EDI 以报文的方式交换信息有其深刻的商贸背景，EDI 报文是目前商业化应用中最成熟、最有效、最规范的电子凭证之一，EDI 单证报文具有法律效力，已被普遍接受。

四、GPS/GIS 技术

（一）全球定位系统（GPS）概念

GPS 是英文 Global Positioning System（全球定位系统）的简称，而其中文简称为"球位系"。GPS 是 20 世纪 70 年代由美国陆、海、空三军联合研制的新一代空间卫星导航定位系统。其主要目的是为陆、海、空三大领域提供实时、全天候和全球性的导航服务，并用于情报收集、核爆监测和应急通信等一些军事目的，是美国独霸全球战略的重要组成部分。经过 20 余年的研究实验，耗资 300 亿美元，到 1994 年 3 月，全球覆盖率高达 98% 的 24 颗 GPS 卫星星座已布设完成。在机械领域 GPS 则有另外一种含义：产品几何技术规范（Geometrical Product Specifications），也简称 GPS，不要混用。

（二）GPS 技术的特点

GPS 的问世标志着电子导航技术发展到了一个更加辉煌的时代。GPS 系统与其他导航系统相比，主要特点是：

（1）全球地面连续覆盖；

（2）功能多、精度高；

（3）实用定位速度快；

（4）抗干扰性能好、保密性强。

GPS 技术在导航仪中的应用举例：

国际领先的 GPS 导航仪品牌：Ahada（艾航达）——源自美国硅谷，现已登陆中国！

产品核心功能包括：

1. 地图查询

◎可以在操作终端上搜索你要去的目的地位置。

◎可以记录你常要去的地方的位置信息，并保留下来，也可以和别人共享这些位置信息。

◎模糊查询你附近或某个位置附近的加油站、宾馆、取款机等信息。

2. 路线规划

◎GPS 导航系统会根据你设定的起始点和目的地，自动规划一条线路。

◎规划线路可以设定是否要经过某些途经点。

◎规划线路可以设定是否避开高速等功能。

3. 自动导航

◎语音导航

用语音提前向驾驶者提供路口转向、导航系统状况等行车信息，就像一个识路的向导告诉你如何驾车去目的地一样。导航中最重要的一个功能，使你无须观看操作终端，通过语音提示就可以安全到达目的地。

◎画面导航

在操作终端上，会显示地图，以及车子现在的位置、行车速度、目的地的距离、规划的路线提示、路口转向提示的行车信息。

◎重新规划线路

当你没有按规划的线路行驶，或者走错路口时，GPS 导航系统会根据你现在的位置，为你重新规划一条新的到达目的地的路线。

目前，GPS 系统主要应用于车辆监控、车辆导航、货物跟踪等领域。

（三）地理信息系统（GIS）

地理信息系统由计算机系统、地理数据和用户组成，通过对地理数据的集成、存储、检索、操作和分析，生成并输出各种地理信息，从而为土地利用、资源管理、环境监测、交通运输、经济建设、城市规划以及政府各部门行政管理提供新的知识，为工程设计和规划、管理决策服务。地理信息系统具有以下特征：①地理信息系统在分析处理问题中使用了空间数据与属性数据，并通过数据库管理系统将两者联系在一起共同管理、分析和应用，从而提供了认识地理现象的一种新的思维方法；而管理信息系统则只有属性数据库的管理，即使存储了图形，也往往以文件等机械形式存储，不能进行有关空间数据的操作，如空间查询、检索、相邻分析等，更无法进行复杂的空间分析。②地理信息系统强调空间分析，通过利用空间解析式模型来分析空间数据，地理信息系统的成功应用依赖于空间分析模型的研究与设计。

GIS 应用于物流分析，主要指利用 GIS 强大的地理数据功能来完善物流分析技术。国外物流公司已经开发出利用 GIS 为物流分析提供专门分析的工具软件。完整的 GIS 物流分析软件集成了车辆路线模型、最短路径模型、网络物流模型、分配集合模型和设施定位模型等。

第四节　物流信息系统规划及发展趋势

一、物流信息系统规划与开发过程

建立物流信息系统，不是单项数据处理的简单组合，必须有系统规划。因为它涉及传统管理思想的转变、管理基础工作的整顿提高以及现代化物流管理方法的应用等许多方面，是一项范围广、协调性强、人机紧密结合的系统工程。

物流信息系统规划是系统开发最重要的阶段，一旦有了好的系统规划，就可以按照数据处理系统的分析和设计持续进行工作，直到系统的实现。

信息系统的总体规划基本上分为四个基本步骤：

第一步，定义管理目标。确立各级管理的统一目标，局部目标要服从总体目标。

第二步，定义管理功能。确定管理过程中的主要活动和决策。

第三步，定义数据分类。在定义管理功能的基础上，把数据按支持一个或多个管理功能分类。

第四步，定义信息结构。确定信息系统各个部分及其相互数据之间的关系，导出各个独立性较强的模块，确定模块实现的优先关系，即划分子系统。

有了系统规划以后，还要进行非常复杂的开发过程，主要包括以下内容：

（1）系统分析。主要对现行系统和管理方法以及信息流程等有关情况进行现场调查，给出有关的调研图表，提出信息系统设计的目标以及达到此目标的可能性。

（2）系统逻辑设计。在系统调研的基础上，从整体上构造出物流信息系统的逻辑模型，对各种模型进行选优，确定最终的方案。

（3）系统的物理设计。以逻辑模型为框架，利用各种编程方法，实现逻辑模型中的各个功能块，如确定并实现系统的输入、输出、存储及处理方法。此阶段的重要工作是程序设计。

（4）系统实施。将系统的各个功能模块进行单独调试和联合调试，对其进行修改和完善，最后得到符合要求的物流信息系统软件。

（5）系统维护与评价。在信息系统试运行一段时间以后，根据现场要求与变化，对系统做一些必要的修改，进一步完善系统，最后和用户一起对系统的功能、效益作出评价。

二、物流企业信息系统规划

在激烈的市场竞争下，物流企业面临着越来越多的不确定因素，市场瞬息万变，不同行业客户需求各有差异，客户对服务要求越来越苛刻。开发新的物流客户，坚持现有物流大客户的忠诚度，需要有清楚的调查、了解，进行有效的跟踪，准时为客户提供个性化的优质服务都是对现今在如此激烈竞争中生存的物流企业提出的要求，而先进的物流信息系统无疑为这些要求的兑现提供了帮助。

物流企业服务水平的提升需借助计算机信息技术来实现。先进高效的物流信息系统与信息平台是现代物流体系的重要组成部分。越来越多的跨国物流公司如 TNT、UPS、马士基物流、柏灵顿物流加大对华的投资，以先进的物流信息网络提供优质高效的服务以期占据中国的物流市场。与此相比，国内物流企业虽拥有地理优势，但存在着信息化水平落后、人工重复操纵、人力资源内耗等一系列问题。

我国大型物流企业虽然都建立了比较完善的实时信息系统，内部资源也达到了一定程度的共享，但基本上都还是只对内（营业、运作、职能等部门）发挥了基本的信息协调作用，相对于外部，如上下游客户（供应链）、合作伙伴等，物流信息服务平台还没有建立起来，与客户及合作伙伴之间的信息通道基本上还处于比较原始的状态，物流信息网络还没有全面建立起来。所以，我国的物流企业要想发展壮大，提高整个供需链的经营效果，在激烈的竞争中获得优势，就必须参与到国际竞争中去。而且信息化建设迫在眉睫，大型物流企业需要结合自身的发展战略，进行物流信息系统的规划建设。

1. 建立实时信息采集系统

企业各分支机构信息系统的不同一，带来企业资源无法共享、客户治理混乱、信息无法互通、治理思想无法贯彻、企业的对外形象不规范等弊端，使得大型物流企业的网络效益、规模效益无法发挥。所以大型物流企业信息化建设的第一步，是用一体化的考虑方式，为企业建立一个信息共享的集中式信息平台，通过信息系统同一的企业规范，实时采集业务和财务数据，加强对网络的监控力度，实现透明化治理，从而增强企业的竞争优势。该同一实时信息采集系统功能需涵盖物流企业的核心业务，如国际海运货代、国际空运货代、报关服务、内陆运输、仓储、配送、堆场、码头业务，以及为物流市场拓展服务的市场拓展治理、服务治理、报价治理、绩效治理、市场活动治理、客户协议治理等。

2. 建立面向上下游客户的服务平台

在企业已经建立统一的信息平台后，就需要考虑如何降低客户服务成本，增强客户服务质量，增强客户对企业的忠诚度，所以此时需要建立一个面向上下游客户的服务平台。

明确物流企业客户服务对象应包括供给商、外部客户、内部客户、客户的客户、合作伙伴和国外代理。企业可以通过建设电子商务网站、Accounting Center、Document Center、Call Center，或利用信息系统建立虚拟客户服务中心，通过自动发送电子邮件、传真、短信等通知模式，实现企业统一地、规范地为客户服务的目的，为客户提供快速的、准确的、主动的服务。

通过建立高效的物流信息服务平台，不同业务部门之间、不同分支机构之间、与合作伙伴之间、与客户之间、与供应商之间都可以实现全面的协同工作和信息共享。协同工作带来的最直接利益是效率的提高和质量的保证。通过协同工作，与合作伙伴之间的合作关系更加坚固；与客户之间的关系不再通过简单的买卖关系或销售职员的销售能力来维系，而是依赖优质便捷、可增值的服务来维系；与供给商之间则可实现获得最直接的、最快速的贸易信息与服务，使企业在市场竞争中处于领先地位。

3. 建立通用的 EDI 交换平台

为了更紧密地捆绑企业与客户的关系，更大程度地缩短企业与客户的间隔，大型物流企业在拥有客户服务平台的基础上，一定要建立自己通用的 EDI 平台，以满足各种类型的客户对企业信息的需求，其中包括船公司、海关、拖车、堆场、仓库、代理、合作伙伴等。

通过企业 EDI 平台的建立，利用系统自动生成、发送、接收 EDI 的功能，与客户、合作伙伴、供给商、机关实现自动的协同运作，增加企业之间的黏性和稳定性，使企业与客户间建立起私有信息通道，为自己制造价值的同时也为客户制造价值，最大限度地发挥企业的网络效益和整体效益。

4. 建立数据仓库系统

物流企业 80% 的利润来自于 20% 的核心客户。在系统稳定运行一定时间后，如何利用现有数据、挖掘出企业 20% 的核心客户和它们的业务使用情况，如何利用现有的业务和财务数据分析出企业的治理能力、经营状况、资金状况等，就成为企业突破自身瓶颈的关键。

所以这个阶段企业需要建立自己的数据仓库系统，分析企业运行数据，从而为治理层提供各种决策支持，使治理具有更强的预见性，适时调整企业战略进展目标，发现企业的核心价值，从而保证企业的良性发展。

5. 建立 CRM 客户关系治理平台

如何将企业的市场营销、销售、服务、与技术支持连接起来，使企业能够吸引更多的潜在客户和保持更多的现有客户成为现阶段的重点。通过建立 CRM 客户关系治理平台，不论客户大小、所在地域以及业务发生的时间，客户都可以得到优质、满意的服务；企业可以减少与客户沟通的环节，加强信用操纵以降低风险，同时通过对客户进行同一的信用治理，依据不同的信用等级提供不同的服务；根据物流企业进展的策略，对大客户提供特定的个性化服务，从而使物流企业的服务提升到一个新的层次，真正实现企业的价值。

6. 建立深层次的效益分析系统

物流企业向客户提供服务的目的就是获得利润。为此，有必要利用系统中的历史数据、正在发生的数据进行深层次的收益分析，以便找到真正的利润来源，提供有针对性的、更有价值的服务，发现可能的利润增长点。

三、中国物流信息化产业现状

中国物流信息化产业现状是：物流信息化程度低，信息化系统功能欠完善。

我们可以通过图 10 - 4 中的数据对中国物流企业信息化现状获得更深层次的了解。

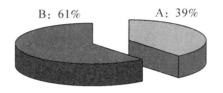

A：有信息系统　　B：无信息系统

图 10 - 4　中国物流企业信息化现状

从图中数据可以看出物流企业的信息化普及率不高，多数物流企业还处于以往的人工作业方式。

物流企业的信息系统应用涉及了物流企业运营的各个环节，说明物流企业对信息化发展的需求呈现多样化的特点（见图 10 - 5）。

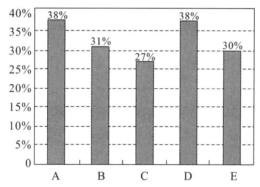

A：仓储工作管理　　B：库存管理　　C：运输管理

D：财务管理　　E：其他

图 10 - 5　中国物流企业信息系统的应用

从企业的信息系统功能角度来看，目前物流企业的信息系统存在功能简单、功能层次低等问题。多数信息系统只有简单的记录、查询和管理功能，而缺少决策、分析、互动等功能（见图 10 - 6）。

物流企业的运营随着企业规模和业务跨地域发展，必然要走向全球化发展的道路。在全球化趋势下，物流目标是为国际贸易和跨国经营提供服务，选择最佳的方式与路径，以最低的费用和最小的风险，保质、保量、准时地将货物从某国的供方运到另一国的需方，使各国物流系统相互"接轨"，它代表物流发展的更高阶段。面对信息全球化的浪潮，信息化已成为加快实现工业化和现代化的必然选择。中国提出要走新型工业化道路，其实质就是以信息化带动工业化、以工业化促进信息化，达到互动并进，实现跨越式发展。

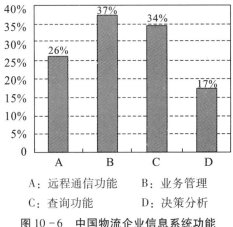

A：远程通信功能　　B：业务管理
C：查询功能　　　　D：决策分析

图 10 - 6　中国物流企业信息系统功能

中国加入世界贸易组织后，资源在全球范围内的流动和配置大大加强，企业面临的国内、国际市场竞争更加激烈，越来越多的跨国公司正加快对中国投资的速度，纷纷到中国设立或扩大加工基地与研发基地，一大批中国企业也将真正融入全球产业链，有些还将直接成为国际跨国公司的配套企业，这些都将大大加快中国经济与国际经济接轨的步伐，加剧中国企业在本土和国际范围内与外商的竞争，这都将对我国的物流业提出更高的要求。在这种新环境下，我国的物流企业必须把握好现代物流的发展趋势，运用先进的管理技术和信息技术，提升自己的竞争力和整体优势，提高物流作业的管理能力和创新能力，在我国新型工业化的道路上努力拼搏。

四、智能化、标准化和全球化是物流企业信息化发展的趋势

智能化是自动化、信息化的一种高层次应用。物流作业过程涉及大量的运筹和决策，如物流网络的设计与优化、运输（搬运）路径的选择、每次运输的装载量选择，多种货物的拼装优化、运输工具的排程和调度、库存水平的确定、补货策略的选择、有限资源的调配、配送策略的选择等问题都需要进行优化处理，这些都需要管理者借助优化、智能工具和大量的现代物流知识来解决。同时，近年来，专家系统、人工智能、仿真学、运筹学、智能商务、数据挖掘和机器人等相关技术在国际上已经有比较成熟的研究成果，并在实际物流作业中得到了较好的应用。因此，物流的智能化已经成为物流发展的一个新趋势。

标准化技术也是现代物流技术的一个显著特征和发展趋势，同时也是现代物流技术实现的根本保证。货物的运输配送、存储保管、装卸搬运、分类包装、流通加工等各个环节中信息技术的应用，都要求必须有一套科学的作业标准。例如，物流设施、设备及商品包装的标准化等，只有实现了物流系统各个环节的标准化，才能真正实现物流技术的信息化、自动化、网络化、智能化。特别是在经济全球化和贸易全球化的新世纪中，如果在国际没有形成物流作业的标准化，就无法实现高效的全球化物流运作，这将阻碍经济全球化的发展进程。

本章小结

在物流领域，顶尖高手和平庸之辈的差距往往就在于应用物流信息技术的能力。有效的信息管理可以帮助企业满足顾客的物流需求，使产品和服务更具有竞争力，先进的信息系统可以使物流过程更加顺畅，提高物流效率。因此，企业必须重视对物流信息的管理，加强现代信息技术的应用和信息系统的建设。

通过信息系统管理物流，可以有效地提高整个物流的灵活性，使物流运行可以适应多种内部及外部环境的变化。

第十一章　现代物流供应链管理

学习目标

（1）掌握供应链的概念、特征；
（2）掌握供应链管理的概念和内容；
（3）理解供应链管理集成的含义及其实现方式。

开篇案例

供应链管理对传统制造模式的挑战

1. 引言

多少年来，企业出于管理和控制的目的，对为其提供原材料、半成品或零部件的其他企业一直采取投资自建、投资控股或兼并的"纵向一体化"（Vertical Integration）管理模式，即某核心企业与其他企业是一种所有权关系。例如，美国福特汽车公司拥有一个牧羊场，出产的羊毛用于生产本公司的汽车坐垫；美国某报业大王拥有一片森林，专为生产新闻用纸提供木材。脱胎于计划经济体制下的中国企业更是有过之而无不及，"大而全""小而全"的思维方式至今仍在各级企业领导者头脑中占据主要位置，许多制造业企业拥有从毛坯铸造、零件加工、装配、包装、运输、销售等一整套设备、设施、人员及组织机构。

推行"纵向一体化"的目的，是为加强核心企业对原材料供应、产品制造、分销和销售全过程的控制，使企业能在市场竞争中掌握主动，从而增加各个业务活动阶段的利润。在市场环境相对稳定的条件下，采用"纵向一体化"战略是有效的，但是，在高科技迅速发展、市场竞争日益激烈、顾客需求不断变化的今天，"纵向一体化"战略已逐渐显示出其无法快速敏捷地响应市场机会的薄弱之处。显然，采用"纵向一体化"战略的企业要想对其他配套企业拥有管理权，要么自己投资，要么出资控股，但不论采取哪一种方式，都要承受过重的投资负担和过长的建设周期带来的风险，而且由于核心企业什么都想管住，不得不从事自己并不擅长的业务活动，使得许多管理人员往往将宝贵的精力、时间和资源花在辅助性职能部门的管理工作上，而无暇顾及关键性业务的管理工作。实际上，每项业务活动都想自己干，势必要面对每一个领域的竞争对手，反而易使企业陷入困境。更进一步，如果整个行业不景气，采取"纵向一体化"战略的企业不仅在最终用户市场遭受损失，而且在各个纵向发展的市场上也会遭受损失，因为这样发展起来的纵向市场是为最终用户市场服务的，最终用户市场不景气，必然连带着纵向市场的萎缩。因此，"纵向一体化"战略已难以在当今市场竞争条件下获得所期望的利润。

进入 20 世纪 90 年代以来，企业面对着一个变化迅速且无法预测的买方市场，致使传统的生产模式对市场剧变的响应越来越迟缓和被动。为了摆脱困境，企业虽然采取了许多先进的单项制造技术和管理方法，并取得了一定实效，但在响应市场的灵活性、快速满足顾客需求方面并没有实质性改观，人们才意识到问题不在于具体的制造技术与管理方法本身，而是他们仍在传统的生产模式框框内。严峻的竞争环境改变了人们认识、分析和解决问题的思想方法，开始从"纵向一体化"向"横向一体化"（Horizontal Integration）转化。

2. 全球制造与供应链管理

全球制造及由此产生的供应链管理是"横向一体化"管理思想的一个典型代表。现在人们认识到，任何一个企业都不可能在所有业务上都成为世界上最杰出的企业，只有优势互补，才能共同增强竞争实力。因此，国际上一些先驱企业摒弃了过去那种从设计、制造直到销售都自己负责的经营模式，转而在全球范围内与供应商和销售商建立最佳合作伙伴关系，与他们形成一种长期的战略联盟，结成利益共同体。例如，美国福特汽车公司在推出新车 Festiva 时，就是采取新车在美国设计，在日本的马自达生产发动机，由韩国的制造厂生产其他零件和装配，最后再运往美国和世界市场上销售。制造商这样做的目的显然是追求低成本、高质量，最终目的是提高自己的竞争能力。Festiva 从设计、制造、运输、销售，采用的就是"横向一体化"的全球制造战略。整个汽车的生产过程，从设计、制造直到销售，都是由制造商在全球范围内选择最优秀的企业，形成了一个企业群体。在体制上，这个群体组成了一个主体企业的利益共同体；在运行形式上，构成了一条从供应商、制造商、分销商到最终用户的物流和信息流网络。由于这一庞大网络上的相邻节点（企业）都是一种供应与需求的关系，因此称之为供应链。为了使加盟供应链的企业都能受益，并且使每个企业都有比竞争对手更强的竞争实力，就必须加强对供应链的构成及运作研究，由此形成了供应链管理这一新的经营与运作模式。供应链管理强调核心企业与世界上最杰出的企业建立战略合作关系，委托这些企业完成一部分业务工作，自己则集中精力和各种资源，通过重新设计业务流程，做好本企业能创造特殊价值、比竞争对手更擅长的关键性业务工作，这样不仅大大地提高本企业的竞争能力，而且使供应链上的其他企业都能受益。

供应链管理（Supply Chain Management, SCM）还没有一个统一的定义，一般认为 SCM 是通过前馈的信息流（需方向供方流动，如订货合同、加工单、采购单等）和反馈的物料流及信息流（供方向需方流动的物料流及伴随的供给信息流，如提货单、入库单、完工报告等），将供应商、制造商、分销商、零售商直到最终用户连成一个整体的模式。它既是一条从供应商的供应商到用户的用户的物流链，又是一条价值增值链，因为各种物料在供应链上移动，是一个不断增加其市场价值或附加价值的增值过程。因此，SCM 不同于企业中传统的物资供应管理职能。

SCM 提出的时间虽不长，但它已引起人们广泛的关注。特别是国际上一些著名企业，如惠普公司、IBM 公司、DELL 计算机公司等在供应链实践中取得的成就，更使人坚信供应链是进入 21 世纪后企业适应全球竞争的一个有效途径，因而吸引了许多学者和企业界人士研究和实践 SCM。20 世纪 80 年代中期以后，工业发达国家中有近 80% 的企业放弃了"纵向一体化"模式，转向了全球制造和全球供应链管理这一新的经营模式。近几年来，供应链管理的实践已扩展到了所有加盟企业之间的长期合作关系，超越了供应链出现初期的那种主要以短期的、基于某些业务活动的经济关系，使供应链从一种作业性的管理工具上升为管理性的方法体系。

3. 我国传统制造业运作模式存在的问题

我国传统制造业企业管理体制与运作模式受"大而全""小而全"思想的影响非常严重，"万事不求人"的封建主义思想使企业成为一个封闭系统，与开放式的全球制造和供应链管理模式相差甚远，无法适应 SCM 的要求。其存在的主要问题简述如下：

（1）生产系统设计没有考虑供应链的影响。现行的制造业企业生产系统在设计时只考虑生产过程本身，而没有考虑生产过程以外的因素对企业竞争能力的影响。

（2）供、产、销系统没有形成"链"。供、产、销是企业的基本活动，但在传统的运作模式下基本上是各自为政，相互脱节。

（3）部门主义障碍。激励机制以部门目标为主，孤立地评价部门业绩，造成企业内部各部门片面追求部门利益，物流、信息流经常扭曲、变形。

（4）管理信息处理手段落后。我国大多数企业仍采用手工处理方式，企业内部信息系统不健全、数据处理技术落后。企业与企业之间的信息传递工具更是落后，没有充分利用 EDI、INTERNET 等先进技术，致使信息处理不及时、不准确，不同地域的数据库没有集成起来。

（5）库存管理系统满足不了 SCM 的要求。传统企业中库存管理是静态的、单级的，库存控制决策没有与供应商联系起来，无法利用供应链上的资源。

（6）没有市场响应、用户服务、供应链管理方面的评价标准与激励机制。

（7）协调性差，在各供应商之间没有协调一致的计划，每个部门都各搞一套，只顾安排自己的活动。

（8）没有建立对不确定性变化的跟踪与管理系统。

（9）与供应商和经销商都缺乏合作的战略伙伴关系，且往往从短期效益出发，挑起供应商之间的价格竞争，失去了供应商的信任与合作。市场形势好时对经销商态度傲慢，市场形势不好时又企图将损失转嫁给经销商，因此也得不到经销商的信任与合作。

这些问题的存在，使企业很难一下子从传统的"纵向一体化"管理模式很快转到 SCM 模式上来。但是，为了使企业能在当今这种市场竞争环境中生存和发展下去，必须转变传统的管理模式，变革的阵痛可以换来企业长期发展的未来。

4. 顺应 SCM 潮流，改革传统制造模式

研究 SCM 对我国企业实现"两个转变"、彻底打破"大而全"和"小而全"、快步迈向国际市场、提高在国际市场上的生存和竞争能力都有着十分重要的理论与实际意义。观察一下我国目前许多企业的运作方式，就更感到研究与实践 SCM 的紧迫性和必要性了。

大型百货商场看起来气势不凡，然而其内部却是作坊的管理模式，各个部门都是

单独进货，各有各的进货渠道。这不仅加大了进货成本，而且使整个企业失去了抵御市场变化的能力，没有发挥集团公司应有的优势。连锁经营是国际零售业的一种行之有效的经营方式，然而我国许多模仿建立起来的连锁公司却半路夭折，原因就在于连锁商店不连锁。名为连锁，实则各自为政，根本没有发挥连锁经营的长处。此间的原因是多种多样的，观念落后、管理模式跟不上时代的发展是其中一个主要原因。服务业企业尚且如此，制造业企业的供应链应用情况就更差了。从服务业企业的单独进货、制造业的"大而全""小而全"等现象，可以看出我国企业界还没有构成真正意义的"链"，仍是"铁路警察——各管一段"，其结果是使我国企业失去了竞争实力。

虽然过去国内也有人做过有关供应链问题的研究，但主要集中在"供应商—制造商"这一层面上，研究的内容多限于供应商的选择和布点、如何降低配套件的购进成本、如何控制供应商的产品质量、如何保证供应的连续性和经济性等，只是供应链上的一小段。对制造商—分销商—零售商—最终用户这一"长链"的研究很少，而且没有把供应链管理纳入整个企业应付市场不确定性变化的战略体系。因此，可以说目前在我国还没有形成真正意义上的供应链，对供应链管理的研究和应用都是很不够的。

为了适应 SCM 的发展，必须从与生产产品有关的第一层供应商开始，环环相扣，直到货物到达最终用户手中，真正按"链"的特性改造企业业务流程，使各个节点企业都具有处理物流和信息流的运作方式的自组织和自适应能力。因此，对传统制造模式的改造应侧重于以下几个方面：

（1）供应链管理系统的设计。怎样将制造商、供应商和分销商有机集成起来，使之成为相互关联的整体，是供应链管理系统设计要解决的主要问题。其中与供应链管理联系最密切的是关于生产系统设计问题。传统上，有关生产系统的设计主要考虑的是制造企业的内部环境，侧重点放在生产系统的可制造性、质量保证能力、生产率、可服务性等方面，而对企业外部因素考虑甚少。在供应链管理的影响下，对产品制造过程的影响不仅要考虑企业内部生产要素的影响，而且还要考虑供应链对产品成本和服务的影响。供应链管理的出现，扩大了原有的企业生产系统设计范畴，把影响生产系统运行的因素延伸到了企业外部，与供应链上的所有企业都联系起来了，因而供应链管理系统设计就成了构造企业系统的一个重要方面。

（2）贯穿供应链的分布数据库的信息集成。对供应链的有效控制要求集中协调不同企业的关键数据。所谓关键数据，是指订货预测、库存状态、缺货情况、生产计划、运输安排、在途物资等数据。为便于管理人员迅速、准确地获得各种信息，应该充分利用电子数据交换（EDI）、INTERNET 等技术手段实现供应链的分布数据库信息集成，达到订单的电子接收与发送，共享多位置库存控制、批量和系列号跟踪、周期盘点等重要信息。

（3）集成的生产计划与控制支持系统。供应链上任何一个企业的生产计划与库存控制决策都会影响到整个供应链上其他各个企业的决策。各企业节点都不是孤立的，因此要研究协调决策方法和相应的支持系统。运用系统论、协同论、精细生产等理论与方法，研究适应于 SCM 的生产计划与控制模式和支持系统。

（4）组织系统重构。现行企业的组织机构都是基于职能部门专业化的，基本上可适应现行制造业企业管理模式的要求，但不一定能适应于供应链管理，因而必须研究基于 SCM 的流程重构问题。为了使供应链上的不同企业、在不同地域的多个部门协同工作以取得整个系统最优的效果，必须根据供应链的特点优化运作流程，进行企业重构，确定相应的 SCM 组织系统的构成要素及应采取的结构形式。

（5）研究适合我国企业的供应链绩效评价系统。SCM 不同于单个企业管理，因而其绩效评价和激励系统也应不同。新的组织与激励系统的设计必须与新的绩效评价系统保持一致。

总之，要从实用的角度出发，以计算机集成制造技术、网络技术、EDI、INTERNET、INTRANET 为基础，以系统论、柔性理论、协同论、精细生产、敏捷制造、集成理论、企业重构等为指导，利用现有技术建立 SCM 的支持系统，更好地服务于企业竞争的需求。

5. 结束语

实施 SCM 必须有"集成"意识。从某种意义上讲，SCM 要解决的基本问题之一就是在各企业经营管理的流程上，把原来各自为政、分散的活动构成一条"链"。可以预计，随着国际市场竞争的加剧，全球制造链将成为许多世界级企业获取利润的一种手段。要想使全球制造链真正发挥作用，必须建立良好的供应链，因而也就必定需要 SCM。我国企业管理和经营正逐步与国际接轨，正处在破除"大而全""小而全"等落后经营方式的进程之中，企业必然会呼唤更新、更好的理论和方法，SCM 正是顺应这一历史潮流而产生的，必然会受到企业界的欢迎。

供应链和供应链管理是当今物流管理的热点。供应链的出现，刷新了人们对企业管理的认识，企业的竞争也从单一企业的对抗扩展到整个供应链上。了解供应链的构成，明确供应链管理的内容，怎样将企业物流融合在供应链管理之中，是本章的主要内容所在。

第一节　供应链的概念、结构模型及其特征

一、供应链的概念

供应链（Supply Chain）目前尚未形成统一的定义，许多学者从不同的角度出发给出了不同的定义。早期的观点认为供应链是制造企业中的一个内部过程，它是指把从企业外部采购的原材料和零部件通过生产转换和销售等活动传递到零售商和用户的过程。传统的供应链概念局限于企业的内部操作层面上，注重企业自身的资源利用。

后来供应链的概念注意到与其他企业的联系，注意到供应链的外部环境，认为它应是一个"通过链中不同企业的制造、组装、分销、零售等过程将原材料转换成产品，再到最终用户的转换过程"，这是更大范围、更为系统的概念。例如，美国的史迪文斯认为："通过增值过程和分销渠道控制从供应商的供应商到用户的用户的物流就是供应

链，它开始于供应的源点，结束于消费的终点。"伊文斯认为："供应链管理是通过前馈的信息流和反馈的物料流及信息流，将供应商、制造商、分销商、零售商，直到最终用户连成一个整体的模式。"这些定义都注意了供应链的完整性，考虑了供应链中所有成员操作的一致性（链中成员的关系）。

到了最近，供应链的概念更加注重围绕核心企业的网链关系，如核心企业与供应商、供应商的供应商乃至与一切前向的关系，与用户、用户的用户及一切后向的关系。此时对供应链的认识形成了一个网链的概念，像丰田、耐克、尼桑、麦当劳和苹果等公司的供应链管理都从网链的角度来实施。哈里森进而将供应链定义为："供应链是执行原材料采购，将它们转换为中间产品和成品，并且将成品销售到用户的功能网。"这些概念同时强调供应链的战略伙伴关系问题。菲利浦和温德尔认为供应链中战略伙伴关系是很重要的，通过建立战略伙伴关系，可以与重要的供应商和用户更有效地开展工作。

在研究分析的基础上，我们给出一个供应链的定义：供应链是围绕核心企业，通过对信息流、物流、资金流的控制，从采购原材料开始，制成中间产品以及最终产品，最后由销售网络把产品送到消费者手中的将供应商、制造商、分销商、零售商直到最终用户连成一个整体的功能网链结构模式。它是一个范围更广的企业结构模式，它包含所有加盟的节点企业，从原材料的供应开始，经过链中不同企业的制造加工、组装、分销等过程直到最终用户。它不仅是一条连接供应商到用户的物料链、信息链、资金链，而且是一条增值链，物料在供应链上因加工、包装、运输等过程而增加其价值，给相关企业都带来收益。简而言之，供应链是生产及流通过程中，涉及将产品或服务提供给最终用户的活动的上游与下游企业所形成的网链结构。

二、供应链的结构模型

根据上述供应链的定义，其结构可以简单地归纳为如图 11 - 1 所示的模型：

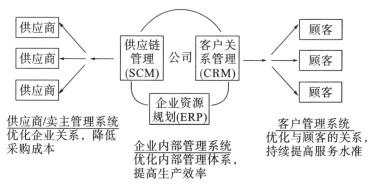

图 11 - 1　供应链的网链结构模型

从图中可以看出，供应链由所有加盟的节点企业组成，其中一般有一个核心企业（可以是产品制造企业，也可以是大型零售企业，如美国的沃尔玛），节点企业在需求信息的驱动下，通过供应链的职能分工与合作（生产、分销、零售等），以资金流、物流或/和服务流为媒介实现整个供应链的不断增值。

三、供应链的特征

从供应链的结构模型可以看出，供应链是一个网链结构，由围绕核心企业的供应商、供应商的供应商和用户、用户的用户组成。一个企业是一个节点，节点企业和节点企业之间是一种需求与供应的关系。供应链主要具有以下特征：

1. 复杂性

因为供应链节点企业组成的跨度（层次）不同，供应链往往由多个、多类型甚至多国企业构成，所以供应链结构模式比一般单个企业的结构模式更为复杂。

2. 动态性

供应链管理需要适应企业战略和市场需求变化，其中节点企业需要动态地更新，这就使得供应链具有明显的动态性。

3. 面向用户需求

供应链的形成、存在、重构，都是基于一定的市场需求而发生，并且在供应链的运作过程中，用户的需求拉动是供应链中信息流、产品/服务流、资金流运作的驱动源。

4. 交叉性

节点企业可以是这个供应链的成员，同时又是另一个供应链的成员，众多的供应链形成交叉结构，增加了协调管理的难度。

四、供应链的类型

根据不同的划分标准，我们可以将供应链分为以下几种类型：

1. 稳定的供应链和动态的供应链

根据供应链存在的稳定性，可以将供应链分为稳定的和动态的供应链。基于相对稳定、单一的市场需求而组成的供应链稳定性较强，而基于相对频繁变化、复杂的需求而组成的供应链动态性较高。在实际管理运作中，需要根据不断变化的需求，相应地改变供应链的组成。

2. 平衡的供应链和倾斜的供应链

根据供应链容量与用户需求的关系，可以将供应链分为平衡的供应链和倾斜的供应链。一个供应链具有一定的、相对稳定的设备容量和生产能力（所有节点企业能力的综合，包括供应商、制造商、运输商、分销商、零售商等），但用户需求处于不断变化的过程中，当供应链的量能满足用户需求时，供应链处于平衡状态，而当市场变化加剧，造成供应链成本增加、库存增加、浪费增加等现象时，企业不是在最优状态下运作，供应链则处于倾斜状态。平衡的供应链可以实现各主要职能（采购/低采购成本、生产/规模效益、分销/低运输成本、市场/产品多样化和财务/资金运转快）之间的均衡。

3. 有效性供应链和反应性供应链

根据供应链的功能模式（物理功能和市场中介功能），可以把供应链划分为有效性供应链和反应性供应链。有效性供应链主要体现供应链的物理功能，即以最低的成本将原材料转化成零部件、半成品、产品，以及在供应链中的运输等；反应性供应链主要体现供应链的市场中介功能，即把产品分配到满足用户需求的市场，对未预知的需求作出快速反应等。

第二节　供应链管理的概念及内容

一、供应链管理的概念

人们关注和加强对供应链的研究，是基于以下几点考虑的：①由于日益激烈的竞争压力，企业需要极大程度地改进生产过程和向客户提供产品的过程，以增加利润；②越来越多的生产过程由一些独立的生产和供货实体组成；③市场形势变得越来越残酷无情；④世界经济趋于成熟，对"地区性"产品的需求量增加；⑤对特殊客户的特殊服务，如快速、可靠供货等的竞争压力越来越大。

对于供应链管理，有许多不同的定义和称呼，如有效用户反应（Efficient Consumer Response，ECR）、快速反应（Quick Response，QR）、虚拟物流（Virtual Logistics，VL）或连续补充（Continuous Replenishment）等。这些称呼因考虑的层次、角度不同而不同，但都通过计划和控制实现企业内部和外部之间的合作，实质上它们在一定程度上都集成了供应链和增值链两个方面的内容。

供应链管理就是把供应链最优化，以最少的成本，使供应链从采购开始，到满足最终顾客的所有过程，包括工作流程（Work Flow）、实物流程（Physical Flow）、资金流程（Funds Flow）和信息流程（Information Flow），均有效率地操作，以合理的价格，把合适的产品，及时送到消费者手上。因此，供应链的概念和传统的销售链是不同的，它已跨越了企业界限，从建立合作制造或战略伙伴关系的新思维出发，从产品生命线的源头开始，到产品消费市场，从全局和整体的角度考虑产品的竞争力，使供应链从一种运作性的竞争工具上升为一种管理性的方法体系，这就是供应链管理提出的实际背景。

通过供应链管理的概念的讨论，我们可以知道以下几点：

1. 供应链管理的起点是顾客的需求

整个供应链都是由顾客的需求拉动的，整个供应链管理也要以满足用户的需求为核心来进行运作。目前客户的需求变化很快，企业的预测往往不准确，一旦预测与需求差别较大，就很有可能造成库存的积压。因此，很多企业都把获得真实准确的需求信息作为供应链管理的重中之重。

2. 供应链管理的对象是各个企业

供应链管理的对象不是单一的企业，而是供应链中的各个企业，把供应商、制造商、仓库和商店等作为一个整体来考虑，对其中的各个环节进行管理，如采购、仓储、配送等方面。

3. 供应链管理追求的是总成本的最低化和整体链的高效率

有些企业自己基本做到了零库存，而它的供应商却库存成堆；有些企业自己的反应速度很快，而它的供应商却跟不上这种节奏。这种企业是无法在竞争中取胜的，因为它只顾及了自己，而忽略了与自己密切相关的伙伴们的利益，最终会导致链条的断裂。所以有人说21世纪的竞争不是企业和企业之间的竞争，而是供应链和供应链之间的竞争。供应链管理是把整体供应链的运作看成一个系统，它不是追求局部的最优化，而是整体的最优化，希望整体供应链上的相关企业都能从中受益。

供应链管理是一种集成的管理思想和方法，它执行供应链中从供应商到最终用户的物流的计划和控制等职能。例如，伊文斯认为：供应链管理是通过前馈的信息流和反馈的物料流及信息流，将供应商、制造商、分销商、零售商直到最终用户连成一个整体的管理模式。菲利浦则认为供应链管理不是供应商管理的别称，而是一种新的管理策略，它把不同企业集成起来以增加整个供应链的效率，注重企业之间的合作。

二、供应链管理涉及的内容

供应链管理的目标在于提高用户服务水平，降低总的交易成本，并且寻求两个目标之间的平衡（这两个目标往往有冲突）。供应链管理包括五大基本内容：

1. 计划

这是供应链管理的策略性部分。你需要有一个策略来管理所有的资源，以满足客户对你的产品的需求。好的计划是建立一系列的方法来监控供应链，使它能够有效、低成本地为顾客递送高质量和高价值的产品或服务。

2. 采购

选择能为你的企业提供货品和服务的供应商，和供应商共同建立一套定价、配送和付款流程并创造一套方法来监控和改善这一流程。还要把供应商提供的货品和服务的管理流程结合起来，这一流程包括提货、核实货单、转送货物到自己的制造部门并批准对供应商的付款等。

3. 制造

安排生产、测试、打包和送货前的准备活动，它是供应链中测量内容（质量水平、产品产量和工人的生产效率等）最多的部分。

4. 配送

很多"圈内人"将配送称为"物流"，它是调整用户的订单收据、建立仓库网络、委派递送人员提货并送货到顾客手中、建立货品计价系统、接收付款等活动的总称。

5. 退货

这是供应链中的问题处理部分，指建立网络接收客户退回的次品和多余产品，并在客户使用产品出问题时提供支持。

三、供应链管理与传统管理模式的区别

供应链管理与传统管理的区别可以从存货管理的方式、货物流、信息流、风险、计划及组织之间的关系等方面来讨论。

从存货管理与货物流的角度来看，在供应链管理中，重要的是协调供应链各成员的存货水平，以使它们的存货投资与成本最小。传统的管理方法是把存货向前推进或向后延伸，根据供应链成员谁最有主动权而定。例如，汽车制造企业采用零库存（JIT）存货管理时，供应商的存货水平大大地提高了，以满足汽车制造商强加的 JIT 送货计划。把存货推向供应商并降低管道中的存货投资，仅仅是转移了存货。供应链解决这个问题的方法是提供有关生产计划的信息（透明度），共享有关需求、订单、生产计划等信息，减少不确定性，并使安全存货降低。让公司共享信息需要克服一些困难，比如共享方担心竞争对手知情太多会降低其竞争优势等。

另外，供应链管理是通过关注产品最终成本来优化供应链的。最终成本是指实际发生的到达客户时的总成本，包括采购时的价格及送货成本、存货成本等，个别公司一般只注重本公司发生的成本，不太注意它们与供应商的关系会如何影响到最终产品的成本。不能向供应商提供备货时间的信息，或要求顾客大批量购买，会增加他们的存货成本，最终此成本沿着管道传递到最终客户。但是，信息共享是一个难处理的问题，尤其是在供应商或顾客也与他的竞争对手有业务往来的情况下更是如此。但信息共享是成功的关键因素。

风险是供应链管理中另一个值得注意的问题。供应链管理的思想需要风险共担才能实现。例如，与第三方物流公司共担风险的方法有：保证在规定的时间内提供一定的业务量以减少失去业务的风险，以及共同投资固定资产，共担风险。

供应链计划在许多行业正越来越普遍，尤其在汽车制造业，随着零库存计划的成熟，供应商正成为设计成员之一，在开发模型阶段提供工程专业知识。供应商已越来越多地参与到汽车制造的零库存计划之中。客户也通过对调查表的反馈等形式参与到汽车制造设计中，甚至销售商也正在提供设计方面的反馈意见，在与客户服务相关的方面起作用。

与共同计划相关的还有组织之间关系的问题，如战略联盟与合作。这种关系包括供应商、承运人、渠道成员和第三方物流提供者，公司通过减少供应商和加强与供应商紧密合作的方式，来取得降低成本和提高质量的目的。

四、供应链关系的整合

成功的供应链整合关系是基于下列三个目标之上的：

（1）认识最终客户的服务需求水平；

（2）决定在供应链中存货的位置和每个存货点的存货量；

（3）制定把供应链作为一个实体来管理的政策和程序。

第一个目标看来很明显，但在决策时往往会疏忽这一目标。最终客户需求是在渠道中确定存货的关键，成功的制造商能辨认客户及他的需求，进而在制造商自己的范围及整个渠道中协调存货流。

第二个目标是物流管理的基本作业原则，即满足客户需求的内容应包括需要什么，什么时间需要，哪里需要和需要多少存货。传统的做法是将存货推向供应商或销售商，以减少公司自己的存货。成功的制造商则认识到，传统做法虽然能降低制造商的成本，但必定使渠道的成本次优，最终还是影响了自己。

第三个目标提出，在供应链中应当有某些政策与程序来协调各自的利益，这可以通过建立综合性的物流组织来实现。

以上是对有效供应链管理的讨论，供应链的特征是与目标相联系的，要实现有效的供应链目标，具有很大的挑战性。至少，并非在所有场合下都能实现这些目标。

加拿大哥伦比亚大学商学院的迈克尔·W.特里西韦教授研究认为，对企业来说，库存费用约为销售额的3%，运输费用约为销售额的3%，采购成本占销售收入的40%～60%。而对一个国家来说，供应系统占国民生产总值的10%以上，所涉及的劳动力也占总数的10%以上。而且随着全球经济一体化和信息技术的发展，企业之间的合作正日益加强，它们之间跨地区甚至跨国合作制造的趋势日益明显，产品在生命周期中供应环节的费用（如储存和运输费用）在总成本中所占的比重越来越大。

举例来说，一个制造企业的成本构成如表11-1所示：

表11-1 　　　　　　　　　　　　　　某企业成本构成

	销售额	供应链成本	其他成本	利润
金额（万元）	100	20	70	10

现在该企业想将其利润提高到12万元，一种办法是提高销售额，另一种办法是降低供应链成本，两种结果比较如表11-2所示：

表11-2 　　　　　　　　提高销售额与降低供应链成本比较 　　　　　　单位：万元

	销售额	供应链成本	其他成本	利润	利润率
初始数据	100	20	70	10	10%
提高销售额	120	24	34	12	10%
降低供应链成本	100	18	70	12	12%

假设在销售额、供应链成本、其他成本与利润成比例增加的情况下，企业需要将销售额提高24万元，即要增长20%才能达到要求，而实际运作中，这往往要付出更高的代价；反之企业采取降低供应链成本的办法，在销售额不增加的情况下实现了利润的增长，而且供应链成本的降低额就是带给企业的纯利润，同时这种成本的降低，还带来企业利润率的增加。在我国的众多企业中，企业往往只注重内部挖掘潜力，而忽视对供应链的管理。其实，降低供应链的总成本，就是给企业带来了利润，因此，供应链管理是企业的利润源泉。

实行供应链管理的效益主要体现在以下几个方面：

（1）因为生产是由顾客的需求拉动的，以客户为中心，就能保证生产出的成品是顾客所需的，降低了经营风险；

（2）信息的及时传递，使得需求信息不再是逐级传递，而是在同一时间到达各个供应商，使得整体供应链更能适应需求的变化，缩短供货时间，加快订单的相应速度，使企业在变化的市场中取胜；

（3）信息的相互共享，使得各企业能更准确地掌握库存、在途等信息，在保持服务水平的同时，将现在的库存、固定资产、运输工具减至最低水平，实现以信息代替库存；

（4）网上招标、对账、付款等手续，给企业提供了一个公平、公正的平台，同时简化或省去了原先复杂的流程，减少了企业的运营成本；

（5）链上企业更紧密的合作，使更多的企业参与到产品的开发和设计当中，减少开发周期，降低开发成本。

五、物流供应链战略的发展趋势

1. 时间与速度方面

越来越多的公司已认识到时间与速度是影响市场竞争力的关键因素之一。起初，公司一般只重视产品设计与制造的时间与速度，目的是减少推出新产品的时间。例如，在汽车行业，日本的公司具有灵活设计与制造的优势，推出新车型的时间比过去减少了一半以上。欧美的汽车制造商也考虑了时间因素，减少了设计时间并采用了柔性制造。现在对时间与速度的重视已扩大至其他领域，尤其是在供应链环境下，时间与速度已被看作提高整体竞争优势的主要来源，一个环节的拖延往往会影响整个供应链的运转。供应链中的各个企业通过各种手段实现它们之间物流、信息流的紧密连接，以达到对最终客户要求的快速反应、减少存货成本、提高供应链整体竞争水平的目的。

2. 质量方面

物流供应链涉及许多环节，需要环环紧扣，并确保每一个环节的质量。因为一个环节如运输服务质量的好坏，直接影响到供应商备货的数量、分销商仓储的数量，最终影响用户对产品质量、时效性以及价格的评价。厂商们开始认识到，即使其产品在其他方面都有出色的表现，一旦交付延迟或损坏，都是客户所不能接受的。劣质的物流业绩会毁坏产品在其他方面的出色表现。越来越多的企业信奉物流质量创新正在演变成为一种提高供应链绩效的强大力量，用"一种尺码适全套"的观念来履行物流的职能，不能满足客户对其在质量上的要求。这种趋势促使企业开始实施独特的物流解决方案，以适应每一位关键客户的高质量期望。

3. 资产生产率方面

另一个改变物流供应链的因素是货主越来越关心他的资产生产率。在改进资产生产率方面，一直很受重视的是存货水平的减少和存货周转的加快，因为存货所发生的费用是资产占用的重头部分，减少存货可以减少存货成本。固定设施如仓库的投资也是影响资产生产率的重要方面，通过减少存货和利用公共仓库而减少自有仓库已成为明显的趋势。与此类似的还有减少自有运输工具，增加外包。

现在改进资产生产率不仅仅是减少企业内部的存货，更重要的是减少供应链管道中的存货。供应链中的企业开始合作并共享数据以减少在整体供应链管道中的存货。

4. 组织方面

当前对物流供应链有重要影响的一个趋势是货主开始考虑减少物流供应商的数量，

这个趋势非常明显。跨国公司客户更愿意将它们的全球物流供应链外包给少数几家，最好是一家物流供应商。因为这样不仅有利于管理，而且有利于在全球范围内提供统一的标准服务，更好地显示出全球供应链管理的整套优势。虽然跨国公司希望只采用有操作全球供应链能力的少数几家物流供应商，但目前还没有一家物流供应商声称能够完全依靠自身实力满足这些大型公司的要求，因此，物流供应商之间的联盟应运而生。

5. 客户服务方面

另一个对物流供应链具有影响的趋势是对客户服务与客户满意的重视。传统的量度是以"订单交货周期""完成订单的百分比"等来衡量的，而目前更注重客户对服务水平的感受，服务水平的量度也以它为标准。例如，一些公司已采用订单准时交货的百分比、订单完整收货的百分比（货损货差率）、账单准确的百分比等指标。客户服务的重点转变的结果便是重视与物流公司的关系，并把物流公司看成是提供高水平服务的合作者。

可靠性是最基本的要求。物流公司力图采用灵活的方式满足客户的特殊要求，鼓励雇员创造性地增加客户的价值。物流再次在客户服务领域起到重要的作用。成功的公司将是那些能提供特定服务、对客户要求反应迅速的公司。提供高水平服务才能保持在市场的竞争中取得优势。

第三节　供应链环境中的企业物流管理

一、供应链体系下企业物流管理的特点

一般环境下的物流管理，其信息传递在企业间是逐级进行的，信息偏差会沿着传递方向逐级变大，结果信息扭曲现象在所难免，信息的利用率也很低。另外，一般环境下的物流管理缺乏从整体出发来进行规划的观念，链上的每个组织只关心自己的资源（如库存），相互之间很少有沟通和合作，经常出现的现象是一方面库存不断增加，另一方面当市场需求出现时又无法满足市场需求，因而企业库存成本很高，企业因为物流系统管理不善而错失市场机遇。在供应链管理体系下，各方之间是战略合作关系，具有利益一致性，各方的信息交流不受时间和空间的限制，随着信息流量的增加，信息的传递方式也日渐网络化，进而各方提高了信息共享的程度，避免了信息的失真现象。

除此以外，供应链管理体系下的企业物流管理还有以下特点：

1. 提高了物流系统的快速反应能力

供应链管理以互联网作为技术支撑，其成员企业能及时获得并处理信息，通过消除不增加价值的程序和时间，使供应链的物流系统进一步降低成本，为实现其敏捷性、精细性运作提供了基础性保障。

2. 增进了物流系统的无缝连接

无缝连接是使供应链获得协调运作的前提条件，没有物流系统的无缝连接，运送

的货物过期未到而出现误时，物资采购过程中途受阻等造成的有形成本和无形成本的增加，会使供应链的价值大打折扣。

3. 提高了顾客的满意度

在供应链管理体系下，企业能够迅速把握顾客的现有和潜在（一般和特殊）需求以及需求量，使企业的供应活动能够根据市场需求变化而变化，企业能比竞争对手更快、更经济地将商品（或服务）供应给顾客，极大地提高了服务质量和顾客满意度。

4. 物流服务方式多样化

随着现代信息技术和物流技术的不断发展，物流服务方式日益表现出灵活多样的特点。为了适应国际化经营的要求，出现了发生在不同国家间的国际物流，出现了专门从事物流服务的第三方物流企业，出现了进行联合库存管理的分销中心等。所有这些都使得物流服务更加高效快捷，适应了个人、企业、社会不断增长的物流需求。

二、供应链体系下企业物流管理的功能

1. 库存管理

库存管理可缩短订货—运输—支付的周期，加速库存周转，消除缺货事件的发生，有利于整体供应链的协调和运转。

2. 订购管理

订购过程是给供应商发出订单的过程，主要包括供应商管理、订购合同管理、订购单管理。通过供应链管理，企业可利用配销单据等对整体补充网络做计划，并向供应链自动发出订货单，通过合同管理在供需双方间建立长期关系，通过检查订购数量，将订购单送往供应商并对已接收货物进行支付。

3. 配销管理

对进入分销中心的物资，其管理过程主要有以下几个方面：配销需求管理、实物库存管理、运输车队管理、劳动管理等。

4. 仓库管理

除了入库货物的接运、验收、编码、保管，出库货物的分拣、发货、配送等一般业务外，仓库管理还包括代办购销、委托运输、流通加工、库存控制等业务。仓库管理的操作强度很大，但条形码技术、扫描仪 EDI 的引入改变了传统的工作方式，提高了工作效率，从而实现物流管理的电子化，达到对贸易过程实时跟踪的基本要求。

三、供应链管理体系下的企业物流管理策略

在供应链管理体系下，对物流的要求提高了，要求物流不断提高效率，提供更好的服务，为此企业可以采取如下措施来加强物流管理：

1. 利用现代信息技术

供应链管理体系下的物流管理高度依赖于对大量数据信息的采集、分析、处理和及时更新。现代信息技术在物流管理中的应用主要有以下几种：

（1）电子数据交换（EDI）技术。电子数据交换已被确认为是企业间计算机与计算机交换商业文件的标准形式，EDI 使用电子技术来描述两个组织间传输信息的能力。

它是通过以下几个方面对物流作业成本产生影响的：①降低与印刷、邮寄以及处理书面交易有关的劳动和物料成本；②减少电话、传真以及电传通信费用；③减少抄写成本。

（2）条形码技术。条形码技术是将数据编码成可以用光学方式阅读的符号，经过印刷技术生成机读的符号，最终又能为扫描器和解码器所识别。条形码技术在供应链管理中的应用是实现各行业自动化管理的有力武器，其表现在：①登录快速，节省人力和管理成本；②提高物流作业效率；③更精确地控制储运的指派与货物的拣取；④实时数据收集，以达到实时控制的目的。

（3）电子商务技术。电子商务主要是通过计算机网络技术的应用，以电子交易为手段来完成金融、物资、服务和信息价值的交换，快速而有效地从事各种商务活动的最新科学方法。电子商务的应用使物流进一步提速，更加适应市场变化。

2. 建立科学、合理、优化的配送网络和配送中心

产品能否通过供应链快速到达目的地，取决于物流配送网络的健全程度。一般情况下，健全的配送网络由以下几个部分组成：

（1）配送中心的建设。企业要在国家总体规划下稳定发展，统一规划，分步实施，充分利用现有基础，避免重复建设。利用现有储运批发企业的场地、设施进行改造扩建，建立适应国情、重视技术进步的现代化配送中心，优化流通结构，实现物流合理化。

（2）网络中心的建设。企业对采用的软、硬件信息系统，要求充分了解其内在性能指标和稳定性，只有满足自己需求的技术才是最好的技术，而不应盲目地追求最先进的信息技术。

3. 利用第三方物流

第三方物流是由供应方与需求方以外的物流企业提供物流服务的业务模式。由于第三方物流企业的专业化物流服务更有效率，因此通过物流业务的外包，企业能够把时间和精力放在自己的核心业务上，提高供应链管理体系的运作效率。另外，第三方物流在供应链的小批量库存补给、运输以外的服务如联合仓库管理、顾客订单处理等方面的优势使供应链管理过程实现了产品从供应方到需求方全过程中环节最少、时间最短、费用最省。

4. 利用延迟化策略

延迟化策略是一种为适应大规模订制生产而采用的策略，这种策略是在顾客需求多样化条件下提出的。在这种策略下，分销中心没有必要储备顾客所需的所有商品，只需储备商品的通用组件，库存成本大为下降，而此时物流系统则采用比较有代表性的交接运输方式，交接运输是将仓库或分销中心拉到的货不作为存货，而是为紧接着的下一次货物发送做准备的一种分销系统。总之，供应链管理体系运作是一个价值增值过程，而有效地管理好企业物流过程，对于提高供应链的价值增值水平有着举足轻重的作用。

第四节 供应链管理集成

由于企业内部存在着不同类型的独立的信息系统，因此企业内部需要集成。同时由于企业是供应链中的一员，为了更好地应对商业环境的变化，在激烈的市场竞争中取得主动，企业更需要和商业伙伴的系统集成，共同为最终客户提供更好的服务。

一、企业内部和外部管理集成

1. 企业内部的集成

企业资源规划系统（ERP）很好地实现了企业内部信息和业务流程的集成，它将企业的财务、制造、分销等功能模块有机地结合在一起，共享企业的基础信息，从而提高企业的运行效率，达到缩短计划周期，降低库存成本，加快客户反应速度的目的。但 ERP 并不能实现企业内部所有信息的集成，它还需要与其他信息系统集成以实现更高程度的信息共享。如 ERP 与计算机辅助设计/制造/规划（CAD/CAM/CAPP）的集成、ERP 与质量管理系统的集成、ERP 与现场作业及工艺流程管理系统的集成、ERP 与办公自动化（OA）的集成等。

2. 供应链的集成

供应链把集成的范围扩展到企业的外部，将企业内部的信息系统和供应链中商业伙伴的信息系统集成起来，就形成了集成的供应链。供应链中的每个成员都能够依据整体供应链的正确信息来协同各自的商业运作，从而实现包括客户服务和支持、计划和预测、产品开发、生产制造、采购、人力资源等在内的全面的企业集成。这种集成最初体现在 EDI 的应用上，它是一种一对一的信息交换和共享，成本高、灵活性低。随着互联网的迅猛发展，出现了电子商务系统，它更多地表现为一种 B2C 模式的信息共享，主要应用在商业零售渠道，它将企业后端支持系统如 ERP 与前端的客户服务系统联系在一起，是一种一对多或多对多的系统。而随着供应链管理、客户关系管理、企业应用整合（EAI）的发展和成熟，通过 SCM/CRM/EAI 将整个供应链在互联网/外部网（Internet/Extranet）的基础上集成在一起，形成所谓 B2B 甚至"协同商务"的新的商业模式已经受到越来越多的关注，大家逐渐认识到供应链的集成所带来的不可估量的效益。

二、供应链集成的级别

从供应链集成的深度和广度来看，集成可分成四个级别：信息集成、同步计划、协同工作流、全面的供应链集成。表 11－3 是这四个集成级别的简单比较。

表 11-3 供应链集成的级别比较

集成级别	目的	效益
信息集成	信息共享和透明，供应链成员能直接实时地获得数据	快速反应，问题的及时发现，减少"牛鞭效应"
同步计划	同步进行供应链的预测和计划	降低成本，优化能力使用，提高服务水平
协同工作流	协同的生产计划、制造、采购、订单处理，协同的产品工程设计和改造	更快速的市场反应和服务水平
全面的供应链集成	建立虚拟的企业组织，以实现新的商业模式	更快速、高效地应对商业环境的变化，更多市场机会

1. 信息集成

对整个供应链集成而言，信息集成无疑是基础。供应链中所有的伙伴都有能力及时准确地获得共享信息是提高供应链性能的关键。供应链的启动应该由最终的用户需求驱动。在一个没有很好的信息集成的供应链环境中，最终用户的需求在供应链的传递过程中往往会被扭曲放大。因为在这样的环境中，企业不能基于整个供应链的信息，而只能依据企业内部的信息来制定各自的预测、计划和需求，并且将这种不准确的信息传递给上游，如此级级放大，如图 11-2 所示：

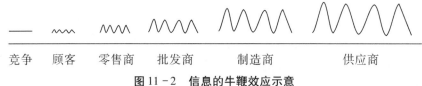

竞争　顾客　零售商　批发商　制造商　供应商

图 11-2　信息的牛鞭效应示意

要解决这种扭曲放大的信息传递，必须实现供应链的信息集成。信息集成没有统一的模式，要根据供应链的实际情况选择最合适的方式。由于互联网的迅猛发展，基于互联网的信息集成得到了广泛的应用。例如，基于互联网的信息整合 InformationHUB 模式。信息整合是一个供应链信息的集散地，供应链中的合作伙伴的信息系统都与之相连，它不负责数据的存储，其职责是在精确的时间内将正确的信息送往需要的目的地，就如同实际的运输系统中集散码头的作用一样。如图 11-3 所示。

2. 同步计划

在有了信息集成的供应链平台上，同步计划是要决定每个合作伙伴应该做什么、什么时候完成、完成多少等一系列问题。由于这种计划是每个合作伙伴根据整个供应链的共享信息制定的，因此它是准确有效的，是完全被最终用户需求驱动的。

高级计划排程（APS）是一种典型的供应链计划系统。APS 采用与制造资源规划批量计划完全不同的方式，对最终用户的订单逐个进行计划，并将该计划在整个供应链中传递，直到供应链的每个参与者都针对性地作了相应的计划。这样，最终用户的所有需求在整个供应链中的执行情况具有透明的可追溯性，并且避免了批量计划所产

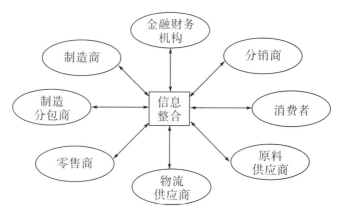

图 11 - 3　基于互联网的信息整合模式示意图

生的大量的在制品。由于 APS 是基于计算内存实现的，因此又具有快速的特点，并且 APS 在计划的过程中会同时考虑物料和能力的情况，因此是一种更准确可行的计划方式。互联网在同步计划的实施中扮演了重要的角色。例如，有关的工商业国际协会正在制定和完善的规划、预测和执行一体化（Collaborative Planning Forecasting and Replenishment，CPFR）架构，买方和卖方利用互联网共享预测、计划、需求，及时跟踪变化，最终实现协调一致的供应链计划。利用信息集成还可以实现同步的产品设计和试制。在汽车行业里这一点尤为明显：汽车制造商、原始设备制造商（OEM）、零部件供应商、毛坯件供应商建立和共享一致的产品信息数据，如 CAD、CAPP、ERP 和 PDM，设计工程师、工艺工程师和制造工程师共同协作以加快新的产品的开发和试制。

3. 协同工作流

同步计划解决了供应链应该做什么的问题，而协同工作流则要解决怎么做的问题。协同工作流可以包括采购、订单执行、工程更改、设计优化等业务。其结果是形成灵活、高效、可靠、低成本运作的供应链。协同工作流典型的应用一般在采购和销售领域。例如，可维信公司（Covisint）为汽车行业提供了一个在线采购和销售的业务平台。它是一个技术服务公司，它基于互联网的企业对企业——B2B 应用和通信服务给全球的汽车用户提供了统一的接口，使它们按照统一的业务流程方式连接各自的供应商和客户。目前，几乎全球各大汽车制造商都利用 Covisint 提供的服务建立互联网门户入口以连接各自的配件制造商。如，通用电气公司、戴姆勒—克莱斯勒公司、福特公司、奔驰公司等。通过这种方式，汽车制造商和零部件供应商之间可以在线处理采购、订单确认、发货通知单、退货，并且能在线检查库存可用量、在线安排付款等。

目前，很多 ERP 的供应商在其各自的系统中都集成了工作流的应用，但应该说，这只是一种企业内部的工作流，而不是在供应链层次的跨企业的工作流。ERP 系统可以根据用户对工作流（一般以电子邮件的形式）的反应情况而执行相应的动作。但当工作流流出企业内部时（如系统发给供应商电子邮件时），系统则不能根据企业外部的反应而自动执行相应的处理。

4. 全面的供应链集成

良好集成的供应链环境实际上为供应链中的参与者提供了一个全新的商业运作模式，使得公司能用全新的更有效的方式追求企业的目标。

第一，可以更有效地利用资源。以库存管理为例，在未实现供应链集成的情况下，一个企业里的呆滞或过期库存纯粹是一种资源的浪费，即使它在其他企业内可能是有用的，但是我们很难获取其他企业的计划和需求。而在一个良好集成的供应链环境中，由于信息的高度共享，物料的信息是被放在整个供应链中而被所有的参与者访问的。因此，单个企业内部的不可用资源在整个供应链中则可能是可利用资源，该资源会被同步计划自动地利用。同理，企业的空余能力、未按期完成的订单都有可能在整个供应链环境中被协同利用和处理。

第二，实现供应链结构的优化。在高度协调集成的供应链环境中，信息流可以和实际的物流分开以实现更灵活的业务处理。如思科公司、戴尔电脑公司的订单处理模式，利用基于互联网的信息系统将公司和客户、供应链伙伴连接到一起，在线处理订单和采购业务，而实际的物流可能非常简单：思科公司55%的销售是直接从供应链中的外协单位发送给客户的，不需要在思科公司的配送中心停留。其结果是低成本、快速、准确的订单处理和客户服务。

第三，实现大量定制。通过集成的信息系统平台，很多公司可以让客户直接通过互联网定制自己所喜欢的产品。这种趋势已经从最初在线零售商发展到很多大型的生产制造企业，如戴尔电脑公司、福特和通用汽车公司等。用户的定制需求在一个高度集成的供应链环境中被所有的参与者协同完成。可以想象，如果没有有效集成的供应链，这种定制是很难实现的。

全面的供应链集成就好像一个大型的虚拟企业组织，组织里的每个成员共享信息，同步计划，使用协调一致的业务处理流程，共同应对复杂多变的市场，为最终用户提供高效、快捷、灵活的支持和服务，从而在竞争中获得优势。

三、供应链集成的困难

虽然供应链的集成带来了巨大的效益，但由于每个企业的管理具有各自的特点，企业使用的信息系统也是多种多样的，这就给供应链的集成造成了极大的困难。主要表现在难以形成统一的集成标准、跨企业的安全管理，难以和企业内部的信息系统集成等。

1. 统一的标准

由于管理和技术的复杂性，没有一种或几种技术或标准能解决所有的集成需求。从早期的 EDI 到基于互联网的电子商务，从基于组件结构的应用解决方案（如 CORBA，COM＋，DCOM）到网络服务（Web Services）的解决方案（如 J2EE，Microsoft. Net，IBM Web Services 等），技术总是为了适应企业的应用而不断更新发展，而同时新的技术又给企业提供了新的商业机会和商业模式。每一种技术都在应用领域占有一席之地，如何在这些不同标准和技术的产物之间建立连接、形成共享以至协同工作是一个非常大的课题。

2. 安全性

跨企业的供应链范围的集成显然要比企业内部集成困难得多。除了信息系统和格式不同外，安全也是需要仔细考虑的问题。这既要考虑到一般的数据本身的安全（如防止企业的机密数据泄露，防止非法入侵公司内部系统等），也要考虑到供应链结构不够健全造成系统崩溃的可能性。企业的工作人员很难对跨企业的信息系统进行控制，当供应链中的合作伙伴的系统发生了改变，如升级、更新，或者发生错误而停止运行时，将可能导致整个供应链系统的运行失败。

3. 难以和企业内部的信息系统集成

供应链系统如果不能和企业内部的信息系统尤其是 ERP 集成，是很难做到真正的信息共享的，更谈不上进一步的计划和协作了，因为 ERP 是真正的企业信息集中地。虽然很多企业在实施完 ERP 后，为了进一步改善与供应商和客户的关系，又实施了 SCM 和 CRM，但从其实质来说，这些系统都处在企业的内部可控范围之内。

以信息共享为基础，通过同步协调一致的计划和业务处理流程而实现的高效率低成本的供应链系统无疑会给企业带来巨大的效益，能更好地对最终用户提供服务和支持，更快捷地把握新的市场机会，从而在激烈的竞争中取得优势。可以说集成（包括企业内部，尤其是企业外部）是企业发展的必然要求。但是，因为每个企业的管理都有自己独特的个性，更由于企业对信息技术的使用千差万别，既有信息技术不同发展阶段的产物，又有不同技术和标准所形成的系统，因此供应链的集成面临着诸多的困难和挑战。虽然一些公司或机构提出了一些用于连接或集成异构系统的技术标准和架构，但目前还缺乏实际的应用和支持，并且这些标准和技术之间的集成又会产生新的问题。但一些以互联网为基础的针对特定行业一定业务范围的解决方案已经得到了广泛应用，并取得了很好的效果。因此，供应链的参与者可以以互联网为依托，从信息共享到同步计划，从局部业务处理到协同商务，逐步实现供应链的全面集成。

本章小结

本章以当代先进的物流管理概念——供应链管理为主线，较为系统地介绍了供应链、供应链管理理念及其在企业物流中的运用，阐述了供应链管理集成的管理模式及其重要性。

案例分析

弗莱克斯特罗尼克斯国际公司的供应链

电子制造服务（EMS）提供商弗莱克斯特罗尼克斯国际公司两年前便面临着一个既充满机遇又充满挑战的市场环境。弗莱克斯特罗尼克斯公司面临的境遇不是罕见的。事实上，许多其他行业的公司都在它们的供应链中面临着同样的问题。很多严重的问题存在于供应链的方方面面——采购、制造、分销、物流、设计、融资等。

1. 供应链绩效控制的传统方法

惠普、3COM、诺基亚等高科技原始设备制造商（CEM）出现外包趋势，来自电子制造服务业的订单却在减少，同时，弗莱克斯特罗尼克斯受到来自制造成本和直接材料成本大幅度缩减的压力。供应链绩效控制变得日益重要起来。

与其他公司一样，弗莱克斯特罗尼克斯公司首要的业务规则是改善交易流程和数据存储。通过安装交易性应用软件，企业同样能快速减少数据冗余和错误。比如，产品和品质数据能够通过订单获得，和库存状况及消费者账单信息保持一致。再就是将诸如采购、车间控制、仓库管理和物流等操作规范化、流程化。这主要是通过供应链实施软件诸如仓库管理系统等实现的，分销中心能使用这些软件接受、选取和运送订单货物。

控制绩效的两种传统的方法是指标项目和平衡计分卡。在指标项目中，功能性组织和工作小组建立和跟踪那些被认为是与度量绩效最相关的指标。不幸的是，指标项目这种方法存在很多的局限性。为了克服某些局限性，许多公司采取了平衡计分卡项目。虽然概念上具有强制性，绝大多数平衡计分卡作为静态管理"操作面板"实施，不能驱使行为或绩效的改进。弗莱克斯特罗尼克斯也被供应链绩效控制的缺陷苦苦折磨着。

2. 供应链绩效管理周期

弗莱克斯特罗尼克斯公司实施供应链绩效管理带给业界很多启示：供应链绩效管理有许多基本的原则，可以避免传统方法的缺陷；交叉性功能平衡指标是必要的，但不是充分的，供应链绩效管理应该是一个周期，它包括确定问题、明确根本原因、以正确的行动对问题作出反应、连续确认处于风险中的数据、流程和行动。

弗莱克斯特罗尼克斯公司认为，定义关键绩效指标、异常条件和当环境发生变化时更新这些定义的能力是任何供应链绩效管理系统的令人满意的一大特征。一旦异常情况被确认了，使用者需要知道潜在的根本原因、可采取的行动的选择路线以及这种可选择行为的影响。以正确的行动对异常的绩效作出快速的响应是必要的。但是，一旦响应已经确定，只有无缝地及时地实施这些响应，公司才能取得绩效的改进。这些响应应该是备有证明文件的，系统根据数据和信息以及异常绩效的解决作出不断的更新、调整。响应性行动导致了对异常、企业规则、业务流程的重新定义，因此，周期中连续地确认和更新流程是必要的。

在统计流程控制中，最大的挑战往往是失控情形的根本原因的确认。当确认异常时，对此的管理是确认这些异常的根本原因。这允许管理者迅速地重新得到相关的数据，相应地合计或者分解数据，按空间或时间将数据分类。

3. 成功的例子

弗莱克斯特罗尼克斯公司的成功，确认了供应链绩效管理作为供应链管理的基础性概念和实践力量的重要性。

弗莱克斯特罗尼克斯公司使用了供应链绩效管理的方法，使它能确认邮政汇票的异常情况，了解根本原因和潜在的选择，采取行动更换供应商、缩减过度成本、利用谈判的力量进行改进。绩效管理的方法包括了实施基于 Web 的软件系统来加强供应链绩效管理。弗莱克斯特罗尼克斯公司在 8 个月的"实施存活期"中节约了几百亿美元，最终在第一年产生了巨大的投资回报。

在识别异常绩效方面，弗莱克斯特罗尼克斯系统根据邮政汇票信息连续比较了合同条款和被认可的卖主名单。如果卖主不是战略性的或者订单价格是在合同价格之上的，系统就会提醒买方。另外，如果邮政汇票价格是在合同价格之下的，系统就提供货物管理人员可能的成本解决机会。向接近 300 个使用者传递的邮件通告中包含了详细绩效信息的 Web 链接和异常情况的总结。

弗莱克斯特罗尼克斯公司管理人员随后使用系统了解问题和选择方案。他们评价异常情况并且决定是否重新进行价格谈判，考虑备选资源或者调整基于业务需求的不一致。同样，采购经理分析市场状况、计算费用，然后通过商品和卖主区分成本解决的优先次序。在供应链绩效管理周期开始之前或者周期进行中，弗莱克斯特罗尼克斯公司确认数据、流程和行动的有效性。当实施绩效系统时，弗莱克斯特罗尼克斯公司建立指标、确定界限，同时也保证数据的质量和及时性。使用绩效管理系统，弗莱克斯特罗尼克斯已经能通过资本化各种机会来节约成本并获得竞争优势。

案例思考

如何进行供应链绩效管理？

第十二章　现代物流成本管理

学习目标

（1）掌握物流成本的含义和分类；
（2）掌握物流成本的计算方法；
（3）了解物流成本管理的内容；
（4）掌握物流成本的控制方法；
（5）运用物流成本的控制策略。

第一节　物流成本概述

对那些有志于全球经营的企业而言，物流成本，尤其是运输成本在企业总成本构成中所占比重会越来越大。由于人们对物流活动研究还不完善，对物流成本的提示不够，物流方面的浪费无法有效控制，因此物流成本管理还未进入科学管理阶段，进而也影响了现代物流管理的水平。随着企业界和研究界对现代物流的实践和探索不断深入，物流成本管理的空白点会逐渐填补，特别是现代物流管理的思想与现代成本管理模式的融合会给物流成本管理带来新的有效方法和思路，以实现物流成本的降低。

物流成本指的是物流活动中所消耗的物化劳动和活劳动的货币表现，也叫物流费用。狭义的物流成本是指由物品实体的场所（或位置）位移而引起的有关运输、包装、装卸等成本；广义的物流成本是指包括生产、流通、消费全过程的物品实体与价值变换而发生的全部成本，它具体包括从生产企业内部原材料协作件的采购、供应开始，经过生产制造过程中的半成品存放、搬运、装卸，成品包装及运送到流通领域，进入仓库验收、分类、储存、保管、配送、运输，最后到消费者手中的全过程发生的所有成本。而物流成本管理则是对所有这些成本进行计划、分析、核算、控制与优化以达到降低物流成本的目的。

一、物流成本的构成和分类

（一）物流成本的构成

物流成本是企业的物流系统为实现商品在空间、时间上的转移而发生的各种耗费，具体包括订货费用、订货处理及信息费用、运输费用、包装费、搬运装卸费、进出库费用、储存费用、库存占用资金的利息、商品损耗、分拣费用、配货费用及由交货延误造成的缺货损失等。从其所处的领域看，物流成本可分为流通企业物流成本和生产企业物流成本。

1. 流通企业物流成本的构成

流通企业物流成本是指在组织物品的购进、运输、仓储、销售等一系列活动中所消耗的人力、物力、财力的货币表现，其具体构成如下：

（1）人工费用，包括职工工资、奖金、津贴及福利费等；

（2）营运费用，如合理的能源及商品消耗、运杂费、固定资产折旧费、办公费、差旅费、保险费等；

（3）财务费用，指经营活动中发生的资金使用成本支出，如利息、手续费等；

（4）其他费用，如税费、资产损耗、信息费等。

2. 生产企业物流成本的构成

生产企业的主要目的是将生产出来的物品通过销售环节转换成货币，因此制造企业正常的物流过程应包括生产要素的购进、产品生产和产品销售，同时还要进行产品的返修和废物的回收。因此，生产型企业的物流成本是指企业在进行供应、生产、销售、回收等过程中所发生的运输、包装、仓储、配送、回收方面的费用。与流通企业相比，生产企业的物流成本大多体现在所生产的产品成本中，具有与产品成本的不可分割性。生产企业的物流成本一般包括以下内容：

（1）人工费用，包括供应、仓储、搬运和销售环节的职工工资、奖金、津贴及福利费等；

（2）生产材料的采购费用，包括运杂费、保险费、合理损耗成本等；

（3）产品销售费用，如广告费、运输费、展览推销费、信息费等；

（4）仓储保管费，如仓库维护费、搬运费等；

（5）有关设备和仓库的折旧费、维修费、保养费等；

（6）营运费用，如能源消耗费、物料消耗费、折旧费、办公费、差旅费、保险费、劳动保护费等；

（7）财务费用，如仓储物资占用的资金利息；

（8）废弃物物流费用，如回收废品发生的物流成本。

（二）物流成本的分类

（1）按照物流成本所处的领域不同，可将物流成本分为两类，即生产企业物流成本和流通企业物流成本。

（2）按照流通环节分类，物流成本主要分为仓储成本、运输成本、装卸搬运成本、流通加工成本、包装成本、配送成本、物流信息管理成本七个部分。

（3）按物流成本是否具有可控性分类，可将物流成本分为可控成本与不可控成本。可控成本是指考核对象对成本的发生能够控制的成本；不可控成本是指考核对象对成本的发生不能予以控制，因而也可不予以负责的成本，如材料的采购成本，对生产部门而言就是不可控成本。

（4）按物流成本的习性分类，可将物流成本分为变动成本和固定成本。变动成本是指随着业务量的变动而成正比例增减变动的成本，如直接材料费、直接人工费、直接能源消耗等；固定成本是指在一定时期和一定业务范围内，不受业务量的增减变动影响而保持固定不变的成本，如固定资产折旧费、管理部门的办公费等。

（5）按成本计算的方法分类，可将物流成本分为实际成本与标准成本两类。实际成本是指企业在物流活动中实际耗用的各种费用的总和；标准成本是指通过精确的调查、分析与技术测定而制定的用来评价实际成本、衡量工作效率的一种预计成本。

（6）按物流成本在决策中的作用分类，可将物流成本划分为机会成本、可避免成本、重置成本和差量成本。

①机会成本：是企业在作出最优决策时必须考虑的一种成本。其含义是当一种资源具有多种用途，即多种利用机会时，选定其中的一种就必须放弃其余几种，即选择资源利用的最优方案所花费的成本。

②可避免成本：是指当决策方案改变时某些可免于发生的成本，或者在有几种方案可供选择的情况下，当选定其中一种方案时，所选方案不需支出而其他方案需支出的成本。应注意的是，可避免成本不是可降低的成本。

③重置成本：是指按目前的高价来计量的所耗资产的成本。重置成本所反映的是现时价值，从理论上讲，它比采用原始成本计价更为合理。

④差量成本：是指两个不同方案之间预计的成本差异数。在作出决策时，由于各个方案所选用的生产方式和生产设备的不同，各方案预计所发生的成本也不同，不同方案估计的成本差异数即为差量成本。

（7）按物流费用的支付形态分类，可将物流成本分为直接物流成本和间接物流成本。直接物流成本由企业直接支付；间接物流成本是指企业把物流活动委托给其他组织或个人时所需支付的物流费用。

（8）按物流过程划分，可将物流成本分为供应物流成本、生产物流成本、销售物流成本、回收物流成本、废弃物物流成本。

①供应物流成本：是指企业为生产产品购买各种原材料、燃料、外购件等所发生的运输、装卸、搬运等成本。

②生产物流成本：是指企业在生产产品时，由于材料、半成品、成品的位置转移而发生的搬运、配送、发料、收料等方面的成本。

③销售物流成本：是指企业为实现商品价值，在产品销售过程中所发生的储存运输、包装及服务成本。

④回收物流成本：是指产品销售后因退货、换货所引起的物流成本。

⑤废弃物物流成本：主要指为了处理已经成为废弃物的物流而发生的物流成本。

（9）按物流活动的构成分类，可将物流成本分为物流环节成本、物流管理成本、信息管理成本等。

①物流环节成本：是指产品实体在空间位置转移所流经环节发生的成本，包括运输费、仓储费、包装费、装卸费、流通加工费等。

②物流管理成本：是指物流计划、协调、控制等管理活动方面发生的费用，不仅

包括现场物流管理成本，而且还包括本部的物流管理成本。

③信息管理成本：是指处理和传送物流相关信息发生的费用，包括库存管理、订单处理、客户服务等相关费用。库存管理是指与库存的移动、计算、盘点等有关的信息处理、传达等相关的业务。订单处理是指客户委托仓库出库的相关信息的处理业务，并不包括商流部分订货活动。客户服务是指接受的咨询和询问，提供有关信息的业务。

二、物流成本的有关理论

(一) 物流成本的冰山理论

物流成本的冰山理论是由日本早稻田大学的西泽修教授提出的。他指出，传统会计所计算的外付运费和外付储存费，不过是冰山一角。而在企业内部占较大比例的物流成本则混入其他费用中，如不把这些费用核算清楚，则很难看出物流费用的全貌。而且，物流成本的计算范围，各企业也不相同，因此无法与其他企业进行比较，也很难计算出行业的平均物流成本。因为外付物流成本与企业对外委托业务的多少有关。因此，航行在市场之流上的企业巨轮如果看不到海面下的物流成本的庞大躯体的话，那么最终很可能会遭遇"泰坦尼克号"同样的厄运。而一旦物流所发挥的巨大作用被企业开发出来，它给企业带来的丰厚利润也是有目共睹的。

(二) 物流成本削减的乘法效应理论

物流成本削减的乘法效应理论是指物流成本下降后会引起销售额成倍的增长。例如，假定销售额为100亿元，物流成本为10亿元，如物流成本下降1亿元，就可得到1亿元的收益。这个道理是不言自明的。现在假定物流成本占销售额的10%，如物流成本下降1亿元，销售额将增加10亿元，这样，物流成本的下降会产生极大的效益。这个理论类似于物理学的杠杆原理，物流成本的下降通过一定的支点，可以使销售额获得成倍的增长。

(三) 物流成本的效益背反理论

物流成本具有效益背反的特征。所谓效益背反，是指物流的若干功能要素之间存在着损益的矛盾，即某一功能要素的优化和利益发生的同时，必然会存在另一个或几个功能要素的利益损失。也就是说改变物流系统中任何一个要素，都会影响到其他要素的改变。因此，设计和管理物流系统时，应把物流作为一个系统来研究，用系统的方法来管理物流，以较少的物流成本，用较好的物流服务为用户提供物品。同时，应尽量减少外部环境中不经济因素的影响。

三、物流成本的重要特性

根据物流成本的特点，可以将物流成本的特征归纳为以下几点：

(一) 计算要素难以确定

所谓物流成本，就是涉及自己公司的所有物流费用。物流成本管理，首先从把握这种物流成本的总额开始，总额不能掌握，也就不能着手降低成本和改进物流。

企业的物流费，大致上可分为委托物流费和自家物流费。委托物流费是支付给运输业者、仓储业者等公司以外的企业的费用。因此，这些费用是比较容易把握的，在会计账簿上，也列有运输费、包装费、保管费等科目。

有问题的是自己公司内的物流成本，即自家物流费。例如，涉及自家仓库运营的费用，包含人工费、折旧费、水电费、车辆关联费等科目。

还有更麻烦的是物流和物流以外的费用杂乱地混在一起的现象。如在中小企业中，有时营业员还兼推销，有时销售人员用自己的营业车提货，在这种场合中的人工、车辆、运输等各种费用如何分摊就是一个问题。所谓"物流费用冰山"，意思就是只能把握委托物流那种容易算清成本的部分，而不能正确地把握隐藏在水面下的自家物流的全部成本。在核算不清的费用中，有自家公司的物流成本，也有不列入费用的如其他公司所交的物流费，若不把这些费用计算清楚，就不能实现物流整体的合理化。"物流费用冰山"一说之所以成立，有三个方面的原因，这也是物流仓储成本难以确定的因素：

（1）物流成本的计算范围太大；

（2）物流成本的计算对象难以确定；

（3）物流成本计算内容难以归集。

（二）存在制度性缺陷、分解计算难度大

由于物流成本大部分发生在企业内部，而且范围大、流通环节多、涉及的单位较多，因此，许多已经发生的物流费用在具体分解时存在很大的困难。现行会计制度通常将一些应计入物流成本的费用，如仓储保管费用、仓储办公费用、仓储物资的合理损耗等计入企业的经营管理费用中。同时，将物资采购中发生的物资运输费用、保险费用、合理损耗、装卸费用、挑选整理费用等计入了物资采购成本。因此，在实际计算物流成本时，对上述费用的分解还同时存在一个制度规范的问题。而且，如果要分解这些隐藏的费用，在操作上也存在很大的难度，成本较高。

（三）核算方法难以统一

由于不同企业的物流成本项目不同，因此，在如何统一物流成本计算项目方面，尚没有形成统一的标准。目前，各国在物流成本计算范围和具体计算方法方面也还没有形成统一的规范。

美国物流成本的计算范围包括以下三个部分：

1. **库存费用**

它指花费在保存货物方面的费用，除了仓储、合理损耗、人力费用、保险和税收费用外，还包括库存占用资金的利息。

2. **运输成本**

运输成本包括汽车运输与其他运输方式发生的费用。

3. **物流管理费用**

这是由专家按照美国的历史情况确定一个固定比例，乘以库存费用与运输费用的总和得出的。

第二节　物流成本的计算

物流成本计算是物流成本管理的第一步，是收集物流活动经济数据的主要渠道和途径，它使物流过程透明化。该透明化表现在：①通过物流成本计算程序为各个层次的经营管理者提供物流管理所需的成本资料，使物流经济活动透明化；②为后期物流预算编制和控制提供所需的基础数据，使物流成本管理中的计划透明化；③提供了物流服务或相关产品价格计算的成本依据，使定价透明化。

一、物流成本计算表

1977 年，日本运输省制定了《物流成本统一计算标准》，给出了物流计算表格。其表格设计与传统的会计科目保持一致，有利于从传统会计科目中导出相关的物流费用。虽然这种核算方式是建立在传统会计核算基础之上的，在反映真实的物流费用方面有所欠缺，但对于处于物流核算期的企业来说，这种方法易于理解和掌握，具有一定的指导作用。主要核算方式有以下三种：

（一）按支付形态和物流过程进行物流费用计算

这种方法是从企业财务会计核算的相关科目中分解出物流成本，然后以表格形式逐步核算，见表 12 - 1。步骤如下：

第一步，将物流费用从会计科目中分解出来。

（1）材料费：材料费指核算期内各种材料的实际消耗量的金额，应包括材料的购买费、进货运费、装卸费、保险费、关税、购进杂费等。

（2）人工费：物流活动中消耗的劳务所支付的费用，包括员工所有报酬、按规定提取的福利基金的支出、员工教育培训费及其他。如果将物流人工费从企业人工费用中分解时，可按从事物流活动的员工人数比例分摊。

（3）水电费：物流设施的使用都会涉及水电费。可直接从物流设施发生的相关费用进行汇总，也可从整个企业支出的水电总费用中按物流设施的面积与企业设施的总面积比例分摊。

（4）维持费：由于土地、建筑物、机械设备等固定资产的使用、运行、维护和保养而产生的维修费、大修理费、保险费、租赁费、土地使用税等费用的总和，也可按面积比例指数进行分摊。

（5）一般经费：差旅费、交通费、会议费、杂费等一般支出费用。如果使用人员和目的明确，由物流管理活动引进的，可直接计入物流成本；不能直接计入的，可根据员工人数比例分摊。

（6）特别经费：折旧费、企业贷款利息等特殊支出费用。

（7）委托物流费：根据实际发生额计算，包括包装费、运输费、保管费、装卸费、手续费等物流业务费用。

表 12 - 1　　　　　　　　　　　　支付形态·领域类别

支付形态类别				领域类别	采购物流费	工厂内物流费	销售物流费	返品物流费	废弃物流费	合计
			材料费	燃料费 消耗工具器具费 合计						
			人工费	工资、奖金 福利费 其他 合计						
			水电费	电费 水费 燃气费 其他 合计						
			维持费	修理费 消耗材料费 保险费 其他 合计						
			一般经费							
			特别经费	折旧费 企业贷款 利息 合计						
			自家物流费合计							
		委托物流费								
		本企业支付的物流费合计								
	外部企业支付的物流费									
	企业物流费总计									

（8）其他企业支付的物流费：以本期发生的其他企业应支付的物流实际费用为准。

第二步，把通过计算的以上数据填写在表 12 - 1 相关的项目上。

第三步，将费用按企业的物流过程分类，即按供应物流、工厂内物流、销售物流、返品物流和废弃物流分类，然后再汇总。

第四步，通过对物流过程的费用汇总，可看出各个过程实际发生额和它们之间的比例关系，可以初步确定需要加强成本控制的重点过程。

（二）从物流功能分类和费用支付形态方面计算

这种方法的步骤与第一种方法相似，只是在核算完不同支付形态的物流费用后，不是按物流过程分类进行汇总，而是按物流功能分类来汇总，即按包装、运输、保管、流通加工、物流信息、物流管理等方面进行汇总。功能分类方法可以让人们确定哪种功能更耗费成本，找出物流活动中的"瓶颈"，得到实现物流合理化的对策。其格式见表12-2：

表 12-2　　　　　　　　　　　　支付形态·功能类别

支付形态类别 \ 功能类别				物资流通费					信息流通费	物流管理费	合计
				包装费	运输费	保管费	流通加工费	合计			
		材料费	燃料费 消耗工具 器具费 合计								
		人工费	工资、奖金 福利费 其他 合计								
		水电费	电费 水费 燃气费 其他 合计								
		维持费	修理费 消耗材料费 保险费 其他 合计								
		一般经费									
		特别经费	折旧费 企业贷款 利息 合计								
		自家物流费									
	委托物流费										
	本企业支付的物流费合计										
外部企业支付的物流费											
企业物流费总计											

（三）按物流功能与过程分类进行费用统计

制得表12-1后，可取得采购物流、企业内物流、销售物流、返品物流和废弃物物流的总额，还可将这些费用按物流功能进行分类汇总，具体形式见表12-3。表12-3还提供了物流费用与销售额、销售成本、销售数量的比值计算，这样可使物流成本与企业的销售成本关系确定下来。从物流系统的观点来看，一项物流活动或任务就是在一个具体的产品或市场环境中要实现一系列的顾客服务目标，从某种角度来说，这种服务目标可以通过销售绩效表现出来。企业销售的绩效是物流过程的目的或输出，只有在确定绩效基础上成本管理才更具有意义。在积累了一定的绩效成本数据后，可以提供制定合理成本的依据。

表 12 - 3 　　　　　　　　　　　　　　　功能类别·领域类别

领域类别＼功能类别	物资流通费					信息流通费	物流管理费	合计
	包装费	运输费	保管费	流通加工费	合计			
采购物流费								
企业内部物流费								
销售物流费								
返品物流费								
废品物流费								
合计								
销售额　金额								
销售额　对销售额比								
销售成本　金额								
销售成本　对销售成本比								
销售数量　数量								
销售数量　单价								

二、ABC 计算法

(一) ABC 计算法概念

ABC（Activity-Based Costing）是一种新的成本计算方法，意思是以活动为基准的成本计算，又称成本作业法。它是随企业运营环境和方法的变化而产生的适应企业实际成本计算需要的方法。

20 世纪 80 年代以来，西方发达国家的企业大力采用先进的制造技术参与全球竞争，企业的现代化提高了质量而降低了成本。伴随着这些变化，传统成本计算方法已逐渐表现出在真实反映间接成本方面的局限性，因此成本管理也需要完善、变革。在原来大规模、少品种生产模式下，按单个产品的产量等比例地计量资源消耗的传统成本计算系统是有用的，随着多品种、少批量生产模式的到来，以及大量现代化技术的采用，企业自动化、信息化程度越来越高，人工费用越来越少，生产成本中的很大比例并不一定是直接人工费用或直接材料费用，而可能是组织管理方面的间接费用，如为生产准备及为作业或交易而处理材料所发生的成本等，为自动化而引发的大部分开支、生产信息管理的费用等，物流成本也应属于这类间接成本。总之，与直接人工相关的制造成本的比例持续下降，固定性间接成本的比例不断提高。而传统成本计算系统立足于运用产品数量来分摊间接成本，但是不同品种的产品其价值不同、资源消耗存在着巨大差异，单个产品的成本基准不同，采用数量来进行间接成本的分解必然造成产品成本的扭曲。应该根据隶属于具体产品或具体业务的作业或活动发生的资源消耗来核算成本。其主要思想是：企业的产品或服务是由一系列作业或活动完成的，这些作业或活动会产生资源消耗成本，核算这些作业成本，再将相关作业成本分配给引起它们发生的对象。

(二) 物流 ABC 的计算步骤

如果将物流中心承担的物流作业作为物流成本核算的对象，物流作业成本与具体的顾客需求有关。这里的顾客既有外部顾客，如各零售店或销售商；也有内部顾客，如各生产车间或生产线。顾客的服务需求不同就有不同的资源消耗，就有不同的成本。不同的物流需求其差别在于物流作业过程或环节之间的不同，因此进行 ABC 核算时，就要将这些作业过程的差异考虑全面，才能准确计算成本。计算步骤如下：

1. 分析和确定消耗的资源

首先对物流服务所要消耗的资源有个大概的了解，把与物流过程有关的企业费用项目进行大概汇总，剔除与物流活动无关的资源。

2. 分析和确定作业

物流作业分析指描述和识别组织中与研究对象相关的物流作业过程。不同层次的顾客，其物流作业过程是不同的，需要仔细区分。如为零售商提供产成品的销售物流作业过程与为生产线提供生产材料的供应物流过程有着明显的区别。能否准确地进行作业分析决定了后面物流费用计算的质量。

流程图是作业分析常用的工具。流程图常用的符号如表 12 - 4 所示：

表 12 - 4　　　　　　　　　　　　流程图常用符号

符号	意义
⬭	流程的起点或终点
▭	作业环节
◇	判断或决策
→	实物流
- -→	信息流

图 12－1 为某企业物流作业流程图，通过它可清楚地区别购货、验收、会计、制造的过程。

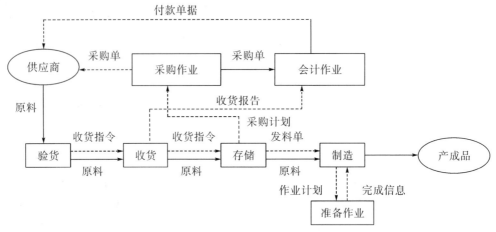

图 12－1　物流流程图

此流程图描述了一个企业从原料采购到产成品生产的过程。但要进行具体的物流过程作业成本计算，还需要将过程再细化，细化至不可再分环节或可直接核算费用的环节。因此，利用 ABC 法计算成本时，可能要运用多层流程图。

3. 将资源分配给作业

确定物流作业环节的目的是确定这些作业所消耗的资源，即费用，因此要将这些资源分配到作业上去，一般根据成本动因的资源动因分配。

所谓成本动因指的是导致某项作业的成本变动的因素，包括资源动因和作业动因两类。

资源动因指的是对一项作业所消耗资源数量的计量，典型的资源动因有：①用于物流部门的设施数或面积；②物流作业人员数量；③机器设备的数量等。

作业动因指成本对象对作业需求的频度和强度的计量。常见的作业动因有：①某项作业的次数，如采购订单份数或次数、验收作业次数或验收单份数；②作业的时间，如直接人工小时、机器运转小时；③数量，如产品数量、零部件储存数、周转次数等。

在将资源分配到作业中时，需要根据实际情况灵活选用资源动因。如将水电费在物流部门中分配时，可能要采用面积指数；分配人工费用时，则要采用人员数量指数。

4. 分配成本到成本对象

最后应将各物流作业成本再按不同的产品、顾客或服务项目进行分配及汇总，一般应用作业动因分配。这样就把物流产出与物流费用直接联系起来了，为物流成本管理打下了基础。

总之，ABC 方法运用到物流成本计算上，提供了真实、丰富的物流成本信息，为准确确定物流服务的能力、物流成本或价格，为利用这些信息来进行产品定价、顾客服务及资本支出等战略决策打下了良好基础。

第三节 物流成本管理

一、物流成本管理的含义

在了解物流成本管理时，首先必须从明确其含义着手。因为许多人一提到物流成本管理，就认为是"管理物流成本"。成本就其含义来说是用金额评价某种活动的结果。成本是可以计算的，但却不能成为被管理的对象，能够成为管理对象的只能是具体活动。所以，在经营过程中，能成为管理对象的是活动本身，而不是物流成本。也就是说，物流成本管理不是管理物流成本，而是以成本作为一种手段来管理物流活动。

二、物流成本管理的作用

物流成本管理的作用在于，通过对物流成本的有效把握，利用物流要素之间的关系，科学、合理地组织物流活动，加强对物流活动过程中费用支出的有效控制，降低物流活动中的物化劳动和活劳动的消耗，从而达到降低物流总成本、提高企业和社会经济效益的目的。具体来讲，主要体现在以下两个方面：

1. 宏观角度

（1）如果全行业的物流效率普遍提高，物流费用平均水平降低到一个新的水平，那么，该行业在国际上的竞争力将会得到增强。对于一个地区的行业来说，可以提高其在全国市场上的竞争力。

（2）全行业物流成本的普遍降低，将会对产品的价格产生影响，导致物流领域所消耗的物化劳动和活劳动得到节约。即以尽可能少的资源投入，创造出尽可能多的物质财富，减少资源的消耗。

2. 微观角度

（1）物流成本在产品成本中占有较大比重，在其他条件不变的情况下，降低物流成本意味着扩大企业的利润空间，提高利润水平。

（2）物流成本的降低，增强了企业在产品价格方面的竞争优势，企业可以利用相对低廉的价格在市场上出售自己的产品，从而提高产品的市场竞争力，扩大销售，并以此为企业带来更多的利润。

（3）根据物流成本的计算结果，制订物流计划，调整物流活动并评价物流活动效果，以便通过统一管理和系统优化降低物流费用。

（4）根据物流成本的计算结果，可以明确物流活动中不合理环节的责任者。

总之，通过计算物流成本，管理者就可以运用成本数据改进工作，从而大大提高物流管理的效率。

三、当前中国企业物流成本管理存在的问题

自从 20 世纪 70 年代我国引入物流概念以来，大家已认识到物流在国民经济发展过

程中对促进资源合理配置、改善国家基础设施建设、降低社会总成本、提升国民经济平均水平以及加速物资在时空上的流动等方面起着至关重要的作用。但我国物流业的现状与发达国家水平相比还有不小的差距，其中在物流成本管理方面存在的问题主要有以下三点：

1. 对物流成本没有单独记账

物流在企业财务会计制度中没有单独的项目，一般采用的是将企业所有的成本都列在费用一栏中，因而较难对企业发生的各种物流费用作出明确、全面的计算与分析。

2. 对于物流费用的核算方法没有固定的标准，不能把握企业的实际物流成本

在通常的企业财务决算表中，物流费核算的是企业对外部运输业者或第三方物流供应商所支付的运输费，或向合同共同仓库支付的商品保管费等传统的物流费用，相反，对于企业内与物流相关的人工费、设备折旧费及有关税金则是与企业其他经营费用统一归集核算。因而，从现代物流管理的角度来看，企业难以从外部准确把握实际的企业物流成本。现代先进国家的实践经验表明，除了企业向外部支付的物流费用外，企业内部发生的物流费用往往要超过外部支付额的 5 倍以上。

3. 对物流成本的计算和控制分散进行

对物流成本的计算和控制，各企业通常是分散进行的，也就是说，各企业根据自己不同的理解和认识来把握物流成本。这样就带来了一个管理控制上的问题，即企业间无法就物流成本进行比较分析，也无法得出行业平均物流成本值。

四、降低物流成本的途径

1. 从供应链的视角来降低物流成本

从企业的范围来控制成本的效果是有限的，而应该从原材料供应到最终用户整个供应链过程来考虑提高物流效率和降低成本。例如，有些制造商的产品全部通过批发商销售，其物流中心与批发商物流中心相吻合，从事大批量的商品储存和输送。然而，零售业中折扣店、便民店的大量开设，客观上要求制造商必须适应这种新状况，开展直接面向零售店的配送活动。在这种情况下，原来的投资就有可能沉淀，同时又要求新型的符合现代配送要求的物流中心及设施，尽管从制造商的角度看，这些投资增加了物流成本，但从社会供应链来看，增强了供应链的竞争力，提高了物流绩效，从而使用户满意程度提高、商品销售增加，这样，单位商品分摊的物流成本就下降了。

2. 通过优化顾客服务来削减成本

一般来说，提高服务水平会增加物流成本，如多频率、少批量配送会增加运输成本，而缩短顾客的订货周期和订货的满足率又会增加仓库成本。显然，也不可能通过降低服务水平来削减物流成本。但是，却可以通过对顾客服务的优化，在不降低服务水准甚至提高服务水准的前提下，降低物流成本。优化顾客服务的第一步是要明确顾客究竟需要什么样的服务项目和水平。为此，必须与顾客进行全方位、频繁的沟通，深入了解顾客企业的生产、经营活动的特点；要经常站在顾客的立场考虑问题，模拟顾客的行为。第二步是消除过度服务。超过必要量的物流服务，必然会带来物流成本的上升，而顾客的满意程度并没有因此而有效提高。第三步是实现物流服务的规模化、

网络化、专业化。物流服务的规模化、网络化可以使顾客能就地就近、随时随地得到服务，并得到专业化服务，从而有效降低物流成本。

3. 重视企业内部物流成本的控制

一般企业都十分重视降低外购物流费用，而对企业内部物流成本却较少关注。事实上，多数物流成本发生在企业内部，重视企业内部物流成本的控制，是降低物流总成本的主要途径。为此，应在企业内部设立专门的物流成本项目，分清物流成本控制的关键点；应用管理会计方法，分析物流成本的习性，改善企业物流成本管理。

4. 借助现代信息系统的构筑降低物流成本

缺少及时、准确、全面的信息是产生车辆空载、重复装卸、对流运输等无效物流现象的根源，也是导致库存周转慢、库存总量大的重要原因。为此，企业必须依靠建立现代化信息系统，提高物流管理的科学性、精确性，降低物流成本。

5. 通过物流外包降低成本

将企业物流业务及物流管理的职能部分或全部外包给第三物流企业，并形成物流联盟，也是降低物流成本的有效途径。一个物流外包服务提供者可以使一个公司在规模经济、更多的门到门运输、减少车辆空驶等方面实现物流费用的节约，并体现出利用这些专业人员与技术的优势。另外，一些突发事件、额外费用如紧急空运和租车等问题的减少增加了工作的有序性和供应链的可预测性。

6. 依靠标准化降低物流成本

物流标准化，包括物流技术、作业规范、服务、成本核算等方面的标准化，对于降低物流成本具有重要的意义。技术上的标准化可以提高物流设施、运载工具的利用率和相互的配套性；物流作业和服务的标准化可以消除多余作业和过度服务；物流成本核算的标准化能使各企业的成本数据具有可比性，从而可以使标杆学习法在物流管理中得以推广并发挥作用。

第四节　物流成本控制

一、生产企业物流成本分析与控制

生产企业物流包括供应物流、生产物流、销售物流和废弃物流等，相应的物流费用也分为供应物流费、生产物流费、销售物流费及废弃物物流费等。但是，各类生产企业花费在这几个环节上的物流费用的比例并不相同。汽车制造等行业供应物流费占全部物流成本的比例要远大于其他行业；而冶金、化工等行业的生产物流费所占的比例大；轻工、小商品及水泥、玻璃等产品的销售物流费所占的比例较大；也有一些废弃物物流费占重要地位的企业，如印染、造纸等。这些物流费用支出突出的环节，就成为各类生产企业物流成本控制的重点。

1. 供应物流成本的控制

对于生产企业而言，一般产品成本中，外购原材料、零配件的成本占很大的比例。

因此，控制供应物流成本是降低企业物流总成本的主要途径之一。控制供应物流成本，并不是指生产企业仅仅通过对进货价格的控制而寻求费用的削减。在一个成熟的工业品市场上，价格是产品质量、交通成本的体现。生产企业如果只是寻求低价格，而非采取切实有效的方法，那么极易产生购入原材料、零配件质量下降的问题，从而影响到企业自身的产品质量。生产企业控制供应物流成本的主要措施有：

（1）零部件设计尽量标准化；

（2）实行准时制采购，减少原材料、零部件库存；

（3）减少供应商数目，甚至单源采购；

（4）密切与供应商的关系，根据与供应商的关系采用不同的质量控制方法等。

2. 生产物流成本的控制

在产品的成本上，除了原材料、零部件外，相当一部分直接人工费和制造费用都属于厂内物料搬运、储存等物流成本。此外中间产品库存过高，也会导致资金占用增加，利息支出增多。尤其那些从购进原材料开始经生产过程到最终发货需要较长周期的产业，生产物流成本占有重要地位。控制生产物流成本的主要途径有：

（1）工厂布置合理化，缩短厂内运输距离；

（2）优化工艺流程，减少迂回、重复物流；

（3）实行厂内物流的标准化和流程的固定化；

（4）采用准时制（JIT）生产方式和看板管理，减少中间产品库存等。

3. 销售物流成本的控制

随着社会分工向纵深方向发展，工业企业的市场范围越来越大。中国加入世界贸易组织后，有更多的中国企业进入国际市场。市场扩大将导致分销渠道环节增多、路线延长，销售物流成本呈上升趋势。我国许多鲜活商品正是销售物流成本过高，限制了其市场范围及企业规模的扩大。控制销售物流成本的主要途径有：

（1）采用计算机信息技术，降低订货处理成本，优化运输路线；

（2）采用集装箱运输，减少货损货差；

（3）收缩分销网点，集中库存，降低库存费用；

（4）采用共同配送，减少物流设施投资及配送成本；

（5）选择物流外包，利用第三方物流企业的规模经济和专业化技术与管理降低物流成本等。

二、流通企业物流成本分析与控制

中国的流通企业包括批发企业、零售企业、外贸企业等。除少数经销商、代理商不占有商品实体，基本没有物流费用支出外，多数流通企业是商流和物流合一，拥有商品库存和运输工具等。在我国，商品流通领域实行改革最早、市场化程度最高，市场竞争使得商品购销差价越来越小。流通企业只有有效降低物流费用，才能取得利润。

流通企业的物流成本分析的困难之处是难以区分纯粹流通费用和物流费用，如订货费用、商品陈列费用、信息费用等。一般的处理办法是，既可作商流费用又可作物流费用的都算作物流费用。

流通企业控制物流成本的主要途径有：

1. 减少流通环节

大多数零售企业一般从批发商处进货，流通环节多而物流成本高。以连锁为特征的现代零售业，可以凭借其规模经营的优势，直接从制造商处进货，从而节省了批发商的中转物流费用。

2. 建设配送中心

配送中心可以使库存集中，从而减少零售企业的库存，降低流通企业的总体库存水平；配送中心可以集中送货，从而节省各零售企业在运输工具上的投资和运营成本；配送中心可以统一进货，从而节省各零售企业的采购成本。

3. 采用条形码与 POS 系统

实施商品条形码管理及 POS 系统，企业可随时掌握商品的库存情况，从而避免盲目进货，降低库存水平。

4. 发展与制造商的长期合作伙伴关系

与制造商结成长期合作伙伴关系，不仅可以降低进货价格，还可以减少库存。流通企业与制造商关系可靠，信任度高，流通企业可以不设或少设安全库存，并减少信息搜寻等成本。

5. 建立物流分公司

我国流通企业大多数拥有仓库、运输工具等物流设施，由于这些设施服务于企业内部的业务部门，普遍存在着利用率低、经营成本高的现象。其根本原因是缺乏竞争的压力和有效的激励机制。把这些部门改造成相对独立的物流分公司，可以强化其动力机制和竞争机制，从而提高效率、降低物流成本。

三、专业物流企业的物流成本分析与控制

对专业物流企业而言，其物流成本的概念与工商等企业不同。物流企业全部成本都可认为是物流成本。

物流企业控制成本的主要途径有：

1. 提高物流集成化程度

物流企业往往是从提供单项服务起步的，如运输或运输代理、仓储。随着企业的发展，业务功能不断增强，提供的服务项目也不断增多。但如果这些服务项目之间彼此无关，仍不能享有现代物流管理所产生的效益。因此必须提高物流管理的集成化程度，通过业务流程的优化和物流总成本法、得失比较法、避免次优化等系统管理思路的应用，降低物流总成本。

2. 应用现代信息技术

现代化物流企业广泛应用 GPS、电子商务、ERP 或 LRP（物流资源计划）等信息技术。信息技术的应用是实现物流系统化管理的前提，也是降低局部成本的重要手段。如 GPS 系统，可以在提高服务质量的前提下，优化车辆调度，减少车辆等待时间和单程空驶现象，从而节省运输费用。

3. 合理规划配送路线、合理拼载

物流企业应采用系统科学的方法对货物配送、运输路线进行优化，减少出车次数、缩短运输距离。同时，进行合理拼载，提高车辆利用率。

4. 物流技术装备现代化

采用自动化分拣、存取系统，建造立体仓库，加快货物周转速度，减少仓库占地面积，减少存货损耗。

5. 节省管理费用

通过精简机构减少冗员，制定合理的经费预算并严格执行等手段，节省物流企业管理费用。

物流企业除了要控制自身的物流成本外，还应利用其专业化优势，帮助客户降低物流成本。例如，帮助客户改善企业内部物流流程，选择合理的运输方式和工具，提供准时制送货服务，帮助客户降低库存等。这些做法，表面上看可能会减少物流企业的收入，但从长远来看，赢得了客户对企业的忠诚，可以降低企业寻找客户、说服客户等成本。

四、量本利分析在物流成本控制中的应用

1. 物流成本的划分

量本利分析的基本原理是将成本划分为变动成本与固定成本，从而找出销售量与固定成本、变动成本及利润之间的关系，通过业务量的增加，减少分摊到单位业务量上的固定成本，从而使单位成本下降。量本利分析的第一步是根据物流成本与物流业务量的变动关系，将物流成本划分为固定成本与变动成本。

（1）物流系统的固定成本。固定成本指在一定范围内不随业务量的增减而变动的成本。如固定资产折旧费、财产保险费、管理人员工资、广告费、研究与开发费用、职工培训费等。

（2）物流系统的变动成本。变动成本指与业务量直接成正比变动的费用，如燃料成本、装卸费用、计件工资、仓装材料成本等。为了简化，通常假设单位业务量的变动成本是不变的。这一假设在一定物流业务量范围是正确的，但超过一定业务量，可能产生加班工资等成本，则单位业务量的变动成本会上升。

（3）物流系统半变动成本。这是指总额受业务量变动的影响，但变动的幅度与业务量的增减不保持比例关系的成本。如辅助材料成本、设备维修费等。半变动成本可以划分为混合式半变动成本和阶梯式半变动成本。混合式变动成本可分解为固定成本和变动成本。如设备维修费用，可分解为定期预防性检修费和故障维修费，前者可视为固定成本，后者因与设备使用时间直接相关，可视为变动成本。阶梯式半变动成本是在相关范围内保持不变，当物流业务量超过相关范围时，其总额将呈跳跃式上升的成本。

2. 量本利分析模型

量本利分析模型如下：

$$TC = FC + VC = FC + V \cdot Q \qquad (12-1)$$

式中：TC——总成本；

　　　　FC——固定成本；

　　　　VC——变动成本；

　　　　V——单位变动成本；

　　　　Q——业务量。

在不考虑营业税的情况下，物流系统量本利三者的关系可表示如下：

$$R = P \cdot Q - TC$$
$$= P \cdot Q - (FC + V \cdot Q)$$
$$= (P - V)Q - FC \tag{12-2}$$

式中：P——单位业务量的收费（单价）；

　　　　R——盈利。

当盈利为零时，上式为：

$$(P - V)Q = FC$$
$$Q_B = FC/(P - V) \tag{12-3}$$

此时业务量（Q_B）称为盈亏平衡点业务量（见图12-2），又称保本点。

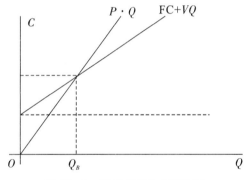

图 12-2　盈亏平衡分析示意图

如果目标利润为 R，则：

$$Q_R = (FC + R)/(P - V)$$
$$= Q_B + R/(P - V) \tag{12-4}$$

其中 Q_R 称为保利点，即企业为实现目标利润 R 所应达到的目标业务量。

3. 量本利分析在成本控制中的应用

量本利分析通常假定成本是已知的，再由成本推导利润及业务量。但是，若将公式稍加变换，也可作为成本控制的方法。

假设一定时期业务量 Q 是既定的，即可能在合同中已经确定了，对第三方物流企业而言，这种情况是可能的。所谓既定，并非是固定的意思，而是说这一变量是由外部环境决定的，企业无法控制。在这种情况下，企业要实现目标利润 R，就必须控制固定成本或变动成本。由公式可得：

$$FC = (P - V)Q - R$$

$$V = P - (FC + R)/Q \qquad (12-5)$$

以上两式说明，只有将固定成本或单位变动成本控制在公式右边数字的范围以内，才能实现目标利润 R。

4. 量本利分析的局限性

量本利分析是以固定成本不随业务量变动、单位业务量的变动成本也不随业务量变动为假设前提的。这在一定范围内是可行的，但超过一定范围，固定成本和单位变动成本都会上升。业务量增长达到一个临界值时，边际成本等于收益，业务量如果超过这一临界值，总利润将会下降。在经济学上，将这一临界值称为利润最大化的均衡点。

五、物流成本控制的策略

1. 混合策略

混合策略是指配送业务一部分由企业自身完成。这种策略的基本思想是：尽管采用纯策略易形成一定的规模经济，并使管理简化，但由于产品品种多变、规格不一、销量不等等情况，采用纯策略的配送方式达到一定程度后不仅不能取得规模效益，反而还会造成规模不经济。而采用混合策略，合理安排企业自身完成的配送和外包给第三方完成的配送，能使物流成本最低。

2. 差异化策略

差异化策略的指导思想是：产品特征不同，顾客服务水平就不同。当企业拥有多种产品时，不能对所有产品都按同一标准的顾客服务水平来配送，而应按产品的特点、销售水平来设置不同的库存、不同的运输方式及不同的储存地点，忽视产品的差异性会增加不必要的配送成本。

3. 合并策略

合并策略包含两个层次：一个层次是配送方法上的合并，另一个层次则是共同配送。配送方法上的合并是指企业在安排车辆完成配送任务时，充分利用车辆的容积和载重量，做到满装满载。由于产品品种繁多，不仅包装形态、储运性能不一，容重方面也往往相差甚远。车上如果只装容重大的货物，往往是达到了载重量，但容积空余很多；只装容重小的货物则相反，看起来车装得满，但实际上并未达到车辆载重量。这两种情况实际中都造成了浪费。实行合理的轻重配装，使用容积大小不同的货物搭配装车，不但可以在载重方面达到满载，而且还可以充分利用车辆的有效容积，取得最优效果。最好是借助电脑计算货物配车的最优解。共同配送是一种产权层次上的共享，也称集中协作配送。它是几个企业联合，集小量为大量，利用统一配送设施的配送方式。其运作标准形式是：在中心机构的统一指挥和调度下，各配送主体以经营活动联合行动，在较大的地域内协调运作，共同对某一或某几个客户提供系列化的配送服务。

4. 延迟策略

传统的物流计划安排中，大多数的库存是按照对未来市场需求的预测量设置的，这样就存在预测风险，当预测量与实际需求量不符时，就出现库存过多或过少的情况，从而增加物流的成本。延迟策略的基本思想就是对产品的外观、形状及其生产、组装、配送尽可能推迟到接到客户订单后再确定。一旦接到订单就要快速反应，因此采用延迟策略的一个基本前提就是信息传递要非常快。

5. 标准化策略

标准化策略就是要尽量减少品种多变导致的附加物流成本，尽可能多地采用标准零部件、模块化产品。如服装制造商按统一规格生产服装，直到客户购买时才按客户的身材调整尺寸大小。采用标准化策略要求厂家从产品设计开始就要站在消费者的立场考虑以节省物流成本，而不要等到产品定型生产出来以后才考虑采用什么技巧降低配送成本。

本章小结

本章对物流成本进行了讨论。物流成本是指产品空间位移（包括静止）的过程中所消耗的各种资源的货币表现，是物品在实物运动中，如包装、装卸、搬运、运输、存储、流通加工、物流信息处理等各个环节中所支出的人力、物力、财力的总和。具体而言，物流成本从所处领域来看，可分为物流企业物流成本和生产企业物流成本，且它们各自的构成也不一样。接下来介绍了物流成本的计算范围和方法，它们之间可以相互使用。在物流成本计算的基础上介绍了如何利用计算的数据对物流成本进行管理，以及分析物流成本管理系统。最后介绍了物流成本控制的内容、方法和策略。

案例分析

百胜物流降低连锁餐饮企业运输成本之道

对于连锁餐饮行业来说，靠物流手段降低成本并不容易。然而，作为肯德基、必胜客等快餐业内巨头的指定物流提供商——百胜物流公司抓住运输环节做文章，通过合理的运输安排，降低配送频率，实施歇业时间送货等优化管理方法，有效地实现了物流成本的"缩水"，给业内管理者指出了一条细致而周密的低物流成本之路。

由于连锁餐饮企业（OSR）的原料价格相差不大，物流成本始终是企业成本竞争的焦点。有关资料显示，在一家连锁餐饮企业的总体配送成本中，运输成本占到60%左右，而运输成本中55%～60%是可以控制的。因此，降低物流成本应当紧紧围绕运输这个核心环节来进行。

1. 合理安排运输排程

运输排程的意义在于：尽量使车辆满载，只要货量许可，就应该做相应的调整，以减少总行驶里程。

由于连锁餐饮业餐厅的进货时间是事先约定的，这就需要配送中心根据餐厅的需要，制定一个类似列车时刻表的主班表，它是针对连锁餐饮业餐厅的进货时间和路线详细规划制定的。

众所周知，餐厅的销售存在着季节性波动，因此主班表至少应有旺季、淡季两套方案。有必要的话，应该在每次营业季节转换时重新审核运输排程表。安排主班表的基本思路是：首先计算每家餐厅的平均订货量，设计出若干条送货路线，覆盖所有的连锁餐厅，最终达到总行驶里程最短、所需司机人数和车辆数最少的目的。

规划主班表远不如人们想象中的那样简单。运输排程的构想最初起源于运筹学中的最短路线原理，其最简单的模型为从起点 A 到终点 B 有多条路径可供选择，每条路径的长度各不相同，要求找到最短的路线。实际问题要比这种模型复杂得多。首先，需要了解最短路线的点数，从实际上的几个点增加到甚至上千万个点。路径的数量也相应增加到成千上万条。其次，每个点都有一定数量的货物需要配送或提取，因此要寻找的不是一条串联所有点的最短路线，而是每条串联几个点的若干条路线的最优组合。另外，还需要考虑许多限制条件，比如车辆装载能力、车辆数目、每个点相应的时间开放窗口等，问题的复杂度随着约束数目的增加呈几何级数增长。要解决这些问题，需要用线性规划、整数规划等数学工具。目前市场上有些软件公司能够以数学解题方法作为引擎，结合连锁餐饮业的物流配送需求，设计出优化运输路线安排的系统软件。

在主班表确定以后，就要进入每日运输排程，也就是每天审视各条路线的实际运货量，根据实际运货量对配送路线进行安排、调整。通过对所有路线逐一进行安排，可以去除那些不太合理的若干条送货路线，这样一来，至少可减少某些路线的行驶里程，最终达到增加车辆利用率、提高司机工作效率和降低总行驶里程的目的。

2. 减少不必要的配送

对于产品保鲜要求很高的连锁餐饮业来说，尽力和餐厅沟通，减少不必要的配送频率，可以有效降低物流配送成本。

如果连锁餐饮业餐厅要将其每周的配送频数增加一次，那么会对物流运作的哪些领域产生影响呢？

在运输方面，餐厅所在路线的总货量不会发生变化，但配送频数上升，结果会导致运输里程上升，相应的油耗、路桥费、维护保养费和司机人工费用都要上升。在客户服务方面，餐厅下订单的次数增加，相应的单据处理作业也要增加。餐厅来电打扰的次数相应上升，办公用品的消耗也会增加。在仓储方面，所要花费的拣货、装货的人工会增加。如果短保质期物料的进货频数增加，那么连仓储收货的人工都会增加。

在库存管理方面，如果短保质期物料进货频数增加，由于进货批量减少，进货运费很可能会上升，处理的厂商订单及后续的单据作业数量也会上升。

由此可见，配送频数增加会影响配送中心的几乎所有职能，最大的影响在于运输里程上升所造成的运费上升。因此，减少不必要的配送，对于降低连锁餐饮企业送货成本显得尤其关键。

3. 提高车辆的利用率

车辆时间利用率也是值得关注的。提高卡车的时间利用率可以从增大卡车尺寸、改变作业班次、二次出车和增加每周运行天数这四个方面着手。

由于大型卡车可以每次装载更多的货物，一次出车可以配送更多的餐厅，由此延长了卡车的在途时间，从而增加了其有效作业时间。这样做还能减少干线运输里程和总运输里程。虽然大型卡车应缴的路桥费、油耗和维修保养费高于小型卡车，但其总体上的使用费用绝对低于小型卡车。

运输成本是最大项的物流成本，所有其他物流职能都应该配合运输作业的需求。

所谓改变作业班次就是指改变仓库和其他物流职能的作业时间，以适应实际的运输需求，提高运输资产的利用率。否则朝九晚五的作业时间表只会限制发车和收货时间，从而降低卡车的使用效率。

如果配送中心实行 24 小时作业，卡车就可以利用晚间二次出车配送，大大提高车辆的时间利用率。在实际物流作业中，一般会将餐厅分成可以在上午、下午、上半夜、下半夜四个时间段收货，据此制定仓储作业的配套时间表，从而将卡车利用率最大化。

4. 尝试歇业时间送货

目前许多城市的交通运输限制越来越严，卡车只能在夜间时段进入市区。由于连锁餐厅运作一般到夜间 24 点结束，如果赶在餐厅下班前送货，车辆的利用率势必非常有限。随之而来的解决办法就是利用餐厅的歇业时间送货。歇业时间送货避开了城市交通高峰时段，既没有交通拥挤的干扰，也没有餐厅运营的影响。由于餐厅一般处在繁华路段，夜间停车也不用像白天那样有许多顾忌，可以有充裕的时间进行配送。由于送货窗口拓宽到了下半夜，卡车可以二次出车，提高了车辆利用率。

在餐厅歇业送货的最大顾虑在于安全。餐厅没有员工留守，司机必须拥有餐厅钥匙，掌握防盗锁的密码，餐厅安全相对多了一层隐患。卡车送货到餐厅，餐厅没有人员当场验收货物，一旦发生差错很难分清到底是谁的责任，双方只有按诚信的原则妥善处理纠纷。歇业时间送货要求配送中心与餐厅之间有很高的互信度，如此才能将系统成本降低。所以，这种方式并非在所有地方都可行。

5. 评述

不论是传统储运，还是现代物流，运输都是其中的核心职能，有些甚至可占到整个物流成本的一半左右，运输费用的高低对整体物流成本的影响很大。影响运费的因素很多，如各种运输路线的选择、不同动力的合理使用与搭配、最佳运输批次与运量的计算、运输路线的选择等，都是运输环节必须认真考虑的问题。本案例中的百胜物流在为连锁餐饮业做物流配送服务时，通过抓好配送中的运输环节，在其他环节相差无几的情况下，实现物流成本的"缩水"。在为餐饮业服务中，百胜物流的服务方式相对简单，即以市内短途汽车运输为主，所以，压缩成本的选择范围也相对较少，难度也就相对增大。百胜物流为此采用了合理排程、提高车辆利用率、减少配送频率、利用歇业时间送货等措施实现了成本的降低。这说明提高物流管理水平，确实"有利可图"。

在经济发展和市场竞争的一定时期，企业注重加强内部管理，以降低成本、保证质量来提高经济效益，增强竞争优势。百胜降低了连锁餐饮企业的运输成本，从而降低了总成本，增加了利润。

案例思考

1. 百胜物流在为连锁餐饮业的配送服务中，如此精细地管理，是否需要一定的管理环境？你认为在我国的企业管理中适用吗？我们是否具备这样的管理环境？

2. 这里讲的都是"节流"的思想，你认为一个企业家应更多关注"开源"还是"节流"？或二者并重？

3. 你认为"利用餐厅的歇业时间送货"是利大还是弊多？为什么？

参考文献

［1］毕新华，顾穗珊. 现代物流管理［M］. 北京：科学出版社，2009.

［2］刘助忠，冯国苓. 现代物流管理概论［M］. 北京：对外经济贸易大学出版社，2009.

［3］刘颖，陆影. 物流配送运输与实务［M］. 北京：经济管理出版社，2009.

［4］曾剑，王景峰，邹敏. 物流管理基础［M］. 北京：机械工业出版社，2008.

［5］王槐林. 采购管理与库存控制［M］. 北京：中国物资出版社，2008.

［6］黄中鼎. 现代物流管理［M］. 上海：复旦大学出版社，2005.

［7］郑克俊. 仓储与配送管理［M］. 北京：科学出版社，2005.

［8］程灏，石永奎. 企业物流管理［M］. 北京：中国铁道出版社，2008.

［9］洪家祥，罗凤兰，胡春. 仓储与配送［M］. 南昌：江西高校出版社，2007.

［10］彭扬. 现代物流学案例与习题［M］. 北京：中国物资出版社，2010.

图书在版编目(CIP)数据

现代物流管理/何峻峰主编. —2 版. —成都:西南财经大学出版
社,2016.8
ISBN 978 - 7 - 5504 - 2624 - 5

Ⅰ.①现… Ⅱ.①何… Ⅲ.①物流管理 Ⅳ.①F252

中国版本图书馆 CIP 数据核字(2016)第 207090 号

现代物流管理(第二版)

主　　编：何峻峰
副主编：石江华　宋剑涛

责任编辑：李才
封面设计：何东琳设计工作室
责任印制：封俊川

出版发行	西南财经大学出版社(四川省成都市光华村街 55 号)
网　　址	http://www.bookcj.com
电子邮件	bookcj@foxmail.com
邮政编码	610074
电　　话	028 - 87353785　87352368
照　　排	四川胜翔数码印务设计有限公司
印　　刷	郫县犀浦印刷厂
成品尺寸	185mm×260mm
印　　张	18
字　　数	410 千字
版　　次	2016 年 8 月第 2 版
印　　次	2016 年 8 月第 1 次印刷
印　　数	1— 2000 册
书　　号	ISBN 978 - 7 - 5504 - 2624 - 5
定　　价	35.00 元